Lettland – Riga

EDITION TEMMEN

Lettland

und seine Hauptstadt Riga

Ein illustriertes Reisehandbuch

von Andreas Fülberth

EDITION TEMMEN

Lettland und die Letten

Geschichtlicher Überblick

Riga

Reiseziele A–Z

Willkommen

Eine »singende Revolution« brachte Westeuropa Ende der 1980er Jahre drei Länder wieder ins Bewusstsein, die es bis dahin ziemlich selbstverständlich als Teil der Sowjetunion wahrgenommen hatte. Dass sie dies völkerrechtswidrig geworden waren – wer erinnerte sich daran noch? Wenn vor 1980 wirklich einmal von Lettland gesprochen wurde, glaubte mancher gar, »Lappland« verstanden zu haben. Mindestens so fern wie Lappland war das Land am Ostrand der Ostsee damals in den Köpfen vieler. Inzwischen ist es wohl jedermann ein Begriff, doch auch das verdankt es seiner Teilnahme an der Fußball-Europameisterschaft im Juni 2004 vielleicht mehr als seinem Beitritt zur Europäischen Union einen Monat vorher.

Wann es zu einem EU-Beitritt kommen würde, ahnte, als Lettland sich 1991 ebenso wie seine Nachbarn Estland und Litauen aus der noch existierenden Sowjetunion befreien konnte, niemand so recht voraus. Als Fernziel stand er den Völkern des Baltikums jedoch fest vor Augen. Erst mit ihm und mit der Aufnahme in die NATO endete für sie eine Zeit fortdauernden Bangens vor politischen Schwankungen in Russland, die ihre Länder vielleicht doch noch einmal hätten bedrohen können. Nach dem Wegfall dieses Risikos ist nun endgültig eine Zeit angebrochen, die absehbar die glücklichste in Lettlands Geschichte darstellt, glücklicher sogar als die 30er Jahre des 20. Jahrhunderts, die bis dato einzige überwiegend positiv konnotierte Dekade der jüngeren Vergangenheit. Der Generation der jetzt er-

wachsen Werdenden eröffnen sich im Baltikum Chancen wie noch keiner zuvor, wenn auch vorerst noch um den Preis der Armut der Großelterngeneration.
Den Reiz des Reisens erhöht es zweifellos, wenn das Land, in dem man unterwegs ist, spürbar aufzublühen und Zukunftsperspektiven zu haben scheint. Als ein Reiz gerade an Lettland kommt hinzu, dass es sich um ein fast nirgends touristisch überlaufenes und doch um ein touristisch erschlossenes Land handelt. Was besagtes Erschließen betrifft, hat sich während der letzten Jahre mancherlei amüsant ins Gegenteil verkehrt: War es bis etwa 2000 mangels Beschilderung oft schwierig, den Weg zu einer Sehenswürdigkeit, die man suchte, zu finden, so wurden seitdem in einigen Landesteilen Schilder mit Hinweisen auf Sehenswertes derart zahlreich aufgestellt, dass die Schwierigkeit jetzt darin besteht, zielsicher eine Vorauswahl zwischen erst- und mutmaßlich zweit- bis drittrangigen Bau- und Naturdenkmälern zu treffen. Denn unmöglich kann man jede der (leider einsprachigen) braunen Hinweistafeln zum Anlass für einen Abstecher nehmen.
Auch der Platz in einem Buch wie diesem muss sorgsam ausgewählten Sehenswürdigkeiten vorbehalten bleiben. Die Dicke, die es trotz dieser Maßgabe erreicht, spricht für sich. Die Altstadt und die Jugendstilviertel Rigas, das wildromantische Tal der Gauja und die Burgen, die es bewachen, die Sommervillen von Jūrmala mit ihren kunstvollen Verzierungen, die Barockresidenzen der Herzöge von Kurland – sie alle und noch vieles mehr machen das vermeintlich so kleine Lettland bereisenswert. An der nötigen Zeit sollte es einem beim Entdecken dieser Kultur- und Naturvielfalt nicht fehlen.

Zur Verwendung von Namen

Das Gebiet der heutigen Staaten Lettland und Estland gehört zu den nicht allzu zahlreichen Regionen Europas mit einer fast lückenlos zweisprachigen Ortsnamenlandschaft. Aufgrund der 700-jährigen Dominanz einer deutschen Oberschicht gibt es für jede Ortschaft, jeden Fluss und jeden Berg neben einem lettischen bzw. estnischen auch einen deutschen Namen. Einzige Ausnahmen – und die bestätigen hier die Regel – sind Orte, die erst im 20. Jahrhundert entstanden, sowie die Mehrzahl der Dörfer im Osten Lettlands, weil das Deutsche seinen Status als Amtssprache dort weit früher als in den übrigen Landesteilen verlor.
Im Reiseteil dieses Buches erscheint hinter jedem lettischen Ortsnamen bei der ersten Nennung der frühere deutsche Name in Klammern. Für Orte der Region Lettgallen kann dies nur gelten, soweit deutsche Namen für sie überliefert sind. Die deutschen Namen einer Reihe von Städten sind außerdem in einem Verzeichnis im Anhang mit ihren lettischen Pendants aufgeführt.
In historischen Kontexten blieb meist die Verwendung der deutschen Namen vorzuziehen, damit Formulierungen nicht anachronistisch klingen. Um Unklarheiten zu vermeiden, wurde an vielen entsprechenden Stellen der lettische Name mit einem Querstrich hinter

➢ *Restauriertes Hotel in Jūrmala*

den deutschen gesetzt. Oft fällt die Zuordnung ohnehin leicht, da bei einer Vielzahl von Namenspaaren die deutsche Benennung eine ältere baltische lautlich nachahmt – Beispiel: lettisch Aizpute (in alten Quellen »Asenputten«), woraus im Deutschen Hasenpoth wurde. Am zweithäufigsten sind Fälle, in denen lettischer und deutscher Name einander wörtlich übersetzen; ein Beispiel hierfür wäre Schönberg/Skaistkalne.

Einer der wenigen Namen, die in beiden Sprachen praktisch gleich lauten, ist der der lettischen Hauptstadt. Der kleine Unterschied in der Schreibung (Riga gegenüber lettisch Rīga) beruht gerade darauf, dass der Name deutsch wie lettisch gleich ausgesprochen wird; einen Vokal ohne zusätzliche Kennzeichnung würde man im Lettischen als kurz auffassen. Der Hauptstadtname wird im Text dieses Buches durchweg in deutscher Schreibweise gebraucht.

Die historischen Landschaftsräume Lettlands erscheinen in der Regel unter deutschem Namen, also als Kurland, Semgallen oder Lettgallen. Zu den Entsprechungen Kurzeme, Zemgale und Latgale wird gegriffen, wenn konkret von der betreffenden lettischen Provinz die Rede ist. Breitere Verwendung findet der Provinz- bzw. Landschaftsname Vidzeme, denn um ihn im Deutschen angemessen wiederzugeben, muss man sich einer Umschreibung wie »Lettisch-Livland« oder »Südlivland« bedienen, die sich aber kaum mit dem authentischen Sprachgebrauch deckt. Wörtlich ist Vidzeme das »Land (in) der Mitte«.

Unterschiedliche Schreibungen ein und desselben Familiennamens wurden im Buchtext teilweise vereinheitlicht.

Lettland und die Letten

Lettland und der Begriff »Baltikum«

Das Baltikum leitet seinen Namen, so viel scheint gewiss, vom »Mare Balticum« ab. Entsprechend werde die Ostsee von ihren Anwohnern bezeichnet, schreibt Adam von Bremen (gest. zwischen 1081 und 1085), der dies mit eigenen Ohren gehört haben will, in seiner Geschichte des Erzbistums, den »Gesta Hammaburgensis ecclesiae pontificum«. Letten und Litauern scheint es nahe liegend, dass sie es gewesen sein müssen, von denen Adam die Information aufschnappte; schließlich gibt es in ihren Sprachen ein Adjektiv »balts« bzw. »baltas«, das *weiß* bedeutet. Um die These zu untermauern, wiesen namhafte Linguisten - nicht nur litauische und lettische - nach, dass in vielen Sprachen Gewässer ursprünglich mit einem Farbadjektiv bezeichnet wurden, das sich im Laufe der Zeit als Begriff für die betreffende Gewässerart verselbständigte. Damit war allerdings immer noch nicht beantwortet, wie und wo Adam von Bremen jemals mit Litauern oder Letten zusammengetroffen sein mochte. Warum sollte er nicht einfach auf seiner einzigen historisch belegten Reise, welche ihn zu Dänemarks König Svend Estridsen führte, von dortigen Küstenbewohnern erfahren haben, dass deren Name für die dänischen Meerengen »Belt« lautet, und deshalb den Terminus »Mare Balticum« in die Welt gesetzt haben? Fehlanzeige auch bei älteren lettischen und litauischen Sprachzeugnissen: Bis ins 19. Jahrhundert nannten die Letten die offene See »Dižjūra« oder »Lielā jūra«, *das große Meer*, und die Rigaer Bucht demgegenüber »Mazā jūra«, *das kleine Meer*. Keine Spur indes von einer »Baltā jūra«. »Baltijas« bzw. »Baltijos jūra« heißt die Ostsee bei Letten und Litauern zwar heute, vermutlich jedoch ohne dass diese Benennung originär von ihnen stammt. Das Gegenteil wird wahrscheinlich nie zu beweisen sein.

Sicher fällt auf, dass bis jetzt noch keine Rede von den Esten war. Die Esten gehören der finno-ugrischen Völker- und Sprachenfamilie, genauer gesagt deren ostseefinnischem Zweig, an, sodass zwischen ihnen als Nicht-Indogermanen und den indogermanischen Letten und Litauern keine sprachlich-ethnische Verwandtschaft besteht; ethnisch betrachtet sind sie folglich gar kein »baltisches« Volk. Von den Volksstämmen, die in der heutigen lettischen Nation aufgingen, war lediglich einer eng mit den Esten verwandt. Gemeint sind die Liven, von denen der für einen großen Teil des jetzigen Lettland einst viel gebräuchlichere Name Livland herrührt. Von der Mitte des 14. bis zur Mitte des 16. Jahrhunderts ent-

➢ *Der Zvārtas-Felsen im Gauja-Nationalpark*

sprach das Territorium, für das der Name Livland stand, sogar dem gesamten gegenwärtigen Staatsgebiet sowohl Lettlands als auch Estlands. Jenes mittelalterliche Livland war der Teil des Baltikums, über den der Deutsche Orden und deutsche Bischöfe Herrschaft ausübten. Ihr Ziel, auch Litauen zu unterwerfen - um die preußischen und die baltischen Ordensgebiete, zwischen denen es einen Keil bildete, territorial zu verbinden -, erwies sich als illusorisch. Litauen, im Mittelalter eines der Großreiche Europas, war bis zu seiner 1386 besiegelten Union mit Polen ein heidnisches Land.
In Livland blieb auch über dessen Untergang als Staatengebilde im Jahre 1562 hinaus die Machtstellung der deutschen Minderheit gegenüber Letten, Liven und Esten unerschüttert, sodass Nachfahren der Ordensritter und Bischöfe bis weit ins 19. und teils noch 20. Jahrhundert in Abhängigkeit von der jeweils herrschenden Macht - erst Polen-Litauen, dann Schweden und schließlich Russland - die Landesverwaltung innehatten. Diese großteils adligen Deutschen waren die Ersten, die die Bezeichnung »Balten« für sich in Anspruch nahmen. Später kam für sie die weniger missverständliche Selbstbezeichnung »Deutschbalten« in Gebrauch, was indirekt eine Folge der wissenschaftlichen Beschäftigung mit dem Litauischen und dem Lettischen seit dem 19. Jahrhundert war. Damals ging man der Verwandtschaft zwischen Lettisch und Litauisch auf den Grund und suchte für diese Sprachengruppe, zumal da ihre besondere Bedeutung für die Sprachforschung insgesamt deutlich wurde, einen übergeordneten Begriff, der schließlich mit der Benennung »baltisch« gefunden wurde. Manche sahen die baltischen Sprachen sogar im Zentrum der indogermanischen Familie und andere Sprachengruppen demgegenüber als Seitenentwicklungen. Als Balten im sprachlich-ethnischen Sinne galten fortan die Letten, die Litauer und - nicht zu vergessen - die alten Preußen oder Prußen (»Pruzzen«), zu deren Bändigung der Deutsche Orden im 13. Jahrhundert an die Weichselmündung gerufen worden war. Ihre Sprache starb bereits im 17. Jahrhundert aus.
Nach dem Ersten Weltkrieg kam die auch heute gängige Verwendung von »baltisch« als politisch gemeinter Sammelbegriff für die 1918 entstandenen Republiken Estland, Lettland und Litauen auf. Je nach Ausgangssprache kann in einem geographischen Sinne aber noch weit mehr als »baltisch« begriffen werden; so besteht etwa im Italienischen die Neigung, dieses Attribut potentiell auf jeden Ostseeanrainer, vor allem jedoch außer auf Litauen, Lettland und Estland auch auf Finnland anzuwenden.
Wie sich bei alldem zeigt, ist das Land der Letten das einzige Gebiet, auf das sämtliche Definitionen von »baltisch« zutreffen: Einerseits spricht man hier eine baltische Sprache; andererseits fällt es auch unter den historischen Baltikum-Begriff, der dem der Deutschbalten entspricht und Litauen ausnimmt. Im Gefüge der »drei« baltischen Staaten befinden die Letten sich daher nicht nur geographisch gesehen in einer Brückenstellung: Mit den Litauern verbindet sie die

➢ *So groß ist Lettland also doch: 300 km kann man von Riga entfernt sein und Moskau ist näher, als man denkt*

gemeinsame ethnische Herkunft und mit den Esten teilen sie eine weitgehend ähnlich verlaufene Geschichte. Letzteres hat auch seine Auswirkungen im konfessionellen Bereich: Estland und die meisten Regionen Lettlands sind protestantisch geprägt, während Litauen aufgrund seiner jahrhundertelangen Anbindung an Polen am katholischen Glauben festhielt.

Geographische Gestalt und Gliederung

Mit einer Fläche von 64.589 km² ist Lettland kleiner als beispielsweise Österreich oder Tschechien, aber schon mehr als doppelt so groß wie Belgien. In der Zwischenkriegszeit war es mit rund 65.790 km² die größte der drei baltischen Republiken; heute haben die Litauer mit etwa 65.200 km² ein geringfügig größeres Staatsgebiet als ihre nördlichen Nachbarn, da Russland den Wiederanschluss der Stadt Abrene und ihrer Umgebung an Lettland verweigert. Diese hatten bis 1940 zum unabhängigen lettländischen Staat gehört, danach jedoch nicht zur Sowjetrepublik Lettland.

Die Distanz zwischen dem westlichsten und dem östlichsten Punkt des heutigen Staatsgebietes - beide liegen zwischen dem 56. und dem 57. nördlichen Breitengrad - beträgt 450 km. Die Rigaer Bucht teilt es gleichsam in zwei Hälften: Zwischen Jūrmala und Eleja misst man nur 66 km Nord-Süd-Ausdehnung.

Nur 40% des Territoriums liegen höher als 100 m über dem Meeresspiegel. Dennoch sind die Landschaften Lettlands überwiegend hügelig oder weisen zumindest Wellenformen auf - je nachdem, ob sie beim Rückzug der letzten Gletscher vor etwa 12.000 Jahren mehr von Grund- oder von Endmoränen geprägt wurden. Entstehungsgeschichtlich am jüngsten ist die Geländeoberfläche ganz im Westen, wo sie sich erst nach einer allmählichen Hebung vormaligen Meer-

➢ *Seenlandschaft im Hochland von Lettgallen*

bodens herausbildete und durch mehrfache Verlagerungen der Küstenlinie, bei denen auch Lagunenseen zurückblieben, ihre jetzige Gestalt gewann. Bei den Wäldern überwiegen in Küstennähe reine Nadelbaumbestände, während es im Landesinneren viel Mischwald gibt. Insgesamt ist Lettland zu 40% bewaldet.

Der wichtigste Fluss des Baltikums, die Daugava (Düna), entspringt in derselben russischen Region, in der auch die Wolga ihre Quelle hat, und legt auf seinem Weg zur Rigaer Bucht 1020 km zurück. Die Daugava, »Schicksalsfluss« der Letten, wird von den Russen Zapadnaja Dvina (Westliche Dwina) genannt (in Absetzung von der bei Archangelsk ins Eismeer mündenden Nördlichen Dwina); für die livische Minderheit in Lettland heißt sie Vēna. Auch die nächstgrößten Flüsse des Landes, die Venta (Windau), die Lielupe (Kurländische Aa) - wörtlich *großer Fluss* - und die Gauja (Livländische Aa), fließen unmittelbar in die Ostsee und entspringen mehrheitlich außerhalb Lettlands: Die Quellen der 346 km langen Venta und der sich zur Lielupe vereinigenden Flüsse Mēmele und Mūsa liegen in Litauen; nur die der Gauja befindet sich innerhalb Lettlands. Die Gauja zieht eine über 450 km lange Schleife, in deren Verlauf sie einen Abschnitt der Grenze zu Estland bildet, ehe sie ihre nicht einmal 100 km von der Quelle entfernte Mündung erreicht. Bei Sigulda, wo sie sich 80 m tief ins Gelände eingegraben hat, ist ihr Tal von derartiger Schönheit, dass es schon zu sowjetischer Zeit zum Nationalpark erklärt wurde.

In den deutschen Namen von Gauja und Lielupe sind diejenigen zweier ehemaliger Provinzen enthalten: Livland, lettisch Vidzeme, sowie Kurland, lettisch Kurzeme. Vidzeme nennt man das Gebiet nördlich (nur im Mündungsgebiet auch in einem Streifen südlich entlang) der Daugava und westlich der Flüsse Aiviekste (Ewst) und Pededze (Peddetz), entsprechend den Grenzen

➢ *Blick vom Milzukalns bei Tukums in Richtung Ostsee*

des einstigen russischen Gouvernements Livland, das im Norden allerdings noch bis weit ins heutige Estland reichte. Kurland heißt der traditionellen Provinzaufteilung gemäß der westliche Teil Lettlands bis einschließlich Kandava. Die Nachbarstadt Tukums wird bereits zu Semgallen/Zemgale gerechnet, das sich von dort nach Osten, jeweils südlich der Daugava, bis zur weißrussischen Grenze erstreckt. Übrigens fließt die Kurländische Aa bzw. Lielupe durch diesen Landesteil und nicht durch das eigentliche Kurland, weshalb die Deutschen sie vereinzelt auch Semgaller Aa nannten. Das verbleibende Gebiet nördlich der Daugava und östlich von Aiviekste und Pededze bildet die vierte Provinz - Lettgallen bzw. lettisch Latgale.

Die vier Provinzen werden zugleich als Landschaften in einem kulturhistorischen Sinne begriffen, denn ihre Namen leiten sich von den Stämmen, aus denen das lettische Volk zusammenwuchs, ab und die jeweiligen Landstriche decken sich zumindest grob mit den Siedlungsräumen dieser Stämme. Am eingeschränktesten gilt dies für Livland und die Liven, da das ehemals lettgallische Gebiet weiter nach Westen ausgriff als das heutige Lettgallen, und dort eben liegt Livland/Vidzeme, ein Gebiet, das leichter politisch denn ethnisch zu definieren ist - nämlich als derjenige Teil Lettlands, der im 17. Jahrhundert eine schwedische Herrschaftszeit erlebte und in dem die Herrschaft Russlands am frühesten begann. Erst über ein halbes Jahrhundert später, 1772, wurde Lettgallen russisch, ehe 1795 auch Kurland und Semgallen dem Zarenreich zufielen. Der Ostteil Semgallens gehörte, auch das sei der Vollständigkeit halber erwähnt, ursprünglich zum Gebiet der Selen, eines baltischen Volksstamms, der sich nach 1200 in ebenfalls von ihm besiedelte Gegenden im heutigen Litauen zurückgezogen haben dürfte, um der deutschen Eroberung zu entgehen. Diejenigen Selen, die nicht abwanderten, vermischten sich anscheinend

➢ *Winteranfang in der Livländischen Schweiz*

zügig mit den Semgallern und mit Angehörigen anderer Stämme. Hätte dieser Prozess später eingesetzt, spräche man heute wahrscheinlich von noch einem fünften Landesteil »Selonien«.

Von den vier Regionen bzw. Provinzen ist Livland/Vidzeme die landschaftlich abwechslungsreichste. Hier liegt auch Lettlands höchster Berg, der 312 m hohe Gaiziņkalns. Als teilweise eintönig gilt Semgallen mit seinen weiten Ebenen, an die sich jedoch südlich von Daugavpils ein reizvoller Landstrich mit Hügeln und Seen, die so genannte Augšzeme (wörtlich übersetzt *Ober-* oder *Hochland*), anschließt. Semgallen und Lettgallen sind die Kornkammern des Landes, wobei Semgallen seit eh und je der Ruf anhaftet, reicher als die übrigen Regionen zu sein, während Lettgallen eindeutig der ärmste und rückständigste Teil Lettlands ist - Bauern begegnen einem hier noch immer eher auf Fuhrwerken als mit Maschinen. Das Einzige, woran Lettgallen ausgesprochen reich ist, sind Seen: Über eine bis auf 289 m ansteigende Hochebene zwischen den Städten Krāslava und Rēzekne breiten sich Hunderte von Seen verschiedenster Größe aus, von denen viele durch kleine Wasserläufe miteinander verbunden sind.

Die vier Regionen haben derzeit, anders als in der Zwischenkriegszeit, als jede eine Provinz mit vier bis fünf Landkreisen bildete, nicht den Status politisch-administrativer Einheiten. Die während der Sowjetzeit vorgenommene Einteilung Lettlands in 26 Kreise bzw. Rayons besteht vorerst unverändert fort. An den traditionellen Provinzgrenzen orientiert sie sich nicht; entlang der Daugava beispielsweise verlaufen heute fast nirgendwo mehr Kreisgrenzen.

Sechs der 26 Kreiszentren sind selbst kreisfreie Städte; ebenfalls kreisfrei ist Jūrmala, dem kein Kreisgebiet zugeordnet wurde. Auf unterer Ebene existiert eine Einteilung in mehrere Hundert Gemeinden (lett. »pagasts«, Mehrzahl »pagasti«), die vielfach unter oder nur knapp über 1000 Einwohner zählen. Hinzu kommen alle Orte mit Stadtrecht, wovon die meisten gesonderte, nicht ins Umland ausgreifende kleinflächige Verwaltungseinheiten bilden. Die Übrigen sind mit dem betreffenden Landstrich (lett. »novads«) oder ihrer als »lauku teritorija« bezeichneten ländlichen Umgebung administrativ verbunden. Vereinzelt nennen sich auch Kommunen ohne städtischen Mittelpunkt nicht »pagasts«, sondern sind aus mehreren »pagasti« verschmolzen und haben den Status eines »novads«.

Ein Volk und seine Traditionen

In Lettland leben derzeit rund 2.360.000 Menschen; allerdings sind nur knapp 60% davon Letten. Zweitstärkste Bevölkerungsgruppe sind mit ca. 30% die Russen. Unter den Bewohnern der Hauptstadt Riga sind Letten und Russen jeweils mit etwas über 40% vertreten. Als weitere Nationalitäten, deren Anteil an der Gesamtbevölkerung je zwischen einem und vier Prozent liegt, sind Weißrussen, Ukrainer, Polen und Litauer zu nennen.

Um 1990 hatten die Sowjets ihr Ziel, die Völker des Baltikums in ihren eigenen Ländern zu Minderheiten zu machen, im Falle Lettlands nahezu erreicht: Nur noch 52% der Republikbevölkerung waren zu diesem Zeitpunkt lettischer Nationalität. Am Vorabend des Zweiten Weltkriegs waren 76,5% der Einwohner Lettlands Letten gewesen.

Wenn die Letten sich als ein Volk von zwei Millionen bezeichnen, so wird damit nicht etwa unangemessen aufgerundet. Die Zahl schließt vielmehr Exilgemeinschaften mit ein, die sich vor allem in Schweden und Deutschland sowie in Kanada, Australien und den USA formierten. Ahnend, was auf Lettland zukommt, hatten viele 1944, als Stalins Truppen zum zweiten Mal einrückten, die Flucht über die Ostsee ergriffen. Unter den Exilletten befanden sich zahlreiche Schriftsteller; vor allem ihnen fiel nach dem Krieg die Aufgabe zu, Stimme ihres Volkes zu sein.

Auf jeden Letten komme ein Lied, sagt man. Auch das ist nicht zu großzügig veranschlagt; die Letten besitzen, was einzigartig erscheint, noch dazu bei einem so kleinen Volk, tatsächlich eine siebenstellige Zahl von Volksliedern, so genannten Dainas. Zugegeben – wann es sich bei einer Daina nur um eine Variante einer anderen handelt und ab wann um eine neue, ist schwer zu entscheiden, denn die Dainas umfassen üblicherweise nur vier Zeilen, denen Versmaße, jedoch

➢ *Bei Jaunpiebalga*

keine Endreime unterlegt sind. Am Dichten dieser Lieder scheint sich geradezu das ganze Volk betätigt zu haben, Frauen allerdings stärker als Männer. Aus einer begleitenden, meist weiblichen Sicht schildern die Dainas den gesamten Lebenszyklus von der Geburt über die Heirat bis zum Tod und von Jahreszeit zu Jahreszeit. Auf ungekünstelte, beinahe verspielte Art verraten sie Weisheiten und überliefern uralte Regeln - etwa dass man sich nie über einer Hausschwelle begrüßen soll oder dass der Eingang eines an einem Fluss stehenden Hauses nicht gegen die Strömung gerichtet sein darf.

➢ *Auf einem Folklorefest in Ventspils*

Allein an die 218.000 Dainas sammelte ein einziger Mann: Krišjānis Barons (1835-1923) hatte damit während seines Studiums in Dorpat, dem heutigen Tartu, zusammen mit anderen »Jungletten« begonnen. »Jungletten« wurden damals, zunächst aus Spott, der aber sein Ziel verfehlte, die Vorkämpfer für ein »Nationales Erwachen« genannt, für eine bewusste Besinnung der Letten auf ihre Kultur. Zu bissigem Spott zeigten Barons und seine Freunde sich auch selbst fähig, als sie ab 1862 die Zeitung »Pēterburgas Avīzes« herausgaben, die wegen zu viel Radikalität nach drei Jahren ihr Erscheinen einstellen musste. Später als Privatlehrer in Moskau tätig, ließ Barons sich immer weitere Liedtexte zuschicken und sortierte sie in Zigarettenschachteln ein, bis diese nicht mehr reichten: Katalogkästen mussten her. Mit einem Schrank, den ein deutscher Tischler ihm gefertigt hatte, kehrte er nach Riga zurück und wurde hier von einem deutschen Verleger aus Mitau/ Jelgava ermutigt, die Dainas zu publizieren. Obwohl beiden klar war, dass damit wenig Profit zu erzielen wäre, wurden sie sich einig - worauf Barons zwischen 1894 und 1915 in sechs Bänden die besagten 217.996 Texte veröffentlichte. Sein in der Akademie der Wissenschaften aufbewahrter Schrank ist für die Letten heute beinahe ein Heiligtum.

Die Letten sind leidenschaftliche Chorsänger, was sie auf ihren berühmten Sängerfesten unter Beweis stellen. Einige ihrer bedeutendsten Komponisten, Emīls Dārziņš (1875-1910) und Emilis Melngailis (1874-1954) etwa, hatten sich speziell der Chormusik verschrieben.

➢ *Ērberģe, ein Dorf im Grenzland zu Litauen*

Auf dem ersten großen Liederfest im Jahre 1873 waren noch überwiegend deutsche Weisen dargeboten worden; und in der Sowjetzeit konnten die Feste nur in angepasster Form bei gleichzeitiger Parteipropaganda durchgeführt werden. Vor diesem Hintergrund kann man verstehen, welche Emotionen bei der »singenden Revolution« Ende der 1980er Jahre freigesetzt wurden.

Gesungen wird nicht zuletzt auch bei den traditionellen Sonnwend- oder, wie sie auf Lettisch heißen, Līgo-Feiern. In der kürzesten Nacht des Jahres erahnt man noch etwas vom vorchristlichen Volksglauben der Letten, die ein Weltbild mit heliozentristischen Zügen hatten und, neben anderen Göttern, eine Sonnengöttin Saule verehrten. Die Līgo-Nacht verbringen sie seit jeher unter freiem Himmel am Feuer. Mit einem Eichenkranz auf dem Kopf zieht dann mancher aus, um die magische Farnblüte zu erleben, die natürlich noch niemand gesehen hat. In einer solchen Nacht soll auch Johann Gottfried Herder die erste Bekanntschaft mit lettischen Volksliedern gemacht haben, von denen er später, von seinem Verleger Hartknoch bestärkt, einige veröffentlichte.

Die Bedeutung der Mittsommernacht im Jahresrhythmus ist bei den Letten mindestens so groß wie bei den Skandinaviern. Mit diesen teilen sie auch andere Gewohnheiten: Das Saunieren fällt einem da ein. Auf fast jedem Hof gab es früher eine Badestube, auf Lettisch »pirts« genannt. Im Freilichtmuseum bei Riga sind etliche davon zu sehen. Wenn man von so etwas wie einem nordischen Kulturkreis sprechen kann, so fühlen die Letten sich ihm wohl zu Recht zugehörig – mögen sie in den Augen der im Wesen noch etwas nordisch-reservierteren Esten auch die reinsten Südländer sein.

Geschichte

Geschichtlicher Überblick

Vor der Christianisierung

In der antiken römischen Geschichtsschreibung finden die mit Bernstein handelnden Anwohner der östlichen Ostseeufer als »Aestii« Erwähnung. Diese Völkerschaftsbezeichnung bezog sich gewiss nicht allein auf die Esten, mit denen sie heute klanglich in Verbindung gebracht werden kann; möglicherweise schloss sie die Esten nicht einmal mit ein, sondern galt im engeren Sinne den Stämmen an der eigentlichen Bernsteinküste zwischen Frischem Haff und Rigaer Meerbusen. In erster Linie wären dies die Kuren. Wie die meisten der Stämme, aus denen später die lettische Nation hervorging, dürften sie um die Mitte des zweiten vorchristlichen Jahrtausends in das Gebiet, das sie seitdem besiedelten, gekommen sein. Das Hinterland bevölkerten Semgaller, Selen und Lettgaller, wobei der Radius, den man sich für die damalige Ausdehnung ihrer Siedlungsräume vorstellen muss, im Osten und Süden über die heutigen Grenzen Lettlands hinausreicht.

Neben diesen im ethnischen Sinne baltischen Stämmen ließen sich in einigen heute lettischen Gebieten die finno-ugrischen (also mit den Esten verwandten) Liven nieder. Bereits vor rund 5000 Jahren erreichten Teile der finno-ugrischen Völkerfamilie die Ostsee; konkrete Ansiedlungsbereiche kristallisierten sich für manche der so genannten ostseefinnischen Stämme jedoch erst nach einer Wanderungsbewegung innerhalb des Baltikums um die Mitte des ersten nachchristlichen Jahrtausends heraus. Bestattungs- und Feldbewirtschaftungsarten der einander benachbarten Kuren und Liven lassen wechselseitige Beeinflussungen während der folgenden Jahrhunderte erkennen.

Sowohl bei den baltischen Stämmen als auch bei den Liven bildeten sich durch Verteidigungsbündnisse gewisse Gebietsaufteilungen heraus. Von den durch Wälle und Palisaden geschützten Fliehburgen wandelten sich allmählich einige zu Herrschaftssitzen, an denen sich die Macht über ein jeweiliges Umland konzentrierte. Zu erhöhter Verteidigungsbereitschaft zwangen insbesondere in Kurland die Eroberungsgelüste der Skandinavier. Bis ins 8. Jahrhundert konnten gotländische Händler eine befestigte Siedlung nahe der heutigen Stadt Grobiņa halten. Weniger Erfolg war den ebenfalls eroberungswilligen Dänen beschieden, die ihre Vorstöße damit büßten, ihrerseits von den Kuren ausgeplündert zu werden. Wieder andere Skandinavier kamen nicht in kriegerischer Absicht, sondern legten auf der Düna den ersten Teil ihres Weges nach Byzanz und ins »Sarazenenland«, wie Runensteine das Ziel-

➢ *Vorige Doppelseite: Gutshaus Mežotne bei Bauska*

Bernstein – das älteste baltische Handelsgut

Schon vor mehr als zwei Jahrtausenden knüpften weit von der Ostsee entfernt lebende Völker Kontakte mit den Balten: Ihr Interesse galt dem Bernstein, jenem fossilen **Harz**, das nördlich der heutigen Fundstellen gelegene Nadelwälder vor Millionen von Jahren absonderten und das in meist durchsichtigen gelbbraunen Klümpchen an die Küsten Kurlands und des Samlandes geschwemmt wird. Während der ersten nachchristlichen Jahrhunderte, als der Handel mit dem edlen Material besonders blühte, gab es eine regelrechte **»Bernsteinstraße«** von der Adria über Mähren an die Weichselmündung. War der Bernstein auch in erster Linie zur Fertigung von Schmuck begehrt, so wusste man zugleich um seine enorme **Brennbarkeit**. Auf sie bezieht sich sein Name im Deutschen, abgeleitet von dem mittelniederdeutschen Wort für *brennen.* Den alten **Germanen** dürfte er als »glasaz« geläufig gewesen sein: Als sie durch die Römer mit Glas in Berührung kamen, übertrugen sie auf diesen für sie neuen Stoff ihr Wort für den Bernstein, den sie bereits viel länger kannten. Dies lag insofern nahe, als auch Glas damals überwiegend zu Schmuck verarbeitet wurde. Liest man bei dem römischen Geschichtsschreiber **Tacitus** (gest. um 120 n.Chr.) von Bernstein als »glaesum«, so hat man es mit einer Latinisierung jenes altgermanischen Wortes zu tun. Ebenfalls interessant ist die Geschichte des Wortes **»elektron«**, das den Bernstein im Altgriechischen bezeichnet. Sie erklärt sich damit, dass die von einem Stoff, der gerieben wird, auf andere Stoffe ausgehende Kraft bis ins 16. Jahrhundert nur vom Bernstein bekannt war. Wie die antiken Römer, so bezeichnen auch die Letten den Bernstein

➢ *Auch die Strände Lettlands sind ein Teil der »Bernsteinküste«*

mit einem Wort, das in ihrer Sprache eigentlich ein Fremdwort ist, wenn auch eines aus einer sehr nahe benachbarten Sprache: **»Dzintars«** entspricht dem litauischen »gintaras« und setzte sich erst relativ spät im Lettischen fest. Als heutiger Lettland-Reisender begegnet man diesem Wort freilich so häufig, dass wohl jeder sich früher oder später fragt, was es bedeuten mag. Fast möchte man meinen, es erfreue sich ähnlicher Beliebtheit wie das, wofür es steht – denn auch der bloße Begriff »dzintars« wird offenkundig als schmückend empfunden, wann immer es in Lettland darum geht, Eigen-, Produkt- und sonstige neue Namen zu schöpfen.

gebiet nennen, zurück, um bei Vitebsk auf den Dnepr übersetzen zu können. Ab dem 10. Jahrhundert ging die Bedeutung der Düna als Wasserstraße wieder zurück, da für den Reiseweg »von den Warägern zu den Griechen« nun die Route über den Ladoga- und den Ilmensee bevorzugt wurde. Im Schatten der großen Fernverkehrswege jener Zeit entwickelte sich jedoch auch im baltischen Binnenland und hier wiederum besonders in Kurland eine zunehmende Handelsintensität. Das durch sie bewirkte Kulturniveau in den Vorgängersiedlungen der heutigen Städte wurde von der historischen Forschung lange unterschätzt.

Spätestens in der zweiten Hälfte des 12. Jahrhunderts gerieten die Lettgaller durch ihre russischen Nachbarn unter Druck; mehr als die Errichtung einer Tributherrschaft gelang den Fürsten von Pskov (Pleskau) und Polock aber offenbar nicht. Gleichzeitig machten sich - spätestens ab 1159, dem Jahr des zweiten und entscheidenden Schritts zur Gründung Lübecks - deutsche Fernhandelskaufleute an die Küsten und Flussmündungen des Baltikums auf. Der Ostseehandel, der damals über Stützpunkte auf Gotland abgewickelt wurde, schürte auf deutscher Seite zunächst nicht zwangsläufig Eroberungsbegierden. Dafür entfachten die Berichte der Kaufleute umso größeren Missionseifer: Das Baltikum war die letzte noch heidnische Großregion Europas; doch dabei sollte es nicht mehr lange bleiben.

➢ *Burg Turaida bei Sigulda*

Das mittelalterliche Livland

Nach anfänglichen Versuchen des Erzbistums Lund, in Nordestland das Christentum zu verbreiten, kam 1184 der betagte Augustinerchorherr Meinhard als Missionar an die Mündung der Düna. 1186 wurde er als Suffragan des bremischen Erzbistums zum Bischof der Liven geweiht. Der Zisterziensermönch Berthold aus Loccum, 1197 von Erzbischof Hartwig II. zu Meinhards Nachfolger bestimmt, bezahlte sein Vorgehen, dem Christentum notfalls gewaltsam zum Durchbruch zu verhelfen, schon im folgenden Jahr selbst mit dem Leben. Hartwig setzte nun seinen Stiefneffen Albert (geb. um 1165, gest. 1229) in das Amt ein. Dieser ließ sich von Innozenz III. mit einer Kreuzzugsbulle ausstatten und brach im Frühjahr 1200 in das nunmehr der Jungfrau Maria geweihte Missionsgebiet auf, wo er 1201 die Stadt Riga gründete. In Absprache mit dem Papst entstand mit Alberts Zustimmung der Orden der Schwertbrüder, der ab 1202 unter Führung Theoderichs von Treyden zunächst nach Norden und Osten vordrang. Die altlettischen Burgen längs der Düna und der »Treyder Aa« (so der damalige Name der Gauja) brachte Albert, dem viel taktisches Geschick nachgesagt wird, eine nach der anderen an sich. In einigen Landstrichen war offenbar bereits eine Missionstätigkeit der orthodoxen Kirche vorangegangen; so kommt es, dass die Übereinkunft, die Albert mit Wissewalde, dem Fürsten der Burg Gerzike/Jersika, nach deren Eroberung im Jahre 1209 traf, eine in ihrer Art einmalige Lehnsbeziehung - zwischen einem deutschen Bischof

und einem orthodoxen Fürsten geschlossen! - darstellt.
Ihre präzisen Informationen über die Anfangszeit der Eroberung verdankt die Geschichtswissenschaft dem »Chronicon Livoniae« eines Klerikers namens Heinrich, der mit dem Segeberger Abt Rotmar, vermutlich einem Bruder Bischof Alberts, nach Livland aufgebrochen und dort zum Priester geweiht worden war. Heinrichs Schilderungen betreffen die Jahre 1180–1227. Eine grobe Kenntnis der Ereignisse bis 1290 lässt sich aus der Livländischen Reimchronik gewinnen, einer über 12.000 Verse umfassenden Dichtung in mittelhochdeutscher Sprache.

Die erste schwere Niederlage, die der Schwertbrüderorden nach seinen Anfangserfolgen einstecken musste, war gleich so vernichtend, dass sie zu seiner Auflösung führte: 1236 wurden die ritterlichen Truppen bei Saule (wohl dem heutigen Šiauliai) von den Litauern aufgerieben; die versprengten Reste vereinigten sich daraufhin mit dem Deutschen Orden. Dieser wurde nun um einen livländischen Zweig erweitert - oft wird auch von einem Livländischen oder Livonischen Orden gesprochen, da die Ritter im Baltikum ein eigener Ordensmeister anführte. Insgesamt blieben aber beide Zweige, der preußische wie der livländische, dem Hochmeister in Preußen unterstellt.

Die Kuren, die 1230 infolge einer Hungersnot vor der Übermacht des Schwertbrüderordens kapituliert hatten, fühlten sich nach der Schlacht von Saule nicht mehr an ihre Taufe gebunden, sodass bis zu ihrer endgültigen Unterwerfung weitere zwei Jahrzehnte vergingen. Ein günstiges Abkommen mit dem litauischen Herrscher Mindaugas (Mindowe), der zum Christentum übergetreten und 1253 auf päpstliche Veranlassung zum König gekrönt worden war, brachte den Deutschen Orden für kurze Zeit sogar in den Besitz der von ihm angestrebten Landbrücke zwischen Preußen und seinen livländischen Besitzungen; durch die Schlacht bei Durben 1260 ging sie ihm jedoch wieder verloren. Seine Gegner in dieser Schlacht waren die litauischen Schemaiten, die gegen die Gebietsabtretung durch Mindaugas von Anfang an aufbegehrt hatten. - Genau 150 Jahre später resultierte ein Versuch, die Landverbindung doch noch herzustellen, für den Orden in der verheerenden Niederlage bei Tannenberg (bzw. Grunwald für die polnische Historiographie).

Als letzter lettischer Stamm konnten 1290 die Semgaller bezwungen werden. Damit hatte das mittelalterliche Livland aber immer noch nicht seine größte Ausdehnung erreicht; vielmehr kam 1346 das bis dahin dänisch beherrschte Nordestland hinzu, nachdem ein zweijähriger Estenaufstand die Dänen geschwächt und schließlich zum Rückzug aus dem Baltikum bewogen hatte. Seitdem besaß Alt-Livland eine territoriale Gestalt, die es bis zu seinem Untergang im 16. Jahrhundert behielt: Das vom Orden verwaltete Gebiet reichte nun bis an den Finnischen Meerbusen; daneben gab es vier bischöfliche Territorialfürstentümer, die im 13. Jahrhundert nach und nach entstanden waren. Der Erzbischof von Riga, der Bischof von Dorpat, der Bischof von Ösel-Wiek (dem Westteil des est-

➢ *Entlang dieser Straße begann die Entstehung der mittelalterlichen Stadtanlage Rigas*

nischen Festlandes nebst Teilen der Inseln Ösel/Saaremaa und Dagö/Hiiumaa) und der etwas später hinzugekommene Bischof von Kurland können als deutsche Reichsfürsten gesehen werden, auch wenn die Quellen, aus denen Historiker dies traditionell ableiteten, nach neuerer Deutung nicht mehr alle als beweiskräftig gelten. Reichsfürst war daneben der Hochmeister des Ordens in Preußen, nicht aber der livländische Ordensmeister.

Die Aufteilung des Landes war äußerst kompliziert und letztlich das Ergebnis von Schiedssprüchen päpstlicher Gesandter, die immer wieder Interessengegensätze zwischen Ordensrittern und Bischöfen hatten beilegen müssen. Das kartographische Bild der Livländischen Konföderation gleicht einem Flickenteppich und spiegelt damit deren innere Zerrissenheit wider. Das kurländische Bistumsgebiet etwa umfasste nur Teile von Kurland, nicht etwa die gesamte Halbinsel.

Neben Ordens- und Bischofsmacht bestimmte ein weiterer Faktor die Geschichte Alt-Livlands: die Hanse. Auf lettischem Boden gehörten ihr neben Riga, das schon 1282 in den Städtebund aufgenommen wurde, Windau/Ventspils, Goldingen/Kuldīga, Lemsal/Limbaži, Wolmar/Valmiera, Wenden/Cēsis, Roop/Straupe und Kokenhusen/Koknese an. Oft war das Interesse, den Handel insbesondere Rigas kontrollieren und von ihm profitieren zu können, im Spiel, wenn innerlivländische Konflikte ausbrachen.

Zur Befriedung sollten die zunächst bedarfsweise einberufenen Landtage beitragen. Ab 1419 wurden daraus regelmäßige Beratungen von Bischöfen und Äbten, Ordensmeister und -komturen, Vasallen sowie Deputierten aus Riga, Reval und Dorpat, zu denen man an einem zentral gelegenen Ort (meist in Wolmar oder Walk, manchmal auch in Wenden) zusammenkam. Der auf einer solchen Ständeversammlung eingefädelte Vertrag von Kirchholm, durch den Orden und Erzbischof die Macht über Riga unter sich aufteilten, beruhigte die Situation für immerhin drei Jahrzehnte. Gerade im 14. Jahrhundert hatten mehrere ernannte Erzbischöfe von Riga sich dort überhaupt nie aufgehalten, weil sie zu sehr damit beschäftigt waren, am päpstlichen Hof Ordensinteressen abzuwehren und die ihnen zustehende Stadtherrschaft über Riga rechtlich abzusichern.

Viele der Landtagsbeschlüsse beeinträchtigten die lettischen und estnischen Bauern, die ihre früheren Freiheiten im 15. Jahrhundert verloren. Um sich der Erbuntertänigkeit zu entziehen, drängten sie gerade jetzt in die Städte, obwohl »Undeutsche« auch dort nicht mehr zu Bürgern aufsteigen, sondern nur mehr bloße »Einwohner« sein konnten. Der Grundsatz, dass Stadtluft nach Jahr und Tag frei macht, galt aber weiterhin - sehr zum Leidwesen der ritterlichen Gutsherren, deren wirtschaftliches Standbein die Getreideausfuhr bildete. Arbeitskraft war unterdessen auch in den Städten gern gesehen, was Forderungen an die Städte, die »Läuflinge« herauszugeben, oft scheitern ließ.

Aus Furcht vor Revolten der Bauern fiel 1507 auf einem Landtag in Wolmar die kurzsichtige und folgenschwere Entscheidung, Esten und Letten als eines ihrer letzten Rechte das des Waffentragens zu nehmen. Die Gefahr, die der Livländischen Konföderation von Osten her drohte, seit der Moskauer Großfürst Ivan III. 1478 Novgorod vereinnahmt hatte, wurde weiterhin verkannt; dabei hatte Ordensmeister Wolter von Plettenberg bereits 1502 am Smolina-See nur mit Glück einen russischen Angriff zurückschlagen können. Nach der Reformation, die in Livland rasch und nachhaltig Einzug hielt, verzichtete Wolter darauf, nach dem Vorbild Albrechts von Brandenburg-Ansbach, des Hochmeisters in Preußen, weltliche Herrscherwürden anzunehmen. Ohne dass der Staatenbund folglich säkularisiert war, verkündete 1554 ein Wolmarer Landtag die völlige Glaubensfreiheit in ganz Livland, womit die Bischöfe auf den Status reiner Territorialherren herabgesetzt waren. Der Untergang der Livländischen Konföderation schien angesichts solch absurder Verhältnisse eingeläutet.

Zu ihrem »Totengräber« wurde jedoch der Moskoviter Ivan IV. (der Schreckliche), als er 1558 den Livländischen Krieg auslöste. An einen militärischen Sieg des Ordens glaubte fast niemand; und mit der Feldschlacht bei Ermes/Ērģeme im Jahre 1560 zerschlugen sich die allerletzten Hoffnungen. Da Hilfe aus dem Heiligen Römischen Reich kaum zu erwarten war, wandten die livländischen Landesherren sich verzweifelt an andere Mächte, die auf diesen Moment nur gewartet hatten. Reval und die Harrisch-Wierische Ritterschaft in Nordestland huldigten 1561 der schwedischen Krone, während der Ordensmeister und der Rigaer Erzbischof bei Polen-Litauen Schutz suchten. Auch Dänemark erschien wieder auf der Bildfläche, allerdings als Verbündeter der Moskoviter. Im Gegensatz zu diesen ging es, als der Livländische Krieg nach 25 grausamen Jahren endete, nicht leer aus: Seine hauptsächliche Ausbeute, einen großen Teil der estni-

➢ *Die Ruine der Ordensburg Ludza*

schen Insel Ösel/Saaremaa, behielt es immerhin bis 1645.

Den Deutschen aus Livland, die im November 1561 in Wilna dem polnischen König und litauischen Großfürsten Sigismund II. August huldigten, wurde das »Privilegium Sigismundi Augusti« zuteil. Aus diesem konnten weit reichende Vorrechte abgeleitet werden – evangelisch-lutherischer Gottesdienst nach »Augsburger Konfession«, hohe Gerichtsbarkeit über die weiterhin schollenpflichtigen Bauern sowie Indigenatsrecht bei Ämterbesetzungen, d.h. die rechtliche Grundlage für ein einheimisches Beamtentum. Da das Original der Privilegienliste schon bald unauffindbar schien, wurde immer wieder der Verdacht laut, dass es bei ihrer Zusammenstellung nicht mit rechten Dingen zugegangen sei.

Das Herzogtum Kurland und Semgallen

Während Nordestland rechtlich 1561 und schließlich durch den Friedensschluss mit Moskau 1583 unter schwedische Herrschaft kam, wurde das Gebiet vom heutigen Südestland bis zur Düna 1561 bzw. in vollem Umfang 1582 polnisch. Eine etwas andere Entwicklung nahmen Kurland und Semgallen: Es entstand ein gleichnamiges weltliches Herzogtum, das Gotthard Kettler, der letzte livländische Ordensmeister, 1562 von der polnischen Krone als Lehen empfing. Das endgültige Verhältnis des Herzogtums zum polnisch-litauischen Gesamtstaat regelte sich 1569, als Polen und Litauen nach Abschluss des Lubliner Unionsvertrages in eine Realunion eintraten. Bis dahin hatte – seit der Vermählung des litauischen Großfürsten Jogaila (Jagiello) mit der polnisch-ungarischen Königstochter Jadwiga (Hedwig) im Jahre 1386 – lediglich eine Personalunion zwischen beiden Ländern bestanden.

Die Territorien, die das Herzogtum Kurland und Semgallen umfassen sollte, musste Kettler teils erst noch erwerben. Das Bistum Kurland bzw. Stift Pilten war 1559 an den dänischen König Frederik II. verkauft worden. Als neuer Landesherr trat dessen Bruder, Herzog Magnus von Holstein, der zeitweise mit einer Nichte Ivans IV. verheiratet war, in die Nachfolge der Bischöfe. 1585, zwei Jahre nach Magnus' Tod, kaufte Polen den Dänen die alten Bistumsterritorien ab; da es sich die vereinbarte Summe aber selbst leihen musste, blieben sie einstweilen verpfändet. Später standen die Gebiete mal direkt unter polnischer Hoheit und mal unter der der kurländischen Herzöge. Den ebenfalls verpfändeten Landstrich um das heutige Liepāja (Libau) konnte Polen gar nicht erst einlösen; die Herzogsdynastie arrangierte deshalb eine Hochzeit, bei der er als Mitgift eingebracht wurde.

Noch aus einem anderen Grunde hatte Kettler keinen leichten Stand: Er entstammte einer westfälischen Landadelsfamilie und nicht, was ihm mehr Respekt verschafft hätte, einem bereits eingesessenen baltischen Geschlecht. Auch wenn dadurch, dass Kettler alle vormals ordenseigenen Ländereien übernehmen konnte, immerhin zwei Fünftel Kurlands seine Hausmacht bildeten, kam er nicht umhin, dem kurländischen Adel noch mehr Rechte zuzugestehen, als dieser unter Verweis auf das »Privilegium Sigismundi Augusti« ohnehin hätte einfordern können. Das Selbstbewusstsein der Adligen war nicht zuletzt deshalb so groß, weil Kurland im Livländischen Krieg nicht durch Polen-Litauen hatte befreit werden müssen. Dagegen waren nördlich der Düna sämtliche Gebiete mit Ausnahme Rigas und Revals mindestens einmal im Laufe des Krieges von Moskauer Truppen erobert worden.

Die Zeit des Herzogtums Kurland und Semgallen wird von der lettischen Geschichtsschreibung in einem tendenziell positiven Licht gesehen, und dies aus mehreren Gründen: Zum einen erging es denjenigen Letten, die auf den so zahlreichen Herzogsgütern arbeiteten, nicht schlecht; eine härtere Behandlung drohte nur beim übrigen Adel. Zum anderen eröffnete sich zahlreichen Letten die Möglichkeit, einen Handwerksberuf zu erlernen, da im 17. Jahrhundert in ganz Kurland Manufakturbetriebe geschaffen wurden. Der dadurch erzielte wirtschaftliche Aufschwung schließlich verbesserte die Lage fast aller Bewohner Kurlands und Semgallens.

Der Herzog, der alles das zuwege gebracht hatte, war Jakob Kettler, ein Enkel Gotthards. Bevor er 1642 die Regierungsgeschäfte übernahm, hatte er sich in England, Holland, Frankreich und anderen Ländern umgesehen und dabei wertvolle Erfahrungen gesammelt. Zu seiner merkantilistischen Wirtschaftspolitik gehörte sogar der Erwerb zweier überseeischer Kolonien: Die eine lag am Gambia in Westafrika und hatte die Sankt-Andreas-Insel zum Zentrum, bei der anderen handelte es sich um die Antilleninsel Tobago.

Jakobs Bemühen, innen- wie außenpolitisch Konflikte zu umgehen, half ihm wenig, als ein schwedisch-polnischer Thronstreit unter Beteiligung anderer Mächte in den Ersten Nordischen Krieg (1655–1660/61) mündete. 1658 fielen die Schweden in das Herzogtum ein, verwüsteten es und raubten die Handelsflotte, auf die sich aller Wohlstand Kurlands gründete. Jakob selbst hielten sie für zwei Jahre auf der Festung Ivangorod bei Narva gefangen. Nach dem Frieden von Oliva tat der Herzog alles, um Kurland wieder zur alten Blüte zu verhelfen, doch starb er 1682, ohne dieses Ziel erreicht zu haben.

Auch vom Zweiten oder Großen Nordischen Krieg (1700–1721) erfasst, geriet das Herzogtum zunehmend unter den Einfluss Russlands, wenngleich die formelle Abhängigkeit von Polen bis 1795 bestehen blieb. Der gerade für mündig erklärte Herzog Friedrich Wilhelm, der 1710 in Petersburg die Nichte Peters I. und spätere Zarin Anna Ivanovna ehelichte, starb im Januar 1711 kurz nach Antritt der Rückreise. 1726 sollte die Witwe mit dem sächsischen Grafen Moritz, einem Sohn Augusts des Starken, verheiratet werden, der aber plötzlich seinen politischen Rückhalt verlor und, sogar geächtet, unter abenteuerlichen Umständen aus Kurland fliehen musste. Als die Dynastie der Kettlers 1737 endgültig erloschen war und sich nicht wenige um die Nachfolge bewarben, erreichte Anna Ivanovna mit diplomatischem Geschick, vor allem jedoch auf finanziellem Wege, dass ihr Favorit Ernst Johann Biron zum neuen Herzog gewählt wurde. Die Reichtümer, die dieser durch das Zutun der Zarin hatte anhäufen können, erlaubten ihm eine recht pompöse Hofhaltung – beim Anblick von Birons Schlössern in Mitau/Jelgava und Ruhenthal/Rundāle wären die Herzöge aus dem Hause Kettler wohl allesamt erblasst. Die Fertigstellung jener Paläste verzögerte sich durch eine zeitweilige Verbannung ihres Bauherrn nach Sibirien. Im Laufe dieser 22 Jahre wurde noch einmal der Sohn eines sächsischen Kurfürsten und polnischen Königs, diesmal Augusts III., für die Herzogswürde auserkoren; viele Anhänger Birons verweigerten ihm jedoch die Gefolgschaft.

Birons Sohn Peter war der letzte Herzog von Kurland. Nachdem Polen 1795 zum dritten Mal und nunmehr vollständig geteilt worden war, sodass das Herzogtum keinen übergeordneten Landesherrn mehr hatte, beschlossen die Adligen im kurländischen Landtag, sich bedingungslos dem Zarenreich zu unterwerfen. Peter Biron dankte unmittelbar danach ab. Eine Alternative zum Zaren als neuem Machthaber gab es in jenem Jahr auch für das Stift Pilten nicht, das im 18. Jahrhundert als eine Art Adelsrepublik fortexistiert hatte. Doch wieder hatte Kurland sich einer neuen Macht auf eine Weise angegliedert, die eine Gleichbehandlung mit durch Krieg erkämpften Gebieten ausschloss. Heute findet man in den Landesteilen Kurland und Semgallen die prächtigsten Gutshäuser auf dem Boden Lettlands. Etliche davon entstanden wenige Jahre nach der Anbindung an Russland.

Die Polen- und die Schwedenzeit in Livland

Die nördlich der Düna gelegenen Gebiete Lettlands – nur mehr auf sie und auf die Südhälfte des estnischen Siedlungsraums bezog sich in nachmittelalterlicher Zeit der Name Livland – erlebten, ehe sie im Großen Nordischen Krieg an Russ-

land übergingen, zunächst eine polnisch-litauische und dann eine schwedische Herrschaftszeit.
Livlands Adel war schon bald nach Ende des Livländischen Krieges nicht mehr gut auf die polnischen Herrscher zu sprechen; lediglich im Rigaer Rat konnten diese sich noch auf eine polenfreundliche Partei stützen. Unzufrieden war man, weil die 1561 erfolgte Zusicherung des lutherischen Glaubens nicht recht eingehalten, sondern eine allmähliche Rekatholisierung eingeleitet wurde. Die Wegbereiter des Luthertums hatten in den 1520er Jahren nicht zuletzt dadurch Zulauf gehabt, dass sie erstmals Predigten auf Lettisch und Estnisch hielten. Für den Jesuitenorden lag es daher nur nahe, sich die gleiche Methode zu Eigen zu machen. Unter den einheimischen Völkern gewann er damit viele Schäflein für die römische Kirche zurück. Bezeichnenderweise war das 1585 gedruckte erste Buch in lettischer Sprache ein katholischer Katechismus; ein evangelischer folgte erst eineinhalb Jahre später.
Manche Hoffnungen des Adels richteten sich auf die Schweden. 1601 rückten diese unter Herzog Karl von Södermanland erstmals bis zur Düna vor. Den schwedischen Heereszug hatte Sigismund III. Wasa, der sowohl die schwedische als auch die polnische Krone trug und selbst Katholik war, heraufbeschworen, indem er auch den Norden Estlands für polnisch erklärt hatte. 1605 mussten die Schweden nach einer von Litauern und Polen gewonnenen Schlacht zunächst wieder aus Livland weichen. Mehr Kriegsglück konnte Schwedens neuem König Gustav II. Adolf zugetraut werden, der 1611 den Thron bestieg und dem es bald gelang, Ostkarelien und Ingermanland einzunehmen, sodass Russland durch den anschließenden Friedensvertrag von Stolbowa (1617) vollkommen von der Ostsee abgeschnitten wurde.
1621 setzte Gustav Adolf seinen Eroberungszug dann in Livland fort, wo er zunächst Riga erfolgreich belagerte. Seine weiteren Landgewinne sicherte er 1629 durch den Waffenstillstand von Altmark ab, dem zufolge nur Lettgallen/Latgale weiterhin polnisch blieb. Für diesen (erst 1772 bei der Ersten Polnischen Teilung an Russland gefallenen) Teil der heutigen Republik Lettland wurde damals der Name »Polnisch-Livland« gebräuchlich; offiziell bildete er die »Woiwodschaft Inflanty«. Die Gegenreformation kam hier voll zum Zuge, begleitet von der paradox anmutenden Erscheinung, dass die Letten ihre Sprache und ihr Volkstum bewahrten, wohingegen der ursprünglich deutsche Adel bald durch und durch polonisiert war.
Im übrigen Livland stellten sich, nachdem die Schweden ihre Verwaltung aufgebaut hatten, erste Enttäuschungen bei den Deutschen ein, da ihre Steuerlast unerwartet hoch bemessen wurde. Als 1655 der Erste Nordische Krieg ausbrach und einem russischen Vormarsch erst vor den Toren Rigas Einhalt geboten werden konnte, stand man gleichwohl entschlossen an der Seite der Schweden und atmete erleichtert auf, dass nach Kriegsende am territorialen Status quo von 1655 festgehalten wurde.
Die vier Jahrzehnte zwischen dem Ersten und dem Zweiten bzw.

Großen Nordischen Krieg decken sich ziemlich genau mit der Regierungszeit Karls XI. - des »Bauernkönigs«, wie Letten und Esten ihn noch heute nennen. Eine Erleichterung der Lage der Landbevölkerung ergab sich unter Karl XI. daraus, dass für die Pflichten eines Bauern gegenüber seinem Gutsherrn, so hart sie auch weiterhin sein mochten, einheitliche Normen festgelegt wurden. Zu einer gleichzeitigen Schwächung des Adels führte die so genannte »Güterreduktion«. Im Rahmen dieser auch im übrigen Schweden veranlassten Maßnahme wurden alle Ländereien, die ursprünglich Staatseigentum gewesen und erst in jüngerer Zeit zu Privatbesitz geworden waren, wieder eingezogen. Wer kein seit langem bestehendes Besitzrecht über seinen Grund und Boden urkundlich belegen konnte, musste damit rechnen, diesen zu verlieren. Der nach einem derartigen Vorgang unvermeidliche Konflikt zwischen Adel und Krone spitzte sich weiter zu, als 1694 die alte Landesverfassung außer Kraft gesetzt wurde. In der Folge sympathisierten die meisten Enteigneten mit einem schwedenfeindlichen Bündnis, zu dem sich 1699 Russland, Dänemark und Sachsen-Polen zusammentaten und das entschlossen war, dem »Dominium maris Baltici«, der schwedischen Herrschaft über den Ostseeraum, ein Ende zu bereiten.

Der Große Nordische Krieg (1700–1721) zog verschiedene Teile Europas in Mitleidenschaft, keinen jedoch so sehr wie das Baltikum, das (vor allem infolge eines Ausbruchs der Pest) über ein Drittel seiner Bevölkerung verlieren sollte. Anfangs sah es durchaus so aus, als ob Schweden seine Stellung behaupten würde - Dänemark konnte bereits im August 1700 zum Frieden von Travendal gezwungen werden. Erst dadurch, dass er im weiteren Verlauf viel zu kühn operierte, unterlag Schwedenkönig Karl XII. 1709 in der entscheidenden Schlacht bei Poltava in der Ukraine. Zum großen Gewinner des Krieges wurde Russland: Zar Peter I. konnte seinem Reich die späteren »Ostseeprovinzen« Livland und Estland einverleiben und damit Russlands »Fenster nach Europa« aufstoßen.

➢ Das Dannensternhaus, eines der bedeutendsten Bauwerke der Schwedenzeit in Riga

Livland und Kurland als Teile des Zarenreichs

Die Kriegsereignisse verschlugen das Baltikum gleichsam von der Peripherie einer Großmacht an die einer anderen. Nach dem 1721 geschlossenen Frieden von Nystad (=

Uusikaupunki in Finnland) bildeten Estland und Livland jeweils ein russisches Gouvernement. Unter Livland war ein Gebiet zu verstehen, das neben Riga auch beispielsweise Dorpat/Tartu und Pernau/Pärnu sowie die Insel Ösel/Saaremaa einschloss. Kurland wurde, als es 1795 seine weitgehende Selbständigkeit aufgeben musste, ebenfalls zu einem Gouvernement bzw. einer Ostseeprovinz des Zarenreichs, während Inflantien, das heutige Latgale (Lettgallen), ab 1772 zum innerrussischen Gouvernement Vitebsk gehörte.

Die meisten Städte und Festungen Livlands waren 1710 in die Hände des Zaren gefallen. Sogleich konfrontierten die baltischen Deutschen ihn mit dem alten »Privilegium Sigismundi Augusti« und wünschten dessen Bestätigung. Ohne die Echtheit des Dokuments in Zweifel zu ziehen, erfüllte Peter der Große diese Forderung. Die schwedische Güterreduktion wurde rückgängig gemacht; und die Ritterschaften konnten in weitgehender Autonomie – frei nach der Losung »Treue dem Zaren, aber der Zar ist fern« – die Landesverwaltung in ihre Hand nehmen: Die Kirche blieb lutherisch und das Deutsche weiterhin Amtssprache. Das Haus Romanow hatte in den Deutschbalten verlässliche Untertanen, die sich große Verdienste um das Russische Reich erwarben. Dabei ist an Wissenschaftler ebenso wie an führende Generäle im Krieg gegen Napoleon zu denken, auch wenn deren bedeutendster, Feldmarschall Barclay de Tolly, zufällig zu den wenigen im livländischen Adel zählte, die nicht deutschstämmig waren.

Die Bauern wurden nach 1721 endgültig zu Leibeigenen und konnten (anders als unter schwedischer Herrschaft) nicht auf lindernde Maßnahmen des Monarchen hoffen, da die unteren Schichten im übrigen Zarenreich gleichermaßen entrechtet waren. Die Ersten, die der Landbevölkerung im Geiste der Aufklärung begegneten, waren Angehörige der pietistischen Herrnhuter Brüdergemeine. Ihr Stifter, der Graf von Zinzendorf, unternahm 1736 sogar selbst eine Reise nach Livland und gab Anstöße für eine Erneuerung des Gemeindelebens der Letten und Esten.

Der als Hauslehrer an verschiedene Orte Livlands gelangte Pfarrerssohn Garlieb Merkel hatte gegen Ende des Jahrhunderts immer noch Anlass zu klagen, dass die Art, wie deutschbaltische Gutsherren ihr Recht auf die so genannte »Hauszucht« auslegten, zu himmelschreienden Exzessen führe. In seinem für damalige Verhältnisse mutigen Buch »Die Letten« schilderte er viele Vorkommnisse, die ihm bekannt geworden waren, z.B. Fälle, in denen ein Knecht schon auf bloßen Verdacht hin so schwer misshandelt worden war, dass die Bestrafung nach einem erwiesenen Vergehen gar nicht mehr schlimmer hätte sein können. – Merkel griff in seinem Buch Ideen der Aufklärung auf und bald stand er damit nicht mehr allein. Aufklärerische Ideen hätten im Russischen Reich seinerzeit kaum Verbreitung gefunden, hätten nicht gerade Angehörige deutschbaltischer Adelsgeschlechter sie, wenn auch spät, rezipiert und weitergetragen. Zur Bauernbefreiung kam es in Kurland 1817 und in Livland 1819, und dies immerhin durch Antriebskräfte aus den eigenen Reihen des Adels und zudem wesentlich früher als im übrigen Zarenreich (einschließlich Lettgallens), wo die ländliche Bevölkerung erst 1861 aus der Leibeigenschaft entlassen wurde.

Zu dieser Zeit gab man in den Ostseeprovinzen bereits das an die Stelle der Leibeigenschaft getretene System der Fronpacht wieder auf, auch wenn es dazu vieler überzeugender Worte des »Liberalen« Hamilkar von Fölkersahm (1811-1856) bedurft hatte. Nach seiner Bauernverordnung hatten endlich auch Letten die Möglichkeit, Grund und Boden zu erwerben, was ihnen überdies durch Unterstützungen aus Kreditkassen erleichtert wurde.

Mit der ökonomischen Besserstellung ging bei den Letten der Prozess einer Bewusstwerdung als Nation einher. Hatte man sich früher nach einer akademischen Ausbildung und dem daraus resultierenden sozialen Aufstieg ganz der deutschen Lebenswelt zugeordnet, so zog die Universität in Dorpat/Tartu jetzt Studenten an, die sich selbstbewusst als »Letten« einschrieben. Der Erste, der dies tat, war Krišjānis Valdemārs (1825-1891), ein Mitbegründer der so genannten »Jungletten«-Bewegung. Im damaligen Dorpat entschied sich auch das Aussehen der heutigen lettischen Nationalflagge, denn die dortige Studentenverbindung »Lettonia« wählte in Anlehnung an eine in der Livländischen Reimchronik geschilderte Begebenheit die Kombination Dunkelrot-Weiß-Dunkelrot als Burschenschaftsfarben - noch ohne dabei einen künftigen Nationalstaat Lettland vor Augen zu haben.

Die zunächst bescheidenen emanzipatorischen Bestrebungen der Letten wie auch Esten fielen in eine Zeit, in der im Zarenreich eine Politik der Vereinheitlichung seiner verschiedenen Teile vorangetrieben wurde. Die bis dahin deutschsprachig verwalteten Ostseeprovinzen sahen sich in diesem Zusammenhang einer massiven Russifizierung

➢ *Detail der Wandbemalungen im Gutshaus Ungurmuiža bei Straupe, entstanden um 1750*

ausgesetzt. Fatalerweise empfanden viele Letten anfangs Genugtuung darüber, dass so manches deutschbaltische Sonderrecht beseitigt wurde, und erkannten nur zögerlich, dass dies keineswegs zu ihren Gunsten geschah. An allen Schulen, auch den privaten, sollte nun Russisch alleinige Unterrichtssprache sein; und auch vor Gericht war fortan keine andere Sprache zulässig. Orthodoxe Geistliche warben fanatisch für den Übertritt in ihre Kirche, während die Lutheraner nur mehr als eine Art Sekte toleriert wurden.

Eine Beruhigung der mit zunehmender Industrialisierung auch sozial immer angespannteren Lage konnte von dieser Art Politik nicht ausgehen. In den 1890er Jahren kam es bereits vereinzelt zu Streikaktionen und Straßenkämpfen, gleichsam den Vorboten eines größeren Aufruhrs. Im Januar 1905 schließlich, wenige Tage nach dem Petersburger »Blutsonntag«, bewegte sich in Riga ein Arbeiterprotestzug aus der Moskauer Vorstadt auf die Innenstadt zu. Rücksichtslos wurde wie in Sankt Petersburg, so auch hier auf die demonstrierenden Arbeiter geschossen. Die Unruhen griffen nun auf andere Städte und von dort aufs flache Land über, wo das ganze Jahr hindurch Gutshäuser in Brand gesteckt wurden. Erbarmungslose Strafexpeditionen und das Niederbrennen Tausender Bauerngehöfte waren die Antwort. Von den Mitgliedern der Lettischen Sozialdemokratischen Arbeiterpartei (LSDSP) wurden mehrere Hundert hingerichtet; andere retteten ihren Kopf, indem sie ins westliche Ausland flüchteten.

Im Revolutionsgeschehen von 1905 schwangen national-lettische Töne mit, die sich aber nach wie vor kaum mit der Forderung nach staatlicher Unabhängigkeit verbanden. Ziel war zu dieser Zeit eher eine weit reichende Autonomie für den lettischen Siedlungsraum, wobei eine Verlegung der Gouvernementsgrenzen in Anpassung an die Siedlungsraumgrenze zwischen Letten und Esten verlangt wurde. In dem knappen Jahrzehnt bis zum Ersten Weltkrieg kam es hierzu nicht, wohl aber zu wirtschaftlicher Gesundung und zu Verbesserungen beispielsweise in der Schulbildung; und auch das Vereinswesen blühte auf. Die verschiedenen Nationalitäten (Letten, Russen, Deutsche, Juden, Polen) gingen unterdessen kaum aufeinander zu; die Gräben zwischen ihnen hatten sich durch die Revolution von 1905 vielmehr dauerhaft vertieft.

Vom Ersten Weltkrieg zum Freiheitskrieg

Durch die deutsche Besetzung Litauens und Kurlands war das Baltikum von April 1915 bis August 1917 längs der Düna/Daugava geteilt. Kaum hatte General Ludendorff alle vom Reich okkupierten Gebiete nördlich und östlich von Ostpreußen zum »Land Ober-Ost« zusammengefasst, spukten in einigen Köpfen bereits völkisch-rassisch motivierte Gedanken an Raumgewinnung für das Deutschtum und an eine Eindeutschung oder notfalls Abdrängung der lettischen Bevölkerung. Dies entsprach nicht dem Denken der Deutschbalten; sehr aufgeschlossen zeigten Letztere sich jedoch für Pläne, die bisherigen Provinzen Liv-, Est- und Kurland dem Deutschen Reich anzugliedern. Die staatsrechtlichen Modelle, die sie dabei favorisierten, reichten von einem vereinigten baltischen Herzogtum und womöglich einer Personalunion mit Preußen bis hin zu einem Staat unter preußisch-deutschem Schutz. Derartige Möglichkeiten schienen greifbar, als die Februarrevolution von 1917, die den Sturz des Zaren herbeiführte, den Deutschen eine Verlagerung der Frontlinien erlaubte: Ab August nah-

➢ *Die heutige lettische Nationaloper wurde seinerzeit als Theater der Rigaer Deutschen errichtet*

men sie den Großraum Riga und die estnischen Inseln ein; die nördlichen lettischen Gebiete und das estnische Festland folgten Anfang 1918.
Schon vor der Absetzung des Zaren waren Regimenter aus lettischen Freiwilligen, den »Strēlnieki« (Schützen), gebildet und russischem Kommando unterstellt worden. Im Verlaufe der Revolution schwenkten die meisten »Strēlnieki« auf die Seite der Bolschewiken um und wurden zu regelrechten Elitetruppen Lenins. Als im November und Dezember 1918 nach der Kapitulation der Mittelmächte die meisten deutschen Soldaten aus dem Baltikum abrückten, halfen die roten Schützenregimenter in Lettland einer Räteregierung unter Pēteris Stučka, der bis dahin Lenins Volkskommissar für Justiz gewesen war, an die Macht. Gerade noch rechtzeitig vor einer Ankunft der Roten in Riga - in Valka (Walk) standen sie bereits - wurde am 18. November 1918 die bürgerlich-demokratische Republik Lettland ausgerufen und Kārlis Ulmanis, der Vorsitzende des Bauernbundes, als deren Ministerpräsident eingesetzt. Die bürgerlichen Kräfte waren der Sowjetmacht damit zwar zuvorgekommen, mussten ihr aber mangels militärischen Rückhalts das Feld räumen. Deutsche Militärpräsenz im Baltikum wurde unterdessen weiter geduldet, solange sie der Zurückdrängung des Bolschewismus diente. So erklärt sich, dass die nach Liepāja (Libau) geflohene Regierung Ulmanis in den ersten Monaten des Jahres 1919 sowohl von den Entente-Mächten als auch von deutschbaltischen Korps sowie den teils erst noch mit Landversprechungen angeworbenen Kräften unter der Führung von General Rüdiger von der Goltz geschützt wurde. Besonders der Landzusagen wegen, auf die Ulmanis sich unmöglich einlassen konnte, war das gute Einvernehmen nicht von Dauer: Im April wurde deutscherseits gegen Ulmanis geputscht und noch eine dritte Regierung eingesetzt, die eher Marionettencharakter hatte. Der nächste Schritt war ein von Baron Hans von Manteuffel angeführter waghalsiger Vorstoß auf Riga am 22. Mai 1919. Dass er auf Anhieb gelang, lag teilweise daran, wie enttäuscht man dort von der kommunistischen Regierung Stučka war. Sie hatte hohe Erwartungen geweckt und anfangs eine Mehrheit der Bevölkerung hinter sich gehabt, dann jedoch das tägliche Schwinden dieser Zustimmung mit Terror beantwortet.
Der handstreichartige Militärerfolg in Riga rief die Esten auf den Plan: Um jeden Preis wollten sie eine deutschbaltische Restauration verhindern. Und tatsächlich konnten sie, unterstützt von Letten, die dem Kommando der Regierung Ulmanis unterstanden, bei Cēsis (Wenden) den weiteren Vormarsch der Deutschen stoppen. Damit erledigte sich auch deren antibolschewistisches »Mandat«, sodass Ulmanis jetzt ungehindert in Riga die Regierungsgeschäfte übernehmen konnte. Kriegsschauplatz blieb nur noch der äußerste Osten Lettlands, wo viele der aus Riga verjagten roten Schützen Stučkas ausharrten. Stučka selbst war es übrigens, der die Forderung, dass zu einem lettischen Staat auch Lettgallen gehören müsse, Lenin gegenüber erho-

ben hatte. Russland schloss im August 1920 Frieden mit den Letten, wobei jeglicher Gebietsanspruch »auf ewige Zeiten« negiert wurde.

Die Zwischenkriegszeit

Als erste einschneidende Maßnahme brachte die junge Republik eine Bodenreform auf den Weg. Die Enteignung des deutschbaltischen Großgrundbesitzes und die Schaffung zahlloser kleinbäuerlicher Hofstellen, deren Durchschnittsgröße anfangs 22 Hektar betrug, mag rein wirtschaftspolitisch von Nachteil gewesen sein – gesellschaftspolitisch gesehen war sie unumgänglich. Viele ehemalige Gutsherren blieben über das Jahr 1920 hinaus in Lettland – ihnen wurden »Restgüter« zugestanden. In Familienbesitz blieb vielfach auch das Gutsschloss; dessen finanzielle Unterhaltung gestaltete sich unter den neuen Gegebenheiten allerdings oft schwierig. Unter den Deutschen, die zu dieser Zeit im Baltikum lebten, stammte andererseits nur eine Minderheit aus Gutsbesitzerfamilien; viele waren in die Städte, vor allem nach Riga, zugewandert und hatten sich dort eine Existenz aufgebaut.

Die in den Verfassungen der baltischen Staaten damals verankerten Minderheitenrechte gelten noch heute als vorbildlich. Am großzügigsten verhielt sich in dieser Hinsicht Estland, doch auch in Lettland war Schulautonomie für nationale Minderheiten zunächst eine Selbstverständlichkeit. Im lettischen Parlament, der Saeima, saßen zeitweise bis zu fünf deutschbaltische Abgeordnete; daneben waren hier einzelne Polen, Juden und Russen vertreten.

Da die Parteienlandschaft sehr zersplittert war und Lettlands Verfassung einen stark ausgeprägten Parlamentarismus vorgab, herrschten zumeist instabile Verhältnisse – was anfangs zu verkraften war, jedoch zum Problem wurde, als Auswirkungen der Weltwirtschaftskrise hinzukamen. Keine der Regierungen, die Lettland bis 1934 hatte, blieb eine komplette Legislaturperiode hindurch bestehen, obgleich deren Dauer stets nur drei Jahre betrug. Etliche Regierungen stellte der so genannte Bauernbund in Koalition mit anderen bürgerlichen Parteien und mit Ulmanis als Ministerpräsident; es gab jedoch auch Kabinette, die von den im europäischen Vergleich weit links stehenden lettischen Sozialdemokraten geführt wurden. Die kommunistische Partei blieb offiziell verboten, schaffte es aber nach einigen Jahren, unter einem Scheinnamen mit sieben Parlamentariern, was für damalige Relationen schon recht viel war, in die Saeima einzuziehen.

Noch mehr Gefahr ging aus Ulmanis' Sicht vor allem von der faschistischen Organisation »Pērkonkrusts« (»Donnerkreuz«) aus. Um einem extremen Rechtsruck vorzubeugen, vollzog er im Mai 1934 deshalb einen Staatsstreich. Er folgte damit dem Beispiel anderer ostmitteleuropäischer Politiker, zuletzt des Esten Päts: Zwei Monate zuvor hatte auch bei den nördlichen Nachbarn der Staatsgründer von 1918 aus ähnlichen Gründen alle Macht an sich gerissen. – Auch wenn sofort alle Parteien ihre Tätigkeit einzustellen hatten und die Pressefreiheit empfindliche Einschränkungen erfuhr, kann die Ulmanis-Diktatur nur als

➢ *Nach dem Ende 700-jähriger Fremdherrschaft wurden während der Zwischenkriegszeit nationale Werte gepflegt, so auch durch die Gründung eines großen Freilichtmuseums nahe Riga*

autoritär, nicht aber als totalitär bezeichnet werden. Präsident Kviesis, das eigentliche Staatsoberhaupt, blieb noch für die Zeit, für die er gewählt war, im Amt; erst 1936 übernahm Ulmanis auch diese Funktion. Wenn er sich »vadonis« - Führer - nennen ließ, so wollte er damit weniger den deutschen Begriff, sondern eher das italienische »duce« aufgreifen: Mussolini mochte durchaus ein Vorbild für ihn sein, Hitler sicher nicht.

Wegen eines polnisch-litauischen Dauerkonflikts um das Gebiet von Wilna/Vilnius war es damals praktisch unmöglich, für das nordöstliche Europa Sicherheitsbündnisse unter Einbindung sowohl Litauens als auch Polens zu schmieden. 1934 kam immerhin eine Litauen, Lettland und Estland umfassende »Baltische Entente« zustande. Die nächsten Beistandspakte, die diese drei Länder eingehen mussten, schlossen sie bereits auf erheblichen Druck hin, nämlich absurderweise mit der Sowjetunion: Im September und Oktober 1939 bestellte die sowjetische Führung Gesandte aller drei Staaten ein und verlangte Militärstützpunkte auf deren Territorien. Von Lettland forderte sie Flugbasen bei Liepāja und Ventspils. Die Sowjets agierten dabei bereits auf der Basis eines geheimen Zusatzprotokolls zum Deutsch-Sowjetischen Nichtangriffspakt, dem so genannten Hitler-Stalin-Pakt. Es steckte künftige »Interessensphären« beider Staaten ab, wobei laut Vereinbarung vom 23. August zunächst nur Estland und Lettland in die Interessensphäre Stalins fielen und erst einem zweiten geheimen Zusatzprotokoll vom 28. September zufolge schließlich auch der größte Teil Litauens. - Viele Letten fühlten sich schon durch die bloße Tatsache, dass Deutschland nun mit der Sowjetunion kooperierte, an eine Prophezeiung ihres

1925 tödlich verunglückten Außenministers Zigfrīds Meierovics erinnert, der für diesen Fall einen zweiten Weltkrieg vorausgesagt hatte.
Die Befürchtungen verdichteten sich, als im Oktober die Umsiedlung der noch in Lettland und Estland lebenden Deutschbalten anlief. Der von der Reichsregierung angeordnete Exodus hatte etwas Zweischneidiges an sich: Kaum ein Lette oder Este weinte der ehemaligen Oberschicht viele Tränen hinterher; beunruhigt war aber fast jeder, da die Zukunft der baltischen Länder jetzt ungewisser denn je schien. Die betroffenen Deutschbalten sahen sich innerhalb von Tagen vor vollendete Tatsachen gestellt; ihre Vertretungskörperschaften waren bis zuletzt nicht in die Vorbereitungen einbezogen worden. Vermögensüberführungen in Eigenregie wurden ihnen von reichsdeutscher Seite verwehrt, doch nicht einmal in der Form, in der sie zugesagt wurden, fanden sie je statt. Zielgebiet der Umsiedlung waren die Reichsgaue Wartheland und Danzig-Westpreußen; andere Optionen schieden aus. Die Neuankömmlinge saßen dabei dem Irrtum auf, die Polen, die dieses Gebiet zuvor verlassen mussten, seien auf ähnliche Weise »entschädigt« worden wie sie selbst. Erst allmählich sickerte die Wahrheit durch.

Nach der Einverleibung durch die Sowjetunion

Für die von langer Hand geplante Okkupation der baltischen Staaten bot sich der Sowjetunion im Juni 1940 ein günstiger Zeitpunkt, da die Weltöffentlichkeit durch Hitlers »Blitzkrieg« in Frankreich abgelenkt war. Unter dem fadenscheinigen Vorwand, sie hätten den Beistandspakt mit der Sowjetunion unterlaufen, wurden die drei Regierungen – am 14. Juni die litauische und zwei Tage später die der beiden anderen Staaten – ultimativ aufgefordert, der Stationierung weiterer sowjetischer Truppen in ihren Ländern und der Einsetzung neuer, sowjetfreundlicher Regierungen zuzustimmen. Bei Wahlen zu einem »Volksparlament«, die in Lettland am 14. und 15. Juli abgehalten wurden, votierten dem offenkundig gefälschten Ergebnis zufolge 97,6% der Stimmberechtigten für eine kommunistische Einheitsliste. Am 21. Juli proklamierte das Parlament die Sowjetmacht und »erbat« die Aufnahme Lettlands in die UdSSR. Diesem »Wunsch« wurde am 5. August 1940 offiziell entsprochen. – »De jure«, d.h. als völkerrechtliches Subjekt, hat Lettland über die Eingliederung in die UdSSR hinaus fortbestanden, denn die meisten der Staaten, mit denen es diplomatische Beziehungen unterhielt, haben die Annexion nur hingenommen (die Großmächte konkret seit der Konferenz von Teheran 1943), jedoch nie anerkannt.
Seit Ende Juli 1940 stand Staatspräsident Ulmanis, den man bis dahin zum Schein im Amt belassen hatte, unter Arrest; wenig später gehörte er zu den ersten lettischen Deportationsopfern. Ulmanis starb, wie inzwischen ziemlich zweifelsfrei feststeht, 1942 in einem sowjetischen Straflager. Allein 15.000 Menschen – rund 1% der Bevölkerung – wurden in der Nacht vom 14. auf den 15. Juni 1941 aus Lettland ver-

schleppt. Insgesamt verzeichnete Lettland durch das eine Jahr Sowjetherrschaft von Juni 1940 bis Juni 1941 1,8% Bevölkerungsverlust durch Deportationen; in Litauen und Estland wurden noch höhere Prozentziffern erreicht.

Mit diesem gigantischen Verbrechen der Sowjets erklärt sich, dass die deutschen Besatzer nach dem Überfall auf die Sowjetunion vom 22. Juni 1941 zumindest im Baltikum durchaus freudig begrüßt wurden. Die Erwartung, dass Lettlands Unabhängigkeit nun wiederhergestellt würde, blieb freilich unerfüllt; das Baltikum ging zusammen mit Weißrussland in einem »Reichskommissariat Ostland« auf. Auch auf die Bestätigung alter Besitzrechte an den 1940 verstaatlichten Firmen, Banken und Grundstücken hofften viele vergeblich. Vorrang hatte wie in allen besetzten Gebieten die »Endlösung der Judenfrage«, bei der eines der düstersten Kapitel lettischer Geschichte geschrieben wurde. Heute stellt man sich zunehmend die (bis etwa 1990 weitgehend verdrängte) Frage, wie es möglich war, dass SS-Einsatzgruppenleiter Stahlecker für den zehntausendfachen Judenmord in und um Riga von Anfang an willige lettische Helfershelfer fand. Nur jeweils ein Zehntel bis ein Fünftel der jüdischen Bürger Litauens, Lettlands und Estlands haben den Holocaust überlebt. Partisanenaktionen gegen die deutsche Besatzung gab es nur in minimalem Ausmaß – offenbar weil man der einzigen Macht, die der Sowjetunion gewachsen schien, nicht verfrüht Schaden zufügen wollte. Lediglich an der Ostgrenze Lettlands schlugen sich viele Partisanen auf die Seite der Roten Armee.

Im Sommer und Herbst 1944 konnte Stalin große Teile des Baltikums zurückerobern – mit Ausnahme Kurlands, wo ein »Kessel« entstand, dessen Verteidiger bis zur deutschen Kapitulation im Mai 1945 durchhielten. Kurland diente damals vielen Letten als eine erste Brücke für ihre abenteuerliche Flucht in den Westen. Vor allem Intellektuelle, die 1941 noch das Glück gehabt hatten, auf keiner Deportationsliste zu stehen, entzogen sich auf diese Weise neuerlichen Säuberungswellen.

Tatsächlich stand die grausamste der auf Stalins Konto gehenden Massendeportationen aus dem Baltikum erst noch bevor. Diesmal, am 25. März 1949, traf es die Landbevölkerung, deren Auflehnung gegen den Eintritt in Sowchosen erstickt werden sollte. Viele Männer hausten zu jener Zeit als »Waldbrüder« (»Meža brāļi«) in den schwer kontrollierbaren Wäldern vor allem Nordkurlands und verübten von dort mit einigem Erfolg Sabotageakte. Da Stalins Schergen der »Waldbrüder« kaum habhaft wurden, verschleppten sie hauptsächlich Frauen sowie Tausende von Kindern – und erreichten schließlich, was sie erreichen wollten, nämlich dass alle, die nicht abtransportiert wurden, sich der Kollektivierung der Agrarwirtschaft letztlich fügten.

Schon im Zweiten Weltkrieg gehörten die baltischen Länder zu den Staaten mit dem höchsten prozentualen Bevölkerungsverlust durch Kriegstote. Der »Nachkrieg« gegen die Sowjetherrschaft kostete noch einmal so viele Menschenleben, denn als ab 1956 die Überlebenden der sibirischen Straflager in ihre Heimat zurückkehren konnten, waren dies weniger als 20% der 1941 und 1945-1949 Deportierten.

Die von Chruschtschow eingeleitete »Tauwetter-Periode« bescherte Wissenschaftlern und Schriftstellern für einige Jahre Freiheiten, die vor Stalins Tod undenkbar gewesen wären, und führte zu einer Rehabilitation baltischer Autoren, deren Bücher in der unmittelbaren Nachkriegszeit noch systematisch vernichtet worden waren. In Lettland regte sich damals eine nationalkommunistische Reformbewegung - die einzige ihrer Art in der damaligen Sowjetunion. Der vom stellvertretenden Ministerpräsidenten der Lettischen SSR, Eduards Berklavs, angeführte Reformflügel wagte allerdings auch für Chruschtschows Geschmack zu viel und wurde 1959 kaltgestellt. Berklavs, der lediglich vor einer Überfremdung Lettlands durch russische Industriearbeiter gewarnt hatte, durfte seine Heimatrepublik bis Anfang der 1970er Jahre nicht mehr betreten. Bei der Neubesetzung der frei gewordenen Parteiämter wurde auf Russland-Letten zurückgegriffen, d.h. auf Letten, die seit der Revolutionszeit oder schon länger in Russland gelebt hatten. Zu linientreuen Stalinisten erzogen, brachten gerade sie wenig Verständnis für nationale Empfindungen auf.

Die Russifizierung des öffentlichen Lebens setzte sich immer weiter fort. Anders als auf dem Höhepunkt entsprechender Tendenzen während der Zarenzeit wurden immerhin noch einzelne Schulfächer in der Landessprache unterrichtet; beim Einkauf und auf Behörden erreichte man auf Lettisch jedoch wenig. Zwischen Volk und Nomenklatura entstand seit den 1960er Jahren - der »Zeit der Stagnation« - eine Kluft, die nicht tiefer hätte sein können. Die demographische Entwicklung lief auf russischsprachige Bevölkerungsmehrheiten in den meisten größeren Städten hinaus. Auf dem Lande herrschte weiterhin das umgekehrte Verhältnis, doch auch hier machte sich der forcierte Zuzug aus anderen Sowjetrepubliken bemerkbar. Mit der Industrialisierung der baltischen Länder, die ihrer gewachsenen Struktur zuwiderlief, wurde ganz gezielt ihre Einbindung in den gesamtsowjetischen Wirtschaftskreislauf bezweckt. Das Ergebnis konnte nur ein ökologischer Kollaps sein, wie er rund um einzelne Chemiekombinate auch durchaus eingetreten ist. Anlagen wie diese unterstanden der Aufsicht von Moskauer Zentralstellen, die mögliche Bedenken der Republikbehörden ignorierten.

Aufbruch im Zeichen von »Glasnost«

Als Michail Gorbatschow sich »Glasnost« (Offenheit) und »Perestrojka« (Umgestaltung) zum Programm machte, war er zu der Einsicht gelangt, dass die Sowjetunion in ihrem damaligen Zustand dem sicheren Untergang entgegensteuerte; allerdings glaubte er noch an die Reformierbarkeit des Systems. Von den Balten wurde er mit seinem Angebot einer offenen Diskussion über drängende Fragen beim Wort genommen. Bei den ersten Protestkampagnen im Herbst 1986

und Frühjahr 1987 ging es sowohl in Lettland als auch in Litauen und Estland um Großprojekte, die zu neuerlichen Umweltzerstörungen geführt hätten, und damit indirekt schon um den Kern aller Probleme – die Bevormundung durch Moskau. Die Projekte wurden zurückgestellt, was den Balten das Gefühl gab, nicht länger ohnmächtig zu sein. Die im Herbst 1986 gegründete Menschenrechtsgruppe »Helsinki 86« rief für den 14. Juni 1987, den Jahrestag der ersten Massendeportation aus dem Baltikum, zu einer Kundgebung am Rigaer Freiheitsdenkmal auf. Tausende leisteten dem Aufruf Folge. Bei dieser Demonstration und zwei weiteren im Laufe desselben Jahres – am 23. August, dem Datum des Deutsch-Sowjetischen Nichtangriffspaktes, und am 18. November, dem Unabhängigkeitstag – hatten die Sicherheitskräfte noch den Befehl einzugreifen. 1988 wurden derlei Behinderungen sinnlos; die Zahl der Demonstrationsteilnehmer ging inzwischen in die Hunderttausende.
Im Oktober 1988 fanden in allen drei baltischen Hauptstädten die Gründungskongresse der Volksfronten statt. Lettland und Litauen folgten damit einem zuerst in Estland vollzogenen Schritt, nämlich alle Reformkräfte unter Einschluss des reformwilligen Flügels der Kommunistischen Partei zu bündeln. Die Volksfronten traten zunächst für eine Autonomieregelung innerhalb des sowjetischen Staatsverbandes ein und handelten insofern pragmatisch. Manche Parteifunktionäre schlossen sich den Volksfronten in der Hoffnung an, das vorhandene Protestpotenzial noch kanalisieren zu können; immerhin hatte sich schon einige Monate zuvor eine vorwiegend von Schriftstellern getragene lettische Unabhängigkeitsbewegung gebildet. Doch auch die »Latvijas Tautas Fronte« wurde von einer enormen Eigendynamik erfasst, seit sie bei den Wahlen zum Moskauer Volksdeputiertenkongress am 26. März 1989, den ersten halbfreien Wahlen in der Geschichte der UdSSR, einen überzeugenden Sieg davontrug. Die Größenordnung dieses Sieges zeigte an, dass auch viele der im Baltikum lebenden Russen nicht etwa zum Lager der »Interfront« gerechnet werden konnten. Die »Interfronten« waren als Gegengewichte zu den Volksfronten entstandene Sammelbecken derjenigen Kommunisten, für die trotz gewisser Reformbereitschaft ein Verbleib der Baltenrepubliken in der Sowjetunion Priorität hatte.
Der 50. Jahrestag des Hitler-Stalin-Paktes mobilisierte die Völker des Baltikums zu einer der größten und eindrucksvollsten friedlichen Demonstrationen aller Zeiten: Weit über eine Million Menschen bildeten am 23. August 1989 eine 600 km lange Menschenkette von Tallinn über Riga bis Vilnius. Aus Moskauer Sicht änderte die Rechtswidrigkeit des Paktes und seiner geheimen Zusatzprotokolle, deren Existenz nun zögerlich eingestanden wurde, nichts daran, dass die baltischen Republiken 1940 »Aufnahmeanträge« gestellt hatten; der dabei ausgeübte Zwang wurde geleugnet. Da es einen freiwilligen »Eintritt« der Baltenrepubliken in die Sowjetunion jedoch nie gegeben hatte und folgerichtig auch kein formel-

ler »Austritt« zu erfolgen brauchte, wurde nach den Wahlen zum Obersten Sowjet auf Republikebene im Frühjahr 1990, bei denen die Volksfront erneut weit vorne lag, die lettische Verfassung von 1922 wieder in Kraft gesetzt. Während einer Übergangsphase sollte das endgültige Verhältnis Lettlands zur Sowjetunion geklärt werden. Die westlichen Medien blickten in dieser Zeit vor allem auf Litauen, das, von Gorbatschow durch eine Wirtschaftsblockade in die Enge getrieben, seine bereits verkündete Unabhängigkeit vorerst aussetzen musste.

Am 13. Januar 1991, einem Sonntag, erschütterte eine Meldung aus Litauen die in jenen Tagen auf die Kuwait-Krise fixierte Weltöffentlichkeit: Beim Versuch sowjetischer Spezialtrupps, wichtige Einrichtungen in Vilnius zu stürmen, fanden 14 Menschen, manche von Panzern überrollt, den Tod. Exakt eine Woche später kam es zu einem ähnlichen Szenario in Riga, wo fünf Menschen sterben mussten, unter ihnen ein bekannter lettischer Filmemacher. Der vor allem auf das lettische Innenministerium gerichtete Angriff vom 20. Januar ging auf das Konto berüchtigter Sonderpolizeieinheiten des Innenministeriums in Moskau. Die Beteuerung Gorbatschows, er habe im Vorfeld nichts gewusst und einen Ministerbefehl habe es nicht gegeben, hielten im Baltikum nur wenige für glaubhaft. Innenminister auf Unionsebene war damals der lettischstämmige Boris Pugo, der während der 1970er Jahre als KGB-Chef der Lettischen Sowjetrepublik die Bespitzelung seiner Landsleute organisiert hatte. Im August 1991 am Putsch gegen Gorbatschow beteiligt, beging er nach dem Scheitern dieses Umsturzversuches, der die Welt zweieinhalb Tage in Atem hielt, Selbstmord.

Noch ehe abzusehen war, welchen Ausgang die Ereignisse in Moskau nehmen würden, verkündete Lettland am 21. August 1991 die sofortige Wirksamkeit seiner Unabhängigkeitserklärung. Der erste westliche Staat, der daraufhin diplomatische Beziehungen mit Riga aufnahm, war Island, gefolgt vom übrigen Skandinavien und am 28. August von Deutschland: Als der Bann einmal gebrochen war, zögerte plötzlich auch Außenminister Genscher nicht mehr, die Unabhängigkeit der baltischen Republiken anzuerkennen. Die Botschafter, die die Bundesrepublik damals nach Lettland und Estland entsandte, entstammten familiär beide dem baltischen Adel. Der wohlwollende Empfang, der ihnen bereitet wurde, unterstreicht, dass eine große Mehrheit der Letten und Esten zumindest nach den Erfahrungen der Sowjetära geneigt ist, das deutschbaltische Erbe positiv zu werten.

Am 4. September 1991 erkannte der Unionsrat der UdSSR die baltischen Länder formell als unabhängige Staaten an; und am 17. September konnten der damalige lettische Präsident Gorbunovs und seine Amtskollegen aus Litauen und Estland ihre Antrittsreden vor der Vollversammlung der Vereinten Nationen halten. Schneller als selbst Optimisten erwartet hatten, war man auf friedlichem Wege, wenn auch nicht gänzlich ohne Blutvergießen, am ersehnten Ziel angekommen.

➢ *Am Tag der Abstimmung über den EU-Beitritt hissten viele Bewohner Lettlands an ihren Häusern die Nationalflagge*

Das erste und zweite Jahrzehnt in zurückgewonnener Freiheit

Gerade in Lettland war nach Wiedererlangung der Unabhängigkeit eine geregelte parlamentarische Arbeit monatelang durch die Frage lahm gelegt, wer unter welchen Bedingungen als Staatsbürger gelten könne. Mit sofortiger Wirkung wurde die Staatsbürgerschaft nur denjenigen, die schon 1940 Bürger Lettlands waren, sowie deren Nachfahren zuerkannt. Bis Ende 1993 hatten immerhin aber bereits 36% der nichtlettischen Bevölkerung einen Pass der Republik Lettland. Das Gesetz, das zu dieser Zeit Konturen annahm, sah als Kriterien für alle künftigen Antragsteller eine mindestens zehnjährige Aufenthaltsdauer in Lettland, ausreichende Lettischkenntnisse und die Bereitschaft zu einem Loyalitätseid vor; außerdem behielt die Regierung in Riga sich vor, jährliche Einbürgerungsquoten zu bestimmen. Dass sie nicht noch großzügigere Voraussetzungen schuf, legten die Betroffenen ihr als Undank aus, da bei einem Referendum im März 1991 auch die meisten der in Lettland lebenden Russen für dessen Unabhängigkeit votiert hatten.

Viele Letten beschlich während der frühen 1990er Jahre die Sorge, die vermeintliche Diskriminierung russischsprachiger Bevölkerung in ihrem Land werde Russland als Vorwand dienen, den ausgehandelten Truppenabzugstermin August 1994 nicht einzuhalten. Russland erkannte jedoch, dass die vereinbarungsgemäße Räumung des Baltikums ein Prüfstein war, an dem seine künftige Verlässlichkeit generell gemessen werden würde. Auch für die Erweiterung der G7-Treffen zu G8-Gipfeln unter Beteiligung der Russen - ein wesentliches politisches Ziel Boris Jelzins - scheint US-Präsident Clinton hinter den Kulissen einen fairen Umgang mit den Balten zur Bedingung gemacht zu haben. Bis zuletzt verfolgte manche Letten gleichwohl der Alptraum, die bei ihnen stationierten Truppen könnten, wenn sie den Abzugsbefehl erhalten, sich diesem eigenmächtig verweigern.

Es ist zum Glück anders gekommen; eine solide Sicherheitslage hat sich indes erst mit der Aufnahme Estlands, Lettlands und Litauens in die NATO knapp ein Jahrzehnt später ergeben. NATO-Mitglieder wurden die drei Länder noch vor der großen Erweiterung der Europäischen Union, der sie und sieben weitere Staaten nunmehr seit dem 1. Mai 2004 angehören. Bei einer Volksbefragung im September 2003 sprach sich in Lettland eine überzeugende Mehrheit von 67% für die EU-Mitgliedschaft aus.
Um 1997 hatte es vorübergehend so ausgesehen, als würden bei der nächsten EU-Beitrittsrunde nur Estland, Polen, Tschechien, Ungarn, Slowenien und Zypern dabei sein. Die Zeit, in der die beiden südlicheren baltischen Republiken dann wieder vollen Anschluss an die Entwicklung bei ihren Nachbarn fanden und zu selbstverständlichen Beitrittskandidaten für 2004 wurden, fällt in Lettland mit der Amtszeit von Staatspräsidentin Vaira Vīķe-Freiberga zusammen. Die 1944 als Kind aus Lettland geflohene und erst 1998 aus ihrem Exilland Kanada nach Riga zurückgekehrte Wissenschaftlerin wurde zur zweiten prägenden Politikerpersönlichkeit ihres Landes während der nachsowjetischen Zeit, wobei sie auf internationalem Parkett inzwischen weit mehr Bekanntheit erlangt hat als ihr Vorgänger Guntis Ulmanis – ein Großneffe des Staatsgründers von 1918 und autoritären Herrschers der 1930er Jahre, Kārlis Ulmanis. Auf Staatsoberhäupter, die bei der Bevölkerung hohe Anerkennung genießen, scheint Lettland heute noch mehr als in der Zwischenkriegszeit angewiesen, denn die Häufigkeit von Regierungswechseln hat sich im Vergleich zu damals keineswegs verringert. Vīķe-Freiberga geht politisch teils recht eigene Wege, so zuletzt, indem sie einer Einladung zur Teilnahme an den russischen Feierlichkeiten zum 60. Jahrestag des Kriegsendes von 1945 folgte. Ihre ebenfalls eingeladenen Amtskollegen aus Estland und Litauen taten dies nicht. Sie protestierten damit gegen die Haltung der Regierenden in Moskau, noch immer nicht in vollem Umfang die Rechtswidrigkeit der Annexion der Baltenrepubliken durch die Sowjetunion anerkennen zu wollen. Die Präsidentin Lettlands sah hingegen gerade ihre Reise nach Moskau als Möglichkeit, ihrer Kritik an der dortigen Sichtweise Nachdruck zu verleihen.
Wie lange es noch dauert, bis die Beziehungen zu Russland sich einmal in jeder Hinsicht normalisiert haben werden, bleibt abzuwarten. In den Westen ist Lettland jedenfalls voll integriert und kann sich nun umso mehr auf eine Rolle als dessen »Tor zum Osten« einrichten, für die es aufgrund seiner Geschichte prädestiniert scheint.

Nordea

Riga

Riga

Über 800 Jahre ist sie jetzt alt, die Hauptstadt Lettlands und heimliche Hauptstadt des gesamten Baltikums. Um beide Rollen hat Riga nie konkurrieren müssen - von der geographischen Lage her hätten sie kaum einer anderen Stadt so berechtigt zufallen können. Die Stelle, an der Riga gegründet wurde, trennen nur wenige Kilometer von der Mündung der Daugava, deutsch Düna, die hier schon so breit ist, dass sie bis in die jüngere Vergangenheit von keiner Brücke gekreuzt wurde. Die Stadt liegt nur ein paar Meter über dem Meeresspiegel in weitgehend flacher Umgebung, in die sie sich ungehindert ausdehnen konnte - inzwischen längst an beiden Ufern der Daugava und bis zu deren Mündung, wo aus den vorhandenen Ortschaften Rigaer Vororte wurden.

Über 720 Jahre ist es her, dass die Stadt dem mächtigen Hansebund beitrat. In dessen große Zeit fühlt man sich noch immer zurückversetzt, wenn man von der Flussseite auf Rigas backsteinerne Kirchtürme blickt. Die turmreiche Silhouette erinnert sogleich ein wenig an Lübeck, und drei der bedeutendsten Lübecker Kirchen, St. Petri, St. Marien und St. Jakobi, wären in ihr, soweit es um die Schutzheiligen geht, sogar wieder zu finden; exakt so heißen nämlich auch die ehrwürdigsten Rigaer Kirchen. Eine noch engere Verbundenheit als mit Lübeck besteht für die lettische Hauptstadt mit Bremen, von wo der Überlieferung der »Aufsegelung Livlands« zufolge die ersten Kaufleute kamen, die im 12. Jahrhundert den Unterlauf der Düna bzw. Daugava befuhren und so die Voraussetzung für die Gründung Rigas schufen. Seit 1985, als Bremen Rigas Partnerstadt in der Bundesrepublik wurde, sind die im Laufe der Geschichte beider Städte kaum jemals unterbrochenen Beziehungen wieder besonders lebendig.

In der Bevölkerungsentwicklung hat Riga seine »Mutterstadt« klar übertroffen, auch wenn es heute mit nur mehr gut 700.000 Einwohnern eine schrumpfende Stadt ist. Anfang der 1990er Jahre zählte man immerhin noch um die 900.000. Die Letten stellen gegenwärtig gut 40% der Einwohnerschaft ihrer Hauptstadt; ähnlich groß ist der Anteil der Russen. Noch hinzuzurechnen sind jeweils rund 4% Ukrainer und Weißrussen, ferner Polen mit etwa 2%. Der Anteil der Letten ist damit seit 1991 merklich angestiegen. Tendenziell eine »lettische Stadt« war Riga bislang dennoch nur zwischen den Weltkriegen; und selbst da blieb es zugleich eine Vielvölkermetropole. Vor allem dies sorgte damals für ein buntes und lebhaftes Kulturleben, dessentwegen Riga bis Mitte der 30er Jahre vielen als »das kleine Paris des Nordens« galt. Die Identifikation der Letten mit ihrer Hauptstadt dürfte heute unterdessen noch größer sein

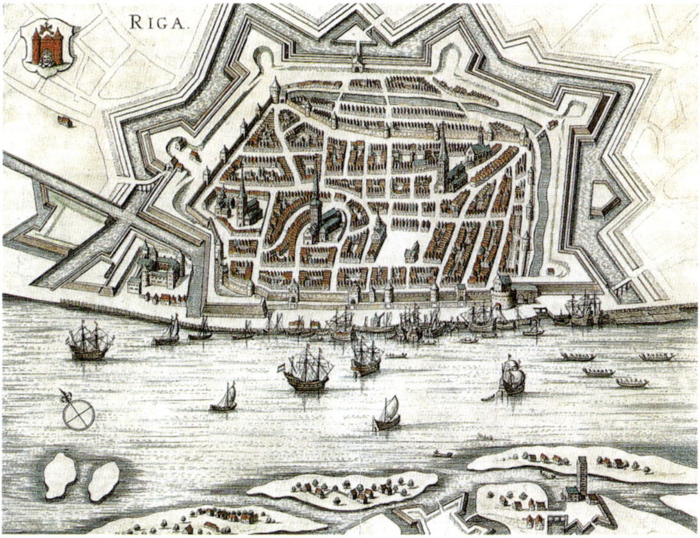

➢ *Riga auf einem Kupferstich von M. Merian, 1638*

als damals. Das hanseatische Stadtbild wird längst nicht mehr negativ als Reminiszenz an eine Zeit, in der Deutsche in Riga den Ton angaben, konnotiert, sondern als wertvolles Erbe angenommen und gepflegt. Viele macht es stolz, das Stadtzentrum seit 1997 als Weltkulturerbe verzeichnet zu wissen. Das von der UNESCO registrierte Areal umfasst sowohl die Altstadt (»Vecrīga«) - ein Gebiet, das nicht mehr als 0,16% der gesamten Stadtfläche ausmacht, das im letzten Weltkrieg zwei Zerstörungswellen ausgesetzt war und in dem dennoch die meisten bedeutenderen Sehenswürdigkeiten Rigas zu finden sind - als auch die Viertel nordöstlich davon mit ihrem einzigartigen Bestand an Jugendstilbauten. Dass hier wie dort in jüngerer Zeit viele Fassaden wieder in frischem Glanz erstrahlt sind, verdankt sich wesentlich Rigas 800-Jahr-Feier 2001, durch die entsprechenden Bemühungen eine klare Zielmarke gesetzt war. Das marktwirtschaftliche Bestreben, in guter Geschäftslage auch den letzten Quadratmeter gewinnbringend zu nutzen, hat der Altstadt derweil nicht nur Verschönerungen beschert; manches architektonische Füllwerk der letzten Jahre wirkt allerdings tatsächlich so, als sei es nur als Provisorium gedacht, und das lässt wiederum hoffen.

Geschichte

Der Bericht über Kaufleute aus Bremen und ihr durch einen Sturm verursachtes Abdriften an die Daugava-Mündung muss wohl ins Reich der Legende verwiesen werden, doch das heißt nicht, dass es unter den Ostseefahrern, die im 12. Jahrhundert via Gotland das Baltikum ansteuerten, nicht Bremer gegeben haben dürfte. Und ein Domherr aus der Weserstadt sollte 1201 schließlich zum offiziellen Gründer Rigas werden: Albert von Bekeshovede (Buxhövden), der im Jahre 1199 nach zwei glücklosen Vorgängern als Dritter mit den Würden eines »Bischofs der Liven« ausgestattet worden war. Die Siedlung, in deren Bereich vorher schon ein livischer Handelsplatz bestanden hatte, wurde vom in die Düna bzw. Daugava mündenden Rige-Bach, lettisch »Rīdzene« oder »Rīdziņa«, umflossen. Dieser schützte sie im Nordosten, Osten und Südosten; Schutz von der Südwestseite bot die Düna selbst. Der inzwischen nicht mehr vorhandene Bach bildete im Bereich der heutigen Platzanlage Alberta laukums einen schmalen See, an dem der erste Hafen der Stadt lag. Schriftlich erwähnt wurde der »locus Rige« erstmals mit Bezug auf das Jahr 1198 in der Chronik des Lettenpriesters Heinrich; Hintergrund war eine Schlacht am Rige-Bach, in deren Verlauf Alberts Vorgänger im Bischofsamt, der Loccumer Zisterziensermönch Berthold, von heidnischen Liven erschlagen wurde. Das tragische Ende Bertholds schreckte Albert nicht ab, den Bischofssitz, der sich bis dahin in Uexküll/Ikšķile befunden hatte, ausgerechnet an den ihm von den Liven angewiesenen »locus Rige« zu verlegen.

Während des ersten Jahrzehnts nach seiner Gründung scheint Rigas Anziehungskraft noch nicht so groß gewesen zu sein, dass allzu viele sich dauerhaft hier niederließen; 1211 allerdings wuchs die Stadt bereits über ihre 1201 gesteckten Grenzen hinaus, bedingt durch Bischof Alberts Entschluss zum Bau eines neuen, großen Doms außerhalb des ursprünglichen Mauerrings. Eilig vorangetrieben wurden diese Arbeiten, nachdem 1215 der erste von noch zahlreichen Stadtbränden die bisherige Bischofskirche vernichtet hatte. Die Brände taten Rigas Aufstieg keinen Abbruch; eher beschleunigten sie seine bauliche Entwicklung, da es von Mal zu Mal um einiges prächtiger wiedererstand.

Als steinern befestigte Stadt war Riga vor allem ein Bollwerk, ohne das die gewaltsame Eroberung von Liv-, Est- und Kurland wenig Aussicht auf Erfolg gehabt hätte – denn selten hielten sich während dieser frühen Phase mehr als 4000 Deutsche gleichzeitig im Baltikum auf. Von den lettischen Stämmen musste die Stadt am meisten die Semgaller fürchten, die noch in den 1280er Jahren Angriffe gegen sie richteten. Solche Gefahren setzten ihr jedoch weniger zu als der Umstand, dass die Rigaer Bischöfe, 1255 mit Albert II. Suerbeer zu Erzbischöfen aufgestiegen, und die Ordensritter, deren Burg, der »Jürgenshof«, ebenfalls innerhalb der Stadt lag, einander kaum jemals wohlgesinnt waren. War es schon mit dem Schwertbrüderorden, den Albert I. selbst mit gestiftet hatte, zu gelegentlichen Reibereien gekommen, so bestand seit der Eingliederung der Reste des Schwertbrüderordens in den Deutschen Orden im Jahre 1237 eine regelrechte Frontstellung zwischen Bischof und Orden. Die Stadt Riga ließ sich meist an der Seite des Bischofs in die Konflikte hineinziehen, da ihre Handelsinteressen vom Orden untergraben wurden.

Der Abriss einer von den Rigaer Bürgern errichteten Bachbrücke durch die Ordensleute brachte das Fass 1297 zum Überlaufen. Die Bürger schlugen im Gegenzug gleich den gesamten Jürgenshof (auch als »Burg Wittenstein« geläufig) kurz und klein. Mit der Verschleppung des Erzbischofs auf die Ordensburg Fellin/Viljandi im heutigen Estland eskalierte die Lage weiter, worauf der Erzbischof, kaum wieder auf freiem Fuß, sich gar mit den heidnischen Litauern verbündete. Der Orden brannte zwischenzeitlich das Kloster Dünamünde nahe Riga nieder, weil es mit der Stadt vertraglich im Bunde stand. 1305 erwarb er dessen Gelände und errichtete dort ein eigenes Schloss, während die Mönche ins nordestnische Padis/Padise zogen.

Nachdem auch durch den Bau einer innerstädtischen Mauer zwischen Ordensbesitzungen und Bürgerstadt kein Frieden einkehrte, endeten die Auseinandersetzungen erst 1330 mit der Kapitulation Rigas nach 13-monatiger Belagerung. Besonders bitter für die Stadt: Sie musste dem Orden auf ihre Kosten ein neues Schloss bauen. - Der Fernhandel Rigas, das 1282 Hansemitglied geworden war, konnte nun wieder aufleben. Wichtige Ausfuhrgüter waren russische Pelze, Honig, Seife und Wachs sowie später auch Getreide, Holz und Leinsaat.

Als Stadtrecht hatte Riga zunächst das gotländische übernommen, später hamburgisches; schließlich bildete sich aber ein eigenes rigisches Recht heraus, das auch anderen livländischen Städten verliehen wurde. Diese Stadtverfassung, die den Gilden eine maßgebliche Position neben dem Rat einräumte, blieb bis ins letzte Drittel des 19. Jahrhunderts gültig.

1483 flammten abermals schwere ordensfeindliche Kämpfe auf; auch diesmal wurde Riga von den Rittern in die Knie gezwungen. Die Ordensmacht wurde erst ab 1522 durch die Reformation allmählich ausgehöhlt, die infolge der aufgebrachten

➢ *Der Konventhof. Im 13. Jahrhundert stand an dieser Stelle die Burg der Ordensritter*

Stimmung gegen die Stadtherren - dies waren seit 1452 Orden und Erzbischof gemeinsam - schnell eifrige Anhänger unter den Rigaer Bürgern fand. Die angestaute Wut ließen diese vor allem am Inventar der Kirchen aus.

Das unaufhaltsame Ende Alt-Livlands wurde am 5. März 1562 im Ri-

➢ *Die Petrikirche, Rigas markantestes Wahrzeichen*

gaer Schloss besiegelt: Hier dankte Gotthard Kettler offiziell in seiner Eigenschaft als Ordensmeister ab und nahm das Herzogtum Kurland und Semgallen als polnisches Lehen entgegen. Riga unterwarf sich erst 1581 endgültig der polnischen Krone und erlebte bis dahin zwei Jahrzehnte in weitgehender Freiheit, aber auch Schutzlosigkeit. Viele hofften während dieser Zeit auf den dauerhaften Status einer (dem römisch-deutschen Kaiser untertänigen) reichsunmittelbaren Stadt.
Während der Polenzeit, die für Riga nur 40 Jahre dauern sollte, regte sich Unmut gegen die Anordnung des Königs, statt des julianischen den gregorianischen Kalender in Kraft zu setzen. Neben den mehrjährigen »Kalenderunruhen« erhitzte ein aufdiktierter Kirchentausch die Gemüter, weil die Jakobikirche dabei zu einem Stützpunkt der Gegenreformation werden sollte. Gustav II. Adolf von Schweden war den Bürgern daher durchaus willkommen, als er 1621 ihre Stadt eroberte.
Unter schwedischer Herrschaft entstand ein neues Verteidigungssystem mit gigantischen Wallanlagen. An der schwierig zu schützenden Nordwestseite waren bereits 1537 die ersten Wälle aufgeschichtet worden. Zwischen den Wällen und der alten Stadtmauer konnten Letten, die innerhalb der Stadt kein Ansiedlungsrecht hatten, ihre Holzhäuser errichten. Im Ersten Nordischen Krieg (1655–1660) erwiesen die schon fertigen Befestigungsanlagen sich als stark genug, um ein Eindringen der Russen in die Stadt zu verhindern. Die damalige Belagerung wäre freilich nicht ohne den Durchhaltewillen der Rigaer Bürger zu überstehen gewesen, und so wurden 1660 als Dankesgeste von schwedischer Seite sämtliche Ratsmitglieder geadelt. – Was die Russen damals nicht erreicht hatten, gelang ihnen im Zweiten Nordischen

Krieg (1700–1721). Als General Scheremetjew Riga 1710 für Zar Peter den Großen einnahm, wollte auch der seinen guten Willen zeigen und beließ der Stadt alle unter schwedischer Herrschaft genossenen Privilegien.

Beim Herannahen der napoleonischen Truppen im Jahre 1812 wurden zum Schutz der Altstadt vorsorglich alle Vorstädte in Brand gesteckt – völlig unnötig, wie sich herausstellte, denn der Korse zog an Riga vorbei. 1857–1863 erfolgte die Niederlegung der Befestigungswälle, da sie keine sinnvollen Erweiterungen des Stadtgrundrisses mehr zuließen. Nach der Aufhebung der Leibeigenschaft hatte bei den Letten eine Landfluchtbewegung eingesetzt, in deren Folge die 1767 ermittelte Einwohnerzahl von 16.300 sich genau 100 Jahre später bereits auf 102.600 versechsfacht hatte. 1897 wurden 255.900 Einwohner gezählt und vor dem Ausbruch des Ersten Weltkriegs waren es eine halbe Million. Als 1915 deutsche Truppen bis kurz vor die Stadt vorrückten, wurden die Bevölkerungsmassen teilweise nach Russland evakuiert. 1917 standen die Deutschen dann auch in Riga. Im darauf folgenden Jahr, wenige Tage nach der deutschen Novemberrevolution, wurde hier die bürgerliche Republik Lettland ausgerufen.

Deren Hauptstadt veränderte in der Zeit der staatlichen Unabhängigkeit bis 1940 durch eine Reihe neuer öffentlicher Gebäude ihr Gesicht; daneben entstanden eindrucksvolle Monumente wie das Freiheitsdenkmal und der Brüderfriedhof. Sowohl 1941 als auch 1944 waren erhebliche Zerstörungen zu beklagen, die danach entweder nur notdürftig kaschiert wurden oder zu Radikallösungen führten wie im Falle der Beseitigung des historischen Rathausplatzes, wo die eigentlichen Zerstörungen erst nach Kriegsende angerichtet wurden. Der konsequente Wiederaufbau der Petrikirche bildete zunächst eine rühmliche Ausnahme, ehe Anfang der 1980er Jahre auch ringsherum in größerem Umfang Restaurierungsarbeiten in Gang kamen und so mancher Altbau ansehnlich herausgeputzt wurde.

Dass Riga in dieser Zeit beinahe zu einer Millionenstadt wurde, war das Ergebnis widersinniger Industrieansiedlungs- und Zuwanderungspolitik der Sowjetregierung. Im Waggonbau beispielsweise, einem Produktionszweig mit über 100 Jahre zurückreichender Tradition in Riga, wurde in verfehlter Anknüpfung an diese Tradition für den Bedarf der gesamten UdSSR produziert, obwohl nicht nur das zu verarbeitende Metall von weit her herangeschafft werden musste, sondern Arbeitskräfte ebenso.

Inzwischen hat die Fahrzeugfertigung in der baltischen Metropole einen tiefen Niedergang hinter sich; Dienstleistungsgewerbe sind jetzt die hauptsächlichen Arbeitgeber. Hierbei profitiert die Stadt zunehmend von dem touristischen Interesse, dessen sie sich nicht erst seit Lettlands EU-Beitritt erfreut. Wenn in Riga derzeit etwas wie die sprichwörtlichen Pilze aus dem Boden schießt, so sind es Hotels.

In der Altstadt

Rund um die Petrikirche

Eine barocke Turmhaube mit drei Galeriegeschossen macht die **Petrikirche** (lett. »Pētera baznīca«), die schon 1209 als Pfarrkirche der Stadtgemeinde erwähnt wurde, zum markantesten Bauwerk in der Skyline von Riga. Sie ist ein idealer Ausgangspunkt für Stadtbesichtigungen, denn per Fahrstuhl ist es möglich, sich auf die zweite Turmplattform befördern zu lassen. Aus über 70 m Höhe hat man von dort eine großartige Aussicht über die Dächer von Riga, überblickt die gesamte Altstadt und sieht insbesondere den Dom aus einer sehr reizvollen Perspektive. In der entgegengesetzten Richtung schaut man auf die eigenwilligen Markthallen und die dahinter liegende Moskauer Vorstadt. Schade nur, dass bei den so gewonnenen Eindrücken von Riga der schönste Turm der Stadt zwangsläufig fehlt…

Die ursprünglich als einfacher Saalbau errichtete Petrikirche wurde um die Wende vom 14. zum 15. Jahrhundert großzügig erweitert und kann seitdem als die bedeutendste Leistung der Gotik im Baltikum gelten. Ihre neuen Dimensionen entsprangen dem Wunsch der Bürger, eine noch imposantere Kirche ihr Eigen zu nennen als der Erzbischof. Als Baumeister wurde Johann Rumeschottel verpflichtet, der sich vom Vorbild der Marienkirche in seiner Heimatstadt Rostock beeinflussen ließ. Rumeschottel vollendete in den Jahren 1407–1409 an der Petrikirche einen »französischen« Chor, d.h. einen Chorabschluss mit Kapellenkranz, wie er auf dem Boden Lettlands übrigens nur in diesem einen Fall verwirklicht wurde. Gleichzeitig wurde das Mittelschiff auf nun 30 m erhöht, wodurch das Gotteshaus die Gestalt einer Basilika annahm. In den Seitenschiffen stellten verschiedene Bruderschaften eigene Altäre auf, so auch die der Stauer, die für die Gewölbeeinheit über ihrem Altar ein prächtig geripptes Sterngewölbe stiftete.

Der gotische Turm aus dem späten 15. Jahrhundert stürzte 1666 ein, was zu einer völlig neuen architektonischen Lösung für die Westfront führte – erdacht von Rupert Bindenschuh (1645–1698), einem gebürtigen Straßburger. Er brachte die 1671 begonnene Realisierung 1692 zum Abschluss und gab der Petrikirche dabei ihr heutiges Aussehen, das im Westen von einer weitgehend schmucklosen Barockfassade und dem daraus aufsteigenden achteckigen Turm bestimmt wird. 1692–1694 wurde die Fassade durch drei triumphbogenähnliche Portale aus hellem Dolomit vervollständigt; als Bildhauer arbeiteten daran Johann Daniel Schauß und Johann Gerwin. Die neue Turmbekrönung, seinerzeit die höchste Holzkonstruktion der Welt, wurde 1721 vom Blitz getroffen. Diesmal

➢ *Rigaer Altstadtdächer – überragt vom hohen Turm der Petrikirche* wurde originalgetreu rekonstruiert; Zar Peter I., der am Tag des Blitzschlags zufällig selbst in Riga weilte, wies die Stadt ausdrücklich dazu an. Als wieder ein Hahn auf der Turmspitze befestigt werden konnte, schrieb man bereits das Jahr 1746. Johann Heinrich Wülbern, der die Arbeiten geleitet hatte, soll bei deren Ende auf dem Turm ein Glas Wein geleert und es anschließend hinuntergeworfen haben. »Möge der Turm so viele Jahre stehen bleiben, wie das Glas in Scherben zerspringt«, sollen dabei seine Worte gelautet haben – worauf das Glas auf einen Strohhaufen fiel und lediglich in zwei Teile brach. Dem bösen Omen zum Trotz blieb die Turmhaube jedoch weitaus länger unversehrt und könnte es auch heute noch sein, wäre sie nicht im Juni 1941 beim deutschen Vormarsch auf Riga in Brand geschossen worden.

Im Zuge des Wiederaufbaus, der sich bis 1983 hinzog (und auf eine Funktion als Ausstellungshalle, nicht als Sakralbau zielte), wurde die vernichtete hölzerne Turmkonstruktion durch eine stählerne ersetzt. Die Gewölbe des Mittelschiffs, die den Zweiten Weltkrieg ebenfalls nicht überstanden hatten, sind in Stahlbeton rekonstruiert. Was von der Innenausstattung erhalten war, wurde in den 60er und 70er Jahren restauriert, darunter das manieristische Ringenberg-Epitaph von 1611, die Gruft der Vereinigung »Blaue Garde« von 1743 und die gleichfalls aus der ersten Hälfte des 18. Jahrhunderts stammenden Grüfte der Familien Fischer und Brockhausen.

Aus dem insgesamt 123 m hohen Turm der Petrikirche erklingt viermal täglich die Melodie des lettischen Volksliedes »Rīga dimd«, zu Deutsch: »Riga dröhnt«. Der Titel findet heute nicht nur durch den üblichen Zivilisationslärm Bestätigung; man könnte ihn ebenso auf die unzähligen Straßenmusiker beziehen, die in Rigas Gassen um Gehör und kleine Gaben für ihr Können bitten. Freiluftdarbietungen dieser Art kann man auch auf dem kleinen dreieckigen Platz nördlich der Petrikirche erleben, wo die Musiker stumme Konkurrenz in Gestalt einer **Skulptur der Bremer Stadtmusikanten** anspornt: Mit diesem Geschenk wurde Riga 1990 von der deutschen Partnerstadt beehrt.

An der Nordostseite des Platzes haben Restauratoren in den 1980er Jahren die Jürgens- oder Georgskirche durch Rekonstruktion zweier romanischer Fensterbögen wieder als Sakralbau kenntlich gemacht, nachdem sie ab der Mitte des 16. Jahrhunderts als Lagergebäude gedient hatte. Die daher auch unter der Bezeichnung **Heiliggeistspeicher** bekannt gewesene **Georgskirche** bildet den letzten Rest der Schwertbrüderburg Wittenstein, auch »Jürgenshof« genannt, die aufgebrachte Rigaer Bürger 1297 vom Petrikirchturm aus mit Brandpfeilen unter Beschuss nahmen, um sie anschließend niederzureißen. In der Folgezeit wurde das zweischiffige Gotteshaus, das 1225 durch Umbauten im Südflügel der Burg entstanden war, vom Heiliggeistspital als Armenhauskirche genutzt. Seiner späteren Verwendung als Speicher wurde es im ausgehenden 17. Jahrhundert auch baulich angepasst: In die Außenwände brach man neue Fenster-

➢ *Georgskirche, Eckens Konvent und Johanniskirche*

öffnungen, im Innenraum wurden vier massive Zwischendecken eingezogen und das Dach veränderte sich durch Winden zum Hochziehen von Waren. An der rückwärtigen Fassade blieben zwei solche Warenaufzüge bei der Restaurierung bewahrt. Beim Gang hinter das Gebäude erblickt man jedoch auch die romanische Apsis, an die sich mehrere ein- und zweigeschossige Häuschen pittoresk anlehnen. Unmittelbar dahinter verteilen sich die Gebäude des noblen Hotels »Konventa sēta«, einer mit Bremer Hilfe angestoßenen Investition, über das (Anfang der 1990er Jahre noch sehr heruntergekommene) Gelände des einstigen Heiliggeistkonvents, eben des - so der Hotelname auf Deutsch - Konventhofs.

In der Georgskirche wurde nach der vorangegangenen äußerlichen Rückverwandlung zum Sakralbau das Rigaer **Kunstgewerbemuseum** oder Museum für angewandte Kunst angesiedelt; hinein gelangt man durch das an ihren Nordwestgiebel angebaute Haus.

Die dritte Kirche am Petrikirchplatz, die spätgotische **Johanniskirche** (lett. »Jāņa baznīca«), steht an der Stelle, an der Anfang des 13. Jahrhunderts Rigas erste Bischofspfalz errichtet worden war. Sie besticht durch ihren Treppengiebel, der in geradezu vollkommener Art die vertikalen Gliederungsprinzipien der Gotik mit den horizontalen der Renaissance in Einklang bringt. Entstanden ist sie, wie sich aufgrund dieser Stilmerkmale bereits ahnen lässt, um die Wende vom 15. zum 16. Jahrhundert, seinerzeit als Teil eines Dominikanerklosters, das 1234 auf dem Gelände des vormaligen Bischofshofes gegründet worden war. Von der Klosterkirche des 13. Jahrhunderts wurde u.a. ein Portal (heute durch eine Kopie ersetzt) in den neuen Bau integriert. Ein leichter Knick in dessen Außenmauer verdeutlicht die Ausnutzung jedes verfügbaren Stücks Fläche bis zur Skārņu iela (Scharrenstraße), deren Verlauf die Kirchenwand somit exakt mitvollzieht. Den einschiffigen Innenraum überspannen Netzgewölbe, die möglicherweise von denselben Meistern ausgeführt wurden wie die Gewölbe in der Danziger Marienkirche. In den Jahrzehnten nach der Reformation zunächst als Stall und Speicher zweckentfremdet, wurde die Johanniskirche 1582 der lettischen Gemeinde von Riga übergeben, die hier fortan Gottesdienste in lettischer Sprache abhalten konnte.

Der 1587–1589 angebaute dreischiffige Chor gilt als Lettlands bedeutendstes Renaissancebauwerk nach der Annenkirche in Jelgava. Er enthält einen spätbarocken Altar mit Kruzifix, den 1769 Karl Appelbaum fertigte. Die Südostwand des Chors schmücken von außen Nischen; in einer davon steht die Figur Johannes des Täufers, heute allerdings nur noch als Kopie. An der Südwestseite der Kirche gibt es zwei Nischen mit steinernen Masken. Durch den geöffneten Mund der einen soll im Mittelalter an allen Kirchenfeiertagen ein Dominikaner zur Stadtbevölkerung gesprochen und sie zur Gottesfürchtigkeit gemahnt haben. Den 1849 gleich einem Dachreiter ergänzten neogotischen Glockenturm gestaltete der damalige Stadtbaumeister Johann Daniel Felsko.

Bei dem dreigeschossigen Gebäude neben der Johanniskirche unmittelbar vor deren Giebel handelt es sich um den **Eckens Konvent**, auch Eckscher Konvent oder in lettisierter Lautung »Ekes konvents« genannt, ein Witwenheim aus dem letzten Jahrzehnt des 16. Jahrhunderts. Auch bevor Nikolaus Ecke die Errichtung dieses Hauses veranlasste, hatte es an gleicher Stelle bereits eine städtische Notunterkunft gegeben. 1618 wurde der Bau durch ein großartiges Steinrelief (»Christus und die Sünderin«, niederländische Schule) verschönert. Die seitliche Anordnung der Portale lenkt von der strengen Symmetrie der Fassade ab.

Zwischen Johanniskirche und Eckschem Konvent gelangt man durch das Tor des mittelalterlichen Dominikanerklosters in den **Johannishof** (lett. »Jāņa sēta«). Hier wurde ein Rest der im 13. Jahrhundert erbauten Stadtmauer restauriert. Einige Meter dahinter floss einst der Rige-Bach, der den Mauerverlauf bis zum Pulverturm vorgab. Falls man hinter dem Johannishof nach rechts auf die Kalēju iela (Große Schmiedestraße) abbiegt, gilt es einem farbenfrohen **Jugendstilhaus** an der Ecke zur Jāņa iela Beachtung zu schenken. Das 1903 errichtete Mietshaus mit einem Sonnenkranz am Erker ist eines von etwa 50 Rigaer Gebäuden des Architekten Paul Mandelstamm (1872–1941). Die Jāņa iela (Johannisstraße), flankiert von reizvollen älteren, nicht allzu hohen Giebelhäusern, führt zurück in Richtung Johannis- und Petrikirche.

Kunstgewerbemuseum (Dekoratīvi lietišķās mākslas muzejs), Skārņu iela 10/20, Di u. Do–So 11–17 Uhr, Mi 11–19 Uhr.

➢ *Stilvielfalt in Rigas Altstadt: Harmonisch gesellt sich Jugendstil zu den Türmen der Johannis- und der Petrikirche*

Schwarzhäupterhaus und Rathausplatz

Zwischen Petrikirche und Daugava-Ufer hat Riga in den Jahren vor 2001, als es seinen 800. Geburtstag feierte, gründlich sein Aussehen verändert. Bis zum Zweiten Weltkrieg war dieser Bereich um den historischen Markt- bzw. Rathausplatz das Herz der Stadt und – so wie auch heute wieder – beherrscht vom **Schwarzhäupterhaus** (lett. »Melngalvju nams«), dem prächtigsten Profanbau der Stadt. »Schwarzhäupter« bzw. »Schwarze Häupter« hieß – nach dem mohrenköpfigen Mauritius, ihrem Schutzheiligen – die Vereinigung der jüngeren, ledigen Kaufleute Rigas und Revals. Auch für einzelne andere baltische Städte wie Goldingen/Kuldīga kann eine zeitweilige Präsenz der »Schwarzen Häupter« im öffentlichen Leben nachgewiesen werden. Ihr viel bewundertes Rigaer Gebäude, einst auch als »Artushof« bezeichnet, ein Haus für öffentliche und private Feiern, wurde seit dem Mittelalter mehrmals vergrößert und dabei von Mal zu Mal prunkvoller gestaltet. Immer weiter wuchs mit der Zeit auch ein höchst wertvoller Silberschatz heran. Die Originalstücke dieser Sammlung befinden sich am heutigen Sitz der Vereinigung in Bremen und verlassen die Weserstadt aus Sicherheitsgründen prinzipiell nicht mehr. Damit der Schatz dennoch gerade in Riga, wo er entstanden ist, in Augenschein genommen werden kann, kommt es fortlaufend und meist dank Spenden aus Bremen zur Fertigung von Kopien.

Eine Kopie stellt, abgesehen allein von den im Original bewahrten Kellerräumen, auch das Gebäude insgesamt heute dar: Beim Angriff der Wehrmacht Ende Juni 1941 wurde zunächst der 28 m hohe Giebel des Schwarzhäupterhauses mit seinen Beschlagwerkvoluten, seinen imposanten Spitzbogenblendnischen und den darin eingefügten Standbildern in Schutt und Asche gelegt. Die übrigen Außenmauern überstanden den Weltkrieg so, dass ein Wiederaufbau dieses Rigaer Wahrzeichens nahe gelegen hätte; tatsächlich aber wurden seine Reste 1948 gesprengt. Einige Jahre darauf geschah dasselbe mit der Ruine des Rathauses. Der einstige Rathausplatz weitete sich zu einer um ein Mehrfaches größeren Freifläche, in deren Mitte 1970 das Museum der Lettischen Schützen aus dem Boden gestampft wurde – äußerlich ein dunkelgrauer Schrein ohne jeden Bezug zur Architektur der Umgebung. Statt der roten lettischen Schützenverbände, die sowohl im Ersten Weltkrieg innerhalb Lettlands als auch danach für die Sowjetunion im Einsatz waren, wird heutzutage in diesem Bau der sowjetischen und der faschistischen Okkupation Lettlands gedacht. Vor dem **Okkupationsmuseum**, wie er jetzt heißt, steht weiterhin ein martialisches Denkmal und diesen Platzteil nennt man auch gegenwärtig noch immer Latviešu strēlnieku laukums, Platz der Lettischen Schützen.

Die ab Mitte der 1990er Jahre erfolgte Rekonstruktion des Schwarzhäupterhauses war aus Spenden sowie zu einem kleineren Teil aus konkreten städtischen Einnahmen im Altstadtbereich, Parkgebühren vor allem, finanzierbar. Das Schützen- bzw. Okkupationsmuseum musste in diesem Zusammenhang nicht zwingend weichen; denn sein Grundriss und die

➢ *Das Schwarzhäupterhaus*

Fundamente des Schwarzhäupterhauses berührten einander nicht. Als allerdings - noch im Stadtjubiläumsjahr 2001, gleichsam als Zeichen des Fortgangs der Verschönerung Rigas - auch der Nachbau des Rathauses begann, bedingte dies den vorherigen Abriss eines Flügels der Technischen Universität. Sie war in der Nachkriegszeit entlang der Kaļķu iela unter gezielter Missachtung uralter Gassenverläufe platziert worden. Die gänzlich reizlose jüngere von zwei Hälften, in die dieser Komplex zerfiel, ist nun weitgehend verschwunden. Ein Gewinn ist dies vor allem für Rigas Silhouette, in die anstelle eines hochhausartigen Universitätstraktes - dessen obere Geschosse abgetragen wurden - wieder das altvertraute weiße Rathaustürmchen getreten ist. Dem **Rathaus** in seiner heutigen Form sieht man auf den ersten Blick an, dass hier, anders als beim Schwarzhäupterhaus, keine vollständige Kopie angestrebt war; vielmehr verweist das postmoderne Dach die klassizistische Fassade in den Kontext der Zeit, in der sie rekonstruiert wurde. Eine Einkaufspassage an der Rückseite des Gebäudes verstärkt diesen Effekt noch.

War schon das Wiedererstehen des Schwarzhäupterhauses umstritten, so begeistern die Neubauten zwischen Rātslaukums (Rathausplatz) und Kungu iela (Herrenstraße) erst recht nicht jeden. Sie wiederum beziehen sich allein in ihren Abmessungen ziemlich exakt auf das, was hier einmal gestanden hat. Die Gebäudezeile dahinter mit ihren schnörkligen Giebeln aus der Stalinzeit zeigt freilich, dass Bemühungen, einem altstädtischen Umfeld zeitgemäß Rechnung zu tragen, vor einem halben Jahrhundert ähnlich fragwürdige Resultate hervorbringen mochten. - Unstrittig schien bei der jüngsten Gestaltung des Rathausplatzes, dass, wenn auch in Kopie, die seit dem letzten Weltkrieg fehlende **Rolandsfigur** dorthin zurückkehren sollte. Als eine von nur drei Städten außerhalb der heutigen Grenzen Deutschlands besitzt Riga seit dem Mittelalter einen Roland als Symbol städtischer Rechte und Freiheiten. Die beiden anderen sind Leitmeritz und Dubrovnik.

Begibt man sich hinter das Schwarzhäupterhaus, um auch dessen rückwärtige Giebelfassade zu sehen, so sticht auf der anderen Seite der Grēcinieku iela (Große Sünderstraße) an der Ecke zur Kungu iela das **Mentzendorffhaus** ins Auge, seinerseits ein authentisch historischer Bau. Als Museum veranschaulicht es heute, wie ein typisches Patrizierhaus im 17. und 18. Jahrhundert eingerichtet war. Aus dieser Zeit stammen auch seine höchst wertvollen Wand- und Deckenmalereien. Neben seiner musealen Funktion ist dem Mentzendorffhaus die Rolle eines besonderen Ortes lettisch-deutscher Begegnung zugewachsen.

- Museum der 50-jährigen Okkupation Lettlands (Latvijas 50 gadu okupācijas muzejs), Strēlnieku laukums 1, Mai–Sept.: Mo–So 11–18 Uhr, Okt.–April: Di–So 11–17 Uhr.

- Mentzendorffhaus (Mencendorfa nams), Grēcinieku iela 18, Mo–So 11–17 Uhr.

Dom, Domplatz und Umgebung

Der Grundstein zum **Dom St. Marien** wurde im zweiten Jahrzehnt des 13. Jahrhunderts von Bischof Albert I. gelegt - eines der bunten Glasfenster aus dem 19. Jahrhundert gibt die Szene bildlich wieder. Die frühesten Baukonzeptionen wurden während der Errichtung der Kathedrale immer wieder verworfen, bis sich um die Wende vom 13. zum 14. Jahrhundert die basilikale Grundform endgültig durchsetzte. Zugleich löste als Baumaterial Backstein den anfangs verwendeten Kalkstein ab. Die Mauerstärke der seitlichen Anbauten am Turm lässt den Schluss zu, dass einmal zwei Türme vorgesehen waren. Vorbild für den Weiterbau als eintürmige Basilika könnte der Dom zu Ratzeburg gewesen sein. Aus den Baukörpern beiderseits des Turms wurden Kapellen, sodass gewissermaßen ein zweites Querschiff entstand. Querschiff- und Kapellengiebel des Rigaer Doms entfalteten später im gesamten nördlichen Baltikum Vorbildwirkung, wenn etwa der Chorgiebel einer Landkirche einmal nicht unverziert belassen werden sollte. Bewundert wurde darüber hinaus das Nordportal, an dem die gotischen Elemente sich noch mit spätromanischen mischen. Etwa um 1400 baute man auch an die Seitenschiffe Kapellen an und der Turm erhielt zwei zusätzliche Geschosse sowie einen spitzen Helm. Wenigstens was die Turmhöhe betraf, wollte der Erzbischof den stetigen Prestigewettbewerb gegen die Petrikirche gewinnen; und tatsächlich erreichte der Domturm jetzt 140 m, während St. Petri nie über 137 m hinausgekommen ist. Nach einem Brand im Jahre 1594 wurde das Turmdach dem Zeitgeschmack entsprechend verändert und dadurch auch wieder niedriger. Die bauchige Barockhaube, die der Turm heute trägt, wurde ihm 1775 aufgesetzt; mit ihr misst er gerade noch knappe 90 m. Gotische und barocke Formen harmonieren

➢ *Rigas Dom. Im Hintergrund rechts das Schloss*

am Rigaer Dom exzellent miteinander, wofür auch der Giebel an der Ostseite des Mittelschiffs ein Beleg ist. Er entstand 1727 zusammen mit dem Kuppeldach des Chors.
Da die ursprüngliche Inneneinrichtung von Bilderstürmern zertrümmert wurde, sind Grabsteine die einzigen Kunstwerke aus vorreformatorischer Zeit, die der Dom besitzt. Interessante Epitaphe schuf Berend Boddecker im frühen 17. Jahrhundert für die Kleine Gilde. Der Skulpturenschmuck der Kanzel stammt von 1641 und wird Tobias Heintze zugeschrieben. Zum Pflichtprogramm eines Riga-Besuchs gehört die Besichtigung des Doms (soweit möglich) jedoch vor allem wegen des imposanten Orgelprospekts von etwa 1600, der mitsamt einer zweigeschossigen Sängerempore in dem immerhin 26 m hohen Kirchenraum großartig zur Geltung kommt. Die Orgel wurde 1883/84, als die Ludwigsburger Firma Walcker 6168 neue Pfeifen einbaute, zu einer der größten der Welt. Genau 100 Jahre später hat eine Orgelbaufirma aus dem holländischen Zaandam sie generalüberholt. Den herrlichen Klang, über den sie seitdem wieder verfügt, konnte man schon bei zahlreichen Konzerten genießen. Außer als Konzertsaal diente der Dom zuletzt auch wieder kirchlichen Zwecken - bis er im Juni 2004 wegen bedenklicher, bis dahin unterschätzter Schäden an Mauerwerk und Stützpfeilern einstweilen geschlossen werden musste. Selbst wenn sein Inneres vorübergehend noch einmal zugänglich werden sollte, so steht für die kommenden Jahre doch eine kaum noch aufschiebbare umfassende Restaurierung an, sodass die offiziellen Öffnungszeiten, die wir der Vollständigkeit halber angeben, vermutlich für einige Zeit hinfällig

➢ *Nahe dem Westportal des Doms steht unter Bäumen das Herder-Denkmal*

sein werden. Um den Zustand des Dachstuhls weiß man schon länger; hier wurden schon vor 2004 Arbeiten aufgenommen.
Rigas Dom ist die einzige baltische Kathedralkirche mit erhaltenen Resten eines Domkapitelklosters und damit einem **Kreuzgang**. Der zweischiffige Kapitelsaal aus dem 13. Jahrhundert ist bis heute erhalten. In ihm finden für die Dauer der Sperrung der Domkirche täglich Gottesdienste statt - gelegentlich auch deutschsprachige. Genau darüber schuf Christoph Haberland in den 1780er Jahren einen Säulensaal für die Stadtbibliothek. 1888-1892 wurden auch die übrigen Klostergebäude aufgestockt, sodass der Kreuzgang seinen mittelalterlichen Charakter nur unvollständig bewahren konnte. Die meisten der Räume im Obergeschoss werden vom **Rigaer Geschichts- und Seefahrtsmuseum** genutzt.
Vom Herderplatz (lett. »Herdera laukums«) mit dem **Herder-Denkmal** (siehe dazu den Kastentext: »Herder, Wagner, Erhardt - berühmte Besucher und Söhne Rigas«) zweigt die Palasta iela (Palaisstraße) ab, deren Name sich auf ein Quartier Peters des Großen bezieht. Besagtes Haus mit der Nr. 9 muss seinerzeit also durchaus einem Palast geglichen haben. Seither ist es zweimal grundlegend verändert worden; nicht einmal sein Mitte des 18. Jahrhunderts nach Ideen des großen Rastrelli zustande gekommenes Aussehen wurde beibehalten.
Durch die Jauniela (Große Neustraße), eine eher stille Altstadtgasse, gelangt man vom Ende der Palasta iela zurück zum Domplatz. Dabei sollte man sich an der Ornamentik der unteren Geschosse des 1903 nach dem Entwurf von Wilhelm Ludwig Nikolai Bockslaff (1858-1945) errichteten Gebäudeensembles Jauniela 25-29 satt sehen, einem Beispiel für so genannten »dekadenten Jugendstil«. In einem Haus an der daneben abzweigenden Krāmu iela (Kramerstraße) ist eine Ausstellung angesiedelt, die sich **»Museum der Barrikaden des Jahres 1991«** nennt; denn sie dokumentiert vor allem, wie Barrikaden seinerzeit wichtige Einrichtungen der nach Unabhängigkeit strebenden Sowjetrepublik Lettland vor Panzern schützten. Diese hätten theoretisch jederzeit

Herder, Wagner, Erhardt – berühmte Besucher und Söhne Rigas

»Ich habe in Livland so frei, so ungebunden gelebt, gelehrt, gehandelt, als ich vielleicht nie mehr imstande sein werde zu leben und zu handeln.« So kommentierte **Johann Gottfried Herder** die Jahre 1764–1769, die er als Lehrer an der Domschule und Gemeindeprediger in Riga verbrachte. Als seine Ankunft in Riga sich zum hundertsten Mal jährte, wurde auf dem kleinen Platz westlich vor den Gebäuden um den Kreuzgang, in denen sich die Domschule befand, das heute noch dort stehende **Denkmal** enthüllt. Der Dichter und Philosoph aus dem ostpreußischen Mohrungen genießt bei den Letten hohes Ansehen, weil er der erste Fremde war, der Interesse an lettischen Volksweisen, so genannten **Dainas**, zeigte und sie aufzeichnete. Elf davon enthält die 1807 postum erschienene Sammlung »Stimmen der Völker in Liedern« - eine für damalige Verhältnisse unermessliche Würdigung der lettischen Kultur. Auch **Johann Friedrich Hartknoch**, der Verleger Herders und Kants, wurde 1763 ein Bürger Rigas.

Musikfreunde seien auf **Richard Wagner** und dessen Rigaer Wirkungsstätte hingewiesen. Wagner kam 1837 in die Stadt und dirigierte zwei Jahre als Musikdirektor am Deutschen Theater, das bis 1863 in der heutigen Riharda Vāgnera iela 4 in der Altstadt untergebracht war. Eine Tafel am Gebäude mit dem 1782 entstandenen heutigen **Wagnersaal** (»Riharda Vāgnera kamermūzikas zāle«) nennt noch weitere Musikerpersönlichkeiten von Weltrang, die im 19. Jahrhundert entweder hier oder im für seine blendende Akustik gepriesenen Saal des Schwarzhäupterhauses auftraten: Franz Liszt und Clara Schumann etwa, ferner Anton Rubinstein und Hector Berlioz. Wagner komponierte in Riga Teile von **»Rienzi«**, ehe er im März 1839 außerstande, Schulden abzuzahlen, eilig abreiste. Der stürmische Seegang auf der anschließenden Überfahrt nach London soll ihn zur Vertonung des »Fliegenden Holländers« inspiriert haben. Sein Rigaer Quartier lag nur einige Schritte vom heutigen »Reval Hotel Latvija« entfernt. Der unscheinbare Holzbau Brīvības iela 35, für den es seit 1970 einen Abrissbeschluss des Stadtsowjets gab, musste Anfang der 1990er Jahre wegen akuter Baufälligkeit tatsächlich abgetragen werden, so gern Rigas Denkmalpfleger ihn erhalten hätten. Denn er war auch mit Lettlands vielleicht größtem Dichter **Jānis Rainis** (1865–1929) verbunden, der hier einen Buchladen besaß; und das Café im selben Haus, das älteren Rigensern als Café »Flora« in Erinnerung ist, soll um 1930, als es noch »A la Marquise« hieß, zu den Stammlokalen des jungen **Heinz Erhardt** gehört haben. Erhardt, 1908 als Spross einer Künstlerfamilie in Riga geboren, sammelte in seiner Geburtsstadt während der Zwischenkriegszeit auch seine ersten Erfahrungen als Radiounterhalter. Die wichtigste Begegnung seines Lebens hatte er ebenfalls noch in Riga, denn im Fahrstuhl eines Hauses an der Elizabetes iela lernte Erhardt seine spätere Frau kennen. Nach dem Zweiten Weltkrieg sah er seine Heimat nicht mehr wieder.

➢ *Blick vom Domplatz nach Nordosten. Links Fassadenteile der Börse*

auf Befehl der Moskauer Zentralregierung heranrücken können, eine Gefahr, der mutige Letten sich über Monate hinweg entgegenstellten. - Aus der Krāmu iela bietet sich im Übrigen ein romantischer Blick auf den Domturm.

Vor 1935 sah man, wenn man sich am Nordrand des heutigen Domplatzes (»Doma laukums«) befand, vom Dom ebenfalls nicht mehr als den Turm. Statt eines Platzes erstreckten sich hier drei Häuserzeilen; bis 1937 wurden sie vollständig abgerissen. Wie die beiden äußeren dieser Zeilen verliefen und parzelliert waren, ist in der heutigen Pflasterung der Platzfläche dezent kenntlich gemacht. Der Abbruch der Häuser direkt vor dem Dom wurde genutzt, um nicht nur den Blick auf ihn freizulegen, sondern auch das unterste Stück seiner Fassade aus dem im Laufe der Jahrhunderte immer höher geschichteten Erdreich zu befreien. Schon früher, um 1860, waren unmittelbar westlich des Doms, am Übergang zum Herderplatz, ein paar Häuser beseitigt worden, damit an der Turmseite überhaupt ein Eingang entstehen konnte. Dort, wo der Domplatz noch einen östlichen Fortsatz hat und im Sommer Straßencafés mit ihren Sonnenschirmen locken, schuf erst der letzte Weltkrieg die entsprechende Freifläche. Dass schmucke Fassaden wie die des Hauses Tirgoņu iela (Kaufstraße) 4 einmal über 100 m weit zu sehen sein würden, konnten die Erbauer im Jahre 1900 nicht ahnen.

Gleiches gilt für die **Börse**, das Eckgebäude zwischen Jēkaba (Jakob-) und Pils iela (Große Schlossstraße), errichtet 1852-1855 nach einem Entwurf des Petersburger Architekten Harald Julius von Bosse (1812-1894). Äußerlich erinnert das Börsengebäude an venezianische Palazzi - in Anspielung darauf, wer hier als Bauherr aufgetreten war, nämlich Rigas »Börsenkomitee«, die damals wichtigste Vereinigung von Kaufleuten in der Stadt. Den größten Teil der Platzseite zwischen Jēkaba und Zirgu iela (Große Pferdestraße) nimmt das Anfang des 20. Jahrhunderts als Kommerzbank errichtete **Gebäude des lettischen Radios** ein. Das Rundfunkhaus war eine der Einrichtungen, die nach dem Moskauer Augustputsch von 1991 noch etliche Monate zum Schutz vor einer Stürmung verbarrikadiert blieben. An der Ecke zur Zirgu iela schließt sich

der Bau des Finanzministeriums aus den späten 30er Jahren des 20. Jahrhunderts an, der den größten Teil des Blockes füllt.
Die vom Domplatz aus bereits teilweise einsehbare Smilšu iela (Große Sandstraße) ist innerhalb der Altstadt die Straße mit den meisten **Jugendstilbauten**. Das Haus Nr. 2, dessen Erker von einem Pfau verziert und von Figuren Adams und Evas gestützt wird, ist ein Werk von Konstantins Pēkšēns, der an der Zahl der Gebäude gemessen Rigas meistbeschäftigter Jugendstilarchitekt war. Haus Nr. 8, das Eckhaus zur Aldaru iela (Große Brauerstraße), zeichnet sich außer durch bemerkenswerten Außendekor durch einen sehenswerten Flur mit Wandmalereien und Holzschmuck aus. Seine Architekten Heinrich Karl Scheel und Friedrich Scheffel arbeiteten vom Jahr 1900 an fast immer zusammen und entwarfen u.a. auch das beachtenswerte Haus Nr. 12/14 an der Šķūņu iela (Scheunenstraße). Wie das Eckhaus an der Smilšu iela entstand es 1902.
Bei einem Gang durch die Gassen westlich des Doms trifft man auf deutlich ältere Bausubstanz: So stehen an der Miesnieku iela (Große Küterstraße) mehrere **Speicherhäuser** sowie ein sehr typisches **frühbarockes Bürgerhaus**. Geschmückt wird dieses dreigeschossige Eckgebäude praktisch nur – von Pilastern, Rustizierungen und dem Portal abgesehen – durch die üppigen Voluten seiner beiden Giebel; deren Wirkung geht dadurch voll auf. – Vom Dom bis etwa zur jetzigen Miesnieku iela reichte einst die (vom Ort der heutigen Johanniskirche hierhin verlegte) Rigaer Bischofsresidenz, die Mitte des 16. Jahrhunderts abgebrannt und danach völlig dem Erdboden gleichgemacht worden ist.

- Domkirche (Doma baznīca), Di–Fr 13–17 Uhr, Sa 10–14 Uhr.
- Rigaer Geschichts- und Seefahrtsmuseum (Rīgas vēstures un kuģniecības muzejs), Palasta iela 4, Mai–Sept.: Mi–So 10–17 Uhr, Okt.–April: Mi–So 11–17 Uhr.
- Domkreuzgang (Doma krusteja), Mo–So 10–17 Uhr (nur Mai–Sept.).
- Museum der Barrikaden des Jahres 1991 (1991. gada barikāžu muzejs), Krāmu iela 3, Mo–Fr 10–17 Uhr, Sa 11–17 Uhr.

Am, im und um das Schloss

Den Weg in Richtung Ordensschloss weist vom Domplatz aus der Turm der **Schmerzensmutterkirche** (lett. »Sāpju Dievmātes baznīca«) am Ende der Pils iela (Große Schlossstraße). Hinter dem zugehörigen Pastorat aus dem 18. Jahrhundert erhebt sich bereits der östliche der Schlosstürme. Die katholische Schmerzensmutterkirche wurde errichtet, als es im späten 18. Jahrhundert darum ging, den Platz vor dem Schloss repräsentativ zu gestalten, weil inzwischen der Generalgouverneur der Ostseeprovinzen Est-, Liv- und Kurland dort Hausherr war. Aus optischen Erwägungen sollten der Kirchturm dem Platz und der Chor – entgegen der üblichen Ostausrichtung – der Daugava zugekehrt sein. Damit die Anordnung zumindest innen stimmig war, lag der Altarraum anfangs unter dem

Turm; als Johann Daniel Felsko 1859 das bis dahin klassizistische Gotteshaus im neoromanischen Stil umbaute, wurde die Aufteilung im Inneren dann aber mit der äußeren Konzeption in Einklang gebracht.

Ebenfalls nach Plänen Felskos wurde 1858 die benachbarte **Anglikanische Kirche** errichtet, deren Backsteinturm, so klein und zierlich er auch ausfiel, seitdem nicht mehr aus der Rigaer Türmeparade wegzudenken ist. Aus der Pils iela kann man in Höhe der diplomatischen Vertretung Dänemarks, die im schmucken Haus Nr. 11 (1901 von Wilhelm Bockslaff errichtet) residiert, einen Blick auf die Anglikanische Kirche werfen.

Mit dem Rigaer **Schloss** setzte der livländische Ordensmeister Eberhard von Monheim sich gleichsam ein Denkmal: Unter seiner Führung war es 1330 gelungen, die Stadt Riga nach einer 33-jährigen Fehde zur Aufgabe und, was das Wichtigste war, zum Bau eines neuen Ordensschlosses vor ihren Toren zu zwingen. Bis 1353 dauerten die Arbeiten an dem gewaltigen Konventbau. Als das Kriegsbeil zwischen Stadt und Orden in den 1480er Jahren erneut ausgegraben wurde, rissen ihn die Stadtbürger – so wie 1297 bereits die alte Ordensburg an der Georgskirche – genüsslich nieder und verschickten zum Zeichen ihres Triumphes einzelne Steine an die übrigen Hansestädte. Dann aber wendete sich das Kriegsglück: 1491 mussten sie sich abermals beugen und dem Orden den von einem Revaler Baumeister geleiteten Wiederaufbau finanzieren. 1515 war die Anlage wieder bezugsfertig. Aus dieser Zeit stammen, inzwischen klassizistisch eingerahmt, die Reliefs »Ordensmeister Wolter von Plettenberg« und »Madonna mit Kind« an einer der Außenwände. Die Reliefs an einem Erker des Gebäudes sind jüngeren Datums, aber immerhin frühbarock. Schon von 1515 an besaß das Schloss auch seine beiden heute noch vorhandenen Rundtürme: im Westen den Heiliggeistturm, auf dem man jetzt die lettische Flagge wehen sieht, und den Bleiturm an der genau entgegengesetzten Ecke. An den zwei anderen Ecken wurden nur Treppentürme gebaut; der südliche trägt den Namen »Piperturm«. Der heute höchste der Türme am Schloss, der schlanke so genannte Drei-Sterne-Turm ganz im Norden, existiert erst seit 1939; mit diesem Werk des Architekten Eižens Laube brachte das autoritäre Ulmanis-Regime jener Jahre auch sich selbst in die Baugeschichte seines Machtzentrums ein.

Über das Ende des mittelalterlichen Ordensstaates hinaus und vor der lettischen Eigenstaatlichkeit, als es Präsidentenamtssitz wurde, war das Schloss ebenfalls stets Sitz politisch-administrativer Organe der jeweiligen Herren im Lande, ob Polen, Schweden oder Russen. Wiederholt bestand dadurch Anlass, es teilweise umzubauen. Seiner ursprünglichen Einteilung nach führte durch den Nordwestflügel das Haupttor; im südwestlichen Flügel befanden sich die Räume des Ordensmeisters, im südöstlichen u.a. die Burgkapelle und im nordöstlichen der Kapitelsaal. Nachdem die Schweden bereits die frühere

➢ *Blick auf das Schloss (links) und die Kirchtürme der Altstadt*

Vorburg neu überbaut hatten, wurden 1783/84 bei der radikalsten Veränderung, dem Ausbau des Nordostteils zur russischen Gouvernementsverwaltung, leichtfertig die Gewölbe des Kapitelsaals geopfert. Gotische Gewölbe blieben so fast nur in den Kellern bis zum heutigen Tage bewahrt. Auch dem unabhängigen Lettland der Gegenwart musste es in erster Linie darum gehen, das Gebäude für Staatsempfänge und sonstige Amtsgeschäfte des Staatsoberhauptes zu rüsten. Dies geschah zwar schonend; eine wirklich umfassende Untersuchung der Bausubstanz und eine wohl durchdachte Restaurierung des Schlosses in seiner Gesamtheit stehen damit aber immer noch aus.

Neben staatlicher Repräsentation gibt der Schlosskomplex heutzutage auch drei Museen Raum: dem **Museum für ausländische Kunst**, dem **Museum der Geschichte Lettlands** und dem **Museum für Literatur, Theater und Musik**. Die unter dem Begriff »ausländische Kunst« zusammengefassten Exponate reichen von einer ägyptologischen Sammlung über Werke flämischer und holländischer Meister bis hin zu fernöstlichem Porzellan. Zum Ausstellen bildhauerischer Werke wird im Übrigen auch der Schlossgarten an der Nordwestseite des Gebäudes öfters genutzt.

Vom Bemühen der vom Zaren eingesetzten Gouverneure, dem Schlossplatz (lett. »Pils laukums«) Glanz zu verleihen, zeugen Gebäude wie das so genannte **Petersburger Hotel** (Nr. 4) und das **Lyzeum** (Nr. 2), beide in den 1780er Jahren erbaut und um 1850 verändert. Das Lyzeum hatte ursprünglich nur zwei Geschosse, weil der Schlossplatz durch eine eher geringe Höhe der umstehenden Gebäude besonders groß wirken sollte. Im Petersburger Hotel wurde am 18. März 1921 der Friede von Riga unterzeichnet, der den damaligen russisch-polnischen Krieg beendete.

Ein kleiner Abstecher nach Norden führt zur **Peter- und Paulskirche** (»Pētera-Pāvila baznīca«), die 1781–1785 im Zentrum der damaligen Zitadelle entstand und über längere Zeit Rigas orthodoxe Kathedrale war. Christoph Haberland, der die Bauarbeiten leitete, ohne in diesem Fall selber den Entwurf geliefert zu haben, bezog von dem Projekt vermutlich Ideen für die Gestaltung des Kirchturms in Alūksne, dem damaligen Marienburg. Die Peter- und Paulskirche verlor ihre gesamte Inneneinrichtung, als sie nach dem Zweiten Weltkrieg als Lagerhalle missbraucht wurde; ihre 1972 begonnene Restaurierung konnte daher nur die Bewahrung der Baukomposition zum Ziel haben. Inzwischen hat sie als **Konzertsaal »Ave Sol«** eine angemessene Nutzung gefunden. In dem benachbarten Hochhaus – dem einzig verwirklichten von drei gleich großen, die hier einmal geplant waren – ist u.a. das Landwirtschaftsministerium untergebracht.

➢ *Die Peter- und Paulskirche*

- Museum für ausländische Kunst (Ārzemju mākslas muzejs), Pils laukums 3, Di–So 11–17 Uhr.
- Museum der Geschichte Lettlands (Latvijas vēstures muzejs), Pils laukums 3, Mi–So 11–17 Uhr.
- Museum für Literatur, Theater und Musik (Rakstniecības, teātra un mūzikas muzejs), Pils laukums 3, Mi–So 11–18 Uhr.

Um die Jakobikirche

Vom Schlossplatz zweigt parallel zur Pils iela die Mazā Pils iela (Kleine Schlossstraße) ab. Hier findet man die so genannten **Drei Brüder** (lett. »Trīs brāļi«), ein fotogenes Ensemble von Wohnhäusern aus dem 15. bis 17. Jahrhundert. Bei dem rechten Haus (Nr. 17), das an seinem rekonstruierten Treppengiebel und dem gotischen Blendwerk als ältester »Bruder« zu erkennen ist, handelt es sich sogar um das älteste erhaltene Wohnhaus der Stadt. Das Alter von Haus Nr. 19 verraten Ziffern an der Fassade: 1646 wurde es aus einem älteren Gebäude umgebaut und dabei bis an die Straße vorgerückt; stilistisch orientiert es sich am holländischen Manierismus. Holländisch mutet auch das dritte und jüngste Haus an, weil es so auffallend schmal ist. Es entstand im ausgehenden 17. Jahrhundert und hat für diese Zeit sehr typische barocke Giebelumrisse. Bei einer Restaurierung aller drei Häuser in den 1950er Jahren wurden auch Dekorelemente anderer, im Krieg zerstörter Gebäude eingearbeitet. Das Portal von Haus Nr. 19 gehörte ursprünglich einmal zu Nr. 17, wo stattdessen ein mittelalterlicher Hauseingang nachgebildet wurde. In Nr. 17 und Nr. 19 sehen auch die Eingangshallen wieder ungefähr so aus wie zur jeweiligen Entstehungszeit; Eckkamine und andere Details wurden entsprechend restauriert. Die Häuser sind heute im Inneren miteinander verbunden und werden vom Architekturmuseum genutzt; die Halle von Nr. 17, einst zugleich Hauptwohnraum dieses Gebäudes, füllen die Stellwände der wechselnden Ausstellungen.

Gegenüber führt eine malerische Gasse zur **Jakobikirche**, Rigas dritter mittelalterlicher Backsteinbasilika neben Dom und Petrikirche. Die Jakobikirche ist die mit Abstand kleinste und zugleich diejenige, an der noch am stärksten die Formen der Gotik dominieren. Erstmals erwähnt wurde sie 1225 als eine dem Bischof unterstehende Kirche im Rigaer suburbium. Aus so früher Zeit stammt allerdings nur der spätromanisch gestaltete rechteckige Chor. Bis etwa 1300 dürften die an ihn anschließenden drei Schiffe fertig gewesen sein; und um 1400, als an allen drei Rigaer Basiliken bedeutende Umbauten vorgenommen wurden, bekam der Turm seine beiden oberen Geschosse. Deren reiche Verzierung setzte sich noch in vier Giebeldreiecken fort, die im 16. Jahrhundert abgetragen wurden. Die heutige Turmbekrönung stammt von 1756. Unter dem seit jeher an ihr befindlichen Vordach zur Befestigung einer Glocke hängt, nachdem die letzte während des Ersten Weltkriegs zwecks Einschmelzung entfernt worden war, erst seit 2001, dem Jahr der 800-Jahr-Feier Rigas, eine Kopie dieser fehlenden Glocke.

Die Bürger von Riga hatten früher eine originelle Antwort parat, wenn gefragt wurde, warum im Turm selbst keine Glocke schlägt. Demnach soll es einmal eine gegeben haben, die immer von allein zu läuten

➢ *Die Drei Brüder*

begann, wenn unten eine untreue Ehefrau vorbeiging. Abgehängt habe man sie, weil das ständige Läuten auf Dauer nicht zu ertragen gewesen sei.

Insgesamt viermal haben in der Jakobikirche die Bekenntnisse gewechselt: Nach der Reformation war sie die erste Kirche der lettischen Gemeinde von Riga, ehe Polens König Stephan Báthory sie

1582 den Jesuiten übereignete. Ab 1621 wurden wieder evangelische Gottesdienste in ihr abgehalten, diesmal bis 1922, dem Jahr, in dem Lettland sein Konkordat mit dem Vatikan schloss. Seit 1923 predigt hier der Rigaer Erzbischof, dem zuvor vorübergehend die Klosterkirche von Aglona als Kathedrale gedient hatte. Einziges Altstadtgotteshaus mit dem offiziellen Status einer Kathedralkirche ist somit heute nicht der Dom, sondern St. Jakobi - auf Lettisch demgemäß »Svētā Jēkaba katoļu katedrāle« genannt.

Nur wenige Meter trennen das Westportal der Jakobikirche vom Chor der **Maria-Magdalenen-Kirche**, deren Geschichte ähnlich wechselvoll wie die von St. Jakobi verlief. Im Mittelalter Teil eines Zisterzienserinnenklosters, stand sie nach dessen Schließung zunächst leer. In der Schwedenzeit wurde aus dem verwaisten Bau eine Garnisonkirche. Wie die Maria-Magdalenen-Kirche während der Zarenherrschaft genutzt wurde, zeigt manch alte von Riga existierende Fotografie: Eine hohe Kuppel mit Zwiebeldach kennzeichnete sie bis in die 1920er Jahre als orthodoxes Gotteshaus. Zu der Zeit, als sich der letzte Konfessionswechsel in der Jakobikirche vollzog, wurde auch die »Alexej-Kirche« wieder römisch-katholisch und unter die Schutzherrschaft Maria Magdalenas gestellt.

Unmittelbar nördlich der Jakobikirche wurde 1864-1867 das florentinischen Renaissancebauten nachempfundene **Gebäude der livländischen Ritterschaft** errichtet. Heute tagt darin das lettische Parlament, die **Saeima**. In den Jahrzehnten zuvor hatte auch der Oberste Sowjet der Lettischen SSR hier seinen Sitz. Nach den Januarmorden von 1991 wurde es - sogar noch über die Erlangung der Unabhängigkeit im September hinaus - durch eine quer über die Jēkaba iela gezogene Mauer vor sowjetischen Panzern geschützt. An der Westseite der Jakobikirche verlief ein weiteres Stück der damaligen »Rigaer Mauer«; zum Kircheneingang gelangte man nur von der Mazā Pils iela aus.

Das Ritterschaftshaus bzw. Parlamentsgebäude steht gleichsam Rücken an Rücken mit einem vom Grundriss her noch monumentaleren Gebäude, dem so genannten **Arsenal** oder »Packhaus« an der Torņa iela (Turmstraße), das um 1830 als Zolllager errichtet wurde. Es weist die stolze Länge von 117 m auf und übertrifft damit sogar die Ausmaße der Petrikirche um 37 m. Ein Stück der Stadtmauer und Reste eines runden Wehrturms - des Jungfernturms, der in Anspielung auf die Zisterziensernonnen in seiner Nachbarschaft so hieß - wurden seinerzeit in das Bauwerk integriert. Elf Portalbögen und ein überdimensioniertes Dachgesims rhythmisieren die in der Mitte zwei- und im Seitenbereich jeweils eingeschossige Fassade, hinter der sich heute die Kunstgalerie »Arsenāls« verbirgt.

- Lettisches Architekturmuseum (Latvijas Arhitektūras muzejs), Mazā Pils iela 19, Mo–Fr 10–18 Uhr.

- Ausstellungssaal »Arsenal« des Staatlichen Kunstmuseums (Valsts mākslas muzeja Izstāžu zāle »Arsenāls«), Torņa iela 1, Di–So 11–17 Uhr.

Zum Schwedentor und zum Pulverturm

Jenseits der Jēkaba iela, etwa bis zur heutigen Aldaru iela (Große Brauerstraße), lag im Mittelalter ein gesondertes Russenviertel, weswegen die Aldaru iela, bevor sie zu dem Namen Bierbrauerstraße kam, auch »Reussische Straße« hieß. Dort, wo die von der Jakobikirche in dieses Viertel führende Mazā Trokšņu iela (Kleine Lärmstraße) in sie einmündet, ist ein typisches **Speichergebäude** aus dem 17. Jahrhundert, das zuletzt durch eine tonnenschwere Holzkonstruktion gestützt werden musste, inzwischen wieder so weit gesichert, dass es ohne diese auskommt und kein Einsturz mehr droht.

Am Ende der Aldaru iela sieht man das **Schwedentor** (lett. »Zviedru vārti«), das 1698 während der schwedischen Herrschaft - daher der Name - als zusätzlicher Durchgang zwischen Jakobs- und Sandpforte in die Stadtmauer gebrochen wurde. Der jüngste und zugleich einzige noch erhaltene Torbau der Stadtbefestigung ist heute Sitz des Architektenvereins. Sein 1927 mit einem nachgeahmten Barockgiebel versehener rechter Teil umschließt den Jürgensturm, einen mittelalterlichen Wehrturm, in dem einmal der Stadthenker sein Zuhause hatte.

Der dem Schwedentor mit dem Jürgensturm nächstgelegene Turm in östlicher Richtung, der **Ramerturm**, wurde 1985–1987 zusammen mit einem Abschnitt der **Stadtmauer** rekonstruiert; hierbei ging man davon aus, dass er im Mittelalter ein Satteldach hatte. Das Mauerteilstück zeigt alle Besonderheiten der Rigaer Befestigung: Weil der Boden an vielen Stellen nicht sehr tragfähig war, sodass um besserer Standfestigkeit willen ohnehin Eichenpfähle ins Erdreich gerammt werden mussten, kam eine Dicke von mehr als sechs Fuß, was 1,83 m entspricht, fast nirgendwo in Frage. Um die Mauern dennoch zu verstärken, wurden auf der Innenseite

➢ *Das Schwedentor*

Stützpfeiler angefügt, wodurch die charakteristischen Nischen entstanden. Bei kriegerischen Angriffen konnten diese zusätzlich mit Sandsäcken ausgefüllt werden, während man sie in Friedenszeiten als Plätze für Verkaufsstände und Schuppen vermietete. Mit der Zeit gingen die Nischen in Privathand über und verschwanden durch teilweise in sie hineingebaute Häuser aus dem Stadtbild. Auch hier an der Trokšņu iela (Große Lärmstraße) platzte Ri-

ga einst aus allen Nähten. Dies verdeutlicht nach wie vor der westliche Abschnitt der Straße, dem östlich des Schwedentors der mittelalterliche Zustand entgegengesetzt wird. Dass Letzterer gerade hier rekonstruiert wurde, lässt sich als praktische Anschauungshilfe in Bezug auf das verstehen, was man einige Meter weiter im Pulverturm museal thematisiert findet.

Der **Pulverturm**, 1330 unter seinem anderen Namen Sandturm zum ersten Mal erwähnt, ist der einzige von einst 28 Stadttürmen, der allen Stürmen der Zeit getrotzt hat. Im Mittelalter schützte er die Sandpforte, den Anfangs- bzw. Endpunkt des Landweges nach Norden. Als Kanonenturm, zu dem er um 1515 ausgebaut worden war, trug er bei der schwedischen Belagerung im Jahre 1621 erhebliche Schäden davon. Bei seiner Wiederherstellung wurde er in einen meterdicken Backsteinmantel gehüllt; sein Durchmesser beträgt seitdem 14,3 m. Seit Ende des Großen Nordischen Krieges militärtechnisch bedeutungslos, wurde er 1892 der Studentenverbindung »Rubonia« (so genannt nach dem lateinischen Namen der Daugava – »Rubon«) zur Nutzung überlassen. Nach dem Ersten Weltkrieg bezog ihn das damals gegründete **Kriegsmuseum**, das neben alter Verteidigungstechnik vor allem den Kampf der Letten um ihre Unabhängigkeit 1918–1920 darstellt und das zur sowjetischen Zeit zum »Revolutionsmuseum« wurde. 1937–1939 wurde für dieses Museum ein viergeschossiger Anbau unmittelbar vor der Westseite des Turms geschaffen, dessen Wirkung dadurch ein wenig leidet.

➢ *Schon im Oktober wirft die Nachbarbebauung lange Schatten auf Rigas Pulverturm*

Vom Pulverturm bis über das Schwedentor hinaus nach Westen reichen die parallel zur Stadtmauer auf deren Außenseite errichteten Jakobskasernen. Nach gründlicher Restaurierung haben sich in ihnen Büros und Kneipen angesiedelt, darunter eine auf den Kräuterlikör »Rīgas balzams« spezialisierte gleichnamige Bar.

Lettisches Kriegsmuseum (Latvijas Kara muzejs), Smilšu iela 20, Mai–Sept.: Mi–So 10–18 Uhr, Okt.–April: Mi–So 10–17 Uhr.

Rund um die Gildehäuser

Vom Pulverturm aus kann man den Verlauf der heute nicht mehr vorhandenen Stadtmauer südwärts verfolgen, indem man in die Meistaru iela (Kleine Schmiedestraße) einbiegt. Man erreicht so den Līvu laukums, ein erst nach dem letzten Weltkrieg an die Stelle zerbombter Häuser zwischen Meistaru, Kaļķu und Zirgu iela getretenes Platzdreieck, das von den Gebäuden der Großen und der Kleinen Gilde beherrscht wird. Die Marien- oder Große Gilde, einst die Kaufmannsvereinigung der Stadt, und die Johannis- oder Kleine Gilde, der Zusammenschluss der Handwerkerzünfte, waren mächtige Institutionen der städtischen Selbstverwaltung: Die Rigaer Stadtverfassung sah vor, dass ein Beschluss nur dann Rechtskraft erlangen konnte, wenn ihn sowohl der Rat als auch beide Gilden abgesegnet hatten.

➢ *Vor den Gildehäusern (in der Mitte die Kleine, rechts die Große Gilde)*

Erst nach Aufhebung dieser Stadtverfassung 1877 verloren die Gilden ihr politisches Gewicht, ehe Ende 1935 auch sie selbst unfreiwillig von Staats wegen aufgelöst wurden. Während der Sowjetära wurde mit ihren Gebäuden pfleglich umgegangen. Das **Haus der Großen Gilde** (lett. »Lielā Ģilde«), seinerzeit wie auch heute staatliche **Philharmonie**, wird mitunter »Münsterhaus« genannt, da es einen als **»Stube von Münster«** (»Minsteres istaba«) bekannten Versammlungssaal aus dem Spätmittelalter birgt. Als es 1854–1859 von Karl Beine mit Fassaden im Tudorstil verkleidet wurde, blieben die »Stube von Münster« mit ihren zierlichen Säulen und die 1521 für Hochzeitszeremonien hinzugebaute Brautkammer weitgehend unverändert erhalten. Die Bezeichnung für den zweischiffigen Saal, den übrigens einzigen aus dem Mittelalter bewahrten Raum in einem Rigaer Profanbau, hat sich nach einem im 13. Jahrhundert angelegten Handelshof westfälischer Kaufleute eingebürgert – in der benachbarten Kleinen Gilde gab es als Pendant eine »Stube von Soest«. Die **Kleine Gilde** (lett. »Mazā Ģilde«) wurde 1864–1866 an ihrem angestammten Platz neu errichtet und dabei äußerlich auf die Fassade der Großen Gilde abgestimmt – was perfekt gelang, denn der Tudorstil, eine englische Form der Neugotik, hatte es dem mit der Ausführung betrauten Stadtbaumeister Felsko nun einmal angetan. Den Lichteinfall in ihren Festsaal filtern wertvolle Buntglasfenster.

Zum architektonischen Ensemble der Gildehäuser gehört auch das 1903 hinzugetretene Wohn- und Kontorhaus Amatu iela 4, das Wilhelm Bockslaff im Auftrag der Großen Gilde entwarf und in dem heute u.a. die städtische Denkmalschutzinspektion arbeitet. Obgleich mit pseudogotischem Zierrat überladen, ist es als Jugendstilbau zu verstehen: In der Baukunst des Jugendstils waren nicht allein Art und Üppigkeit der ornamentalen Motive stilbildend; vielmehr kam es auf den Versuch ihrer Verknüpfung mit der Funktion eines Gebäudes an. Insofern waren Imitationen jedes beliebigen anderen Baustils möglich und in der Übergangsphase vom Eklektizismus zum Jugendstil auch zunächst die Regel.

Beinahe genauso bekannt wie die Gildehäuser wurde ein 1909 errichtetes fünfgeschossiges Mietshaus schräg gegenüber. Sein Beiname **Katzenhaus** bezieht sich auf zwei dunkle Katzenfiguren auf den Ecktürmen. Bauherr war der lettische Geschäftsmann Plūme, der mit seinem Begehren, in die Große Gilde aufgenommen zu werden, keinen Erfolg hatte. Die gebeugte Haltung der Tiere auf den beiden Turmspitzen implizierte daher eindeutige Botschaften: Jeder sah, dass es von dem stattlichen Haus hinüber zur Gilde nur ein Katzensprung war und dass hier allein die Dünkel der deutschen Kaufmannschaft im Wege standen. Beim Blick auf die Hinterteile der Katzen sollten die Gildemitglieder aber wohl auch zur Kenntnis nehmen, dass sie dem frisch gebackenen Hausbesitzer den Buckel herunterrutschen konnten. - Freundlicher gibt sich nicht weit von hier die ähnlich markant ebenfalls die Ecke eines Jugendstilhauses betonende Figur auf dem Giebel der Kaļķu iela 6. Das 1898 errichtete Gebäude im Übergangsbereich zur Skārņu iela war das erste Rigaer Projekt des Architekten Wilhelm Bockslaff.

An das Gebäude der Kleinen Gilde schließt sich zur Linken eine Gruppe von Wohnhäusern an, die in den 1980er Jahren liebevoll restauriert wurden. Dafür, dass sie gleichsam zweireihig ohne Zwischenraum aneinander lehnen, gibt es eine Erklärung: Sie wurden im 18. Jahrhundert von beiden Seiten an die damals nicht mehr benötigte Stadtmauer angebaut. Im Innenhof dieses Blockes macht, wer sich die Freiheit nimmt, ihn von der Laipu iela

➢ *An der Ecke von Kaļķu und Skārņu iela*

(Stegstraße), dem einzig möglichen Zugang, zu betreten, die ungeahnte Entdeckung letzter Spuren eines mittelalterlichen Sakralbaus. Denn die Rückseite eines Hauses an der Šķūņu iela lässt erkennen, dass es unter Mitverwendung des Chorgemäuers der Franziskanerklosterkirche St. Katharinen, die hier einmal stand, errichtet wurde.

An der südöstlichen Platzseite, in der Kaļķu iela 16, befindet sich das

Russische Schauspielhaus (»Krievu drāmas teātris«). Der Einbau eines neuen Bühnenhauses verletzte das architektonische Gleichmaß des vorhandenen Baukörpers leider massiv. Beim Gang durch die daneben beginnende Riharda Vāgnera iela (Wagner- bzw. früher Große Königstraße), vorbei am **Wagnersaal** (siehe dazu den Kastentext: »Herder, Wagner, Erhardt – berühmte Besucher und Söhne Rigas«), beachte man den Eingang des Hauses Nr. 13, ein Meisterwerk des Rokoko. Im Inneren des Gebäudes informiert ein **Pharmaziemuseum** über die Geschichte der Arzneimittelkunde in Lettland.
Der Līvu laukums selbst füllt sich im Sommer stärker als jeder andere Platz Rigas mit Souvenirständen; und auch einige der allgegenwärtigen, meist älteren Blumenverkäuferinnen findet man hier. Aus jedem erdenklichen Anlass anderen Blumensträuße zu schenken, ist eine Gewohnheit, die im Baltikum fest zum Alltag gehört.

Pharmaziemuseum (Farmācijas muzejs), Riharda Vāgnera iela 13, Mo–Sa 10–16 Uhr.

Der südliche Teil der Altstadt

In einen besonders von ehemaligen Speichern geprägten Altstadtteil gelangt man über die Mārstaļu iela (Marstallstraße), deren südostseitige Häuserreihe zu den schönsten Alt-Rigas zählt. Die Zeile beginnt mit dem **Reuternhaus** (lett. »Reiterna nams«), einem besonders prächtigen Gebäude, das 1684–1688 unter Mitwirkung Rupert Bindenschuhs für Johann Reutern, den damaligen Ältesten der Großen Gilde, erbaut wurde. Als Blickfänge erweisen sich das von dem Rigaer Meister Hans Werner Schmiessel gestaltete Portal mit zwei freien, sich geringfügig verjüngenden korinthischen Säulen sowie die Umrahmung der Fenster in der Fassadenmitte mit ihren plastischen Friesen. Während diese Friese nur – kunstvoll, aber ohne Symbolgehalt – verflochtenes Blattwerk mit Trauben darstellen, sieht man auf dem Gesimsstreifen den schwedischen Löwen gegen den russischen Bären obsiegen.
Das Reuternhaus repräsentiert einen seinerzeit neuen Wohnhaustyp, der statt des Giebels die Längsseite der Straße zuwendet. Das hohe Dach und sogar die obere Halbetage standen als Speicherraum zur Verfügung. Beim Reuternhaus kann man sich davon aufgrund der verbauten Giebelwand keine rechte Vorstellung mehr machen; daher empfiehlt es sich, weiter bis zum südwestlichen Ende der Mārstaļu iela zu gehen, um dort das ähnlich gebaute **Dannensternhaus** zu bestaunen. Das Dannensternhaus entstand um 1696, gehörte einem Verwandten Reuterns und besitzt zur Straße hin ebenfalls eine Barockfassade. Ungewöhnlich an dieser ist die Zwei-Achsen-Konzeption, d.h. die Gliederung durch zwei Risalite und zwei Portale. Auf der Rückseite setzten zwei Hofflügel diese Gliederung fort. Den Portalschmuck und die korinthischen Kapitelle der Pilaster schuf Dietrich Walter aus Stockholm. Anders als die Längsfront wirkt der Giebel, an dem sich anhand der Warenluken allein fünf Speichergeschosse inner-

halb des Dachstuhls abzählen lassen, durch seine enorme Höhe immer noch gotisch. Die eher langsam voranschreitende Restaurierung des Gebäudes erlitt im Juni 1996 einen unglücklichen Rückschlag, als das gerade frisch eingedeckte Dach in Flammen aufging. - Das Reuternhaus hingegen wurde bereits 1985-1990 sehr umfassend restauriert und danach vom lettischen Schriftsteller- und Journalistenverband übernommen. Im nahe gelegenen Haus Nr. 8 kann seit 1993 ein **Museum für Fotografie** besichtigt werden.

Zwischen Reutern- und Dannensternhaus liegt die 1727-1733 errichtete **Reformierte Kirche** (lett. »Reformātu baznīca«) am Wege. Ihr Sandsteinportal wurde in Bremen gefertigt und 1737 von dort angeliefert; die Bauarbeiten vor Ort leitete Christoph Meinert. In der Kirche versammelten sich die vornehmlich in diesem Viertel sesshaft gewordenen Zuwanderer aus den Niederlanden und andere Anhänger Calvins zum Gottesdienst nach kalvinischer Lehre. Der Dachboden diente von Anfang an als Speicher, woran eine Aufzugsvorrichtung an der Rückseite des Gebäudes erinnert. Später teilte man auch den Innenraum; nur die obere Hälfte wurde von da an noch kirchlich genutzt. Im ausgehenden 20. Jahrhundert siedelten sich in der Reformierten Kirche u.a. ein Schallplattenstudio und eine Bar an.

Die neben der Kirche abzweigende Straße hieß bei den Rigaer Deutschen Reformierte Straße; ihr heutiger lettischer Name Alksnāja iela sagt etwas über die einstige Geländebeschaffenheit aus, denn er leitet sich vom Wort »alksnājs«, Erlenwald, ab. Der Erlenbruch, den die im 13. Jahrhundert gekommenen Deutschen hier vorfanden, schlug sich für Jahrhunderte in der Bezeichnung »Ellerbrok« für diesen Stadtbereich nieder, ehe sie im 16. Jahrhundert einer anderen wich: Riga wirkt hier, obwohl dies nicht seine allerfrüheste Bebauungszone

➢ *Reformierte Kirche*

ist, seit jeher besonders altertümlich und deshalb nannte man – lange bevor die gesamte heutige Altstadt zur »Altstadt« wurde – exakt so die Gegend um die Alksnāja iela, eben den vormaligen Ellerbrok. Daher rührt auch der Name Vecpilsētas iela – Altstadt(straße) – für die nächste Querstraße. Rigas »Altstadt innerhalb der Altstadt« wirkt zugleich ausgesprochen hanseatisch, obgleich die **Speichergebäude**, von denen dieser Effekt ausgeht, gar nicht unmittelbar aus der Hansezeit stammen. Der Zahn der Zeit nagt aber auch nach 300 bis 350 Jahren bereits unerbittlich an ihnen. Insofern ist es erfreulich, dass wenigstens für einige von ihnen Käufer gefunden wurden, auch wenn diese im Zuge der Restaurierung Fensterscheiben anstelle von Holztürchen in die vielen Luken einsetzten, die früher der Be- und Entladung der Speicher dienten. Neben Privatleuten zog u.a. ein **Sportmuseum** in ehemalige Lagerräumlichkeiten in diesem Bereich ein. Die Speicher am engsten Abschnitt der Vecpilsētas iela, die anders als die übrigen mit dem Dachfirst parallel zur Straße ausgerichtet sind, warten teils noch darauf, vor dem Verfall bewahrt zu werden. Unterdessen konterkarierten an einem restaurierten kleinen Wirtschaftsgebäude gegenüber, das durch seinen Fachwerkgiebel auffällt, zuletzt Graffitischmierereien den denkmalpflegerischen Erfolg.

In der ungefähr parallel zur Alksnāja verlaufenden Peitava iela (Große Peitaustraße) findet man die einzige noch erhaltene Rigaer **Synagoge**, einen von dem Architekten und Kunsthistoriker Wilhelm Neumann geplanten Jugendstilbau, dessen Grundstein 1903 gelegt wurde. Anders als die übrigen der einst sieben jüdischen Gotteshäuser äscherten die deutschen Besatzer sie nicht ein, da angesichts der Enge der Bebauung das Risiko eines Großbrandes bestanden hätte.

Der Straßenname Peitavas iela erinnert an die mittelalterliche Peutowenpforte, die wahrscheinlich nach einer für diesen Abschnitt zuständigen Tor- oder Turmwächterfamilie so benannt worden war. Peutow hieß auch der Erbauer des ersten großen Speichers an der Alksnāja iela; dieser soll noch kurz vor Ausbruch des Livländischen Krieges im 16. Jahrhundert fertig gewesen sein. Rätsel geben den Stadtgeschichtsforschern seit jeher weniger die Namen als vielmehr die Verläufe der Straßen in diesem Teil Rigas auf, insbesondere derjenige der Mazā Peitavas iela (Kleine Peitaustraße), die, ohne verbindende Funktion im Gassennetz, einen nur sehr kleinen Gebäudeblock an der Alksnāja iela rückwärtig umschließt. Möglicherweise prägte schon die Gliederung eines Livendorfes, das vor Rigas Gründung hier existiert haben soll, die Ausrichtung dieses uralten Sträßchens vor. Der Auffassung, gerade hier habe es ein Livendorf gegeben, ist jedoch teils ebenso heftig widersprochen worden, wie andere sie verfochten haben.

Ein stadttypisches **barockes Bürgerhaus** sieht man wenige Meter vom Alberta laukums entfernt auf der von dort linken Seite der Kalēju iela. Die zu erwartende Symmetrie wird innerhalb der Fassade nicht ganz eingehalten; nur beim in Mansardenform gestalteten Dach kommt sie ungestört zur Geltung.

- Lettisches Fotografiemuseum (Latvijas Fotogrāfijas muzejs), Mārstaļu iela 8, Mo–Do 12–19 Uhr, Fr–So 10–17 Uhr.

- Lettisches Sportmuseum (Latvijas Sporta muzejs), Alksnāja iela 7/9, Di–Fr 10–17 Uhr, Sa 11–17 Uhr (außer am letzten Freitag eines Monats).

Außerhalb der Altstadt

Freiheitsdenkmal und Nationaloper

Als 1857–1863 die im 17. Jahrhundert aufgeschütteten Festungswälle rund um die Altstadt beseitigt wurden, hatten vorausschauende Stadtplaner bereits durchgesetzt, dass der dadurch gewonnene Platz nicht durch eine nahtlose Erweiterung der bisherigen Stadtfläche zugebaut würde. Stattdessen sollten von vornherein Parks die gewachsene Altstadt von der künftigen Neustadt trennen. Durch den neuen so genannten **Stadtkanal** (lett. »Pilsētas kanāls«), in den das Wasser der Festungsgräben umgeleitet wurde, blieb die Altstadt in einer Insellage, ohne aber länger von der Umgebung isoliert zu sein. Gleichzeitig wurde eine neue Stadtmitte innerhalb des Grünflächengeländes geschaffen, indem man es durch öffentliche Bauten zweiteilte: Eine Häuserblockkette trennt den eigentlichen Boulevardbogen von einem zweiten Grüngürtel oder äußeren **Boulevardbogen**, bestehend aus der Esplanāde und dem Vērmanes dārzs. Hauptstädtischen Glanz verleiht diesem Teil Rigas der Brīvības bulvāris (Freiheitsboulevard), der an die Querachse der Altstadt, die Kaļķu iela (Kalkstraße), anknüpft und den doppelten Grünanlagengürtel von Südwesten nach Nordosten durchschneidet.

Die städtebaulichen Voraussetzungen waren hier wie geschaffen für das in den 1920er Jahren mehrfach als Projekt ausgeschriebene und schließlich nach einem Entwurf von Ernests Štālbergs verwirklichte **Freiheitsdenkmal** (lett. »Brīvības piemineklis«), das den Mittelpunkt des Boulevardbogens, eigentlich aber sogar ganz Rigas bildet. »Tēvzemei un brīvībai«, *für Vaterland und Freiheit*, steht auf dem Sockel des 42 m hohen Monuments. Es wurde 1935 am Jahrestag der Unabhängigkeitserklärung eingeweiht, nachdem ab 1931 Kārlis Zāle (1888–1942), den diese Arbeit zum bedeutendsten lettischen Bildhauer des 20. Jahrhunderts machte, den plastischen Schmuck für den Sockelbereich gefertigt hatte. Das an einen Obelisken erinnernde Denkmal ist innen hohl – und der Zufall wollte es, dass man das als ein Zeichen der damaligen Zeit verstehen konnte: Ministerpräsident Kārlis Ulmanis (von 1936 an auch Staatspräsident) regierte 1935 bereits mit diktatorischen Vollmachten; insofern war die lettische Staatsverfassung längst »ausgehöhlt«.

Hoch oben auf dem vermeintlichen Obelisken hebt eine 9 m hohe Frauengestalt aus Bronze drei goldene Sterne gen Himmel. Sie symbolisieren die Territorien, aus denen Lettland, als es seine Unabhängigkeit erlangte, zusammengefügt wurde – Kurland, (Lettisch-)Livland und Lettgallen. Semgallen/Zemgale, die vierte kulturgeschichtliche Region des Landes, blieb unberücksichtigt, weil es keine eigene politische Einheit, sondern in diesem Sinne ein Teil Kurlands gewesen war. Unbe-

TEVZEMEI
UN
BRIVIBAI

darfte Besucher aus anderen Teilen der früheren UdSSR sollen die landläufig »Milda« genannte bronzene Frauenfigur wegen ihrer Sterne nicht selten für Mutter Russland gehalten haben, die die drei baltischen Unionsrepubliken in ihren Händen beschützt. Denjenigen in der sowjetischen Verwaltung, die um die wahre Bedeutung des Denkmals wussten, war es natürlich ein Dorn im Auge; zeitweilige Abrisspläne wurden aber zurückgezogen, weil bei deren Bekanntwerden Ausschreitungen zu befürchten gewesen wären. – Man findet übrigens durchaus eine »Mutter Heimat« bzw. »Mutter Lettland« an dem Denkmal; sie steht mit Schild und Schwert im Zentrum der oberen Skulpturengruppe. Auch mythologische Gestalten wie den Lāčplēsis und den Weissager Vaidelotis stellte Zāle dar, ferner (als Basreliefs) Szenen der Revolution von 1905 und des Freiheitskampfes. Weitere übermannshohe Skulpturengruppen versinnbildlichen die Eckpfeiler der nationalen Existenz – Arbeit, Familie, Landesverteidigung und geistig-kulturelle Arbeit.

Ab 1987 wurde das Freiheitsdenkmal zum Versammlungsort für friedliche Demonstrationen. Bald schon brachten sie den dichten Auto- und Busverkehr zum Erliegen, den die Obrigkeit jahrelang über den Denkmalvorplatz geschleust hatte, gerade um Kundgebungen zu unterbinden und um das Denkmal eines Tages für baufällig erklären zu können. Mit der Zeit wurden die Protestanten immer mutiger und legten nicht nur Blumen ab, was schon für sich genommen streng verboten war, sondern sortierten sie sogar erkennbar in den Nationalfarben, also zu einem rot-weiß-roten Blütenmeer. Auch heute bringen Menschen noch Blumen hierhin; wenn die daneben postierten Soldaten zur Wachablösung ansetzen, scheint sich indes kaum mehr jemand sonderlich dafür zu interessieren.

Auf dem Weg vom Freiheitsdenkmal zur Altstadt sieht man links die **Laima-Uhr**, Rigas populärsten Treffpunkt für Verliebte und andere, die sich verabredet haben. In der altlettischen Götterwelt war Laima der Name der Glücksgöttin; von ihrem Ratschluss hing es ab, wer wen heiratete. Den Schriftzug »Laima« trägt die schon in der Zwischenkriegszeit aufgestellte Uhr aber nicht deshalb; vielmehr ist dies der Name der damals wie heute bekanntesten lettischen Schokoladenfirma. Diese finanziert auch den Unterhalt der Uhr, von der sie sich gerade aufgrund des authentischen 30er-Jahre-Designs Werbewirkung versprechen kann.

Hinter einem bei den Rigensern beinahe ebenso beliebten Springbrunnen ragt die neoklassizistische Fassade der **Nationaloper** auf. Sie wurde 1860–1863, damals als deutsches Stadttheater, nach Entwürfen von Ludwig Bohnstedt gebaut, jenem Architekten, der auch den ersten Wettbewerb um die Gestaltung des noch zu bauenden Berliner Reichstags gewann. 1882 fiel das 1200 Zuschauer fassende Theatergebäude einem Brand zum Opfer; der mehrjährige Wiederaufbau erfolgte nach einem Entwurf des örtlichen Baumeisters Reinhold Schmaeling. Für eine großzügige Renovierung in den

➢ *Das Freiheitsdenkmal*

Jugendstil in Riga

Vor dem Fall des Eisernen Vorhangs war kaum einem Westeuropäer bewusst, dass es neben Wien und Brüssel mindestens noch eine dritte Jugendstilmetropole unter den großen Städten Europas gibt. Nur ausgewiesene Kenner dachten in diesem Zusammenhang auch an Riga, die eigentlich **führende Jugendstilstadt des Kontinents**, wenn es um den Anteil jener Stilrichtung an der Gesamtbebauung geht. Der letzte Weltkrieg minderte die Präsenz des Jugendstils im Bebauungsbild hier weit weniger als andernorts, und so zeigt noch immer gut **ein Drittel** der Wohn- und Geschäftshäuser im neustädtischen Bereich der damaligen »Petersburger Vorstadt« entsprechende Merkmale. Im hauptsächlichen Verbreitungsgebiet zwischen A. Čaka, Tallinas, K. Valdemāra und Hanzas iela faszinieren einerseits vollständige Straßenzüge im Jugendstil und andererseits das in dieser Form einzigartige Nebeneinander von Jugendstil und älterer, meist zweigeschossiger **Holzbebauung** – beides Besonderheiten, mit denen die UNESCO 1997 die Aufnahme Rigas in die **Liste des Weltkulturerbes** begründete. Hinzu kommen die zahlreichen Jugendstilbauten innerhalb der Altstadt, die auch dieser erst ihr charakteristisches Gepräge geben.

➢ *An der Alberta iela*

Um 1900, als all diese Häuser entstanden, erlebte Riga den sprunghaftesten **Bevölkerungsanstieg** seiner Geschichte, sodass es auch vieler neuer öffentlicher Gebäude von Schulen über Kliniken bis hin zu Kirchen bedurfte. Besonders solche Projekte hatten ihren Reiz für die Architekten: Schon in der dem Jugendstil vorausgegangenen Stilepoche des **Eklektizismus**, in der das Repertoire aller historischen Stilrichtungen gleichsam ausgeschlachtet wurde, hing es von der beabsichtigten Nutzung eines Bauobjekts und vom Selbstverständnis der Auftraggeber ab, für welchen der historischen Stile man sich im Einzelfall entschied. Der **Jugendstil** ging noch einen Schritt weiter, indem er unmittelbare Verbindungen zwischen der Funktion bzw. der funktionellen Aufteilung eines Gebäudes und dessen äußerer Gestaltung herstellte. Dies war vor allem ein Anliegen des so genannten

➢ *An der Alberta iela*

»rationalen Jugendstils«, der sich in Riga zeitlich zwischen dem »dekorativ-eklektizistischen« und dem »nationalromantischen Jugendstil« entwickelte.

Anregungen für Rigas Jugendstilarchitekten kamen zunächst aus **Wien**, wo man von »Sezessionsstil« sprach, und aus Deutschland, von wo auch der Name für die neue Richtung übernommen wurde, sodass Jugendstil im Lettischen seitdem »jūgendstils« heißt. Bei der Ausprägung der »nationalen Romantik« ließ man sich von einer analogen Jugendstilbewegung in **Finnland** inspirieren, die sich auf die Verwendung naturverbundener Baustoffe wie Bruchstein und Schiefer besann, anstatt Materialien zu imitieren. Stärker noch als in Helsinki wurden in Riga Motive aus der althergebrachten **Volkskunst** in den Fassadenschmuck eingearbeitet. Derartige Hausfassaden, oft mit einem asymmetrisch positionierten hohen Giebel versehen, sind besonders an der Brīvības iela in größerer Zahl zu sehen; ein typisches Beispiel ist das von Eižens Laube (1880–1967) entworfene Haus Nr. 62 aus dem Jahre 1908. Ansonsten überwiegen an der **Brīvības iela** sowie deren Seiten- und Parallelstraßen Beispiele für »rationalen Jugendstil«.

Als das Juwel des Rigaer Jugendstils gilt die nordöstliche Zeile an der **Alberta iela**. Die Häuser 2, 2a, 4, 6 und 8, die allesamt Michail Eisenstein (1867–1921), Vater des Filmregisseurs Sergej Eisenstein, entwarf, gehören gestalterisch zur ältesten »Schicht« des Rigaer Jugendstils, auch wenn sie erst zwischen 1903 und 1906 entstanden. An ihren Fassaden starren zwischen Girlandenmustern und Pflanzenornamenten allerlei Gesichter von Gorgonen und anderen Ungeheuern teils ins Leere, teils dem Betrachter trotzig entgegen; und vor Haus Nr. 2a, das durch ein überzähliges oberes Fassadengeschoss mit leeren Fensteröffnungen auffällt, langweilen sich zwei **Sphinxe**. Schmucklose

➢ *An der Ecke von Vaļņu und Teātra iela*

Zwischenflächen, die an Haus Nr. 8 wiederum durch glasierte Ziegel hervorgehoben sind, unterstreichen nachdrücklich, dass die Dekorvielfalt an den übrigen Fassadenabschnitten nicht mehr steigerbar ist. An Haus Nr. 4 bilden überdies die Fensterformen ein Faszinosum. Werke Michail Eisensteins sind außer den Wohnbauten an der Alberta iela (einschließlich der dortigen Nr. 13) auch die 1903 bzw. 1901 errichteten Häuser **Elizabetes iela** 10 und 33, die ihnen an Pracht nicht nachstehen.
Im letzten Jahrzehnt vor dem Ersten Weltkrieg traten neben Deutschen, Russen und Juden bereits überwiegend Letten als Architekten hervor; die meisten waren Absolventen der Fakultät für Baukunst am 1862 gegründeten Rigaer Polytechnikum. Als erster Lette mit - noch außerhalb Rigas erworbener - akademischer Architekturausbildung war um 1865 Jānis Baumanis (1834-1891) bekannt geworden. Von ihm stammen rund 150 zumeist eklektizistische Gebäude in Alt- und Neustadt, darunter das **Ritterschaftshaus** an der Jēkaba iela (das heutige Parlament).
Die Alberta iela schließt an der Ecke zur Strēlnieku iela mit dem Privathaus von Konstantins Pēkšēns (1859-1928) ab, das mit seiner turmbekrönten und durch Fachwerkgauben aufgelockerten Dachlandschaft der romantisierenden Stilrichtung vorgreift. Pēkšēns, der über 200 Rigaer Häuser entwarf und damit vor Jānis Alksnis (mit gut 130 Häusern) die Liste der lettischen Jugendstilbaumeister anführt, wohnte vier Jahre lang selbst in dem Haus. Sogar für zehn Jahre hatte der bekannte Maler Jānis Rozentāls in einer Wohnung im fünften Stock sein Atelier. In dieser fand auch Rūdolfs Blaumanis (1863-1908), einer der bedeutendsten lettischen Schriftsteller, zeitweilig

➢ *An der Ecke von Kaļēju und Jāņa iela*

Unterschlupf. Die Wohnung kann besichtigt werden; der Weg hinauf führt durch ein beeindruckendes **Jugendstiltreppenhaus**.
Auch in den Nachbarhäusern entlang der Alberta iela wurden zuvor verwahrloste und durch Versorgungsleitungen verunstaltete Treppenhäuser inzwischen teils restauriert. Während der Sowjetzeit hatte leider mancher russische Bewohner einer der überbelegten Wohnungen an den bourgeoisen Schnörkeln seine Wut ausgelassen; Hass gegen die Klasse, für die Eisenstein die Häuser errichtet hatte, war schließlich zur Genüge gesät worden.
An der Mündung der E. Melngaiļa in die Hanzas iela - schräg gegenüber der Skonto-Halle, in der 2003 der »Eurovision Song Contest« ausgetragen wurde - steht ein von Reinhold Schmaeling entworfenes **Feuerwehrdepot** aus dem Jahre 1909 mittlerweile als **Feuerwehrmuseum** (lett. »Ugunsdzēsības muzejs«) Besuchern offen. Die von Wilhelm Bockslaff und Edgar Woldemar Friesendorff nach Jugendstilprinzipien geplante **Heiligkreuzkirche** (»Krusta baznīca«, ebenfalls 1909) befindet sich in der Ropažu iela 120. An der Konzipierung eines Baus der Elektrizitätsgesellschaft »Union« an der Brīvības iela 214 wirkte kein Geringerer als Peter Behrens (1868-1940) mit; und bis 1944 besaß Riga sogar ein Gebäude, um dessen Verwirklichung sich Belgiens Jugendstilgenie Henry Clemens van de Velde (1863-1957) erfolgreich beworben hatte: Auf dem Grundstück des von ihm entworfenen sechsgeschossigen Gemeindehauses und Pastorats von St. Petri an der Vaļņu iela erhebt sich heute das Hotel »Rīga«. Glücklicherweise hat immerhin das schräg gegenüber gelegene Eckhaus zur Teātra iela mit seinen drei **Atlanten**, die gemeinsam eine gläserne **Weltkugel** schultern, den Zweiten Weltkrieg überstanden. Es gehört zu den interessantesten Werken von Heinrich Karl Scheel und dessen Mitarbeiter Friedrich Scheffel. Die Atlanten entstammen wie die meisten derartigen Figuren an

➢ *An der Alberta iela*

Rigaer Jugendstilbauten der Werkstatt von August Volz (1851-1926). Nicht zuletzt dessen Verdienst ist es, wenn man resümieren kann: Riga zieht Jugendstilbegeisterte in seinen Bann.

- Museum für Jānis Rozentāls und Rūdolfs Blaumanis (Jāņa Rozentāla un Rūdolfa Blaumaņa muzejs), Alberta iela 12, Mi–So 11–18 Uhr.
- Lettisches Feuerwehrmuseum (Latvijas ugunsdzēsības muzejs), Hanzas iela 5, Mo–So 10–17 Uhr.

1990er Jahren haben vor allem Exilletten aus Übersee gespendet.
Vom Vorplatz sieht man in nordöstlicher Richtung das Hauptgebäude der seit 1919 bestehenden Universität Lettlands (»Latvijas Universitāte«) und vormals des Rigaer Polytechnikums, einer 1862 geschaffenen Lehranstalt. In der Reihe der Dekane an deren Fakultät für Architektur findet sich auch Gustav Hilbig, der den Bau wenige Jahre nach Gründung jener im Russischen Reich damals einzigartigen Einrichtung entworfen hatte. Als Rektor amtierte hier einmal ein Großvater des langjährigen schwedischen Ministerpräsidenten Olof Palme.

Weitere Sehenswürdigkeiten im und um den Boulevardbogen

Zwischen Freiheitsdenkmal und Pulverturm erhebt sich der **Basteiberg** (lett. »Bastejkalns«). Er entstand, als bei der Schleifung der Befestigungsanlagen zusätzliche Erdmassen auf einer vormaligen Bastion abgeladen wurden. Auf der anderen Seite des Stadtkanals wurde 1929 ein **Denkmal für Rūdolfs Blaumanis** (1863–1908) eingeweiht, seinerzeit das erste Denkmal für einen lettischen Schriftsteller in einem Rigaer Park. Ein paar Jahre später versetzte man es an die Kreuzung der Blaumaņa mit der K. Barona iela, wo seine Wirkung jedoch nicht so ausfiel, wie man es sich versprochen hatte, und wo es deshalb nur kurze Zeit aufgestellt blieb.
Ganz in der Nähe erinnern Denksteine an diejenigen, die am 20. Januar 1991 starben, als Sondertruppen des Moskauer Innenministeriums sich rücksichtslos den Weg zum nahe gelegenen lettischen Innenministerium freischossen. Unter den Toten jenes blutigen Sonntags war der prominente Dokumentarfilmer Andris Slapiņš. Kameramann Gvido Zvaigzne, der die Ereignisse filmte und sogar den Tod seines Freundes und Kollegen im Bild festhielt, wurde damals angeschossen und erlag im November 1991 seinen Verwundungen.
Zu den Sehenswürdigkeiten des Boulevardbogens gehört auch das neobarocke **Nationaltheater**, heute an einer der chaotischsten Straßenkreuzungen Rigas gelegen. Es entstand 1899–1902 als Russisches Theater oder Zweites Rigaer Stadttheater, nachdem am Ersten Stadttheater, der heutigen Oper, nur in deutscher Sprache gespielt wurde. Das Russische Theater bzw. heutige Nationaltheater war der Ort, an dem am 18. November 1918 die unabhängige Republik Lettland proklamiert wurde.
Der nächste repräsentative Bau, den man beim Gang von dort nordostwärts die K. Valdemāra iela und am Gebäude des Rates der Stadt Riga entlang schließlich rechts erblickt, ist die 1905 fertig gestellte Kommerzschule des Börsenkomitees, heute **Lettische Akademie der Künste** (»Latvijas Mākslas akadēmija«). Als einer im Baltikum ihresgleichen suchenden Schöpfung von Neo-Backsteingotik im Geiste des Jugendstils gebührt ihr der Ruhm, bedeutendste Hinterlassenschaft des Architekten Wilhelm Bockslaff (1858–1945) zu sein. Zur gleichen Zeit wie die jetzige Kunstakademie entstand nebenan das Gebäude K. Valdemāra iela 10a, die heutige **Nationalgale-**

rie, damals errichtet als Kunstmuseum der Stadt Riga. In sowjetischen Filmen diente der Bau mitunter als Kulisse, wenn Szenen vor dem Berliner Reichstag nachgestellt wurden. Entworfen hat ihn der im mecklenburgischen Grevesmühlen geborene Wilhelm Neumann (1849–1919), der 1878 zum Stadtarchitekten von Dünaburg/Daugavpils berufen wurde. In Riga betrieb Neumann in großem Umfang Baugeschichtsforschung; und nach Einweihung des Kunstmuseums war er selbst dessen Direktor. Unter den ausgestellten lettischen, deutschbaltischen und russischen Künstlern ist natürlich auch der Klassiker der lettischen Malerei, Jānis Rozentāls, vertreten, dessen Denkmal außen vor dem Museumsbau steht. Auf der rückwärtigen Seite der Gebäude, am Rande des Parkgeländes **Esplanāde**, ehrt das von Kārlis Zemdega geschaffene **Jānis-Rainis-Denkmal** den Klassiker unter den lettischen Dichtern. Das auf der anderen Seite des Kalpaka bulvāris aufragende »Reval Hotel Rīdzene«, dessen originelle, schrägflächenbetonte Architektur durch geschickt kombinierte Materialien – dunkle Ziegel, glasierte Fliesen und getöntes Zinkblech – in ihrer Wirkung unterstützt wird, rechnet man zu den herausragendsten baukünstlerischen Leistungen der 1980er Jahre in Riga.

Einziges Gebäude auf der Esplanāde selbst ist die **Christi-Geburt-Kathedrale** (lett. »Kristus Piedzimšanas katedrāle«), einer unter zahlreichen orthodoxen Sakralbauten im Baltikum, die von dessen massiver Russifizierung im ausgehenden 19. Jahrhundert zeugen. Das im byzantinischen Stil errichtete Gotteshaus, inzwischen wieder Sitz des orthodoxen Metropoliten von Riga, erlebte während der Sowjetzeit eine Umfunktionierung zum Planetarium.

Der nüchterne Komplex schräg gegenüber, in dem Kabinett und Oberstes Gericht zusammentreten, wurde in den 1930er Jahre als Justizpalast geplant und zur Hälfte fertig; der Flügel entlang der Tērbatas iela, in dem heute das Außenministerium arbeitet, kam ohne größere Bauplanänderung nach dem Zweiten Weltkrieg hinzu. Im entsprechenden Abschnitt der Elizabetes iela lohnt sich ein Blick auf Rigas bemerkenswertestes Kino: Der einstige **»Splendid Palace«**, heute etwas schlichter als Lichtspielhaus »Rīga« bekannt, steht aufgrund seiner prächtigen Innenausstattung aus dem Jahre 1924 sogar unter Denkmalschutz.

Jenseits der Tērbatas iela beginnt der **Vērmanes dārzs** oder Wöhrmannsche Garten, benannt nach einer Dame, die im frühen 19. Jahrhundert Eigentümerin dieses Areals war, bevor es zu einer Parkanlage wurde. In dem ähnlich großzügig wie die Esplanāde angelegten Park gibt es eine kleine Freilichtbühne, ein besonders von Rentnern frequentiertes Schachspielfeld sowie seit 1985 ein **Krišjānis-Barons-Denkmal**. Der »Vater der Dainas«, lange vor seiner Folkloresammlertätigkeit bereits ein engagierter Junglette, starb im März 1923 mit 87 Jahren in einer nahe gelegenen Wohnung, in der inzwischen ein **Krišjānis-Barons-Museum** eingerichtet wurde.

Einen Steinwurf von dem Mietshaus mit der Museumsetage entfernt, an der diagonal entgegengesetzten Ecke der Kreuzung von K. Barona und

Elizabetes iela, ist recht beengt die **Nationalbibliothek** untergebracht. Plakate rufen an vielen Stellen in Riga zu Spenden für einen Neubau auf, für den auch schon ein konkreter Entwurf ins Auge gefasst ist. Bereits erfolgreich abgeschlossen ist die Wiederherstellung eines 1887–1897 entstandenen Einkaufszentrums mit Ladenpassagen im Block gegenüber. Dieser so genannte **Bergs-Basar** oder »Berga bazārs« und das in ihn integrierte Nobelhotel tragen ihren Namen nach Kristaps Bergs, einem in Riga zum Bauunternehmer aufgestiegenen Bauernsohn, der seinerzeit Initiator und Finanzier des Projekts war. – In dem Häuserblock, zu dem der Bergs-Basar gehört, spielt auch (zugänglich von der genannten Kreuzung) Rigas **Puppentheater** (lett. »Leļļu teātris«).

Weiter stadteinwärts befinden sich an der K. Barona iela das **Naturkundemuseum** (Nr. 4) und das **Konservatorium** (»Latvijas Mūzikas akadēmija«, Nr. 1) sowie am südlichen Abschnitt der Merķeļa iela Rigas **Zirkus**. Die interessanteste aller Fassaden, die rings um den Wöhrmannschen Garten zu sehen sind, entdeckt man unterdessen an der Merķeļa iela 13. Die Rede ist vom »Latviešu biedrības nams«, dem 1909 errichteten Domizil des »Rigaer Letten-Vereins«, der im Industrialisierungszeitalter mehr als jede andere Institution für lettisches kulturelles Leben im von allerlei Nationalitäten bevölkerten Riga sorgte.

Das meiste an Erkundenswertem im Bereich des Boulevardbogens hat man damit gesehen, auch wenn dieser sich nordwestlich von Esplanāde und Kunstakademie noch im **Kronvalds-Park** (lett. »Kronvalda parks«) fortsetzt. In diesem hat ein 1901 zu Rigas 700-Jahr-Feier aufgestellter Pavillon als letzter Rest der damaligen Jubiläumsgroßausstellung überdauert. Dem Kronvalds-Park gegenüber ist an der Mündung der Antonijas iela (bis vor kurzem »Paegles iela«) ein **medizingeschichtliches Museum** zu finden. – Als Rigas ältester öffentlicher Park gilt der an die Hanzas iela angrenzende **Viestura dārzs**. Eine Ulme datiert noch aus der Zeit, als Peter der Große ihn anlegen und »Kaisergarten« nennen ließ. Heute trägt er den Namen eines 1229 gestorbenen Semgallerfürsten, wird daneben aber auch »Sängerfestpark« (lett. »Dziesmu svētku parks«) genannt, da 1973 der 100. Jahrestag des ersten lettischen Sängerfestes hier begangen wurde. 1936 fand ein **Triumphbogen**, der nach 1815 anlässlich des Sieges über Napoleon auf der heutigen Brīvības iela (Freiheitsstraße) aufgerichtet und später in deren Verlauf weiter stadtauswärts versetzt worden war, im Viestura dārzs einen neuen, d.h. seinen insgesamt dritten Standort.

- Nationalgalerie bzw. Staatliches Kunstmuseum (Valsts mākslas muzejs), Krišjāņa Valdemāra iela 10a, Mo u. Mi–So 11–17 Uhr.
- Krišjānis-Barons-Museum (Krišjāņa Barona muzejs), Krišjāņa Barona iela 3, Mi–So 11–18 Uhr.
- Lettisches Naturkundemuseum (Latvijas dabas muzejs), Krišjāņa Barona iela 4, Mi, Fr u. Sa 10–17 Uhr, Do 10–18 Uhr, So 10–16 Uhr.
- Pauls-Strādiņš-Museum für Medizingeschichte (Paula Strādiņa medicīnas vēstures muzejs), Antonijas iela 1, Mo–Sa 11–17 Uhr.

Beiderseits der Brīvības iela

An der Brīvības iela (Freiheitsstraße) folgen, nachdem man das »Reval Hotel Latvija« links und das an einen lettischen Schriftsteller erinnernde **Andrejs-Upīts-Museum** (Brīvības iela 38) rechts hat liegen lassen, erste interessante Jugendstilbauten sowie wenig später rechter Hand die 1820–1825 erbaute **Aleksandr-Nevskij-Kirche** (»Aleksandra Ņevska baznīca«), ein gleichmäßig in drei Richtungen mit Exedren (Hallen, d.h. Erweiterungsbauten) versehener Kuppelbau aus Holz. Nach einer weiteren Häuserblocklänge sieht man links die **Alte Gertrudenkirche** (»Vecā Svētās Ģertrūdes baznīca«), den wohl schönsten neogotischen Sakralbau Rigas. Von städtebaulichem Reiz sind die Lage der Kirche auf einem in etwa achteckigen Platz, als dessen Mitte sie die Ģertrūdes iela teilt, und ihr Zusammenspiel mit der umliegenden Bebauung, insbesondere mit dem so genannten **Büngnerhof** an der Ecke zur Brīvības iela (Nr. 55), einem fünfgeschossigen Komplex aus dem Jahre 1900. Errichtet in einer Zeit größter Wohnungsnot mit dem Ziel, menschenwürdigere Quartiere zu schaffen, beherbergt er gegenwärtig Lettlands Wirtschaftsministerium. Die Alte Gertrudenkirche selbst stammt von 1866 und besitzt eine hervorragende Orgel.

Die **Neue Gertrudenkirche** (»Jaunā Svētās Ģertrūdes baznīca«), fünf Querstraßen weiter stadtauswärts im Dreieck zwischen Brīvības, Tallinas und Cēsu iela gelegen, wurde 1903–1907 nach Plänen von Wilhelm von Stryk erbaut. Etwa auf halber Strecke zwischen beiden Gertrudenkirchen liegt das **Kunsttheater** (»Dailes teātris«, Brīvības iela 75), ein Bau von 1976. Wen es nicht in eine Vorstellung zieht, den sollten die umstehenden, teils faszinierenden **Jugendstilbauten** in diese Gegend locken (siehe dazu den Kastentext: »Jugendstil in Riga«). Viele, viele weitere bestimmen vor allem südwestlich von hier die Straßenzüge. Als einzige Parkanlage weit und breit lockert der **Ziedoņdārzs** die dichte Bebauung auf. In ihm steht ein **Denkmal für Aleksandrs Čaks**, einen bekannten lettischen Dichter der literarischen Moderne. Eine musealisierte Wohnung, in der Čaks gelebt hat, liegt an der Lāčplēša iela, genauer gesagt wenige Meter nordwestlich von dort, wo diese die A. Čaka iela kreuzt, also weiter stadteinwärts als der Park mit dem Denkmal.

Kehrt man nach einer ersten Erkundung dieses Teils der Stadt zurück in den Bereich der Esplanāde bzw. zum »Reval Hotel Latvija«, so hat man es nicht weit, falls einen das **Museum und Dokumentationszentrum »Juden in Lettland«** interessiert. Dieses noch relativ junge unter Rigas Museen ist an der Ecke der Skolas mit der Dzirnavu iela angesiedelt.

- Andrejs-Upīts-Museum (Andreja Upīša memoriālais muzejs), Brīvības iela 38, Di–Sa 11–17 Uhr (außer am letzten Tag des Monats).
- Aleksandrs-Čaks-Museumswohnung (Aleksandra Čaka memoriālais dzīvoklis), Lāčplēša iela 48/50, Mo–Sa 11–17 Uhr.
- Museum und Dokumentationszentrum »Juden in Lettland« (Muzejs un dokumentācijas centrs »Ebreji Latvijā«), Skolas iela 6, Mo–Do u. So 12–17 Uhr.

Zentralmarkt und Moskauer Vorstadt

Zu den sicherlich interessantesten Örtlichkeiten der Stadt gehört der **Zentralmarkt**, einer der größten Europas. Bei den monumentalen Hallen, durch die sich die Verkaufsstände erstrecken, handelt es sich um ehemalige Hangars; während des Ersten Weltkriegs waren Zeppeline in ihnen untergestellt. Damals standen sie in Vaiņode im Süden Kurlands, von wo man sie 1924 in die Hauptstadt transportierte. Der neue Zentralmarkt (lett. »Centrāltirgus«), den Heinrich Gerhard Pirang in dieser Form konzipiert hatte, konnte 1930 eröffnet werden und löste seinerzeit den »Dünamarkt«, ein langes, beengtes Marktgelände zwischen Altstadt und Daugava, ab. Heutzutage muss, wer sich von der Altstadt südostwärts auf die jenseits des Eisenbahndamms gelegenen Zentralmarkt-Hallen zubewegt, vor der Unterführung zunächst den Konsumversuchungen des neu hinzugekommenen Stockmann-Centers widerstehen. Auf dem Zentralmarkt lässt sich weiterhin deutlich preisgünstiger einkaufen als in den jetzt zahlreichen modernen Supermärkten; viele Rigenser ziehen ihn deshalb noch immer vor. Bis ins Ausland machte er in den 1990er Jahren vor allem als Ort von sich reden, an dem die »Sprachpolizei« die Lettischkenntnisse von Russinnen und Russen, die hier etwas feilbieten, kontrolliert.

Hinter dem Markt beginnt die **Moskauer Vorstadt** (»Maskavas forštate«), Teil des Stadtbezirks Lettgallische Vorstadt (lett. »Latgales priekšpilsēta«). Riga gliedert sich in sechs solche Bezirke, von denen vier rechts der Daugava liegen. Außer der »Latgales priekšpilsēta» sind dies der »Centra rajons» und die »Vidzemes priekšpilsēta», zu denen jeweils ein Teil der Neustadt bzw. Petersburger Vorstadt gehört, sowie der Nord-Rayon, lett. »Ziemeļu rajons«.

Die Moskauer Vorstadt bekam in den 50er Jahren des 20. Jahrhunderts ein auf seine Art nicht hässliches, im Rigaer Stadtbild jedoch befremdliches Wahrzeichen: Das Hochhaus der **Akademie der Wissenschaften Lettlands** (lett. »Latvijas zinātņu akadēmija«), übrigens der einzige »Zuckerbäcker«-Turmbau Moskauer Bauart im Baltikum, überragt alle Kirchtürme im engeren Umkreis um ein Mehrfaches. In dem Gebäude wird der Dainas-Schrank von Krišjānis Barons, einer der größten kulturgeschichtlichen Schätze Lettlands, aufbewahrt. Nach welchem System Barons die über 200.000 von ihm erfassten Volksliedtexte sortierte, veranschaulicht eine Kopie des Schrankes im Krišjānis-Barons-Museum, das in der K. Barona iela 3 zu finden ist.

Wenn man die Akademie der Wissenschaften links liegen lässt, steuert man auf die lutherische **Jesuskirche** (»Jēzus baznīca«) zu, die 1819–1822 im Schnittpunkt zweier Straßen errichtet wurde. Die Jesuskirche, ein in typischen Formen des Klassizismus gestaltetes Oktogon, das jeweils an den einer Straßenflucht zugewandten Seiten um Vorräume erweitert ist, gilt als Lettlands größter Holzbau. Den Entwurf lieferte Christoph Friedrich Breitkreuz, der auch für die Aleksandr-Nevskij-Kirche in der

➢ *In der Moskauer Vorstadt. Rechts die Jesuskirche*

Petersburger Vorstadt verantwortlich zeichnet.
Eine 1992 eingeweihte **jüdische Gedenkstätte** erinnert im Kreuzungsbereich von Gogoļa und Dzirnavu iela an die einst prächtigste Rigaer Synagoge. Deren bescheidene Überreste bilden heute eine »Klagemauer«. Die Nazis trieben am 4. Juli 1941 rund 300 Juden in dem Gebäude zusammen und brannten es, nachdem alle Ausgänge verriegelt waren, nieder. Jenseits der Lāčplēša und nördlich der Maskavas iela richteten sie das Ghetto der Stadt ein. Diejenigen, die 1941 in dem mit Stacheldraht umzäunten Viertel zusammengepfercht wurden, kamen, falls sie nicht schon während der ersten Wochen erbärmlich verhungert waren, in den Herbstmonaten bei ersten Massenerschießungen im Biķernieku- und im Rumbula-Wald um. Danach war das Ghetto Zwischenstation für westeuropäische, vor allem deutsche Juden, bevor sie in die nahen Konzentrationslager Kurtenhof und Kaiserwald weitertransportiert wurden.
An einer südlichen Seitenstraße der Maskavas iela steht das **Grebenschtschikow-Gebetshaus** der Altgläubigen (lett. »Grebenščikova vecticībnieku lūgšanas nams«). Die goldene Haube des 1906 ergänzten Glockenturms macht das knapp ein Jahrhundert ältere und mehrfach erweiterte Gebetshaus, in dem Ikonen und Handschriften von hohem Wert gehütet werden, schon aus einiger Entfernung – besonders über die Daugava hinweg – sichtbar.
Das noch sehr rückständige Leben in der Moskauer Vorstadt, wo in so gut wie nichts investiert wird, kontrastiert mit einem immer moderneren Dienstleistungs- und Freizeitangebot entlang der Krasta iela, Rigas südöstlicher Ausfallstraße, die parallel zum Daugava-Ufer an ihr vorbeiführt. Freizeit mit der ganzen Familie verbringen – dies geht an der Krasta iela seit kurzem besonders gut im **»Lido«**, einem werbewirksam von einer Windmühle überragten mehrgeschossigen Restaurant mit vor allem für Kinder interessanten Außenanlagen, darunter der größten Inlineskating-Bahn des Baltikums.

Ķīpsala, andere Daugava-Inseln und Rigas Brücken

Rigas Stadtteil mit dem größten Entwicklungspotenzial als Wohnlage der Wohlhabenderen und gewiss auch als Szeneviertel ist die lang gestreckte Daugava-Insel **Ķīpsala** (Kiepenholm) schräg gegenüber der Altstadt, auf die man von Ķīpsala aus einen so reizvollen Blick genießt wie von kaum sonst irgendwo. Dies vor allem machte die hier stehenden, großteils hölzernen ehemaligen Fischerhäuser und selbst manche Fabrikruine in jüngster Zeit attraktiv für investitionsfreudige Privatleute, die aufwendige Renovierungen nicht scheuen. Der vom Pressehochhaus und seit kurzem von einem noch höheren Gebäude der Hansa-Bank an seinem Südende überragte Holm schien nach 1920 namhaften Rigaer Architekten und Stadtplanern sehr geeignet für ein Regierungsviertel; die Regierenden konnten sie von dieser Vision jedoch nicht überzeugen. Und so blieb Ķīpsala noch jahrzehntelang vernachlässigt, was sich heute auszahlt, denn in keiner anderen solch zentralen Gegend Ri-

gas können ein- und zweigeschossige Gebäude mit derart ansehnlichen Grundstücken erworben werden.
Schon Herder soll auf Ķīpsala gern seine freie Zeit verbracht haben. Die Uferstraße Balasta dambis hat ihren Namen dadurch bekommen, dass in früheren Jahrhunderten Frachtschiffe, die nur entweder auf der Hin- oder der Rückfahrt Ware mitnahmen, hier ihren Ballast ab- bzw. aufluden. Während der deutschen Besatzungszeit befand sich auf der Daugava-Insel das größte unentdeckte Judenversteck Rigas, eingerichtet unter einem Schuppen auf dem Grundstück des Hafenarbeiters Jānis Lipke. An Lipke erinnert auch eine Gedenktafel auf dem jüdischen Friedhof an der Lizuma iela weit im Nordosten der Stadt.
Über Ķīpsala bzw. den Kiepenholm führt die imposanteste der drei Straßenbrücken, die innerhalb Rigas die Daugava überspannen - die 1981 fertig gestellte **Wantenbrücke** (lett. »Vanšu tilts«, zur Sowjetzeit »Gorkija tilts«). Sie wird durch Stahlwanten, die an einem 109 m hohen Pylon verankert sind, gehalten und ist eine der längsten Hängebrücken Europas. Die Stauanfälligkeit des über sie fließenden Verkehrs hat ein Ausmaß erreicht, angesichts dessen Riga nicht auf ewig ohne eine weitere Daugava-Querung auskommen wird. Die Eisenbahnbrücke datiert bereits aus dem ausgehenden 19. Jahrhundert. Die südlichste bestehende Daugava-Brücke berührt gleich mehrere Inseln und heißt deswegen »Salu tilts« (»sala« = Insel). Auf einer dieser Inseln, der schmalen **Zaķusala** (wörtlich *Haseninsel*), steht Rigas **Fernsehturm**, der mit seinen 368 m sogar den Eiffelturm überragen würde. Auf einer Höhe von 96 m gibt es ein Aussichtsrestaurant. In den 1980er Jahren wurde ein von den sieben Partnerstädten Rigas - u.a. Rostock, Bremen und Stettin - zu gestaltender Freundschaftspark auf der Zaķusala geplant, der aber nie recht Gestalt angenommen hat.

Pārdaugava

Pārdaugava ist eine Gesamtbezeichnung für alle links der Daugava gelegenen Stadtteile, die inzwischen zu einem geschlossenen Ganzen zusammengewachsen sind. Es verteilt sich auf zwei Stadtbezirke: Das mittlere und südliche Pārdaugava bildet die »Zemgales priekšpilsēta«, die Semgallische Vorstadt, und der Norden den »Kurzemes rajons«, zu dem auch die Stadtteile Bolderāja und Daugavgrīva gehören.
1714 war das linke Flussufer, dessen Besiedlung im 17. Jahrhundert begonnen hatte, erstmals über eine Floßbrücke mit der Kaufmannsstadt, der heutigen Altstadt, verbunden. Den Blick auf sie zu genießen ist wohl das Erste, was sich anbietet, wenn man über die mittlere der Straßenbrücken, die so genannte Steinbrücke (lett. »Akmens tilts«), nach Pārdaugava kommt. Man befindet sich dabei zunächst auf der Klīversala - deutsch Klüversholm -, die heute aber keine wirkliche Insel mehr ist, und erreicht dann geradeaus das **sowjetische Ehrenmal** im **Uzvaras parks**, dem *Siegespark*. Das gewaltige Monument für die Befreier Lettlands von der Naziherrschaft wurde genau 40 Jahre nach Kriegsende eingeweiht. Südlich schließen sich der reizvolle **Arkādijas parks** und an diesen der aufgestaute Teich

Māras dīķis an. Ganz in dessen Nähe liegen einander gegenüber an der O. Vācieša iela **Museen** für die Schriftsteller **Ojārs Vācietis** (1933–1983) und **Jānis Akuraters** (1876–1937). In den Werken Vācietis' wird auch und gerade die Atmosphäre Pārdaugavas reflektiert.

Der etwas nordwestlich von hier gelegene Stadtteil Āgenskalns (Hagensberg) ist der in seiner Bausubstanz urtümlichste Bereich Pārdaugavas. Neben zahlreichen zweigeschossigen Holzbauten, wie sie gerade für das Riga links der Daugava typisch waren, hat sich das architektonisch interessante **Marktgebäude** (»Āgenskalna tirgus«) erhalten, das ab 1911 nach Plänen von Reinhold Schmaeling errichtet wurde. Es konnte erst nach dem Ersten Weltkrieg vollendet werden; Änderungen des Bauplans blieben dabei aber aus.

Im Haus Nr. 37/39 an der benachbarten E. Smiļģa iela wurde 1976 ein **Theatermuseum** eingerichtet, das u.a. aufgrund eines restaurierten Haustheaters des ursprünglichen Besitzers, des Regisseurs und Schauspielers Eduards Smiļģis (1886–1966), sehenswert ist. Folgt man der Straße nordwärts, so kommt man jenseits der Slokas iela zur 1892–1895 errichteten **Dreieinigkeitskirche** (lett. »Svētās Trīsvienības« oder »Svētās Trijādības baznīca«), einem der anmutigsten orthodoxen Gotteshäuser der Stadt.

Außer Smiļģis, Vācietis und Akuraters werden in Pārdaugava noch weitere Persönlichkeiten durch Museen an ihren früheren Wohnorten geehrt: Das **Gustavs-Šķilters-Museum** in der Daugavgrīvas iela 9 erinnert an einen großen lettischen Bildhauer (1874–1954) und das **Friedrich-Zander-Museum** nahe der Bahnstation Zasulauks an einen in die Geschichte von Raketenbau und Raumfahrttheorie eingegangenen Wissenschaftler (1887–1933).

Bei ein paar der Baudenkmäler Pārdaugavas handelt es sich um frühere Gutshäuser: In der Buļļu iela, rund 2,5 km nördlich von Āgenskalns – und unweit des mit 28 m höchsten Rigaer Hügels, des **Dzegužkalns** (Kuckucksberg) –, liegt beispielsweise das Herrenhaus **Nordeķumuiža** (Nordeckshof). Das **Stadtgut Blokmuiža** an der Vienības gatve im Stadtteil Torņakalns (Thorensberg) stellt eher eine gutsherrliche Villa für besondere Anlässe dar. Den eingeschossigen Holzbau aus dem frühen 19. Jahrhundert schmücken klassizistische Portiken. Auch an der Kalnciema iela, Teil des direkten Weges zwischen Innenstadt und internationalem Flughafen, sieht man ein kleines Gutsensemble – den ebenfalls hölzernen Hartmannshof (lett. »Hartmaņa muižiņa«). Erfreulicherweise zeigt er sich heute in besserem Zustand als noch vor wenigen Jahren.

An der gegenüber abzweigenden Alīses iela ragt ein von Wilhelm Bockslaff entworfener **Wasserturm** aus dem Jahre 1910 empor. Etwas weiter nordwestlich, wo die Stadtteile Āgenskalns und Dzirciems ineinander übergehen, befindet sich der **Botanische Garten der Universität**.

- Ojārs-Vācietis-Museum (Ojāra Vācieša memoriālais muzejs), Ojāra Vācieša iela 19, Mo, Di, Mi u. Fr 13–19 Uhr, Do, Sa u. So 11–17 Uhr.

- Jānis-Akuraters-Museum (Jāņa Akuratera muzejs), Ojāra Vācieša iela 6a, Mi–Sa 10–17 Uhr.

* Eduards-Smiļģis-Theatermuseum (Eduarda Smiļģa teātra muzejs), Eduarda Smiļģa iela 37/39, Mi–So 11–18 Uhr.

* Friedrich-Zander-Museum der Universität Lettlands (Latvijas Universitātes Frīdriha Candera memoriālais muzejs), Mo–Do 11–16 Uhr.

Bolderāja und Daugavgrīva

Am früheren Flughafen Spilve vorbei geht es in das in den 1920er Jahren eingemeindete **Bolderāja** (Bolderaa). Von architektonischem Interesse ist hier fast nur die etwas über ein Jahrhundert alte Kirche. Der Ort liegt nahe der ursprünglichen Mündung der Lielupe bzw. Kurländischen Aa, die sich erst bei einem Hochwasser im Jahre 1697 ein Flussbett quer durch die Nehrung brach. Der heute Buļļupe genannte Wasserlauf ist mit anderen Worten ein Altarm der Lielupe. Die Lielupe-Mündung hätte sich im 13. Jahrhundert wohl ähnlich gut als Hafenplatz geeignet wie der Rige-Bach. Damit das Gebiet des heutigen Bolderāja sich gar nicht erst in entsprechender Weise entwickeln konnte, wurde damals rasch im Sinne Rigas entschieden, dorthin das alleinige Stapelrecht zu vergeben. Als im 17. und 18. Jahrhundert die Düna/Daugava zunehmend versandete, wogegen erst um 1860 durch eine ausreichende Fahrrinnenvertiefung Abhilfe geschaffen wurde, kam der meernahe Hafen bei Bolderāja doch noch zu seinem Recht: Viele Schiffe mussten hier teilentladen werden, damit sie überhaupt bis Riga gelangten.

Die Daugava mündet heute ebenfalls an einer anderen Stelle als ursprünglich, was anders als bei der Lielupe durch eine künstliche Verlegung erreicht wurde. **Daugavgrīva** (Dünamünde), der Stadtteil auf der Insel zwischen Lielupe, Buļļupe und Daugava, ist daher nicht mit dem Standort eines einstigen Zisterzienserklosters und später einer Ordensburg dieses Namens gleichzusetzen. Eine **Festung** sieht man hier dennoch: Sie wurde von den Polen angelegt und später von den Schweden übernommen. Heute ist das Festungssystem im Wesentlichen so erhalten, wie es im 18. Jahrhundert auf Geheiß Katharinas der Großen ausgebaut worden war. Wenn man einmal hier ist, sollte man sich nicht die Weiterfahrt bis **Vakarbuļļi** am neuen Lielupe-Flusslauf entgehen lassen. Dünen und ein ausgedehntes Waldgebiet laden unterwegs zum Spazierengehen ein.

Mežaparks und die angrenzenden Friedhöfe

Der Seele des lettischen Volkes ist man an kaum einem Ort so nahe wie auf den Rigaer Ehrenfriedhöfen. Ganz besonders gilt dies für den 1924–1936 entstandenen Brüderfriedhof. Zusammen mit dem Rainis- und dem Waldfriedhof liegt er im Nordosten der Stadt.

In derselben Richtung, aber noch an den Ausläufern des Stadtzentrums passiert man zunächst einen sich immer mehr zum Park wandelnden einstigen Begräbnisort. Dieser so genannte **Große Friedhof** (lett. »Lielie kapi«) ist die letzte Ruhestätte zahlreicher herausragender Schriftsteller, Architekten und anderer Persönlichkeiten aus Kultur und Wissenschaft; die Gräber von Wegbereitern des »Nationalen Erwachens« wie Krišjānis Barons und Krišjānis Valdemārs sind hier ebenso zu finden wie die verdienter Deutschbalten, etwa das des Archäologen Karl von Löwis of Menar, der mit seinem »Burgenlexikon« Wesentliches zur Erforschung der livländischen Burgentopografie beigetragen hat.

Auf dem **Rainis-Friedhof** (»Raiņa kapi«), in dessen Mitte sich, von einem Säulenkreis umschlossen, das Grabmal des Dichters Jānis Rainis und seiner Frau Aspazija befindet, sind neben weiteren Prominenten viele »Helden der Sowjetunion« wie der Partisan Imants Sudmalis beigesetzt. Das Rainis-Grabmonument wurde 1935 von Kārlis Zemdega aus rotem Granit gehauen und zeigt einen aus dem Schlaf erwachenden jungen Mann, der sich der Sonne, dem Symbol für Kraft und Freiheit, entgegenstreckt.

Durch mit riesigen Reliefs geschmückte, ansonsten aber schlichte Propyläen betritt man den benachbarten **Brüderfriedhof** (lett. »Brāļu kapi«), ein Werk des Landschaftsarchitekten Andrejs Zeidaks, der Architekten Aleksandrs Birzenieks und Pēteris Feders und vor allem des Bildhauers Kārlis Zāle (1888–1942). Birzenieks und Zāle fanden auf diesem Friedhof für Gefallene der Jahre 1915–1920 auch selbst ihre letzte Ruhe – Zāle ganz zentral hinter der Terrasse mit der ewigen Flamme, die das unauslöschliche Gedenken symbolisiert. Dorthin führt vom Eingangstor eine 205 m lange Allee aus Linden, einem lettischen Sinnbild der Weiblichkeit. Auf die Linden folgen im mittleren Teil der Anlage Eichen; sie stehen stellvertretend für das Männliche und Kriegerische. Von hier blickt man hinab auf die etwas tiefer liegenden Gräber der Soldaten. Auf nicht wenigen liest man: »nezināms« – *unbekannt.* Als architektonischer Abschluss des Ensembles setzt die Gestalt der um ihre Söhne trauernden »Mutter Lettland« einen eindrucksvollen Akzent. Der Sockel setzt sich beidseitig in einer Mauer mit heraldischen Motiven fort.

➢ *Das Grabmal Jānis Rainis'*

Fast alle Bauten und Reliefs des Friedhofs sind aus Kalktuff gearbeitet. 1993 wurde mit Restaurierungen begonnen, bei denen nicht zuletzt die in sowjetischer Zeit vorgenommenen Veränderungen rückgängig gemacht werden. Die Sowjetadministration hatte den Charakter des Brüderfriedhofs z.B. dadurch verfremdet, dass sie auf ihm nachträglich eine Anzahl Rotarmisten sowie Parteifunktionäre, die dessen würdig erschienen, beerdigte, und dies in Bereichen, die der ursprünglichen Konzeption nach nie für Grabstellen vorgesehen waren.

Auf dem **Waldfriedhof** (lett. »Meža kapi«), auf den man gleich von der ewigen Flamme aus hinüberspazieren kann, ruht an hervorgehobener Stelle Jānis Čakste, Lettlands Staatspräsident der Jahre 1922–1927. Von Georg Kuphaldt, dem Schöpfer etlicher Rigaer Parkanlagen, 1909 nach ähnlichen Prinzipien wie diese durchplant, weist das Gelände eine sehr klare Gliederung auf. Beiderseits der Hauptachse findet man die Gräber weiterer lettischer Politiker der Zwischenkriegszeit, u.a. das des ersten Außenministers der Republik, Zigfrīds Meierovics (1887–1925).

Nordöstlich des Waldfriedhofs liegt der Stadtteil **Mežaparks**, der Anfang des 20. Jahrhunderts als Gartenstadt in den damaligen Kaiserwald am Ķīšezers (Stintsee) hineingebaut wurde. Wer sich für diese Wohngegend entschied, war dementsprechend vermögend. Mežaparks besteht großenteils aus wunderschönen eineinhalb- bis zweigeschossigen Jugendstilvillen mit Fachwerkgiebeln, Erkern und Veranden.

Der eigentliche »mežaparks« – das Wort bedeutet *Waldpark* – schließt sich nördlich an das Villenviertel an; auch um 1900 war man maßvoll genug, nicht etwa den gesamten Kaiserwald zu parzellieren. Dessen Nordhälfte blieb vielmehr einer Nutzung als Volkspark vorbehalten. Zum Mittelpunkt dieses Volksparks wurde später die große **Freilichtbühne** (lett. »Lielā estrāde«), auf der alle fünf Jahre die riesigen landesweiten Sängerfeste stattfinden – was auch in Sowjetzeiten so war, allerdings erst 1990 mit der Erlaubnis, dass Exilchöre mit teilnahmen. Die Freilichtbühne liegt ungefähr gleich weit vom südöstlichen und vom nordwestlichen Rand des Waldparks entfernt, sodass man jeweils rund einen Kilometer Fußweg vor sich hat, wenn man sie sehen will. Da das Zuschauerfeld meistens verschlossen ist und ein solcher Spaziergang somit nicht zwangsläufig lohnend erscheint, sollte man sie wenigstens nicht verfehlen und deshalb, anstatt sich in dem dichten Waldgelände auf seinen Orientierungssinn zu verlassen, lieber gleich den Hauptweg benutzen. Dieser beginnt neben dem 1912 gegründeten **Zoo** der Stadt, der etwa 350 Tierarten beheimatet.

Im westlich des Waldparks gelegenen Stadtteil Sarkandaugava stößt man an der Ecke von Zāģeru und Sarkandaugavas iela auf das **Kulturgeschichtliche Museum »Dauderi«**, ein Palais, das einmal Sommerresidenz von Staatspräsident Kārlis Ulmanis (1877–1942) war. Wer seinen Ausflug in den Rigaer Norden noch verlängern möchte, kann sich die Sommerhaussiedlung **Vecāķi** (Wezahken, Alt-Haken) an der alten, längst versandeten Daugava-Mündung als weiteres Ziel vornehmen. Von Vecāķi bis über die Mündung der Gauja hinaus nach Saulkrasti erstreckt sich der **»Piejūras dabas parks«**, ein herrlicher Naturpark mit typischem, sich teils über Dünen erstreckendem Küstenwald.

Ausdrücklich hingewiesen sei noch auf Rigas jüdischen Friedhof, der östlich des an Mežaparks grenzenden Stadtteils Čiekurkalns (Schreyenbusch) unweit nördlich der Ausfallstraße Brīvības gatve liegt. Die zu ihm führende Lizuma iela zweigt neben den Gebäuden der Sportakademie ab.

➧ Museum der Kultur Lettlands »Dauderi« (Latvijas kultūras muzejs »Dauderi«), Sarkandaugavas iela 30, Mo–So 11–17 Uhr.

Automobilmuseum und Ethnographisches Freilichtmuseum

Das Motor- oder **Automobilmuseum**, initiiert vom Rigaer Oldtimer-Club, ist rund 9 km östlich des Stadtzentrums an der S. Eizenšteina iela zu finden, wo es an die Rennstrecke von Biķernieki grenzt. Von außen präsentiert es sich als überdimensionaler Nachbau eines Rolls-Royce-Kühlergrills. Nicht nur Autofans sollten sich angezogen fühlen; zumindest das Aufgebot an Limousinen längst verblichener sowjetischer Staatsmänner dürfte für jedermann interessant sein. Manche wurden als Wachspuppen in ihr einstiges Gefährt hineingesetzt, Stalin etwa in seinen Packard sowjetischer Bauart, und Breschnew klemmt in einem demolierten Rolls-Royce, so als wäre der Crash gerade eben passiert. Auch die Staatskarosse Molotows, ebenfalls ein Rolls-Royce, sowie ein Lincoln, Baujahr 1933, aus dem Besitz von Maxim Gorki befinden sich in der Obhut des Museums.

➢ *Hafenspeicher aus Liepāja im Ethnographischen Freilichtmuseum*

Ein anderer Schwerpunkt ist die Geschichte des Fahrzeugbaus in Riga, lief doch hier 1909 der erste Serien-Pkw im damaligen Zarenreich vom Band. Auf den Russo-Balt, für den man seinerzeit Reklame machte, indem man ihn den Vesuv hinauffahren ließ, folgten später die nicht mehr aus dem Straßenbild wegzudenkenden Minibusse der RAF, der Rigaer Autobusfabrik. Daneben ist eine große Zahl von Motorrädern und Fahrrädern ausgestellt sowie schließlich der Prototyp des schnellsten Dieselfahrzeugs aller Zeiten aus dem Hause VW.

Die Anfahrt via Brīvības gatve führt im Zuge der Šmerļa iela an den Rigaer Filmstudios vorbei, denen ein Film- bzw. **Kinomuseum** angegliedert ist.

Das **Ethnographische Freilichtmuseum** in Rigas östlichstem Stadtteil Berģi gibt auf einem knapp einen Quadratkilometer großen, auch landschaftlich reizvollen Gelände, über das sich rund 100 aus allen Regionen des Landes herantransportierte Gebäude verteilen, Einblick in die Dorfarchitektur und die bäuerliche Kultur der Letten. Gleichsam im Kleinen kann man hier Lettland, wie es vor etwa einem Jahrhundert ausgesehen hat, kennen lernen. Von den Freilichtmuseen der drei baltischen Staaten bei Tallinn, Riga und Kaunas wurde nur das hiesige schon in der Zwischenkriegs- und nicht erst

in sowjetischer Zeit gegründet. Offiziell besteht es seit 1924 und 1932 wurden zur Besichtigung von damals sechs Gebäuden die ersten Besucher eingelassen.
Um regionale Unterschiede in den Bautraditionen beim Rundgang durch das Museum nachvollziehbar zu machen, wurden die Bauten danach gruppiert, aus welcher der kulturhistorischen Landschaften sie stammen - ob aus Kurland/ Kurzeme, Livland/Vidzeme, Lettgallen/Latgale oder Semgallen/Zemgale. Die natürlichen Gegebenheiten des Terrains wurden bei dessen Grobeinteilung optimal genutzt: So waren die Ufer des nahen Juglas ezers (Jägelsee) bestens geeignet, einem typisch kurländischen Fischerdorf, zusammengestellt aus Häusern aus Pape (Papenhof) im Kreis Liepāja und zwei weiteren Dörfern, eine authentisch wirkende Kulisse zu geben. Gleich dahinter trifft man auf einen Hof, der ebenfalls aus Kurland stammt, allerdings von Liven bewohnt wurde. Zu den wertvollsten Einzelbauwerken gehört ein Hafenspeicher von 1697 aus der Stadt Liepāja (Libau). Glücklicherweise wurde er noch vor dem Zweiten Weltkrieg, in dessen Verlauf er an seinem Originalstandort möglicherweise zerstört worden wäre, hierhin gebracht. Auch ihn platzierte man am Ufer des Juglas ezers.
Ansonsten repräsentieren fast alle hier zusammengetragenen Gebäude ländliche Holzbauweisen - so auch die unterschiedlichen Typen von Windmühlen, darunter eine große Holländermühle aus dem lettgallischen Rundēni (Rundany), und die vier Kirchen. Aus Lettgallen schaffte man sowohl eine katholische als auch eine kleine russisch-orthodoxe Kirche heran. Ein sogar aus dem 16. Jahrhundert datierender Kirchenbau stand ursprünglich in Vecborne (Alt-Born) im äußersten Osten Semgallens. Besonders sehenswert ist die Dorfkirche von Usma (Usmaiten) in Nordkurland, die nicht weit vom Museumseingang links hinter dem Gasthof von Vecumnieki (Neugut)

➢ *Im Ethnographischen Freilichtmuseum: Windmühle und typischer »Lettenzaun«*

auftaucht. Bei dem mit wertvollen Deckenmalereien ausgestatteten Gotteshaus wird besonders stolz darauf hingewiesen, dass es ohne einen einzigen Nagel ineinander gefügt wurde, was allerdings auf nahezu alle hier ausgestellten Gebäude zutrifft; denn als Werkzeug benötigten lettische Bauhandwerker allein

die Axt. Auch als man bereits Sägen kannte, wurde auf sie nicht verzichtet, da mit der Axt geglättetes Holz weniger wasserdurchlässig war.
Auf dem Museumsareal finden regelmäßig folkloristische Veranstaltungen statt; die größte ist eine Messe für Volkskunst im Juni, auf der man geschmackvolle Souvenirs erwerben kann und einen Eindruck davon gewinnt, wie die Letten traditionell Feste feiern.

- Rigaer Automobilmuseum (Rīgas Motormuzejs), Sergeja Eizenšteina iela 6, Mo–So 10–18 Uhr.
- Kinomuseum (Kinomuzejs), Šmerļa iela 3, Mo–Sa 12–17 Uhr.
- Ethnographisches Freilichtmuseum Lettlands (Latvijas Etnogrāfiskais brīvdabas muzejs), Brīvības gatve 440, Mo–So 10–17 Uhr.

Die Gedenkstätten in den Wäldern von Rumbula und Biķernieki

An der Ausfallstraße Maskavas iela, die in südöstlicher Richtung aus Riga herausführt, begegnet man kurz vor der Stadtgrenze links einer nicht ganz alltäglichen Skulptur. Sie stellt ein durchtrenntes Stacheldrahtgeflecht dar und will den Vorbeifahrenden auf eine 150 m waldeinwärts gelegene Gedenkstätte zur Erinnerung an Nazi-Verbrechen von kaum vorstellbarer Dimension aufmerksam machen. Bei Erschießungen hier im **Wald von Rumbula** fanden an nur zwei Tagen – dem als »Rigaer Blutsonntag« berüchtigten 30. November 1941 und dem 8. Dezember desselben Jahres – über 25.000 Menschen den Tod. Die meisten von ihnen wurden aus dem Rigaer Ghetto hierhin gebracht; einige Hundert andere jedoch gelangten nach ihrem Abtransport aus Berlin gar nicht erst in das hiesige Ghetto, sondern wurden noch am Tag ihrer Ankunft in Lettland, ebenjenem »Blutsonntag«, hier bei Rumbula ermordet.
Genau 60 Jahre später, am 30. November 2001, wurde der von Deutschland aus geplante zentrale Teil der Gedenkstätte eingeweiht: eine Ansammlung unzähliger grob behauener Granitblöcke von unterschiedlicher Größe, aus denen ein nachempfundener siebenarmiger Leuchter aufsteigt. 2002 kam die Gestaltung des Ensembles zum Abschluss – dank finanzieller Unterstützung aus, wie ein Denkstein vermerkt, Lettland, Israel, den USA und Deutschland. Verborgen bleibt dem Besucher indessen, wie viel Anteil daran, dass der 60. Jahrestag der Massentötungen nicht ohne eine solche Würdigung der Opfer verstrichen ist, anfängliche Impulse aus Wien hatten. An der späteren Initiative zur Schaffung des Mahnmals waren dann auch etliche andere Herkunftsstädte der hier Erschossenen beteiligt.
Ein Mahnmal in Verbindung mit einer Begräbnisstätte für Opfer des Faschismus befindet sich schon seit längerem im **Wald von Biķernieki**, östlich des Rigaer Zentrums. Auch bei Biķernieki wüteten in den Jahren der deutschen Besetzung Lettlands Nazi-Schergen und ihre lettischen Handlanger und brachten Tausende von Juden zu Tode.

➢ *Gedenkstätte im Wald von Rumbula*

Reiseziele

im übrigen Lettland A–Z

Reiseziele im übrigen Lettland A–Z

Aglona

In seenreicher Umgebung liegt rund 50 km nordöstlich von Daugavpils die Ortschaft **Aglona** (Aglohn). Sie ist das geistige Zentrum der lettischen Katholiken und der mit Abstand bedeutendste **Wallfahrtsort** des Landes. Am 15. August eines jeden Jahres finden sich hier scharenweise Pilger aus ganz Nordosteuropa zur Verehrung der Muttergottes von Aglona ein. Bei deren als wundertätig geltendem Bildnis handelt es sich um die Kopie eines Bildes, das der byzantinische Kaiser Manuel II. Palaiologos einst an den Großfürsten von Litauen, Vytautas, verschenkte, der es seinerseits der Kirche im litauischen Trakai stiftete. Manche behaupten auch, dort sei später die Kopie verblieben, während das Original nach Aglona gelangt sei.

In die einsame Gegend am Cereša ezers, heute meist **Cirišs** genannt, waren 1699 die ersten Mönche gekommen; im folgenden Jahr überließen die polnischen Besitzer der Ländereien diese offiziell dem Dominikanerorden. Als die erste, noch aus Holz gebaute Klosterkirche niederbrannte, führte dies zur Errichtung einer repräsentativen steinernen Basilika, die in den 1780er Jahren baulich abgeschlossen und nach Vollendung des Interieurs im Jahre 1800 geweiht wurde.

➢ *Hölzerner Glockenturm in Bērzgale*

Die Hauptfassade der weißen **Mariä-Himmelfahrts-Kirche** ist dem See zugewandt und wird von zwei 60 m hohen Türmen bestimmt. Eine aufwendige Gliederung zeigt nur ihr unterer Teil; durch sechs Säulengruppen beiderseits des Portals fühlt man sich dabei an eine antike Theaterkulisse erinnert. Im Inneren überziehen Grisaillemalereien (Malereien in verschiedenen Grauabstufungen) Gewölbe, Bögen und Wände. Neben den typischen Ornamenten des Rokoko treten auch bereits klassizistische Formen hervor, so vor allem an den Seitenaltären. Der **Hauptaltar** erreicht die volle Höhe des Mittelschiffes und bezieht Fenster, einen Lettner sowie die Decke der Apsis in eine monumentale Gesamtkomposition ein. Das von den Wallfahrern angebetete Bild Marias mit dem Kinde ist nur während ganz bestimmter Messen zu sehen und sonst durch ein anderes Altarbild verdeckt.

Das zweigeschossige **Klostergebäude** neben der Kirche hat im Laufe seiner Geschichte auch schon als Priesterseminar, als Lager für in Haft genommene Geistliche und zeitweise sogar als erzbischöfliche Residenz gedient.

Eine brutale Veränderung erfuhr das Gelände zwischen Kirche und Seeufer im Vorfeld eines Besuches von Papst Johannes Paul II. – auf keiner anderen Baustelle Lettlands ging es im Sommer 1993 auch nur annähernd so lebhaft zu wie auf dem kahl geschlagenen und in aller Schnelle einbetonierten Vorplatz der Basilika von Aglona. - Dass es Wunder bewirke, wird neben dem Gottesmutter-Gemälde auch dem Wasser einer **Quelle** am Ufer des Aglonas ezers, eines verglichen mit dem Ciriš s ungleich kleineren Sees östlich von Kirche und Kloster, zugeschrieben.

Umgebung

Der Rušons und die Holzbasilika von Bērzgale

Mit knapp 24 km² ist der **Rušons** (Ruschon-See) der zweitgrößte See im lettgallischen Hochland. Mit dem noch größeren Rāznas ezers könnte er zumindest von der Länge der Uferlinie her mithalten, denn anders als dieser hat der Rušons eine sehr verschlungene, aus der Vogelschau geradezu faszinierende Form. Auf einer seiner zahlreichen kleinen Inseln zeugt ein 1,2 m hoher **Opferstein** von einer Kultstätte der seinerzeit noch heidnischen Lettgaller. Im Sommer kann diese Insel Ziel eines Bootausflugs sein; und in strengen Wintern, wenn der Rušons meterdick zugefroren ist, dauert es etwa 40 Minuten, sie zu Fuß übers Eis zu erreichen.

Die südliche Uferstraße des Rušons führt an der Kirche der Vorsehung Gottes in **Bērzgale** (Bersgall) vorbei, einem Kleinod unter den hölzernen Pseudobasiliken Lettgallens. 1751 trat sie an die Stelle eines Vorgängerbaus aus dem 17. Jahrhundert. Vor Ort zieht ein schräg hinter der Apsis stehender **Glockenturm** aus dem 19. Jahrhundert zunächst die meiste Aufmerksamkeit auf sich, denn jedes seiner drei Geschosse weist eine andere Grundform auf: Die des Sockels ist achteckig, die des Glockenstuhls quadratisch und die des abschließenden Teils samt Haube sechseckig. Typische Ornamente zeitgenössischer Steinbauten finden sich an dem Turm effektvoll nachgeahmt in Holzbauweise wieder. Die eigentliche **Kirche** zeigt sich von außen um einiges nüchterner als im Inneren. Die Tatsache, dass keiner der beteiligten Künstler namentlich bekannt ist, nimmt der Ausstattung nichts von ihrem Wert. Üppige Akanthusschnitzereien umrahmen den zweistufigen Barockaltar, der etwa zur selben Zeit wie die Kirche entstand.

Aizkraukle

Auf die Kreisstadt **Aizkraukle** (Ascheraden) an der Daugava bzw. Düna treffen zwei eigentlich unvereinbar erscheinende Superlative zu: Sie gehört zu den größten und am schnellsten aus dem Boden gestampften Betonwüsten der Sowjetzeit, die es in Lettland gibt, und trägt zugleich einen der ältesten belegten Ortsnamen des lettischen Siedlungsraums. Eine Burg namens »Aserad«, später auch »Ascrat«, taucht nämlich schon in Berichten jener bzw. über jene Skandinavier auf, die in alter Zeit die Düna befuhren und von deren Oberlauf aus auf den Dnepr wechselten, um so nach Byzanz zu gelangen. Man kann den Burghügel heute noch sehen, muss ihn allerdings weit westlich des neueren Aizkraukle suchen - bereits in Höhe der Nachbarortschaft Skrīveri. Diese Richtung schlägt man vor allem auch dann ein, wenn einen die

➢ *Reste der Burg von Aizkraukle an der Daugava*

Ruine der bald nach 1220 unweit flussaufwärts platzierten **Ordensburg** interessiert. Ein Feldweg, der von der Hauptstraße gen Riga nahe der alten Kirche des Kirchspiels Aizkraukle bzw. Ascheraden abzweigt, bringt einen in jedem Fall auf die richtige Fährte. Die letzten 500 m können nur zu Fuß quer über Wiesen zurückgelegt werden, wobei man wissen sollte: Bei diesem Grund und Boden handelt es sich heute, ebenso wie bei der Ordensburgruine selbst, um Privateigentum, auf das die Besitzer ein Auge haben. Wer vom erstbesten Ausgangspunkt aus startet, hat aber möglicherweise auch noch den Bach Karikste, der für die Standortwahl der Schwertbrüder entscheidend war, zwischen sich und dem gleichsam auf einer **Landzunge** gelegenen Gemäuer. Wann das Ordensschloss beschädigt und seine beiden südöstlichen Vorburgen vernichtet wurden, steht nur grob fest; mit Sicherheit geschah dies jedenfalls vor Ende des 17. Jahrhunderts und das heißt in kriegerischen Auseinandersetzungen zwischen Schweden und Polen. Vandalismus und natürlicher Verfall haben den Umfang dessen, was an Mauerresten übrig blieb, während des 20. Jahrhunderts noch einmal mehr als halbiert. Man mag jedoch schon dankbar sein, dass die Ruine heute nicht überflutet ist: Dies wäre der Fall, wenn die Wasserbauingenieure der Sowjetzeit es vorgezogen hätten, die Daugava unterhalb statt, wie geschehen, oberhalb des alten Ascheraden zu stauen.

Mit dem Arbeitskräftebedarf für und um das **Wasserkraftwerk** erklärt sich die Entstehung der neuen Stadt Aizkraukle, deren triste Einheitsbebauung heute 8900 Menschen Wohnraum gibt. Unten an der Staumauer entlang verläuft die einzige Straßenverbindung zwischen dem nördlichen und dem südlichen Teil des Landkreises. Die Kraftwerksleistung belief sich in den letzten Jahren auf 870 MW.

Auf Landkarten von vor 1990 findet man Aizkraukle unter dem Namen **»Stučka«**: Diese Benennung ehrte Pēteris Stučka, der in den turbulenten Monaten nach dem Ersten Weltkrieg einen Rat der Volkskommissare für die Ende 1918 proklamierte, damals kurzlebige Sowjetrepublik Lettland angeführt hatte. Darüber, dass die Stadt der Kraftwerksbediensteten den Namen, unter dem sie 1961 gegründet worden war, nicht behalten sollte, war man sich in der Perestrojka-Zeit rasch einig, doch erst nach längeren Diskussionen gab man ihr – u.a. weil ihr Name zugleich den des Kreises bestimmt – den in der Gegend verwurzelten Namen Aizkraukle. Sichtbarste Zeichen der damit angebrochenen neuen Zeit sind die hochmodernen Kirchenbauten, die ab 1995 am nördlichen und am südöstlichen Stadtrand entstanden. An Letzterem versteckt sich auch, untergebracht in einem alten Bauernhaus, das örtliche Geschichts- und Kunstmuseum »Kalna Ziedi«.

Umgebung

Jaunjelgava

Jaunjelgava (Friedrichstadt), die einzige Stadt, die zwischen Jēkabpils und Riga am linken statt wie die meisten am rechten Ufer der Daugava liegt, ist überdies die einzige in diesem Abschnitt, die durch ihre flussnahe Lage tatsächlich an Reiz gewinnt: Jaunjelgava liegt weit genug von der nächstunteren Staustufe entfernt, sodass der Strom hier noch nicht unnatürlich anschwillt, geschweige denn sich wie bei Lielvārde oder Ikšķile zu einem gigantischen See weitet. Verloren gegangene **Flussromantik** kann man also, wenn überhaupt, dann am ehesten hier nachempfinden.

Obwohl Fernverkehr überwiegend rechts an der Daugava entlangrollt, überrascht die 2300-Seelen-Stadt mit einem großzügigen Einbahnstraßensystem; nur in West-Ost-Richtung durchfährt man ihr eigentliches Zentrum, umgekehrt nicht. Bis zum Zweiten Weltkrieg waren über zwei Drittel ihrer Bewohner **Juden**; anders als etwa in Sabile oder Aizpute hat sich in Jaunjelgava indes keine Synagoge (von hier einst fünf) erhalten. Den deutschen Namen Friedrichstadt trug das heutige Jaunjelgava in Erinnerung an den kurländischen Herzog Friedrich, einen Sohn Gotthard Kettlers, dem zunächst nur Semgallen, ab 1616 jedoch das gesamte Herzogtum Kurland und Semgallen unterstand – und auf dessen Zeit die deutlich erkennbare **Planmäßigkeit der Stadtanlage** zurückgeht. Sie besaß damals noch keine Stadtrechte (erhielt diese aber 1647, fünf Jahre nach Friedrichs Tod) und hieß zunächst schlicht »Neustadt«. Exakt diese Bedeutung trägt auch der lettische Name Jaunjelgava in sich, der genau genommen aus einem lettischen und einem livischen Element zusammengesetzt ist, nämlich der Silbe »jaun-« für *neu* (lett. »jauns«) und einem livischen Wort mit der mutmaßlichen Bedeutung *Siedlung*.

Dem westlichen Stadtrand Jaunjelgavas ziemlich genau gegenüber liegt auf dem anderen Daugava-Ufer der Gutswald von **Skrīveri** (Römershof). Dank der baumkundlichen Kenntnisse seines früheren Besitzers Maximilian von Sievers ist aus ihm im Laufe von mittlerweile über 110 Jahren ein für Laien wie Botaniker interessanter dendrologischer **Park** geworden. 4 km nordöstlich, im Ort Skrīveri selbst, kann das Wohnhaus des Schriftstellers **Andrejs Upīts** (1887–1970) besichtigt werden.

Im Grenzland von Nereta bis Kurmene

In **Nereta** (Nerft), einem Ort mit relativ geschlossenem Dorfkern, wie man ihn in Lettland nicht allzu häufig findet, sticht durch seine beträchtliche Länge der einstige Gasthof ins Auge. Er misst etwa 60 m; das längste derartige Gasthausgebäude im gesamten Baltikum (zwischen Pärnu und Valga im heutigen Südestland gelegen) bringt es auf 84 m.

Beachtung verdient jedoch in erster Linie Neretas **Kirche** aus den Jahren 1584–1593. Die Bogengalerie am achteckigen oberen Teil des Turms erinnert an den Turmaufsatz am Dom zu Königsberg, auch wenn bei Letzterem die Grundform sogar zwölfeckig ist. Der Innenraum der einschiffigen Kirche erweist sich als niedriger, als man es aufgrund der Höhe der Außenmauern erwarten mag. Beinahe ebenso alt wie das Bauwerk insgesamt ist die frühmanieristische Grabplatte für Graf Wilhelm von Effern – denjenigen, der die Errichtung der Kirche veranlasst hatte. Auch ein kunstvolles Relief über dem Westeingang stammt noch aus dieser Zeit.

Als Sohn eines Nerfter Pfarrers wurde um 1615 **Christoph Fürecker** geboren, der einen für jene Zeit bedeutenden Beitrag zur Entwicklung des Lettischen leistete, indem er beispielsweise lettischsprachige Texte für deutsche Kirchenlieder dichtete. Fürecker war einer der ersten Studenten, die sich nach der Gründung der Universität Dorpat (heute Tartu in Estland) durch Schwedens König Gustav II. Adolf 1632 dort einschrieben.

Ein noch bekannterer Sohn des Ortes ist der 1877 geborene Dichter und Maler **Jānis Jaunsudrabiņš**, einer der produktivsten und (nicht nur deshalb) meistgelesenen let-

➢ *Die Kirche von Nereta*

tischen Schriftsteller des 20. Jahrhunderts. Nach dem frühen Tod des Vaters, der Knecht war, zog die Mutter mit ihm auf den etwas östlich von Nereta gelegenen Hof ihrer Eltern. Dort auf »Riekstiņi« leben noch heute entfernte Verwandte von Jaunsudrabiņš und hüten in ihrer Scheune ein Museum zur Erinnerung an dessen Kinderjahre. Denn Kindheitsgeschichten füllen auch das populäre Buch »Baltā grāmata« (»Das weiße Buch«), in dem

➢ *Der Fluss Mēmele in einem Abschnitt, in dem er die Grenze zu Litauen bildet*

jede davon mit einer Zeichnung aus der Feder des Künstlers illustriert ist. 1944 floh Jaunsudrabiņš so wie viele Balten vor der zum zweiten Mal heranrückenden Roten Armee nach Westen. Er strandete bei den deutschen Schwiegereltern seiner Tochter in Bielefeld sowie für mehrere Jahre in einem Displaced-Persons-Lager im münsterländischen Greven. An der Seite seiner vierten Frau waren dem mehrfach Verwitweten schließlich noch Jahre relativer Zufriedenheit in einem Haus am Möhnesee vergönnt, bevor er 1962 kurz nach seinem 85. Geburtstag in Soest starb. 1997 wurde das Ehepaar Jaunsudrabiņš aus seiner westfälischen Exilheimat feierlich auf den Friedhof »Ķišku kapi« bei Nereta umgebettet.

Westlich von Nereta beginnt ein Abschnitt der lettisch-litauischen Grenze, in dem diese über viele Kilometer dem Fluss **Mēmele** folgt. Da dieser an nur einer einzigen Stelle dieses Grenzabschnitts überbrückt ist, nämlich in Skaistkalne, liegen Gemeinden wie **Mazzalve** (Klein-Salwen) und **Kurmene** (Kurmen) fernab aller üblichen Touristenrouten. Den Gutspark von Kurmene bereichert eine **künstliche Burgruine** - ein Gestaltungselement für Parks, das im 19. Jahrhundert überaus populär war und das daran gemessen überraschend selten erhalten ist. Beinahe ebenso versteckt steht nicht weit davon entfernt Kurmenes katholische Kirche von 1870, denn ihre beiden (ungewöhnlicherweise ostseitig positionierten) Türme sind nicht hoch genug, die umstehenden Bäume zu überragen. Kilometerweit sehen kann man dagegen die Kirchturmspitzen von **Ērberģe**, dem hübschen Hauptort der Gemeinde Mazzalve, und von Valle (Wallhof). Valles Kirche - Ende des 18. Jahrhunderts erbaut und knapp ein Jahrhundert später mit einem neoromanischen Turm versehen - war in der Sowjetzeit zu einer Ruine verkommen, wovon man heute erfreulicherweise nichts mehr ahnt.

Aizpute

So mancher Anblick in der kurländischen Kleinstadt **Aizpute** (Hasenpoth), von deren 5700 Einwohnern viele noch in Häusern aus der Zeit vor den Weltkriegen wohnen, erzeugt beim Besucher die Illusion, um Jahrzehnte zurückversetzt zu sein. Ihre Ortsdurchfahrt kann, nachdem andere Städte, deren Charme an den Aizputes heranreichen mag, inzwischen Umgehungsstraßen haben, als die reizvollste Lettlands gelten. Dass es zu nennenswerten Bausünden im Stadtkern nicht gekommen ist, verdankt man vielleicht dem - inzwischen über ein halbes Jahrhundert zurückliegenden - Verlust der traditionellen Funktion als administratives Zentrum. Das Gebiet des Vorkriegs-

landkreises Aizpute, das von Alsunga und Pāvilosta im Nordwesten bis Nīkrāce im Südosten reichte, ist heute in den Kreisen Liepāja, Ventspils und Kuldīga aufgegangen.
Das 1378 mit rigischem Stadtrecht versehene Hasenpoth war unabhängig davon, wo der jeweils amtierende Bischof von Kurland residierte – einige taten es hier, die meisten jedoch in Pilten/Piltene –, **Sitz des Domkapitels** des mittelalterlichen Bistums Kurland. Reste des einstmaligen Doms wurden in die von 1730 (als Baukörper) bzw. 1860 (in ihrer heutigen neogotischen Gestalt) stammende lutherische Kirche einbezogen, um die sich, zu einem Mühlenteich gestaut, malerisch eine Flussschleife der Tebra (Tebber) zieht.
Während ansonsten nichts an das bischöfliche Machtzentrum erinnert, existiert auf dem linken Tebra-Ufer nach wie vor, wenn auch erheblich verändert, die **Ordensburg** Hasenpoth aus der Mitte des 13. Jahrhunderts: Die Tebra trennte an dieser Stelle einst Bischofs- von Ordensland; und so standen sich hier (ähnlich wie bis heute an der Gauja bei Sigulda zu sehen, nur einander viel näher) trutzige Bauten des Ordens einerseits und des Bischofs respektive Domkapitels andererseits gegenüber. Den annähernd quadratischen Hof der Ordensburg umschließen von zwei benachbarten Seiten her, d.h. rechtwinklig zueinander, schlichte Wohn- und Wirtschaftstrakte. In den letzten Jahren wurden umfassende Konservierungsmaßnahmen an ihnen ausgeführt. Romantik bietet die Burgruine allein kaum, zusammen mit ihrer Umgebung aus Gutsgebäuden, **Mühlenteich** und der über ihn führenden alten **Brücke** jedoch umso mehr.
Das territorial dreigeteilte mittelalterliche Bistum Kurland bestand in der Neuzeit, nunmehr verweltlicht, noch lange als Verwaltungseinheit fort. Für Hasenpoth bedeutete dies in Zeiten, in denen dieses Stift Pilten, wie es nun hieß, losgelöst vom Herzogtum Kurland und Semgallen existierte, gewisse Hauptstadtwürden. Besonders das 18. Jahrhundert hindurch unterstand Pilten, mit Hasenpoth als Hauptort, die meiste Zeit unmittelbar der polnischen Krone. Mit Polens Verschwinden von der Landkarte 1795 wandelte sich die Bevölkerungsstruktur der Stadt: Zuwanderung aus Litauen machte Hasenpoth jetzt zu einer der jüdischsten Städte Kurlands. Wenige Meter vom zentralen Platz vor dem alten **Rathaus** nimmt man ein Gebäude direkt am Talrand wahr, das sich späterer Zweckentfremdung als Kulturhaus zum Trotz recht klar als ehemalige **Synagoge** identifizieren lässt.

➢ *Aizpute*

Aizputes einstweilen jüngster Sakralbau ist die katholische Kirche mit ihrem nur angedeuteten oder jedenfalls sehr luftigen Turm, durch den sie ins Auge fällt (spätestens sobald man von Liepāja kommend Richtung Kuldīga abgebogen ist) und sich doch auch ein wenig bescheiden gibt.

Am Ende der Ošu gatve, die bereits außerhalb der geschlossenen Bebauung links von der Straße nach Skrunda abzweigt, hat Aizpute seit einigen Jahren eine Attraktion der besonderen Art: Holzburgen (lett. »Malkas pilis«), die der an dieser Sackgasse wohnhafte Rentner Eduards Dambergs aus Holzscheiten zusammenfügt und kontinuierlich verändert. Die eher an orientalische als an landestypische Burgen erinnernden, stets unvollendet aussehenden Gebilde dürften zu labil sein, als dass auf ihre verschiedenen Terrassen mehrere Personen auf einmal steigen sollten. Wie man in der näheren Umgebung sieht, schöpft der rüstige Hobbykünstler aus dem Werkstoff Holz auch Skulpturen.

Umgebung

Nach Kazdanga und von dort in Richtung Süden

Etwa 8 km östlich von Aizpute erstreckt sich rund um **Schloss Kazdanga** (Katzdangen) eine der größten Gutsparkanlagen Lettlands. Über 120 exotische Pflanzenarten bereichern die Flora des 173 Hektar großen, sich in mehrere Teilareale mit jeweils eigenem Wegesystem gliedernden Geländes. Von 1533 an gehörte es beinahe 400 Jahre lang den Baronen Manteuffel.

Auch die Dimensionen des von Karl Gustav von Manteuffel um 1800 in Auftrag gegebenen, immerhin dreigeschossig gebauten klassizistischen Herrenhauses mitsamt seinen beiden zweigeschossigen, im Grundriss fast quadratischen Seitengebäuden suchen ihresgleichen. Zu der monumentalen Wirkung tragen die hohen Walmdächer der drei Bauten bei; im Falle der Seitengebäude kommen sie Zeltdächern bzw. der Form einer Pyramide nahe. Aus der Dachform ergibt sich zugleich der wesentlichste Unterschied zwischen Schloss Kazdanga und dem ansonsten ähnlichen, wenn auch maßvolleren Schloss Mežotne bei Bauska, einem Werk desselben Architekten – des Schweizers Johann Georg Berlitz (1753–1837). Die beiden Gutsschlösser unterscheiden sich außerdem dadurch, dass in Kazdanga keine tatsächlichen Seitenrisalite aus der Fassade vorspringen, wie es in Mežotne der Fall ist, und dass dort nur vier Säulen den Portikus bilden, während in Kazdanga gleich sechs Säulen aus der Arkade vor dem Erdgeschoss aufsteigen. Den zentralen Teil der rückwärtigen Fassade nimmt an beiden Orten ein **Kuppelsaal** ein. Dass 1905 im Zeichen der Revolution Brandstifter das Gebäude heimsuchten, ließ den damaligen Schlossherrn Karl Wilhelm von Manteuffel von seiner zuvor aufgeschlossenen Haltung gegenüber den Letten abrücken. Umso leichter fiel es dem Architekten **Paul Schultze-Naumburg** (1869–1949), ihn von den klaren, angeblich zutiefst »deutschen« Formen seines Wiederaufbau-Projekts zu überzeugen. Die Wiederherstellung kam allerdings erst um 1930 zum Abschluss; zuletzt wurde dabei bereits die neue Nutzung des Bauwerks als Lehranstalt berücksichtigt. Unter den zahlreichen Wirtschaftsgebäuden auf Gut Kazdanga gibt es einen von dem lettischen Maler Vilhelms Purvītis (1872–1945) entworfenen Schweinestall.

Ein stattliches klassizistisches **Herrenhaus** ist ferner auf dem Gut **Tāšu Padure** (Tels-Paddern) in der Ortschaft **Kalvene** (Kalwen) erhalten. Denen, die das Gut während des 19. Jahrhunderts besaßen, diente es stets nur als Sommerwohnsitz – einem Baron Korff ebenso wie später einem Grafen Keyserling.

Kalvene liegt exakt südlich von Kazdanga; der Weg dorthin führt, ob von Kazdanga oder von Aizpute, nahe dem Gutshaus **Bojas** (Bojen) vorbei, das um 1860 errichtet wurde und in dem ein **Forstmuseum** angesiedelt ist (täglich von 10 bis 17 Uhr geöffnet). Seine zweigeschossigen Teile ergeben eine Kreuzform; die eingeschossigen Teile in mehreren der jeweiligen Winkel wirken wie spätere Ergänzungen. Was die Museumsexponate betrifft, sei vorweggenommen, dass es sich bei den meisten um Jagdtrophäen handelt. – Weitaus lebendigere Tiere (u.a. Bären, Luchse und Wölfe, aber auch zahlreiche Vogelarten) kann man im südwestlichsten Zipfel des Gemeindegebietes von Kalvene sehen, denn dort ist nahe der Siedlung **Krusāta** (Krussaten) eine Art **Außenstelle des Rigaer Zoos** angesiedelt.

Pāvilosta

Wenige Kilometer oberhalb des Küstenortes **Pāvilosta** (Paulshafen), der sich, obwohl nur 1200 Einwohner zählend, seit 1991 sogar als Stadt bezeichnen darf, vereinigen sich die Flüsse Tebra (Tebber) und Durbe (Durbe). Gemeinsam bilden sie die **Saka**, die manche ältere Landkarte allerdings auch mit Tebra oder Durbe gleichsetzt; noch 1940 identifizierte ein lettischer Straßenatlas den Flusslauf, an dessen Mündung in die Ostsee Pāvilosta liegt, als Durbe statt – wie heute üblich – als Saka. Auch der Name Paulshafen und sein Pendant im

➢ *In Pāvilosta*

Lettischen (»Pāvils« lautet die lettische Entsprechung des Namens Paul; »osta« ist das lettische Wort für *Hafen*) sind eher jungen Ursprungs. Sie entstanden im Zusammenhang mit einer Modernisierung des Hafens um 1878; der hiesige Gutsbesitzer aus dem Geschlecht Lilienfeld wollte damit seinen Bruder Paul, damals Gouverneur der Ostseeprovinz Kurland, ehren. Die Geschichte dieses Hafens reicht indes bis ins Mittelalter zurück, denn der Flussweg aus Tebra und Saka war die Lebensader Hasenpoths, des heutigen Aizpute. Erst durch den Ersten Nordischen Krieg ging den Hasenpothern Mitte des 17. Jahrhunderts ihre unmittelbare Anbindung an den Ostseehandel verloren – laut Friedensvertrag musste

die Saka damals als Wasserstraße unbrauchbar gemacht werden.
Charakteristisch für den heutigen Ortskern von Pāvilosta sind seine Lage an nur einer, nämlich der nördlichen Seite der Hauptstraße Dzintaru iela (wörtlich *Bernsteinstraße*) und seine Gliederung in völlig **rechtwinklige Häuserviertel**, wobei an gleich mehreren Stellen Parks in den strengen Ortsgrundriss eingefügt wurden. Mindestens ebenso viel Reiz erzeugt die Art, wie einige Straßen knapp vor dem Strand abbrechen und als **Sackgassen** enden. Am Endpunkt der Dzintaru iela selbst findet man in einem früheren Lotsenhaus, übrigens dem ältesten steinernen Gebäude Pāvilostas, ein Heimatmuseum. Der Volksmund nennt die zentraleren Teile der Stadt immer noch **Āķagals**, entsprechend dem Namen des Fischerdorfes, das es hier schon vor der Schöpfung des Namens Paulshafen/Pāvilosta gegeben hatte. Inzwischen wird Pāvilosta ein enormes Entwicklungspotenzial bescheinigt, nachdem seine wachsende Beliebtheit bei Seglern und Windsurfern schon jetzt unverkennbar ist. Die Nutzung dieser Chancen soll in jedem Fall behutsam angegangen werden.

Apriķi und Cīrava

Ein Kleinod des kurländischen Barocks sind die Innenräume der um 1650 erbauten **Kirche** von **Apriķi** (Appricken). Von ihrer farbenfrohen Ausgestaltung ahnt man nichts, solange man das schlichte Gotteshaus mit spitzem Turmhelm und einem breiten Stützpfeiler hinter der Apsis nur von außen betrachtet. Beeindruckend sind zunächst die bemalten hölzernen Kreuzgewölbe, für deren seitliche Stalaktitformen offenbar die sehr ähnlichen Gewölbe in Ēdole Pate gestanden haben. Der üppige plastische Dekor an der Balustrade der Sängerempore wurde 1710 angefertigt. Die meisten der Verzierungen an der zweigeschossigen Gutsherrenloge sowie der Kanzel sind um drei bis vier Jahrzehnte jünger; in ihnen tritt ein volkstümliches Verständnis von Rokokokunst zutage.
Ebenfalls Mitte des 18. Jahrhunderts wurde das **Gutshaus** der Familie von Osten-Sacken fertig gestellt. Auffälligster Schmuck dieses eingeschossigen Baus sind sandsteinerne Flachreliefs mit Familienwappen, die jeweils ein komplettes Giebelfeld ausfüllen. Ein achteckiger seitlicher Turm, der das Haus leicht überragt, wurde im 19. Jahrhundert angefügt.
In seiner baulichen Komposition unverwechselbar ist erst recht das Anfang des 19. Jahrhunderts errichtete und später neogotisierte **Gutshaus** von **Cīrava** (Zirau), einer Ortschaft 12 km südwestlich von Apriķi. Sein wesentliches Merkmal sind zwei quadratische Türme, die jeweils vor eine Giebelwand des zweigeschossigen Haupttraktes gesetzt wurden und geringfügig über dessen Dachhöhe hinaus aufragen. Daneben gibt es sowohl an der Vorderfront als auch zum Teich hin je zwei Seitenflügel (ebenfalls zweigeschossig, jedoch mit niedrigerem Dach), die einander, was den Grundriss verkompliziert, nicht einmal genau gegenüberliegen.
Die in unmittelbarer Nähe von Gutshaus und Teich befindliche Kirche stammt aus der Zeit um

1780. Zum Charme der Dorfmitte trägt ferner eine ehemalige **Wassermühle** bei. Der Reiz dieser Gebäude beruht indes auch darauf, dass man, wenn man Cīrava zuerst von Südosten (über Aizpute kommend) erblickt, nichts Derartiges von dem Ort erwartet.

Alūksne

Ganz im Nordosten Lettlands liegt am zweitgrößten See des Landesteils Vidzeme die Kreisstadt **Alūksne** (Marienburg). Ziemlich genau 200 Straßenkilometer trennen sie von der Metropole Riga. Ihre Umgebung gehört zu den am dünnsten besiedelten Gegenden des Baltikums; in der Stadt selbst leben immerhin 9500 Menschen. Ihr **Park** wurde einst als der schönste Livlands gepriesen; interessant ist sie jedoch mindestens so sehr wegen ihrer von Christoph Haberland entworfenen Kirche. Unweit nördlich der Kirche liegen auf einer Insel im **See** von Alūksne die Reste der **Ordensburg** – inzwischen als stimmungsvolle Umrahmung einer Freilichtbühne.

Eingang in die Geschichtsbücher fand Alūksne bzw. Marienburg als langjähriger Aufenthaltsort des Predigers und Bibelübersetzers **Ernst Glück** (1652–1705) und seiner noch weit berühmter gewordenen lettischen Pflegetochter. Beide wurden 1702, nach Ausbruch des Großen Nordischen Krieges, von Truppen des Zaren ins Innere Russlands verschleppt. Dort machte die junge Lettin die Bekanntschaft Zar Peters I., dessen Geliebte sie wurde und der sie nach langer Geheimhaltung dieses Verhältnisses schließlich heiratete. Nach seinem Tod bestieg sie selbst den Thron und regierte während der Jahre 1725–1727 als **Katharina I.**, Russlands erste Zarin.

Ernst Glück kommt das Verdienst zu, die erste lettischsprachige Fassung der Heiligen Schrift geschaffen zu haben. Ein Exemplar seiner 1694 mit finanzieller Unterstützung der schwedischen Krone erschienenen Bibel findet man in einem Pavillon nahe der Kirche, der, Anfang des 20. Jahrhunderts für andere Zwecke errichtet, seit 1990 als **Museum** dient. Möglicherweise wird man erleben, dass die Museumshüterin sich skeptisch zeigt, ob ein Ausländer angesichts rein lettischsprachiger Ausschilderungen überhaupt etwas von der Besichtigung habe; solche Zweifel mögen abschreckend wirken, was sie freilich nicht sollten. Etwas nordwestlich von hier, ebenfalls nahe der Hauptstraße Pils iela, erblickt man zwei mächtige Eichen. Ernst Glück persönlich pflanzte sie vor dem Pastorat, das er seit 1673 bewohnte – die eine 1685, als er mit dem Neuen Testament zum Abschluss gekommen war, die andere 1689 nach Vollendung des Alten Testaments. Von der Kirche, in der Glück predigte, ist außer Spuren einer Krypta nichts erhalten.

Wer sein Besichtigungsprogramm mit einem reizvollen Blick über die Stadt und die Burginsel im Südostzipfel des Sees beginnen oder krönen will, begebe sich auf eine von Westen in den See hineinragende **Halbinsel**. Auf ihr liegt der **Burghügel Tempļa kalns**, der Ort der altlettgallischen Vorgängersiedlung Alūksnes, deren hölzerne Festung die Ordensritter im 13. Jahrhundert

➢ *Die Kirche von Alūksne*

niederbrannten. Seine Bezeichnung als »Tempelberg« rührt von einem kleinen runden Ruhmestempel her. Der hiesige Gutsbesitzer ließ ihn 1807 im Gedenken an die russische Eroberung der Gegend errichten, die damals ein Jahrhundert zurücklag. Die nahe »Sonnenbrücke« (»Saules tilts«) datiert aus den 1930er Jahren; über den nördlichen Teil der Halbinsel erstreckt sich Alūksnes Friedhof.

Auf die erwähnte **Insel**, auf der 1342 deutsche Ordensritter die Marienburg gründeten, gelangt man über eine Holzbrücke von Süden her. Im Mittelalter hatte ein Steg mit Zugbrücke auf der Nordwestseite sie mit dem Ufer verbunden. Schon im ausgehenden 15. Jahrhundert zwangen russische Angriffe die Bewohner des Umlandes etliche Male zur Flucht auf die Marienburg, die aber allen Invasionsversuchen standhielt, bis sie 1560, im dritten Jahr des Livländischen Krieges, ohne weiteren Widerstand fiel. Auch nach Ausbruch des Großen Nordischen Krieges wurde sie nicht im eigentlichen Sinne erobert; vielmehr sprengten 1702 die schwedischen Verteidiger weite Teile der achttürmigen Festung selbst in die Luft. Heute sind von dieser so nur noch einzelne Abschnitte der **Ringmauern** und einer Außenwand des Konventhauses erhalten.

Im 18. Jahrhundert erwarb Otto Hermann von Vietinghoff (1722–1792), seines Zeichens Generaldirektor des allrussischen medizinischen Kollegiums, den Gutsbesitz rund um die spätere Stadt Alūksne und knüpfte damit an die Vergangenheit seines Geschlechts an, denn ein Arnold von Vietinghoff war einmal erster Komtur auf der Marienburg gewesen. Der neue Gutsbesitzer beauftragte den Rigaer Stadtbaumeister Christoph Haberland mit dem Bau einer großen **Kirche**, des heutigen Wahrzeichens Alūksnes. Nach siebenjähriger Bauzeit 1788 fertig gestellt, weist sie in ihrem frühklassizistischen Gesamtbild noch allerlei Barockanklänge auf. In die seitlichen Nischen an der Westseite stellte man seinerzeit Plastiken von Sokrates und Aristoteles. Der 55 m hohe Turm sowie einige Fassadenflächen sind nur teilweise verputzt und in den übrigen Bereichen mit Granitplatten verkleidet. Außen wie innen bilden Doppelpilaster ein wesentliches Gestaltungselement. Wesentlich älter als die Kirche selbst ist ihre heutige Glocke, nachdem die ursprüngliche im Ersten Weltkrieg für Rüstungszwecke beschlagnahmt

und eingeschmolzen wurde. Die Stuckarbeiten im Kircheninneren werden Karel Kalopka aus Prag zugeschrieben.
Kalopkas Handschrift findet sich mutmaßlich auch am so genannten **Palmenhaus** wieder, einem interessanten, wenn auch später teils unschön veränderten Bestandteil des Gutsensembles der Barone Vietinghoff. Anfang der 1860er Jahre entstand das mit einem quadratischen Turm und zahlreichen Spitzbogenfenstern versehene neue **Herrenhaus**. An ihm führt heute Alūksnes Hauptdurchgangsstraße Pils iela unmittelbar vorbei und trennt es vom größeren Teil des Parks. Dass neben einem Heimatkunde- und Kunstmuseum auch ein Kino in ihm untergebracht ist, wirkt insofern kaum bizarr, als das Gebäude auch selbst eine gute Filmkulisse abgäbe. Als sein architektonisches Vorbild kommt das Schloss von Babelsberg, ein seinerzeit populärer Schinkel-Bau, in Betracht. Wer genau diesen hier nachahmte, ist unbekannt - möglicherweise Rigas damaliger Stadtbaumeister Johann Daniel Felsko. Das Museum öffnet seine Türen dienstags bis freitags von 10 bis 17 Uhr, samstags von 10 bis 15 Uhr und sonntags von 12 bis 15 Uhr.
Jenseits der Straße sieht man auf einem Spaziergang durch die verschiedenen Ecken des Parks und schließlich in Richtung See Objekte wie den **Äolus-Tempel**, in dem einst Windharfen angebracht waren, oder das (in der Sowjetzeit leider durch Vandalismus beschädigte) Mausoleum der Familie von Vietinghoff (1832), welches Johann Wilhelm Krause - bekannt als Schöpfer der zentralen Gebäude der Universität Tartu (Dorpat) im heutigen Estland - entwarf. Der **Alexander-Pavillon** nahe dem Ufer heißt so, weil Zar Alexander I. sich als Durchreisender einmal bei den Vietinghoffs aufgehalten hat.
Von Alūksnes **Bahnhof** aus dem Jahre 1903, der etwas südlich des Stadtzentrums liegt, kann man auf Lettlands einziger für den Passagierverkehr tauglicher Schmalspurbahn die eineinhalbstündige Fahrt ins 33 km entfernte Gulbene antreten. Unterwegs passiert der Zug zwei weitere alte Bahnstationen.

Umgebung

Zwischen Alūksne und der Grenze zu Estland

Verlässt man Alūksne nordostwärts über Kolberģi (Goldbeck), so ergeben sich hier und da noch einmal reizvolle Blicke auf den 16 km² großen **Alūksnes ezers** (Marienburger See) - beispielsweise in Höhe der Abzweigung nach Mārkalne (Fianden). Kurz bevor man diese erreicht, zieht linker Hand das auch als Ruine noch eindrucksvolle neogotische Gutsschloss **Lāzberģi** (Fianden) aus den 1860er Jahren die Blicke des Reisenden auf sich. Nach weiteren 9 km sieht man rechts das Gutsensemble von **Ziemeri** (Semershof) liegen, dessen Gebäude aus der Zeit zwischen 1786 und 1807 sich um ein zweigeschossiges Herrenhaus mit Krüppelwalmdach gruppieren.
Westlich von hier, nahe **Jaunlaicene** (Neu-Laitzen), liegt der mit 271,5 m höchste Berg des Kreises Alūksne, der **Dēliņkalns** (Teufelsberg), um den herum die Skisaison in der Regel

länger andauert als irgendwo sonst in Lettland. Seine Besteigung wird mit herrlichen Ausblicken über **eine der hügeligsten Gegenden des Baltikums** belohnt. Bis in annähernd dieselbe Höhe ragt mit seiner quadratischen Barockhaube und einer achteckigen Spitze der Kirchturm von Ape- oder **Opekalns** (Oppekaln) auf. Von den beiden lettischen Namensvarianten gilt die eine für die Kirchengemeinde, die andere für das nahe Dorf sowie den seinerseits 235 m messenden Berg, auf dem das Gotteshaus – damit übrigens das höchstgelegene in ganz Lettland – 1774–1779 errichtet wurde.

Der nördlich der Fernstraße nach Pskov gelegene Teil der Nachbargemeinde **Veclaicene** (Alt-Laitzen) rund um die Ortschaft **Korneti** lädt vor allem zum Wandern ein. In eiszeitlichen Gletschermulden reihen sich hier malerisch kleine Seen aneinander. Erkundet man den lang gestreckten westlichsten davon, den Pilskalna ezers, so kann man an dessen Nordufer den angeblich steilsten **Burghügel** Lettlands, den Drusku kalns, erklimmen und von dort weit über die estnische Grenze hinweg zum Haanja-Höhenzug mit dem 318 m hohen Suur Munamägi hinüberblicken.

Um Ape und Trapene

Die Grenzstadt **Ape** (Hoppenhof), durch die seit dem EU-Beitritt der baltischen Länder eine Bürgern von Drittstaaten bis dahin verwehrte Straßenroute vom Nordosten Lettlands in Richtung Võru und Tartu in Estland führt, bietet vor ihren östlichen Toren Natursehenswürdigkeiten: zum einen die Raganu klintis (wörtlich »Hexenfelsen«) – pittoreske Steilhänge am Fluss Vaidava – und zum anderen bemerkenswerte **Baumriesen**, darunter die dickste Weide des Baltikums, gelegen zwischen dem Hof »Dzenīši« und dem rechten Vaidava-Ufer.

Etwa auf halber Strecke zwischen Ape und Gaujiena, in **Lizespasts**, führt die Straße Riga-Pskov an einer großen **Pferdepoststation** aus der ersten Hälfte des 19. Jahrhunderts vorbei, einem repräsentativen Bau mit halbbogenförmig gerundeten Fenstern. Ihm schräg gegenüber sieht man einem ähnlich breiten Gebäude seine Eigenschaft als ehemalige Schenke an; die Bedeutung des Dorfes von heute als Zwischenziel für frühere Reisende lässt sich somit noch ermessen. Direkt gegenüber der Poststation beginnt eine mit Unterbrechungen bis ins 5 km entfernte **Trapene** (Trapehn) reichende **Lärchenallee.**

Gaujiena

Das **Gutsensemble** in **Gaujiena** (Adsel) im Westen des Kreises Alūksne gehört zu den schönsten und gepflegtesten Lettlands und wirkt schon für sich genommen beinahe wie eine vollständige kleinstädtische Siedlung. In dem aus zahlreichen Einzelgebäuden bestehenden Komplex fällt beispielsweise eines, in dem heute die Gemeindeverwaltung ansässig ist, bereits so prächtig aus, dass es leicht für das Herrenhaus gehalten werden könnte. Das tatsächliche, in der Spätphase des Klassizismus errichtete herrschaftliche Wohnhaus war denn auch das vornehmste, das die reich mit baltischen Gütern ausgestattete Familie von Wulf seinerzeit auf einem ihrer Höfe besaß. Es thront unmittelbar

am Talrand der Gauja - ebenso wie ein kleines Stück flussabwärts die **Ruine der Ordensburg**, die zweite Sehenswürdigkeit Gaujienas. Ihre Entstehung hängt mit dem einstigen Verlauf des Handelsweges zwischen Riga und dem russischen Pskov zusammen, der im 13. Jahrhundert an dieser Stelle die Gauja kreuzte. Baumaterial für die Burg war der an den hiesigen Flussufern vielerorts sichtbare Dolomit. Beim Anblick eines Eckturms, dessen unterer Teil bereits stärker verfallen und dadurch schlanker ist als der obere, fragt man sich, wie vielen Herbststürmen er noch trotzen wird.
Gaujienas erste Erwähnung weist noch über die Gründung der Burg im Jahre 1236 hinaus, und zwar bis zurück in das Jahr 1111, in dem, wie eine **Novgoroder Chronik** zu berichten weiß, ein russischer Fürst namens Mstislav einen Kriegszug gegen die Landschaft Adzele unternahm. Im westlichen Ausläufer dieses damaligen Siedlungsgebietes liegt das Gaujiena von heute.
Die verschiedenen Gutsgebäude sind jedes auf seine Weise interessant; exemplarisch genannt seien die Pferdeställe. Am Hang hinter dem Gutsschloss steht malerisch ein zweigeschossiges **Holzhaus**, wie man es indes eher in den Schweizer Alpen als im Norden Lettlands suchen würde. Seine originellen ockerfarbenen Balkongeländer heben sich wirkungsvoll vom braunen Hintergrund ab. In diesem Gebäude - bzw. dem 1988 weitgehend abgebrannten Original, dem es nachgebaut ist - hielt sich von 1922 bis 1944 jeweils während der Sommermonate der Komponist **Jāzeps Vītols** (1863-1948) auf und schuf bedeutende Werke lettischer Chormusik. Als das Feuer ausbrach, waren glücklicherweise fast alle Exponate der hier untergebrachten Vītols-Gedenkstätte »Anniņas« andernorts ausgestellt. Seit 1988 finden vor dem Haus alljährlich im Juli Chorfestivals zu Ehren Vītols' statt.
Nur 3 km sind es zum Gut **Zvārtava** (Adsel-Schwarzhof) nordwestlich von hier, dessen neogotisches Herrenhaus von 1881 auch über durch

➢ *Oben: Gutshaus Gaujiena*
Unten: Jāzeps Vītols' Haus im Gutspark von Gaujiena

und durch **neogotisch ausgestaltete Innenräume** verfügt, wie sie heute kaum ein zweites derartiges Gebäude in Lettland mehr besitzt. Die in den 1970er Jahren begonnene und noch immer nicht vollständig abgeschlossene Restaurierung des Ensembles zum Zwecke einer Nutzung durch Künstler wird längst als beispielhaft gewürdigt.

Auce

Der Reiz von **Auce** (Autz), einem 3700-Einwohner-Städtchen im westlichen Zemgale, konzentriert sich auf die am nordwestlichen Ortsrand gelegene Gutsanlage. Auce zählt zu jenen späteren Kleinstädten des Baltikums, die durch die Veräußerung und Parzellierung von Gutsland Ende des 19. Jahrhunderts überhaupt erst entstanden. Das **Herrenhaus Vecauce** (Alt-Autz) zeigt eine bei neogotischen Profanbauten nicht gerade seltene Gliederung – charakteristisch ist ein achteckiger seitlicher Turm –, doch wurde es bereits 1843 fertig gestellt und gehörte damit zu den ersten derartigen Gebäuden im Baltikum nach der vorangegangenen Blütezeit des Klassizismus. Entworfen hat es kein Geringerer als der preußische Baumeister **Friedrich August Stüler** (1800–1865), von dem so bekannte Gebäude wie das Neue Museum in Berlin stammen. Manche Details an Schloss Vecauce, etwa die Säulenhalle vor dem Haupteingang mit der darüber befindlichen Terrasse, sind spätere Ergänzungen durch den Rigaer Architekten Hermann Seuberlich (1878–1938). Bei einem Gang ins Innere findet man sich in einem hübschen Vorraum und dahinter einem ebenso stilvollen Treppenbereich wieder, die jedoch nur einen Abglanz dessen darstellen, was in den Unruhen von 1905 an Ausstattungsreichtum verloren gegangen ist. 1921 gründete die Universität Lettlands auf Gut Vecauce eine Außenstelle des Fachbereichs Agronomie; und noch heute begegnet man auf dem Gelände **Studenten**. Ihnen verdankt das Gutsareal freilich auch seine vorbildlich gute Pflege. Die Landwirtschaftsuniversität Jelgava, an der sie eingeschrieben sind, nutzt das eigentliche Schlossgebäude indes kaum mehr für Unterrichtszwecke, sondern hat **Hotelzimmer** darin einrichten lassen.

Wer nach originellen Fotomotiven sucht, hat gute Aussichten, einen der sechs kleinen Zinnenkränze, die den Mitteltrakt krönen, seinerseits von einem Storchennest bekrönt zu sehen. Ein Wirtschaftsgebäude links vor dem Schloss fällt durch seine Treppengiebel ein wenig aus dem gewohnten Rahmen.

Umgebung

Nördlich, östlich und westlich von Auce

Steuert man Auce von Norden an, so macht der elegante Turm des Herrenhauses schon aus mehreren Kilometern Entfernung auf sich aufmerksam. Weniger weit wirft das, was einen zuvor in **Lielauce** (Groß-Autz) erwartet, seine Schatten voraus: Der Weg in die Ortschaft Lielauce führt auf einen nach ihr benannten See zu – einen der beiden größten im Kreis Dobele. Das am Seeufer gelegene **Gutsschloss** Lielauce wurde ebenso wie Gut Vecauce und das westlicher (schon im Kreis Saldus) gelegene Gut Jaunauce in der ersten Hälfte des 19. Jahrhunderts von den Grafen Medem in Auftrag gegeben. Seine Dachformen weisen es als Neorenaissancebau aus, während an den Fassaden auch andere Stileinflüsse erkennbar sind. Die

➢ *Das Herrenhaus von Vecauce, ein Werk Friedrich August Stülers*

wiederholten Umbauten, denen beides zuzuschreiben ist, haben ihm jedenfalls nichts von seiner herrschaftlichen Wirkung genommen.
Mindestens drei verschiedene Routen kommen in Frage, wenn man von Auce oder Lielauce in die Kreisstadt Dobele fahren will. An der einzigen durchgehend asphaltierten dieser drei Strecken, der über Kroņauce (Autzhof), liegt **Bēne** (Behnen) mit seiner alten Feldsteinbrücke über den Fluss Auce (Autze). Am vergleichsweise kürzesten ist der Weg über **Īle** (Ihlen), von wo man noch etwa 7 km Richtung Dobele zurücklegen muss, um den wundersamen Wald Pokaiņu mežs zu erreichen. Die in ihm zu beobachtenden Launen der Natur wie z.B. Felsen, die von Baumwurzeln überwachsen sind, haben schon Anlass zu allerlei phantasievollen Spekulationen über seine Entstehung gegeben.
Die Frage, wie etwas Derartiges entstanden sein mag, drängt sich auch in **Kokmuiža** (Dobelsberg) auf, wenn man den dortigen **Burgberg Dobe** sieht; denn kaum ein anderer alter Burghügel Lettlands ist ähnlich prägnant geformt. Über Kokmuiža kommt man, sofern man aus dem Raum Auce anstatt nach Dobele nach Saldus weiterfährt und auch dafür die direkteste Strecke wählt: jene durch das nach jahrzehntelanger militärischer Nutzung noch immer nahezu entvölkerte Gebiet von Zvārde (dazu mehr in unserem Abschnitt über Saldus).

Balvi

Vergleichsweise ebene Landschaft umgibt die Kreisstadt **Balvi** (Bolwa), in der 8600 Menschen leben. Eine größere Ortschaft bildete sich an dieser Stelle nicht vor Ende des 19. Jahrhunderts heraus; Stadtrechte wurden ihr entsprechend spät zuerkannt, und zwar erst 1928. Wer nach Sehenswürdigkeiten sucht, mag zunächst einen Blick auf die örtlichen

Kirchen werfen. Die lutherische von 1915 liegt am Südrand des Ortszentrums und zeigt eine in Lettgallen häufige Art der Fassadengliederung, nämlich die Umrahmung von aus grauem Feldstein gemauerten Flächen durch rötliche Ziegelstreifen. Den nördlichen Teil Balvis überragt die zweitürmige **katholische Kirche**, bei der zentrierte und längsorientierte Grundrisskonzeption eine interessante Synthese eingehen. Sie ist etwas älter als die lutherische, wirkt nach ihrer jüngsten Renovierung jedoch ein wenig so, als sei sie erst vor kurzem errichtet worden.

Seit Ende 1993 steht dort, wo die Brīvības iela aufhört, zugleich Hauptdurchgangsstraße zu sein, und stattdessen dem Südufer des Balvu ezers (Bolwa-See) folgt, Balvis **Partisanendenkmal** in seiner jetzigen Form. Es erinnert an Ereignisse der Jahre 1919/20 und ist eine Nachbildung des während der Sowjetzeit ausradierten ursprünglichen Monuments von 1938, geschaffen vom Sohn des damaligen Bildhauers - wie es analog (und bezogen auf dasselbe Vater-und-Sohn-Paar Jansons) auch auf die Befreiungsdenkmäler in Rēzekne und Jelgava zutrifft. 300 m weiter liegen beiderseits der Brīvības iela das ehemalige Gutshaus, heute Grundschule, und Balvis Heimatmuseum einander gegenüber. An Letzteres grenzt der **»Lāču dārzs«**, wörtlich *Bärengarten*, ein Park mit gewaltigen, teils zu regelrechten Skulpturen zurechtgruppierten Feldsteinen. Dort, wo er in den 1990er Jahren angelegt wurde, befand sich vormals der Obstgarten des Gutes. Die Ähnlichkeit der Wörter »Beeren« und »Bären«, die ein Deutschsprachiger in diesem Zusammenhang unwillkürlich assoziiert, findet im Lettischen übrigens keine Analogie.

Umgebung

Viļaka

Viļaka (Marienhausen), die gut 1800 Einwohner zählende zweite Stadt im Kreis Balvi, liegt noch östlich der Kreisstadt in einer Landschaft, die von den Deutschen, die hier lebten, früher einmal »die Willack« genannt wurde. Vereinzelt taucht in historischen Zusammenhängen »Villack« auch als deutscher Name für den Ort auf. Im Spätmittelalter war das Kirchspiel Marienhausen das flächengrößte im Erzstift Riga. Später bildete die Willack den nördlichsten Zipfel der »überdünaischen« Gebiete, d.h. jener Gebiete nördlich der Daugava (Düna), die allen schwedischen Eroberungsgelüsten im 17. Jahrhundert zum Trotz bei Polen-Litauen verblieben waren und die man meint, wenn man heute von Latgale (Lettgallen) spricht. Im Zuge der ersten Teilung Polens 1772 und damit früher als das damals ebenfalls noch von der polnischen Krone abhängige Herzogtum Kurland und Semgallen fielen sie an Russland. Nach der bald darauf erfolgten Bildung neuer Landkreise gehörte die Gegend um Marienhausen/Viļaka zum Kreis Ludscn. Das unabhängige Lettland der Jahre 1920–1940, das Sowjetrussland auch den äußersten Osten des alten lettgallischen Siedlungsraums hatte abtrotzen können, schloss sie einem neuen Landkreis Abrene an. Nachdem die heutige Russische Föderation eine Rückgabe der Stadt Abrene

(Neu-Lettgallen, Pytalovo) und ihrer Umgebung, die nicht Bestandteil der Lettischen SSR gewesen waren, ausgeschlossen hat, ist die lettisch-russische Grenze dementsprechend nahe an Viļaka herangerückt.

Dessen Ortsbild bestimmen die nordseitig platzierten Türme der katholischen Kirche aus der Zeit um 1890. Kaum einer unter den zahlreichen historistischen Sakralbauten Lettgallens deutet ähnlich klar auf mittelalterliche Backsteingotik als Inspirationsquelle seiner Baumeister. Auf der **Insel im See** von Viļaka liegen, vom Ufer kaum erkennbar, die weder durch eine Brücke noch per Bootsverkehr zugänglichen Überbleibsel der einstigen **Burg**. Lange stand nur ein befestigtes Kloster – das für den Ort namengebende »Marienhaus« – auf dem Inselchen, bis die Bewohner Alt-Livlands sich um die Wende vom 15. zum 16. Jahrhundert immer mehr durch die Moskoviter bedroht fühlen mussten und Erzbischof Jaspar Linde deshalb 1509 den Bau einer mächtigen Grenzfestung veranlasste: Marienhausen vervollständigte einen bereits aus den Ordensburgen Ludsen/Ludza und Marienburg/Alūksne sowie der Dorpater Bischofsburg Neuhausen/Vastseliina bestehenden Gürtel grenznaher Festungen, die die Truppen Ivans des Schrecklichen im Verlauf des Livländischen Krieges (1558–1583) dann doch allesamt für geraume Zeit in ihre Gewalt bringen konnten.

Wer den alten Landkreis Abrene in einer umfangreichen **Fotosammlung** kennen lernen möchte, sollte, unabhängig von dem, was Viļakas Heimatmuseum an der Pils iela ihm in dieser Hinsicht bieten kann, den Weg zum privat betriebenen ethnographischen Museum Balkani (»Balkanu etnogrāfiskais muzejs«) in der Gemeinde **Šķilbēni** (Schkilbany), der übernächsten südlich von Viļaka, nicht scheuen. Ihn erwarten dort freilich noch zahllose andere Exponate; sie wurden teils schon 60 Jahre vor der Museumseröffnung, zu der es Mitte der 1990er Jahre kam, gesammelt. Abbiegen muss man von Viļaka aus gesehen vor Rekova rechts. Hinter Rekova links geht es zu einem ebenfalls noch jungen und mit dem, was es ausstellt, ähnlich ausgerichteten kulturgeschichtlichen Museum im ehemaligen »Volkshaus« (»Tautas nams«) von **Upīte**.

Bauska

Nahe **Bauska** (Bauske), der 10.800 Einwohner zählenden Kreisstadt einer der touristisch frequentiertesten Gegenden Lettlands, fließen Mūsa (Muhs) und Mēmele (Kurländische Memel) zusammen. Gemeinsam bilden sie die ab hier 119 km lange Lielupe (Kurländische Aa). Bauska hat unter viel Durchgangsverkehr zu leiden, doch verdankt es schon die Tatsache seiner Entstehung diesem Verkehr bzw. der günstigen Lage zwischen Riga und den wichtigsten Städten Litauens. Um den dorthin führenden Handelsweg besser schützen und Angriffe von dort abwehren zu können, veranlassten die Ordensmeister Heidenreich Vincke von Overberch und Johann von Mengden 1443–1456 den Bau einer **Burg** auf der Felsnase zwischen Mūsa und Mēmele. Heutige Besucher vermag diese jüngste aller livländi-

➢ *Die Ruine der Ordensburg Bauska*

schen Ordensburgen auch als Ruine noch zu beeindrucken. In der Form eines unregelmäßigen Vierecks angelegt, hatte sie insgesamt fünf Türme, von denen zwei nicht als Ecktürme errichtet wurden, sondern sich mittig in eine Mauerbreite einfügten. Im halbrunden **Hauptturm**, der zusammen mit einem kleineren, ebenfalls halbrunden Turm das an der Ostseite gelegene Tor bewachte, befand sich der überwölbte Kaminsaal des Ordensvogtes. Heute steigt man durch ein weitgehend hohles Turminneres hinauf zu einer **Aussichtsplattform** und kann den Blick von dort über die erwähnten Flüsse hinweg in die fruchtbare semgallische Ebene schweifen lassen. Nach dem Ende des Ordensstaates wählte der kurländische Herzog Gotthard Kettler das Gelände der Vorburg für den Bau einer Residenz aus. Diese wurde 1596 als prächtiger **Renaissancebau** mit Sgraffiti an den Außenwänden und zwei wuchtigen Türmen fertig gestellt, 1706 jedoch ebenso wie die Hauptburg von russischen Truppen teilweise gesprengt. Seit den 1970er Jahren wird dieser Herzogspalast nach und nach rekonstruiert. Eine Ausstellung über den Fortgang der Arbeiten ist schon jetzt in ihm zu besichtigen; später einmal soll er ein großes Schlossmuseum aufnehmen. Exilletten aus Kanada, die den Wiederaufbau zwischenzeitlich sponserten, dachten auch bereits über eine Nutzung als Hotel nach.

In unmittelbarer Nachbarschaft zum Burgkomplex war schon im 15. Jahrhundert eine stadtähnliche Siedlung (ein so genanntes »Hakelwerk«) herangewachsen. Da sie sich auf der schmalen Bergnase nicht mehr weiter hätte ausdehnen können und dort zudem ein neuer Verteidigungsring geplant wurde, ließ **Herzog Gotthard** sie kurzerhand verlegen und 1584 an der Stelle des heutigen Stadtkerns neu gründen. Ihr rechtwinkliger Grundriss mit Straßenverläufen genau parallel und quer zum Flussbett der Mēmele entspricht der Tradition von Stadtgründungen im einstigen Einzugsgebiet Polen-Litauens nach

magdeburgischem und später nach Kulmer Recht.
1591–1594 entstand in diesem neuen Stadtareal die äußerlich schlichte **Heiliggeistkirche**, ein einschiffiger, sehr in die Länge gezogener Bau mit polygonalem Chor. Der 1614–1623 angebaute Westturm konnte, wie die runden Schießscharten an ihm zeigen, auch Verteidigungszwecke erfüllen. Ursprünglich trug er eine Haube mit Galerie, ähnlich der des Rigaer Doms. Sein heutiges Zeltdach trat 1813 an deren Stelle – im Jahr zuvor hatte der Durchmarsch der napoleonischen Truppen Schäden an der Kirche wie auch in der gesamten übrigen Stadt hinterlassen. Von der wertvollen Innenausstattung blieb in der Heiliggeistkirche gleichwohl vieles bis heute erhalten, darunter als besonders alte, noch aus dem 17. Jahrhundert stammende Elemente das **Chorgestühl** sowie ein geschnitztes Lesepult.
Zwei Häuserviertel östlich des Gotteshauses streift die Hauptdurchgangsstraße den ehemaligen Markt- und Rathausplatz, wobei das, was sich vom einst stolzen Rathaus der Stadt erhalten hat, kaum mehr an ein solches erinnert. Heute dient dieses frühere Rathaus als Touristeninformationsstelle. Wiederum östlich von dort, allerdings schon etwas außerhalb des Zentrums, liegen **Gebäude des so genannten Korff-Gutes** (lett. »Korfa muiža«), das ein nach dem polnischen Aufstand von 1863 aus Polen verwiesener Adliger für sich bauen ließ. Die etwas festungsartige Gestaltung spiegelte die Sorge dieses Adligen wider, dass auch hier, in der damaligen Ostseeprovinz Kurland, gleichartige Rebellionen ausbrechen könnten. Verfolgt man die eingeschlagene Richtung weiter, so kann man vor den Rändern der Stadt noch das **Lenin-Denkmal**, das einst in ihrer Mitte stand, sehen. Nicht zuletzt der Graffiti wegen, mit denen es vor seiner Demontage beschmiert wurde, haben die Verantwortlichen in Bauska beschlossen, es als zeitgeschichtliches Zeugnis weiter der Öffentlichkeit zugänglich zu machen. Unverwirklicht blieb bislang allerdings die Überlegung, einen ganzen Park mit ausgemusterten Denkmälern der Sowjetzeit anzulegen, wie es ihn im litauischen Druskininkai gibt. **Museen** im engeren Sinne besitzt Bauska neben demjenigen, das auf der Burg entsteht, noch zwei: ein Heimatmuseum am schon erwähnten Rathausplatz (untergebracht im Gebäude des einstigen Hotels »Kurzeme«) sowie, etwas ungewöhnlicher, ein Maschinen- und Fahrzeuge-Museum. Seinerseits nur Außenstelle eines Landmaschinen- und Bauernhofmuseums im südlich benachbarten Uzvara, umfasst das »Mašīnu muzejs« so manche Rarität, bei der man überrascht sein mag, dass sie noch funktionstüchtig ist. Es liegt gleich am Anfang der Straße von Bauska nach Mežotne, also nördlich der Mēmele.

Umgebung

Mežotne

10 km nordwestlich von Bauska steht am rechten Ufer der Lielupe das in einen wunderschönen englischen Landschaftspark eingebettete Herrenhaus von **Mežotne** (Mesothen), **eines der sehenswertesten Gutsschlösser Lettlands**. Zarin Kathari-

na II. überließ dieses Landgut 1795 der Erzieherin ihrer Enkelkinder, Charlotte von Lieven, der es 1797 von Katharinas Nachfolger Paul I. schließlich als erblicher Familienbesitz übertragen wurde. Damals begann unter Leitung von Johann Georg Berlitz die Errichtung des dreigeschossigen klassizistischen Schlossbaus. Berlitz brachte offenbar auch eigene gestalterische Ideen ein; der eigentliche Entwurf stammte jedoch

➢ *Gutshaus Mežotne*

von dem Hofarchitekten Giacomo Quarenghi persönlich.
Ein Meisterwerk ersten Ranges ist der **Kuppelsaal** mit seinen Stuckverzierungen sowie Bemalungen, die einen Fluchtpunkt im Unendlichen andeuten. Nach liebevoller Restaurierung präsentiert er sich heute wieder in seiner ganzen Pracht. Bis es so weit war, hatte zum einen der Zweite Weltkrieg dem Gebäude zugesetzt, erst recht jedoch die Nachkriegszeit, in der praktisch alles, was nicht niet- und nagelfest war, aus ihm verschwand. Erst 1959 wendete sich das Blatt. Nach zunächst notdürftigen Reparaturen konnte ab den 1970er Jahren schließlich von einer sachgerechten Restaurierung die Rede sein. Der Gips für die Stuckmischungen wurde noch um 1990 im unkonventionellen Direkttausch gegen hiesige Zuckerrüben aus der Ukraine beschafft. Solche Zeiten des Mangels scheinen heute, nachdem sich Schloss Mežotne zu einem noblen, aber nicht überluxuriösen **Hotel** gewandelt hat, lange vergessen.
Unter den Nebengebäuden, die sich um den weiten Vorplatz gruppieren, sei das Verwalterhaus hervorgehoben: Ursprünglich seinerseits Herrenhaus, wurde es durch die Errichtung des heutigen Herrenhauses gleichsam degradiert. Später passte es sich diesem auch gestalterisch an, sodass man ihm sein höheres Alter nicht zwangsläufig ansieht.
Auf der gegenüberliegenden Seite der Lielupe liegt, zwischen Bäumen versteckt, der **Burgberg** von Mežotne, von dem aus die Ost-Semgaller noch bis 1272 um ihre Unabhängigkeit kämpften. Die Absicht Bernhards II. zur Lippe, hier seinen Bischofssitz einzurichten, hatte sich gut fünf Jahrzehnte zuvor aufgrund allzu hartnäckiger Gegenwehr zerschlagen. Neben dem Burgberg existierte vom 9. bis ins 13. Jahrhundert bereits ein stadtähnlicher Handelsstützpunkt – den bisherigen Funden nach zu urteilen der größte seiner Art auf lettischem Boden.
Der Park von **Jumprava** (Jungfernhof) auf der Hälfte der Strecke von Bauska zum Herrenhaus Mežotne wäre nur beiläufig einer Erwähnung wert, läge er nicht so idyllisch am Ufer der Lielupe, das hier recht steil abfällt, und befände sich in ihm nicht etwas, was es so nur noch in wenigen Gutsparks gibt, obwohl es im 19. Jahrhundert sehr in Mode wahr: **künstliche Ruinen** einer vermeintlichen mittelalterlichen Burg. Im Falle Jumpravas handelt es sich um An-

deutungen eines runden sowie um einen vergleichsweise aufwendig gestalteten eckigen Turm.

Skaistkalne und der Osten des Kreises Bauska

In dem heutigen Grenzort **Skaistkalne** (Schönberg) östlich von Bauska wurde in den 1660er Jahren ein Jesuitenkloster gegründet. Dessen äußerlich schlichte **Mariä-Himmelfahrts-Kirche**, eine dreischiffige Basilika mit halbrunder Apsis, wurde 1692 fertig gestellt. Sie hat sich seither nur unwesentlich verändert, sieht man von der Gestalt ihrer Türme ab, die ursprünglich beide gleich hoch waren und bis 1852 Barockhauben trugen. Der weitaus bescheidenere Anblick von heute resultiert vor allem aus Beschädigungen während der Weltkriege. Den Innenraum beherrscht ein 12 m hoher **Barockaltar**. Eine Kanzel ebenfalls noch aus dem 17. Jahrhundert, Seitenaltäre, Orgelempore und Beichtstühle komplettieren die insgesamt gut erhaltene Ausstattung.

Die Kirche von Skaistkalne ist zweifellos die sehenswerteste im Ostteil des Kreises Bauska, aber bei weitem nicht das einzige Beispiel interessanter sakraler Baukunst. Eine ebenfalls doppeltürmige katholische Kirche bekam 1770 das Dorf **Brunava** (Brunowischki) am Südufer der Mēmele. Wer für die Fahrt von Bauska nach Skaistkalne eine Route über Brunava vorsieht, kann auch Blicke auf die neogotische lutheranische und die funktionalistische katholische Kirche von **Budberga** (Budberg) damit verbinden und erreicht sein Ziel (mangels Brücken über die Mēmele) am einfachsten, indem er im Anschluss einige Kilometer über litauisches Territorium zurücklegt. – Sämtliche Empirestil-Kirchen der Gegend stammen von ein und demselben Architekten: Diejenigen von **Vecsaule** (Alt-Rahden) und **Jaunsaule** (Neu-Rahden) schuf ebenso wie die von **Vecumnieki** (Neugut) Friedrich Schultz, seinerzeit Gouvernementsarchitekt in Kurland. Über Vecsaule und Jaunsaule kommt man, wenn man dem nördlichen Mēmele-Ufer folgend nach Skaistkalne fährt; Vecumnieki liegt ganz im Nordosten des Landkreises.

An vergleichsweise vielen Orten rund um Bauska trifft man noch auf **Windmühlen** – z.B. bei **Ceraukste** (Zerrauxt) unweit südöstlich der Kreisstadt oder auch südlich von **Stelpe** (Stelpenhof), das man auf dem Weg nach Vecumnieki streift. Noch näher bei Vecumnieki füllt sich der Hof »Jūras« nach und nach mit allerlei Beweisen für die Kunstfertigkeit seines Besitzers, was den Umgang mit Holz betrifft. Teils handelt es sich um vollständige (wenn auch zierliche) Gebäude; und so wurde die Region selbst hier noch um eine Windmühle reicher.

Weniger zahlreich als in anderen Landstrichen finden sich hingegen erhaltene Gutsensembles. Erwähnt sei der kleine **Gutshof Brukna** (Brucken) am Fluss Iecava – eine symmetrische Anlage mit eingeschossigen Seitenrisaliten und zweigeschossigem Mittelteil, errichtet im dritten Viertel des 18. Jahrhunderts.

Sehr typisch für ein um eine Wegkreuzung entstandenes Dorf ist Skaistkalnes nördlicher Nachbarort **Bārbele** (Barbern). Seine im

19. Jahrhundert überwiegend neogotisch umgebaute Kirche und die einstige Schenke stehen einander schräg gegenüber. Letzteres Gebäude übernimmt noch immer zentrale Funktionen für die Gemeinde, wenn auch keine gastronomischen mehr, und wurde 1926 auf interessante Art durch einen Zentralgiebel ergänzt: Das für traditionelle baltische Gasthöfe schlechthin Charakteristische, ihre extreme Länge, empfand man in Bārbele damals offenbar als monoton.

Ein wenig südlich von Bārbele befindet sich nahe der Iecava eine **Schwefelquelle**. Sowohl im 18. Jahrhundert unter den kurländischen Herzögen aus dem Hause Biron als auch in den 1920er Jahren, nach Gründung der Republik Lettland, hätte dies beinahe zur Entstehung eines Kurbades geführt. Beide Male jedoch verwirklichten sich die Pläne hierzu nur fragmentarisch.

Cēsis

Von **Cēsis** (Wenden) wird mit Recht behauptet, es sei die schönste lettische Stadt nördlich von Riga und eine der schönsten des ganzen Landes. Die einstige **Hansestadt** liegt im Herzen des Gauja-Nationalparks und ist ein idealer Ausgangspunkt für alle, die sich gern mehrere Tage Zeit für Ausflüge in den landschaftlich interessantesten Teil Lettlands nehmen wollen.

Auch in den Geschichtsbüchern gibt es über Cēsis bzw. Wenden mehr als über andere Städte von vergleichbarer Größe – gegenwärtig zählt man 18.700 Einwohner – zu berichten: Eine Burg, die **ein als »Wenden« bezeichneter Volksstamm** bewohnt, erwähnt der Chronist Heinrich von Lettland erstmals für das Jahr 1206. Er selbst wurde später übrigens häufig »Heinrich der Lette« genannt; er war jedoch kein Einheimischer, sondern missionarisch als Priester bei den Letten tätig. Über Kenntnisse ihrer Sprache scheint er allerdings verfügt zu haben. Die Burg der Wenden war die kleinste, die Heinrich in Livland kannte; und dies mag man ihm beim Anblick des »Nussbergs« (lett. »Riekstu kalns«) im **Schlosspark** von Cēsis, auf dem sie sich einst befand, auch sofort glauben. Die Wenden haben sich, so heißt es, widerstandslos taufen lassen, als der Missionar Daniel bei ihnen erschien, und den deutschen Ordensrittern seitdem zur Seite gestanden. Ihre ethnische Zugehörigkeit konnte nie endgültig geklärt werden; wahrscheinlich handelte es sich um einen ostseefinnischen Stamm, den die Kuren, ihrerseits ein baltisches Volk, zuvor aus seiner ursprünglichen Heimat entlang der Windau/Venta vertrieben hatten und der, nachdem sein erster Zufluchtsort ein Burghügel im heutigen Stadtgebiet von Riga gewesen war, schließlich in der hiesigen Gegend Schutz gefunden hatte.

Dem **Nussberg** genau gegenüber wurde 1209 mit der Errichtung einer Ordensburg begonnen, die von 1237 bis zum Untergang Alt-Livlands 1561 – mit ein paar Unterbrechungen, jedoch die meiste Zeit hindurch – als **Residenz des Ordensmeisters**, d.h. des Oberhauptes über den livländischen Zweig des Deutschen Ordens, diente und auf der dieser livländische Ordenszweig die Verwaltung sämtlicher

➢ *Die Türme der Ordensmeisterburg in Cēsis*

Gebiete, die ihm im Baltikum zugefallen waren, konzentrierte. Mehrere Ordensmeister wurden in der Wendener Johanniskirche beigesetzt, so auch Wolter von Plettenberg (1450–1535). Die durch den Verlauf der damaligen Handelswege begünstigte Zentrumsfunktion Wendens erweist sich ferner daran, dass die alt-livländischen Stände im 14. und 15. Jahrhundert mehrere ihrer so genannten **Landtage** hier abhielten. Die halbkreisförmig um die Burg entstandene Kaufmanns- und spätere Hansestadt umgab im Spätmittelalter ein Befestigungsring mit fünf Toren und acht Türmen. Der Standort eines der Tore, der Ronneburgschen Pforte (lett. »Raunas vārti«), wurde in der heutigen Gestaltung der betreffenden Stelle deutlich erkennbar gemacht.

Wie für die meisten Städte des Baltikums endete auch für Wenden die Zeit wirtschaftlicher Blüte mit dem Livländischen Krieg (1558–1582/83), nach dessen Ende das Baltikum zunächst bis weit ins heutige Estland hinein polnisch wurde, ehe 1621 und endgültig 1629 die Schweden fast überall nördlich der Düna Fuß fassten. Die Polen machten Wenden immerhin zum **Sitz eines livländischen Bistums**, wenngleich die Katholisierungsversuche dem Willen der Bevölkerung widersprachen. König Gustav II. Adolf von Schweden übergab das Stift Wenden 1622 seinem Reichskanzler Axel Oxenstierna, der nicht gerade viel für das Wohlergehen der Stadt tat. Noch schlechter erging es ihr nach Anbruch der russischen Zeit im 18. Jahrhundert; und selbst der allgemeine Aufschwung in der zweiten Hälfte des 19. Jahrhunderts vollzog sich für Wenden bzw. Cēsis etwas langsamer als für manch andere Stadt in den damaligen Ostseeprovinzen des Zarenreichs.

Im Juni 1919 ereignete sich am südlichen Stadtrand eine **entscheidende Schlacht** zur Sicherung der staatlichen Unabhängigkeit Lettlands;

trotz zahlenmäßiger wie auch technischer Unterlegenheit gelang Letten und Esten der Sieg über ihre als Baltische Landeswehr formierten deutschen Gegner. In diese Tradition passt es gut, dass auch die rotweiß-rote lettische **Flagge** ihren Ursprung im Raum Cēsis haben soll: Der Legende zufolge legte ein lettgallischer König sich mit schweren, im Kampf gegen fremde Angreifer erlittenen Verletzungen auf die weiße Kapitulationsfahne des Gegners und starb. Sein Blut färbte daraufhin die Ränder des Tuches dunkelrot ein, während ein Streifen in der Mitte, wo sein Körper gelegen hatte, noch immer weiß war.

Von Zerstörungen im Laufe des Zweiten Weltkriegs blieb Cēsis weitgehend verschont; nur zwischen einem Abschnitt der Rīgas iela und der Lielā Katrīnas iela wurde die Altstadt so stark getroffen, dass diesen Bereich seither Grünanlagen füllen.

Das Hauptinteresse bei einer Stadtbesichtigung gilt selbstverständlich der Ruine der **Ordensburg**. Bedenkt man, dass sie 1577 eine schwere Belagerung durch die Truppen Ivans IV. zu überstehen hatte und dass die Verteidiger sich schließlich mitsamt einem Teil der Gebäude in die Luft sprengten, so muss man erstaunt sein, wie viel von dem bald nach 1400 fertig gestellten Konventhaus bis heute erhalten ist. Um des Eindrucks willen sollten Besucher das Burggelände zunächst ganz umrunden, ehe sie es betreten. Geht man dabei entgegen dem Uhrzeigersinn, so gelangt man über einen Treppenweg hinab zum Schlosssee, an dem sich diverse Skulpturen sowie eine Freilichtbühne befinden, und kann dabei links den erwähnten Burghügel Riekstu kalns sehen; er ragt zwischen der Ordensmeisterburg und der ebenfalls erhöht gelegenen, 1842–1845 erbauten russisch-orthodoxen Kirche von Cēsis auf.

Die imposanten Ecktürme der Burganlage haben mehrere Meter dicke Mauern. Zwei von ihnen sowie ein Vorburgturm ganz im Südwesten stammen aus dem späten 15. und frühen 16. Jahrhundert. Der um einiges ältere, bis dahin quadratische Westturm wurde zu dieser Zeit zylindrisch aufgestockt. Sein Kegeldach bekam er erst Anfang des 20. Jahrhunderts. Die Maßnahme

➢ *Der Marktplatz von Cēsis – damals Wenden – im 19. Jahrhundert*

diente der Sicherung eines prächtigen Sterngewölbes über dem einstigen Zimmer des Ordensmeisters. Im Südturm »Langer Hermann«, den zwei Blendbogenfriese zieren, befand sich ein berüchtigtes Verlies. Vom einstigen Refektorium, in das man vom Westturm aus gelangte, haben gotische Konsolen aus dem 14. und 15. Jahrhundert überdauert, die Gewölbe selbst hingegen nicht. Zum teils 1577, teils erst später verloren gegangenen nördlichen Bereich der Burg gehörte deren **Kapelle**, von der in jüngerer Zeit manches rekonstruiert wurde.

Das letzte große Kapitel in der Baugeschichte des Schlossgeländes schrieb das Grafengeschlecht Sievers: Um 1777 wurde an die Reste eines weiteren spätmittelalterlichen Turms, des im 15. Jahrhundert mit zwei damaligen Vorburgen verbundenen so genannten Lademacherturms, das so genannte **Neue Schloss**, ein zweigeschossiger Bau mit Mansarddach, angebaut. Auf die Turmfundamente wurde schließlich ein neuer, schlanker Turmzylinder im Stil der 1830er Jahre gesetzt. Das Neue Schloss beherbergt das **Geschichts- und Kunstmuseum** von Cēsis; ein vorgelagertes früheres Stallgebäude wird als Ausstellungshalle für moderne Kunst genutzt. Ein Besuch des Museums schließt die Möglichkeit ein, den Lademacherturm zu besteigen und den Blick von dort auf weite Teile der Stadt und ihrer Umgebung zu genießen. Hinter den umfunktionierten ehemaligen Stallungen grenzt das Gelände einer alten Bierbrauerei an. Auf der anderen Seite der Lenču iela liegt ein Grünbereich, durch den für Gäste des Hotels »Cēsis« der schönste und zugleich kürzeste Weg zum Neuen Schloss verläuft und der heutzutage **Mai-Park** (lett. »Maija parks«) genannt wird. Die künstlichen Andeutungen von Ruinen, die man im Mai-Park findet, bilden ein interessantes Nebenprodukt zu der eigentlichen Art, wie die Grafen Sievers der Mode, Gutsparks mit Burgruinen zu bestücken, gehorcht hatten. Denn in ihrem Fall war die

➢ *Der Turm der Johanniskirche*

Ruine – die der Ordensburg – eben eine echte und noch dazu die eindrucksvollste im gesamten damaligen Gouvernement Livland. – Das **Gebäude des Hotels »Cēsis«** ist insofern interessant, als es zu einer Gruppe von Hotelbauten in Lettland gehört, die Ende der 1930er Jahre von Staats wegen geplant wurden. Nicht alle wurden sie damals auch verwirklicht; wieder andere sind kriegszerstört.

Prägenden Anteil am Stadtbild von Cēsis hat der Turm der **Johanniskirche**, die 1281 begonnen und noch im 13. Jahrhundert im We-

Der Gauja-Nationalpark

Beiderseits des Flusses **Gauja** (Livländische Aa), der sich in einem tief eingeschnittenen Urstromtal durch herrliche Wälder und an zahlreichen Sandsteinformationen vorbei gemächlich meerwärts schlängelt, erstreckt sich von **Sigulda** bis kurz vor **Valmiera** der größte Nationalpark des Baltikums. Manche behaupten, der seit 1974 in seiner heutigen Größe von 92.048 Hektar bestehende Park sei der erste Nationalpark der früheren Sowjetunion gewesen; dies stimmt aber höchstens insofern, als ein Teil seiner Fläche schon in den 1930er Jahren für schutzwürdig befunden worden war. Tatsächlich wurde 1971 in Form des estnischen Lahemaa-Nationalparks der erste derartige Park auf damals sowjetischem Gebiet gegründet; und **1974** kam neben dem Gauja- auch der litauische Aukštaitija-Nationalpark hinzu. Wie dem auch sei – Superlative, seien es messbare oder allein auf die Schönheit der Landschaft bezogene, ließen sich zur Genüge anführen. Häufig fällt bei Beschreibungen des Gauja-Tals der Begriff **»Lettische Schweiz«**. Von den allwinterlichen Schneemengen her ist er gewiss angebracht. Auch das Gefälle der von Sigulda in die Talsenke führenden Landstraße und anderer Wege scheint einen solchen Beinamen für die Region zu rechtfertigen. Lettlands höchste Berge liegen allerdings – entgegen dem, was das Wort »Schweiz« glauben macht – außerhalb des Nationalparks.

Etwas anderes scheint in umso bemerkenswerterer Dichte innerhalb der Nationalpark-Grenzen konzentriert. Denn auch die **Kulturdenkmäler** in diesem Teil Lettlands sind im Zuge einer Baltikum-Reise geradezu ein Muss. Kaum eine baltische Kleinstadt ist in ähnlicher Ursprünglichkeit erhalten wie **Cēsis**, kaum ein anderes baltisches Gutshaus verzaubert seine Besucher so sehr wie **Ungurmuiža** und kein anderer Ort macht die altlettische Kultur so anschaulich wie **Āraiši** mit seiner rekonstruierten Seefestung. Diese Sehenswürdigkeiten und noch etliche weitere, die man aufzählen könnte, befinden sich allesamt im Gauja-Nationalpark, einige um Cēsis herum verstreut, während andere sich um das Städtchen Sigulda scharen. Entsprechend sind sie auch in unserem Buch diesen beiden Abschnitten zugeordnet; das in den nordwestlichen Ausläufern des Parks gelegene Gut Ungurmuiža wird unter Straupe behandelt.

Der von dem Gut nicht weit entfernte See Ungurs ist das einzige Gewässer im Gauja-Nationalpark, auf dem motorisierter **Wassersport** zulässig ist. Mit Ausnahme weniger Einschränkungen wie dieser sind Sport- und Freizeitfreuden jedoch kaum Grenzen gesetzt. Nur einzelne Teilzonen des Parks genießen als **Naturschutzgebiete** besonders strikten Schutz. Die größten derar-

➢ *Malerblick ins Tal der Gauja bei Sigulda*

tigen Areale sind das »Roču rezervāts« am linken Ufer des Gauja-Nebenflusses **Amata** nahe Līgatne und das »Nurmižu rezervāts« nordöstlich von Sigulda. Sie machen etwa 4% der Fläche des Nationalparks aus und dürfen nicht betreten werden. Für die übrigen Bereiche gelten, was z.B. die Möglichkeit, für ein bis zwei Nächte sein Lager irgendwo aufzuschlagen, betrifft, vergleichsweise liberale Regelungen, die in vielem den skandinavischen Standards angeglichen sind. An festen Unterkünften besteht unterdessen kein Mangel: Größere **Hotels** finden sich zwar nur in Sigulda und Cēsis sowie an den Rändern der Fernstraßen A2 und A3; anderswo können sie, will man Zersiedelung verhindern, auch gar nicht gewollt sein. Kleine **Privatunterkünfte** können dem sensiblen Landschaftsbild hingegen nichts anhaben; entsprechend zahlreich sind sie in den einsameren Gegenden des Nationalparks inzwischen entstanden.

Dass Baltikum-Rundreisen sich, was die klassische Route durch Lettland angeht, oftmals auf Riga und den Gauja-Nationalpark beschränken, erscheint einerseits bedauerlich. Andererseits bestätigt es freilich die kaum bestreitbare Tatsache, dass schon das, was der Gauja-Nationalpark bietet, für sich allein eine Reise wert ist.

➢ *Sonnenuhr an der Johanniskirche in Cēsis*

➢ *Die Rīgas iela, Cēsis' alte Hauptstraße*

sentlichen fertig gestellt wurde. Sie ist die **größte mittelalterliche Basilika** Lettlands außerhalb von Riga. Mit der dortigen Petrikirche hat sie gemeinsam, dass auch ihr Turm im 17. Jahrhundert einmal eingestürzt ist und danach neu aufgebaut werden musste. 1853 wurde er nochmals aufgestockt und mit einem spitzen Helm versehen; erst dies verlieh ihm seine neogotischen Züge. Im Turminneren beachte man, falls eine Besichtigung möglich ist, das mit stilisierten Tierfiguren geschmückte Portal. An der südlichen Ecke des Bauwerks befindet sich eine **Sonnenuhr**. Der Kirchenraum wirkt seit einer Erweiterung des Chors im frühen 15. Jahrhundert recht lang; der Gewölbekrümmungsgrad über dem Chor unterscheidet sich bemerkenswert stark von dem in den vier Jochen des Mittelschiffs. Von den Grabmälern verschiedener Ordensmeister und Bischöfe aus dem 15. und 16. Jahrhundert ist das des Bischofs Nidecki hervorhebenswert, der als Liegefigur mit auf den Arm gestütztem Kopf dargestellt wurde. Der **neogotische Altar** stammt aus dem Jahre 1858. Mit der Fertigung des nur unwesentlich jüngeren Altarbildes »Der ans Kreuz Geschlagene« dankte der Este Johann Köler (1826–1899) dem örtlichen Gutsherrn Sievers für dessen Unterstützung bei der Finanzierung seiner Ausbildung.

Das am besten erhaltene ältere Wohngebäude im Stadtzentrum steht nahe der Kirche an der einstigen Hauptstraße, der **Rīgas iela**; gemeint ist das Haus mit der Nr. 16, das 1788 mit zeitgemäßem spätbarockem und frühklassizistischem Dekor erbaut wurde. Die gegenüberliegende Nr. 15 bot, was den Erhaltungszustand betrifft, zuletzt leider ein Beispiel für das krasse Gegenteil und wurde inzwischen bis auf den Sockel abgebrochen; denn die Tatsache, dass es sich um eines der letzten hölzernen Bürgerhäuser mit Pilasterschmuck handelte, die es in Lettland noch gab, änderte nichts an der akuten Baufälligkeit. Ob es zu einer originalgetreuen Rekonstruktion kommt, bleibt abzuwarten.

Das Haus Rīgas iela 7 wurde 1767 errichtet; von 1861 an diente es der Stadt lange als **Rathaus**. Am Obergeschoss zeugt ein Stadtwappen von dieser Nutzung. Haus Nr. 24 ist das älteste erhaltene Wohngebäude der Stadt. Es wurde so restauriert, dass Teile des ursprünglichen Mauerwerks freigelegt sowie die Stellen nicht mehr vorhandener Fenster durch Anmalung gekennzeichnet sind. Die etwaige Überlegung, Fenster aus späterer Zeit, die nicht in Einklang mit der Fassadengliederung stehen, wieder zuzumauern, erübrigte sich so.

Am oberen Ende der Vaļņu iela ist eine ansatzweise Rekonstruktion der **Stadtmauer** erfolgt. Zwischen den Querstraßen Kases iela und Ūdens iela begleiten sogar im Original erhaltene mittelalterliche Mauerreste diese Straße. Weitere Überbleibsel erkennt man im Bereich des Līvu kalns, wo Palasta, Gaujas und Rīgas iela zusammentreffen.

Lohnende **Wanderziele**, die man sogar direkt von Cēsis nach jeweils gut zwei Stunden Fußmarsch erreichen kann, sind der Burgberg Kvēpene, rund 6 km (Luftlinie) südwestlich des Stadtkerns am rechten Gauja-Ufer gelegen, sowie die beeindruckenden Ērgļu bzw. **Ērģeļu klintis** (je nach Lautung *Adler-* oder *Orgelfelsen*). Letztere bilden die am stärksten monolithische Felswand Lettlands und erstrecken sich genau nördlich von Cēsis entlang der Gauja. Eine wesentlich kürzere mögliche Wanderung führt zu der Schlucht Vintergrava und dann immer dem Flüsschen Vinterupīte folgend zu dem Hof »Siļķes«, von dem Kārlis Jansons (1896–1986), der ursprüngliche Schöpfer der Befreiungsdenkmäler in Jelgava und Rēzekne, stammt. Beide Denkmäler sind auch hier entstanden. Cēsis selbst besitzt freilich ebenfalls Skulpturen von Jansons, darunter die Figur der kniend trauernden Mutter vor dem Waldfriedhof im Norden der Stadt. – Der dem Jansons-Hof wesentlich näher gelegene so genannte **Türkenfriedhof** (lett. »Turku kapi«) im Zuge der Gaujas iela ist eine Begräbnisstätte für Türken, die sich als Kriegsgefangene des russisch-osmanischen Krieges von 1877/78 relativ frei in Wenden/Cēsis bewegen durften, bis eine ansteckende Krankheit unter ihnen ausbrach. Dieser erlagen über 20 von ihnen.

Geht man über die Gauja-Brücke im Zuge der Straße nach Limbaži weiter ans rechte Flussufer, so gelangt man an dem ehemaligen **Wirtshaus Raiskuma krogs** vorbei zu den so genannten Roten Felsen (lett. »Sarkanās klintis«), aus denen eine Quelle hervorsprudelt. In der südwestlichen Ecke des Stadtgebietes, bei dem Sanatorium »Cīrulīši«, liegen unterdessen mehrere **Ski- und Snowboard-Abhänge** – was nicht heißt, dass Sommerurlaubern dort nicht ebenfalls dies und das geboten würde: Um die 18.000 kamen in den 1970er und 1980er Jahren aus der ganzen UdSSR Saison für Saison nach Cīrulīši.

Umgebung

Die Seefestung von Āraiši

7 km südlich von Cēsis bietet das kleine Dorf **Āraiši** (Arrasch) mindestens vier nennenswerte Sehenswürdigkeiten auf engem Raum. Die sicherlich bedeutendste davon ist eine **altlettische Inselburg** aus dem 9.

➢ *Altlettische Seefestung in Āraiši*

Jahrhundert bzw. deren möglichst originalgetreue **Rekonstruktion**, an der in den vergangenen Jahrzehnten mit Eifer gearbeitet wurde. Bei der Errichtung der Holzhäuser inmitten des Sees werden spezifische Bauverfahren nachgeahmt, die die Archäologen hier in Āraiši erstmals überhaupt in dieser Form vorfanden. Als Graf Karl Georg von Sievers 1876, rund ein Jahrtausend nach Entstehung der Anlage, ihre Reste aufspürte, machte er somit eine Entdeckung von siedlungshistorischem Stellenwert über das Baltikum hinaus. Mit dem Ufer war die hölzerne Festung offenbar über einen Damm verbunden.

Beinahe nur einen Steinwurf von ihr entfernt sind am Seeufer die **Überreste eines Ordenskastells** zu besichtigen, die teils ebenfalls erst durch Grabungen freigelegt wurden. Die Außenmauern dieses Kastells orientieren sich in ihrem Verlauf genau an den Himmelsrichtungen. Besonders von hier aus gut sichtbar, ragt gegenüber Āraišis **Kirchturm** über den See. Die Ursprünge der Kirche reichen, auch wenn sie ihr heutiges Aussehen erst 1793 erhielt, bis ins 13. Jahrhundert zurück. Zumindest ein erster Vorgängerbau ist mit der stolz über ihrem Eingang prangenden Jahreszahl 1225 insofern korrekt datiert. In den 1790er Jahren entstand auch der nahe gelegene **Pfarrhof**.

Den schönsten Blick in Richtung Kirche und über die malerische Umgebung von Āraiši hat man von einer **Windmühle** aus, die sich an der höchsten Stelle des Dorfes erhebt. Windmühle und Müllershaus stammen aus der Mitte des 19. Jahrhunderts. Zieht man den Radius um Āraiši noch etwas weiter, so bleibt als eine fünfte Sehenswürdigkeit der Gutskomplex von **Drabeši** (Drobbusch) zu erwähnen. Etwas südwestlich von Drabeši an der Fernstraße nach Riga liegt der einstige **Gasthof von Vāvere** mit seinen symmetrisch angefügten Scheunen zum Unterstellen von Kutschen. Das Ensemble zählt zu den schützenswertesten Baudenkmälern seiner Art; denn von den über 1900 Landkrügen, die es in Livland einst gab, sind nur wenige derart authentisch erhalten (was für Vāvere leider keine Aussage über den derzeitigen Zustand bedeutet).

Der Zvārtas-Felsen und das Tal der Amata

Kaum ein anderer Nebenfluss der Gauja schlängelt sich durch ein so überaus reizvolles Tal und erreicht dabei eine derartige Fließgeschwindigkeit wie die **Amata** (Ammat). An ihrem Unterlauf erhebt sich der Zvārtas iezis, eine der schönsten **Gesteinsformationen** Lettlands. In den 1930er Jahren wurde das Bett der Amata hier eigens ein wenig begradigt, damit das schnell fließende Wasser nicht mehr an dem Felsen nagen kann. Man erreicht ihn, indem man das knapp 10 km südlich von Cēsis gelegene Örtchen Kārļi ansteuert und von dort in Richtung Līgatne weiterfährt, bis ein nach links zeigendes Schild das letzte Stück des Weges weist. Denn der Zvārtas-Felsen ist eine der wenigen Sandsteinformationen im Gauja-Nationalpark, die auch Autotouristen unmittelbar zugänglich gemacht wurden.

Wer durch und durch Naturliebhaber ist, bringt vielleicht aber auch

➢ *Das Tal der Amata mit dem Zvārtas-Felsen*

Zeit für einen längeren Ausflug entlang der Amata mit und beginnt diesen spätestens an der Brücke nahe Kārļi, wenn nicht sogar schon in **Melturi** an der Fernstraße A2. Nach Melturi kann man von Cēsis aus leicht mit dem Bus gelangen. Auf der Strecke von Līgatne über Kārļi nach Cēsis verkehren ebenfalls Busse, sodass, wenn der Endpunkt einer Wanderung etwa die Brücke bei dem Hof Veclauči sein soll, auch Aussicht auf einen bequemen Rücktransport besteht. Ab Melturi verläuft der Pfad zunächst auf dem linken Flussufer. Es sind bereits erste Sandsteinwände zu sehen; und unterhalb eines alten Wasserkraftwerks bietet sich das Amata-Tal als regelrechte **Schlucht** dar. Bei der Brücke südlich von **Kārļi** (Karlsruhe) und der imposanten Steilwand Ainavu krauja weitet es sich wieder. Ein 1932 in diesem Bereich angelegter **Fischzuchtbetrieb** bemüht sich derzeit sehr, die hiesige Lachspopulation wieder zu steigern. Den Weg zum **Zvārtas-Felsen**, dem landschaftlichen Höhepunkt der Wanderung, kann man abkürzen, indem man ab jetzt rechts der Amata bleibt und für einige Kilometer nicht unmittelbar ihrem Lauf folgt. In einer an dem Parkplatz nahe dem Fels eingerichteten Informationsstelle wird einem gern bei der Entscheidung geholfen, bis wohin und über welche Wege man die Tour jetzt noch fortsetzen soll. Hier wie andernorts im Gauja-Nationalpark finden sich vorbildlich angelegte Plätze zum Picknicken und Zelten; wer sich ein maximales Marschpensum vornimmt, für den ist vielleicht auch dies von Interesse. Wie das Tal der Gauja ungefähr auf Höhe der Mündung der Amata aussieht, erschließt sich Autourlaubern unterdessen über einen in die Nähe der **Felswand Ķūķu iezis** führenden Stichweg, der von der Straße nach Līgatne abzweigt. Vom Ende dieser Zufahrt hat man keinen allzu weiten Fußweg mehr vor sich.

Līgatne

Das genau zwischen Cēsis und Sigulda und damit im Zentrum des Gauja-Nationalparks gelegene **Līgatne** (Ligat) verdankt seine Entstehung einer Anfang des 19. Jahrhunderts gegründeten und danach mehrfach vergrößerten **Papierfabrik**. Die Existenz von Papiermühlen lässt sich hier sogar bis ins 17. Jahrhundert zurückverfolgen. Noch im frühen 20. Jahrhundert nannte man den Bereich des heutigen 1500-Einwohner-Städtchens Līgatne nur »Ligat Papierfabrik« und verstand unter »Ligat« das jetzige Augšlīgatne.

Ein Touristenmagnet innerhalb des Gauja-Nationalparks sind die **Naturpfade** von Līgatne (lett. »Līgatnes dabas takas«) – zu Fuß zu erkundende wie auch einer, der für Autos zugelassen ist. Über ihren genauen Verlauf und die an ihnen gelegenen **Aussichtspunkte** kann man sich in einem Besucherzentrum nahe dem Gauja-Ufer vorab informieren. Die Pfade wurden mit der Intention eingerichtet, jedem, der an der **Tierwelt** des Nationalparks interessiert ist, zu ermöglichen, die in den hiesigen Wäldern beheimateten Tiere wie Auerochsen, Wildschweine, Rehe und Bären einmal aus relativer Nähe zu sehen. Kurz hinter der Stelle, an der der Eintritt in das riesige Wildgehege kassiert wird, säumt eine Felswand namens Jumpravu iezis (wörtlich »Jungfrauenfels«) das Südufer der Gauja. Zu Blicken auf verschiedene am Nordufer gelegene Felswände laden Wanderwege, die im Bereich des Besucherzentrums von der Autostrecke abzweigen, ein.

Als eine touristische Attraktion gilt auch die altertümliche **Fähre**, die bei Līgatne die Gauja quert. Sie ist aus zwei parallel platzierten Holzbooten konstruiert, die durch eine über den Fluss gespannte Trosse daran gehindert sind, mit der Flut abzutreiben, zugleich jedoch deren Kraft nutzen. Bei der Fähre handelt es sich allerdings nicht um das Einzige, was an Līgatne lettlandweit einzigartig ist. Vielmehr gehört dazu auch die Art, wie die bis mitten in den Ort reichenden Sandsteinfelsen mit künstlichen **Grotten** durchlöchert sind. Ursprünglich zumeist als **Vorratskammern** angelegt, sind diese unterschiedlich langen Gänge inzwischen teils funktionslos, teils aber sogar zu Unterstellplätzen für Fahrzeuge geworden. Zwei Gründe sollten einen daran hindern, die kleinen Höhlen beliebig zu betreten: zum einen der Umstand, dass die meisten Privateigentum sind, sowie von Oktober bis April die zusätzliche Besonderheit, dass sie einen dringend zu schützenden Überwinterungsort für **Fledermäuse** bilden.

Rauna

Die Landstraße von Cēsis ins 20 km östlich gelegene **Rauna** (Ronneburg), die streckenweise mächtige Alleebäume säumen, schlängelt sich durch beschauliches Hügelland. Um Rauna ragen schließlich mehrere Burgberge auf, von denen einer sich als archäologisch außerordentlich ergiebig erwiesen und Spuren sowohl von baltischer als auch von noch früherer finno-ugrischer Besiedlung zutage gebracht hat. Im Falle des »Tanīsa pilskalns« nahe dem Ortskern steht fest, dass seine Vergangenheit bis in vorchristliche Jahrhunderte reicht.

Die Mitte Raunas, das ab 1590 eine Zeit lang (im Gegensatz zu heute) Stadtrechte genoss, duckt sich zwischen mehrere Hügel. Der im ausgehenden 13. Jahrhundert begonnenen **Kirche** verleiht ein weit ausgreifendes südliches Querschiff einen ungewöhnlichen Grundriss. Kunstgeschichtlich bedeutsam machen sie zwei **Reliefs** aus dem 14. bzw. 16. Jahrhundert: eine Kreuzigungsszene über dem südlichen sowie eine Darstellung Adams und Evas über dem westlichen Portal.

Plastischer Dekor von erstaunlichem Niveau zeichnete auch die **erzbischöfliche Burg** oberhalb Raunas aus, von der noch vergleichsweise stattliche Reste – im Wesentlichen vier parallele Außenwände der Hauptburg – zu sehen sind. Sie wurde im Ersten Nordischen Krieg (1655–1660) schwer in Mitleidenschaft gezogen, nachdem sie den Livländischen Krieg (1558–1583) noch leidlich überstanden hatte. Vor dessen Ausbruch hatte sie den Rigaer Erzbischöfen während der Wintermonate eines jeden Jahres als Residenz gedient.

Auf halber Höhe zwischen Kirche und Bischofsburg findet man eines der künstlerisch wertvollsten Denkmäler zu Ehren der Toten des Ersten Weltkriegs, die Lettland besitzt. Schöpfer des eigenwilligen Steins, an den sich reliefähnlich ein Kokle-Spieler lehnt und auf dessen Sockel die Anfangsworte der lettischen **Hymne** stehen, ist Kārlis Zemdega (1894–1963).

Über eine Natursehenswürdigkeit verfügt Rauna in Gestalt des **»Raunas Staburags«** am Flüsschen Rauna. In die Nähe der sensiblen Gesteinsformation, die durch austretendes Quellwasser stetiger Veränderung ausgesetzt ist, darf man um ihres Schutzes willen nur am gegenüberliegenden Ufer vorstoßen; hier allerdings finden Besucher einen eigens angelegten Parkplatz im Zuge der Miera iela, einer Nebenstraße der Cēsu iela.

Ein Ausflug von Cēsis nach Rauna lässt sich gut abrunden, indem man für den Rückweg nicht wieder die direkteste Strecke wählt, so landschaftlich reizvoll sie auch ist, sondern entweder über Liepa oder über Bērzkrogs zurückfährt. **Liepa** (Lindenhof), das unter Geologen 1970 durch bis dahin einzigartige **Fossilienfunde** im nahen Lehmbruch von Lode (Lohde) von sich reden gemacht hat, besitzt daneben ein **Höhlensystem** namens »Lielā ellīte«. Ein wenig widerspricht diese Benennung sich selbst, denn »ellīte« ist die Verkleinerungsform des lettischen Wortes für *Hölle*; das davor gestellte Adjektiv bedeutet jedoch *groß*. Fotogen sind an dieser Natursehenswürdigkeit einige vor dem eigentlichen Höhleneingang befindliche freie Sandsteinbögen.

Unweit östlich von Liepa liegt der Hof »Kalāči«, Ort des Lebens und Schaffens des Dichters **Eduards Veidenbaums** (1867–1892) und heute naheliegenderweise ein Museum. Die Eisenbahnbrücke über den Fluss Rauna – dort, wo auch die Straße von Valmiera über Liepa nach Cēsis diesen Fluss überquert, gut sichtbar – ist das höchste derartige Brückenbauwerk im baltischen Schienenverkehrsnetz.

Entscheidet man sich für den anderen Alternativrückweg, so passiert man mit **Bērzkrogs** einen Ort, dessen Lage an einer Wegkreuzung einst nicht nur wie geschaffen für einen großen **Gasthof** war, sondern der sogar insgesamt den Namen dieses (noch heute bewirtschafteten) Gasthofs angenommen hat; »krogs« ist nämlich die lettisierte Form des Wortes *Krug*. Das Herrenhaus im nahen **Veselava** (Wesselshof) wurde in den 1840er Jahren auf einer ringsum von einem Wassergraben umgebenen Insel errichtet, so als habe der Gutsherr sich wie auf einer mittelalterlichen Burg fühlen wollen.

Cesvaine

Ist man zwischen den Kreisstädten Madona und Gulbene unterwegs, so lohnt es sich, einen Halt in **Cesvaine** (Seßwegen) einzulegen, dem Geburtsort des deutschen Dramatikers Jakob Michael Reinhold Lenz (1751–1792). 1209 erstmals erwähnt, gehörte der Ort im Mittelalter zum Territorium der Rigaer Erzbischöfe. Minimale Reste ihrer hiesigen Burg aus dem 14. Jahrhundert findet man in einem 36 Hektar großen Landschaftspark hinter der Hauptsehenswürdigkeit Cesvaines – dem um 1896 nach Vorlagen der Architekten Hans Grisebach und August Dinklage errichteten eklektizistischen **Schloss**. Ihm sind vorerst leider noch deutlich die Spuren eines Brandes im Dezember 2002 anzusehen; seine dabei verloren gegangenen, viel zur Gesamtwirkung beitragenden Dächer sollen jedoch wiederhergestellt werden, sobald Mittel dafür bereitstehen.
In Auftrag gab diesen eigenwilligen Bau Adolf von Wulf, damals einer der betuchtesten baltischen Gutsbesitzer. Der Berliner Hans Grisebach konnte bei dem Projekt seine Hinwendung zur **Weserrenaissance** voll ausleben, wie sich vor allem an der Giebelfläche zeigt, welche zusammen mit dem runden Turm die Rückfront dominiert. In die vorherrschenden Anklänge an Renaissance und Gotik mischen sich **Jugendstileinflüsse**; den Haupteingang mit den daneben befindlichen Fensterreihen mag man als Imitation romanischer Sakralbauten verstehen. Vornehmliches Charakteristikum in der äußeren Erscheinung des Schlosses ist, dass sämtliche Fassaden aus groben Granitblöcken bestehen. Mit der damit (trotz im Einzelnen unterschiedlicher Behauung dieser Steine) verbundenen Einheitlichkeit kontrastiert effektvoll die völlige Ungleichheit insbesondere der beiden Seitenflügel. Diese stehen übrigens nicht exakt parallel zueinander; nur der für die Bediensteten vorgesehene bildet mit dem Hauptflügel einen rechten Winkel. Für die Malereien und Holzschnitzarbeiten im Inneren des zuletzt als Schule genutzten Prunkbaus wählte man vorwiegend **Jagdmotive**.
Um einen Komplex von Wirtschaftsgebäuden auf der gegenüberliegenden Straßenseite ebenfalls stattlich erscheinen zu lassen, bediente Grisebach sich wiederum eines ganz anderen Schmuckelements: Ein »Band« in Fachwerkdekor verläuft hier unterhalb der Dachränder.
Einige hundert Meter nordwestlich des Schlosses trifft man auf die mit gleichartig behauenem Gestein verkleidete **Kirche** des 2000-Einwohner-Städtchens. Der neugotische Bau von 1879, ein Werk des Architekten Paul Max Bertschy, wird, da er mit einem Querschiff versehen ist, besonders durch die Ornamentik seiner Giebel bestimmt.

Eine ansprechende Hotelunterkunft bietet sich nur 3 km von Cesvaines Ortsmitte, seit das 1784 errichtete Herrenhaus des Gutes **Graši** (Geistershof) renoviert und zu einem Touristenquartier ausgebaut wurde.

Umgebung

Über Dzelzava nach Lubāna

Gut doppelt so alt wie das Gutsschloss von Cesvaine ist dasjenige im nordöstlich benachbarten **Dzelzava** (Selsau). Unter den Herrenhäusern Lettlands zählt dieser 1767 entstandene Bau mit Mansarddach zu den reizvollsten Vertretern des Barock.

Von Dzelzava sind es 22 km bis **Lubāna** (Lubahn), dem einzigen größeren Ort, den die **Aiviekste** (Ewst) auf ihrem Weg von Lettlands »Binnenmeer«, dem Lubāns (in diesem Buch dem Abschnitt über Rēzekne zugeordnet), bis zu ihrer Mündung bei Pļaviņas durchfließt. 1992 wurden Lubāna mit seinen 1950 Seelen sogar Stadtrechte verliehen, was an seiner Verschlafenheit allerdings wenig geändert hat. Auf halber Strecke zwischen Dzelzava und Lubāna erinnert linker Hand eine Gedenktafel an ein im April 1920 an dieser Stelle verübtes Attentat auf Kārlis Ulmanis, Lettlands bedeutendsten Politiker der Zwischenkriegszeit. Wie die eingravierten Daten zeigen, wurde sie 1939 zum ersten Mal aufgestellt und – zwischenzeitlich beseitigt – am 18. November 1988, dem 70. Jahrestag der Proklamation Lettlands (was auf der Tafel nicht ausdrücklich steht, weil jeder Lette dieses Datum kennt), erneuert.

Steuert man Lubāna statt von Nordwesten von Südwesten an und damit über die einzige durchgehend asphaltierte Straße, die dorthin führt, so kommt man durch die Heimat von **Oskars Kalpaks**, der bis zu seinem tragischen Tod 1919 Anführer der lettischen Freiheitskämpfer nach dem Ersten Weltkrieg war. 5 km vor **Meirāni** (Meiran) liegt rechts dicht am Wegesrand der Friedhof von Visagals (lett. »Visagala kapi«) mit Kalpaks' Grab. 1927 wurde es mit einem bildhauerischen Werk von Kārlis Zāle, dem Schöpfer des Rigaer Freiheitsdenkmals, versehen. Eine weitere skulptural gestaltete Kalpaks-Gedenkstätte, nämlich an der Stelle seines Geburtshauses bei **Liepsalas**, befindet sich 4 km Luftlinie östlich des Friedhofs; erreichbar ist sie jedoch nur von Meirāni aus oder über eine ebenso beschwerliche Nebenstrecke von Südwesten her.

➢ *Cesvaines Schloss vor dem Brand von 2002*

Daugavpils

Etwa 230 km von Riga entfernt liegt ebenfalls an der Daugava (Düna) die mit Abstand größte Stadt, in deren Benennung der Fluss vorkommt: **Daugavpils** (Dünaburg).

Angesichts dieses wohl- und insofern verheißungsvoll klingenden Namens sollte vorweggenommen werden, dass Daugavpils mit 114.000 Einwohnern zwar die zweitgrößte, aber ziemlich sicher nicht die zweitsehenswerteste Stadt Lettlands ist. Es gehört zu den wenigen baltischen Städten, für die es außer einem landessprachlichen und einem deutschen Namen auch noch eine eigene **slawische Namensform** gibt. Diese lautet Dvinsk und wird von den hier lebenden Russen mündlich mitunter verwendet; auf Straßenschildern stand hingegen auch während der sowjetischen Besetzung Lettlands »Daugavpils« – wie alle lettischen Ortsnamen Buchstabe für Buchstabe kyrillisch transkribiert. Offiziell »Dvinsk« hieß das heutige Daugavpils nur von 1893 an für wenige Jahrzehnte. Der Vollständigkeit halber ist schließlich noch ein zweiter russischer Name anzuführen: »Borisoglebsk« taufte Zar Alexej Michailovič die Stadt, als er sich 1656 bereits fest im Besitze Livlands glaubte, es faktisch aber nur für fünf Jahre war.

Die **Keimzelle** von Daugavpils ist an einer ganz anderen Stelle zu suchen als der heutige Kernbereich der Stadt: An einer von diesem rund 20 km entfernten Stelle flussaufwärts, knapp oberhalb der nächsten Flussschleife, wurde 1277 unter Ordensmeister Ernst von Raßburg **die »Dünaburg«** errichtet. Sie verdrängte die Litauerburg Naujinis (lett. Naujene, dt. Nowene) und wurde daher vom litauischen Fürsten Traidenis belagert, jedoch vergeblich. Gefährlicher wurde ihr Großfürst Vytautas (Witowt), der sie zweimal, 1408 und 1418, vorübergehend einnahm – ebenso wie 1481 der moskovitische Großfürst Ivan III. Der livländische Ordensmeister Gotthard Kettler, der zugleich letzter Komtur der Dünaburg war, veräußerte sie 1559 an Sigismund II. August von Polen. Sie bildete daraufhin ab 1566 den Verwaltungssitz des von Polen-Litauen abhängigen so genannten »überdünaischen Herzogtums«, über das wiederum 1577 Ivan IV. (der Schreckliche) herfiel. An der Stelle, an die die Bewohner der Burgsiedlung vor den Truppen Ivans geflohen waren, gründete Polenkönig **Stephan Báthory** schließlich im Jahre 1582 eine Stadt, der er Magdeburger Recht verlieh.

Als das südwestwärts verlegte Dünaburg 1772 bei der ersten Teilung Polens an Russland gelangte, waren die neuen Machthaber schnell mit Plänen für einen gewaltigen **Festungskomplex** bei der Hand, der ab 1810 auch tatsächlich Gestalt annahm, zu spät allerdings, um 1812 im Krieg gegen Napoleon bereits eine besondere Rolle zu spielen. Die ersten Bauten wurden im Gegenteil erheblich beschädigt. Der Festung mussten zuvor viele Häuser Platz machen; für sie wurde in einem rautenähnlich zugeschnittenen Bebauungsgebiet zwischen den Daugava-Ufern und dem heutigen Bahnhof Ersatz geschaffen. In gewisser Weise erlebte die Stadt damit bereits ihre zweite **Verlegung**. Auf ihre damalige Zerstückelung, den Versuch, aus dem Nichts eine neue Stadtmitte entstehen zu lassen, sowie darüber hinaus auf raschen Bevölkerungszuwachs ist es zurückzuführen, wenn sich auf dem heutigen Stadtplan von

➢ *Lettlands zweitgrößte Stadt: Daugavpils*

Daugavpils gar kein allzu eindeutiges Zentrum ausmachen lässt. Der nicht ganz so zerfaserte Stadtteil **Grīva** (Griwa-Semgallen) am linken Daugava-Ufer war bis 1956 eine selbständige Stadt; in der Zwischenkriegszeit gehörte Grīva zum Kreis Ilūkste. Trennend wirken sich außerdem die fünf in Daugavpils aufeinander treffenden **Eisenbahnlinien** aus, die einst innerhalb von nur 13 Jahren eine nach der anderen fertig gestellt wurden: Schon ab 1860 verkehrten Züge nach Sankt Petersburg; als Letzte kam die Verbindung nach Šiauliai im heutigen Litauen hinzu. Schwere Luftangriffe im Zweiten Weltkrieg waren nach dem Aufstieg zu einem derartigen Verkehrsknotenpunkt die beinahe logische Folge.

In der Sowjetzeit oblag einem Werk in Daugavpils die Wartung sämtlicher Lokomotiven der Eisenbahnbetriebe der UdSSR. Dass dieses Werk nach der politischen Wende ebenso wenig wie die hiesige **Chemiefaserfabrik**, die jahrzehntelang auf Übererfüllung von Planvorgaben stolz gewesen war, mit voller Auslastung weiterarbeiten konnte, wurde den Regierenden in Riga gern als Gleichgültigkeit gegenüber der »Russenstadt« Daugavpils ausgelegt. Der Anteil der Letten an der Einwohnerschaft hat sich zwar auch hier gegenüber beispielsweise 1897, als er nicht einmal 2% betrug, heute annähernd verzehnfacht; in der absoluten Mehrheit befinden sich aber noch immer russischsprachige Bewohner. Erheblich höher als in jeder anderen Stadt Lettlands ist in Daugavpils daneben der prozentuale Anteil der **Polen**. Mit Blick auf diese Verhältnisse hieß es in den 1990er Jahren mitunter sarkastisch, Lettland würde der Stadt Daugavpils, wenn sie von heute auf morgen eine russische Enklave wäre, keine Träne nachweinen; ausschließlich strategische Gründe sprächen dagegen, sie zu verschenken. Als Lettlands Bevölkerung im September

➢ *Gutshaus Vecsaliena – südöstlich von Daugavpils unweit der Grenze zu Weißrussland gelegen*

2003 über den Beitritt zur EU abstimmte, ergab sich in und um Daugavpils eine Mehrheit dagegen - anders als überall sonst im Lande.
Ein im Baltikum einzigartiges Architekturdenkmal bildet die 1833 eingeweihte, wenngleich erst 1878 endgültig fertig gestellte Festung nahe dem rechten Daugava-Ufer, eine Art **Stadt in der Stadt**. Gegen die Möglichkeit, sie heutzutage, nach dem Abzug der Roten Armee, als Sehenswürdigkeit zu vermarkten, spricht ihr insgesamt schlechter Zustand. Kaum erwünscht fühlt man sich als Tourist schon deshalb, weil um die Einfahrt zu dem ovalen Komplex nirgends ein ausgebauter Parkplatz zu finden ist. Im Inneren umschließen einheitlich-schlicht nach Art des Spätklassizismus gestaltete Gebäude - zwei- bis dreigeschossige Kasernentrakte, Offizierswohnheime, Arsenale und ein Spital - einen zentralen Paradeplatz; die **Außenanlagen aus Bastionen und Kasematten**, für Besucher letztlich das Beeindruckendste, setzen sich am gegenüberliegenden Ufer noch mit einer Brückenkopffestung fort. Eine 1746-1769 errichtete zweitürmige Jesuitenkirche, die in die Festung integriert und dabei zu einer orthodoxen Kirche umgewidmet worden war, wurde 1944 zerbombt, womit Daugavpils sein prächtigstes Gotteshaus verlor.
Unter den noch vorhandenen Sakralbauten von Daugavpils ist die überkuppelte Kirche **St. Peter** interessant, die 1838-1848 errichtet wurde und unverkennbar eine - wenn auch recht bescheidene - **Kopie des Petersdoms** in Rom darstellt. In der Sowjetzeit geriet sie in den Schatten eines vielgeschossigen Hotels, das seine sozialistische Kühle inzwischen gegen zeitgemäßen Standard eingetauscht hat. 2003, auf dem Höhepunkt seines radikalen Umbaus, sah man durch das bloße Gerippe hindurch, das von ihm geblieben war, für kurze Zeit wieder die Peterskirche auch von entfernteren Standpunkten; denn südwestlich der beiden Gebäude ist durch-

gehend bis kurz vor die Daugava ein Streifen in der Breite eines Häuserblocks als Grünanlage aus dem Bebauungsraster ausgespart. Ganz im Südwesten wurde die Begrünung schon vor über einem Jahrhundert vorgenommen. Neben diesem Abschnitt des Parks befindet sich seit 1959 auch das **Stadt- und Kunstmuseum** von Daugavpils, untergebracht in einem ungewöhnlichen Jugendstilbau. Drei Häuserblocks davor, noch in Nachbarschaft des Hotelhochhauses, kommt man am **»Haus der Einheit«** (lett. »Vienības nams«) von 1937 vorbei, einem Prestigeprojekt der lettischen Regierenden jener Zeit. Es sollte Einrichtungen wie Kaufhaus, Restaurants, Vereinsräume und Theater unter einem Dach bündeln, was in etwa auch der heutigen Nutzungsmischung entspricht. Entscheidend für die Bewahrung der Ursprungskonzeption bis in die Gegenwart war die Wiedereröffnung des Staatstheaters von Daugavpils 1988. Wechselt man von der Rīgas iela auf die Parallelstraße Saules iela, so sieht man hier und da weitere **Jugendstilhäuser** sowie an der Kreuzung der Saules mit der Cietokšņa iela zudem die frühere **Synagoge** der Stadt.
Eine größere Sakralbautendichte als die Gegend um St. Petri, Haus der Einheit usw., die heute als Stadtmitte gilt, weist das östlich von dort gelegene Viertel jenseits der Bahnlinien auf. Beiderseits der 18. novembra iela stehen hier nahe beieinander **vier Kirchen**, darunter zwei orthodoxe. Zunächst ist links die prächtige **Boris-und-Gleb-Kathedrale** aus dem Jahre 1905 zu sehen, dann rechts die 1987 ausgebrannte, inzwischen aber wieder hergerichtete lutherische Kirche der Stadt. Das Feuer sorgte für einen Wendepunkt in der Nutzung des neugotischen Backsteinbaus, nachdem in der Sowjetzeit Boxsportler darin trainiert hatten. Schräg hinter der lutherischen Kirche erheben sich die weißen Türme der neobarocken **Muttergotteskirche**, die von vielen Gläubigen aufgesucht wird, weil aus dem Jahr 1854 eine Marienerscheinung überliefert ist. Überquert man im Zuge der A. Pumpura iela, in deren Achse die Muttergotteskirche errichtet wurde, die 18. novembra iela, so gelangt man schließlich noch zur vierten der einander benachbarten Kirchen: der der Altgläubigen. Besagtes Altgläubigengebetshaus – so die wörtliche Übersetzung von »Vecticībnieku lūgšanas nams«, wie es im Lettischen heißt – bereichert seine Umgebung vor allem farblich.
Unter den zahlreichen Vororten von Daugavpils ist **Mežciems** (Waldheim), der westlichste, wohl am schönsten. Ebenfalls im Nordwesten des Stadtgebietes liegt Vizbuļi, an das ein alter Garnisonfriedhof grenzt – besuchenswert wegen der auf ihm befindlichen orthodoxen **Aleksandr-Nevskij-Kirche**, eines Holzbaus von 1897.

Umgebung

Um Līksna – entrümpelte Neugotik und ein Riesenfindling

Nachdem die Vororte von Daugavpils und die angrenzenden Wälder hinter einem liegen, unterbricht ein imposantes Architekturdenkmal des frühen 20. Jahrhunderts die Eintönigkeit der Landschaft beiderseits der Schnellstraße gen Riga. Die **zweitürmige Kirche** von **Līksna** (Lixna), fertig gestellt 1912, ist nicht nur eine besonders junge, sondern wohl auch die optisch bestechendste unter den sehr zahlreichen neogotischen Backsteinkirchen Lettgallens – was sich auf die **Sachlichkeit** zurückführen lässt, mit der der sonst manchmal zu Überladung neigende Stil hier umgesetzt wurde. Bei den hohen Glockenstuhlöffnungen etwa verzichteten die Baumeister auf jegliches Maßwerk und auch auf eine Abtreppung der Bögen, sodass ganz allein die **Spitzbogenform** sich Geltung verschafft und den Betrachter beeindruckt. Angesichts solch starker Reduzierung wirkt es umso origineller, dass winzige Ecktürmchen für den ansonsten ebenfalls nüchternen Dachreiter nicht fehlen durften.

Līksnas nördliche Nachbargemeinde **Nīcgale** (Nitzgall) nennt den größten natürlichen Stein ganz Lettlands ihr Eigen: Gleich einem Brotlaib ragt er mitten im Wald östlich des Ortes aus dem Boden; jeweils rund 10,5 m misst er in der Länge bzw. Breite. Allgemein nennt man ihn den großen Stein von Nīcgale (»Nīcgales Lielais akmens«); für manche ist er jedoch auch Nīcgales *weißer* (»Baltais«) Stein.

Um Višķi und Dubna

Die Umgebung der von der Dubna durchflossenen **Seen** Višķu ezers und Luknas ezers, ein Gebiet, in das man automatisch kommt, wenn man von Daugavpils aus den Wallfahrtsort Aglona ansteuert, ist zum einen naturräumlich interessant: Selbst in die schmale Landbrücke zwischen den beiden Seen bettet sich ein – wenn auch sehr kleiner – weiterer See. Zum anderen bieten die Seeufer ein schönes Spiegelbild dessen, welche **Glaubensvielfalt** in Lettlands Osten vorherrscht: Von Süden erhebt sich äußerst dominant die katholische Kirche von **Višķi** (Wischky), ein durchweg mit Feldsteinen verkleideter Bau von 1908, über die Gegend. Die beiden gegenüber, in **Daniševka**, gelegenen kleinen Kirchen sind, wie man beim Vorbeifahren feststellt, beide orthodox, stünden aber ganz sicher nicht so nahe beieinander, wenn sie ein und derselben Richtung innerhalb der Orthodoxie als Gottesdienstraum dienen würden.

Zu der 1888 errichteten katholischen Kirche von **Ambeļi** ist zu erwähnen, dass sie einen rund ein Jahrhundert älteren, akanthusumrankten Altar besitzt. Auf einen recht ungewöhnlichen katholischen Sakralbau trifft man von Višķi aus in der Gegenrichtung, am Westrand des Dorfes **Dubna**. Die **Holzkapelle** aus der Zeit um 1800 zeichnet sich nicht nur durch ihren achteckigen Zuschnitt aus, sondern mindestens ebenso sehr durch die gotischen Formen ihrer Fenster.

Zwischen Daugavpils und Krāslava

Möchte man, nachdem man Daugavpils kennen gelernt hat, auch die Nachbarkreisstadt Krāslava ansteuern, so hat man von einem entsprechenden Tagesausflug das meiste, wenn man die Hinfahrt auf der einen und die Rückfahrt auf der anderen Seite des Flusses Daugava zurücklegt. Ist der Weg von Daugavpils nach Krāslava (oder umgekehrt) hingegen

Teil einer größeren Rundreise und somit kein Rückweg einzuplanen, so fällt eine eindeutige Empfehlung, welche Strecke die lohnendere sein dürfte, schwer.

Die kürzeste und am weitesten asphaltierte Strecke auf der Südseite führt über **Červonka**, einen jener Orte im Südosten Lettlands, für die ein Name mit slawischem Ursprung gebräuchlich geworden ist, obwohl es auch einen lettischsprachigen Parallelnamen gibt. Dieser lautet im Falle Červonkas **Vecsaliena** (Alt-Sallensee). Auf Landkarten von Lettland findet man meist den Namen Červonka; auf manchen steht an derselben Stelle aber auch einfach nur »Vecsaliena«. Beachtung verdient das dortige **Herrenhaus**, egal, mit welchem der beiden Namen man es bezeichnen will. Es stammt von 1870 und damit aus einer Zeit, in der die Neogotik, nachdem sie bereits seit den 1830er Jahren an baltischen Gutshäusern erprobt worden war, überhaupt erst den Höhepunkt ihrer Popularität erreichte.

Statt die kürzeste Strecke von Daugavpils nach Červonka zu benutzen, kann man alternativ auch unmittelbarer in Flussnähe bleiben und zunächst bis zur Kirche von **Elerne** fahren. 1650 als lutherisches Gotteshaus – und als eines der östlichsten im damaligen Herzogtum Kurland und Semgallen – erbaut, fiel sie erst später an eine katholische Gemeinde. Man befindet sich, wenn man die Kirche erreicht, bereits nahe dem **Naturpark »Düna-Bögen«** (lett. »Daugavas loki«). Dessen Gründung wurde 1990 zum Schlusspunkt der Verhinderung von Plänen, die Daugava hier noch ein viertes Mal innerhalb Lettlands zu stauen. Zusätzlich zu den drei Stauwerken (teils aus der Zwischenkriegs- und teils aus der Sowjetzeit), die flussabwärts schon existieren, sollte bei Elerne ab 1979 diese vierte Staumauer entstehen; und da die Arbeiten erst 1987 endgültig eingestellt wurden, haben sie unweit östlich der Kirche gut sichtbare Spuren hinterlassen.

Besagter Naturpark »Düna-Bögen« rund um die **Flussschleifen** zwischen Daugavpils und Krāslava ist freilich besser noch von der Fernstraße A6 am Nordufer her erschlossen. Auf die ungewöhnlichste Attraktion der Gegend trifft man dort, indem man in der Gemeinde **Naujene** (Malinowka) zu der mit Feldsteinblöcken verkleideten Kirche von **Juzefova** (Josefowo), einem 1934 begonnenen zweitürmigen Bau, abbiegt sowie wenig später auch diese Straße noch einmal nach rechts verlässt: Der Weg endet an einem **Modell der Burg Dünaburg** (lett. »Dinaburgas pils makets«), die sich genau drei Jahrhunderte lang – von 1277 bis zu ihrer Zerstörung durch Moskauer Truppen im Jahre 1577 – an dieser Stelle befunden hat. Erst dadurch, dass für ihre Nachfolgebauten ein anderer Ort gewählt wurde, entstand südwestlich von hier die spätere Stadt Dünaburg/Daugavpils.

Eine weitere kulturelle Sehenswürdigkeit innerhalb des Naturparks bietet das **Freilichtmuseum »Slutišku sādža«**, das typische Bauweisen und die Lebenswelt von Altgläubigen in dieser Gegend veranschaulicht – von Orthodoxen also, die sich im 17. Jahrhundert religiösen Neuerungen im damaligen Russland entzogen und die seinerzeit abwanderten, um der ihnen fortan drohenden Verfolgung zu entgehen. Südlich des Museums säumt am rechten wie auch am linken Ufer jeweils eine beeindruckende **Steilwand** das Flussbett, das hier somit eine seiner engsten Stellen auf dem weiten Weg der Düna bzw. Daugava von Russland zur Ostsee erreicht. In diesen Bereich kann man allerdings nur zu Fuß vorstoßen; wer als reiner Autotourist einen der »Düna-Bögen« möglichst weit überblicken will, der ist auf einen **Aussichtsturm** an der nächstunteren der Flussschleifen verwiesen (nahe der Siedlung Vasargeliški genau zwischen Slutiški und Juzefova).

➢ *Im Zentrum von Dobele*

Dobele

Die 11.500 Einwohner zählende Kreisstadt **Dobele** (Doblen) liegt am westlichen Ende der semgallischen Tiefebene. Zur Aussprache des Ortsnamens ist anzumerken, dass bei der lettischen Variante wie gewohnt die erste Silbe betont wird, wohingegen bei der deutschen die zweite Silbe den Akzent trägt.

Die **erste urkundliche Nennung** Dobeles weist in das Jahr 1254, in dem die von Eberhard von Sayn ausgehandelte Aufteilung Semgallens in Bischofs- und Ordensland wirksam wurde. Die dabei erwähnte und dem Orden zugesprochene Semgallerfestung war faktisch allerdings noch gar nicht in die Hände der deutschen Eroberer gelangt; bis es dazu kam, sollten noch dreieinhalb Jahrzehnte vergehen.

Eine wesentliche Bauphase der dann an ihrer Stelle errichteten steinernen Burg begann 1335 unter Ordensmeister Eberhard von Monheim; Doblen/Dobele wurde in jenem Jahr Amtssitz eines Komturs. Eine kleine Händler- und Handwerkersiedlung gegenüber der Burg, am östlichen Ufer der **Bērze** (Berse), bildete etwa ab der Mitte des 14. Jahrhunderts die Vorläufer des heutigen Stadtkerns. Die Zentrumsfunktion Doblens innerhalb der Region bestand auch in der Neuzeit fort; gleichwohl ist der Ort erst seit 1917 im Besitz von Stadtrechten.

Wahrzeichen von Dobele ist der harmonisch gegliederte weiße Turm der lutherischen **Kirche** am Marktplatz. Sie wurde Ende des 15. Jahrhunderts erbaut und verschiedentlich umgestaltet – der Turm zuletzt 1907. Die kunstgeschichtlich bedeutendsten Bestandteile der Innenausstattung wurden zwischen etwa 1700 und 1750 gefertigt: ein manieristisches Epitaph aus der Werkstatt Berend Boddeckers sowie der Grabstein der Anna Dorothea von Tiesenhausen.

Die erwähnte einstige **Ordensfestung** am rechten Flussufer ist - verglichen mit ähnlich alten Anlagen andernorts im Baltikum - in überdurchschnittlichem Umfang erhalten. Noch im 17. Jahrhundert baulich verändert, wurde sie erst im Großen Nordischen Krieg (1700-1721) erstmals ernstlich beschädigt; ein Teil blieb sogar bis 1736 bewohnt. Umfassende Konservierungsmaßnahmen in den letzten Jahren haben ihrem dennoch weit fortgeschrittenen Verfall nunmehr Einhalt geboten. Die unregelmäßig verlaufende Ringmauer umschließt ein relativ großflächiges, in etwa rechteckiges Plateau.

Auf der großen dreieckigen Verkehrsinsel gegenüber, von der die Ruine besonders fotogen ist, würdigt ein ursprünglich von Kārlis Zemdega (1894-1963) skulptiertes und 1940 eingeweihtes **Denkmal**, dessen Original allerdings 1950 beseitigt und erst 1995 von einer zeitgenössischen Künstlerin nachgebildet wurde, die Gefallenen des Ersten Weltkriegs und der anschließenden Freiheitskämpfe. Bereits 1989 wurde auf der Verkehrsinsel ein bildhauerisches Werk im Andenken an die Aufgabe der nahen Semgallerfestung und das Zurückweichen ihrer Verteidiger nach Litauen vor damals genau 700 Jahren enthüllt - wobei es 1989, während der »singenden Revolution« im Baltikum, nicht ohne politischen Symbolgehalt war, an die Gewalt fremder Eindringlinge und den Freiheitswillen eines baltischen Stammes zu erinnern.

Dobeles Heimatmuseum findet man rund 400 m nordwestlich von Kirche und Marktplatz im Bereich zwischen Brīvības iela, Uzvaras iela und Bērze-Ufer. Das am südöstlichen Stadtrand (Graudu iela 1) gelegene **Pēteris-Upītis-Museum** mit Garten (»Pētera Upīša muzejs un daiļdārzs«) ist dem Erbe eines 1976 verstorbenen Kunstgärtners und Fotografen gewidmet.

Im Osten der an Dobele grenzenden Gemeinde **Bērze** (Bershof) wurde dort, wo sich der Geburtshof des mehrmaligen lettischen

➢ *Die frisch renovierte Ruine der Ordensburg Dobele*

Ministerpräsidenten und späteren Staatspräsidenten **Kārlis Ulmanis** (1877-1942) befunden hat, 1993 das **Museum »Pikšas«** eingerichtet. Dem Originalhof nachempfunden, will es die hiesigen Lebensumstände gegen Ende des 19. Jahrhunderts veranschaulichen, aber natürlich auch - durch eine kleine Ausstellung - über Ulmanis als Politiker informieren.

Umgebung

Der Naturpark Tērvete

Zemgale (Semgallen) gilt, da es meist mit seiner Kernregion um Jelgava und Bauska identifiziert wird, als die landschaftlich am we-

➢ *Die Kirche von Kalnamuiža im Naturpark Tērvete, ein für das einstige Herzogtum Kurland sehr typischer Sakralbau*

nigsten interessante unter den vier historischen Provinzen Lettlands. Bereits knapp 30 km südwestlich von Jelgava und gut 15 km südöstlich von Dobele kommt man jedoch in ein Gebiet, in dem ein tief eingeschnittener Flusslauf mit steilen Hängen die landläufige Vorstellung vom Erscheinungsbild dieser Provinz relativiert. Hier liegt die kleine Ortschaft **Tērvete** (Hofzumberge) - einstmals, vor der Christianisierung, **Herrschaftszentrum der Semgaller**. Funde auf dem Burgberg am rechten Tērvete-Ufer, wo **Vesthardus** (in der lettischen Geschichtsschreibung »Viesturs«) und **Nameisis**, so die Namen der einzigen durch Schriftquellen bekannten Anführer jenes Stammes, residierten, deuten auf eine durchaus fürstliche Hofhaltung hin. Archäologen entdeckten bei ihren 1951–1960 durchgeführten Grabungen in Tērvete auch erstmals auf lettischem Boden ein vor der Zeit der Bekehrung zum Christentum angefertigtes Abbild eines Menschen. Über Vesthardus wird berichtet, er selbst habe die Taufe verweigert, jedoch nach 1225 zeitweise einen Missionar in seinem Gebiet geduldet. Nameisis setzte den Ordensrittern, die eine erste, 1259 ausgebrochene semgallische Rebellion erst 1272 hatten ersticken können, schwer zu, indem er 1279 erneut einen Aufstand entfachte und sein altes Machtgefüge aufrichtete. Elf Jahre schwelte diesmal der Widerstand gegen die Fremden. Da Nameisis vor der neuerlichen Unterwerfung der Semgaller nach Litauen weiterzog und somit 1290 nicht unmittelbar besiegt wurde, ist er im späteren Bewusstsein in die Reihe der größten Helden der lettischen Nation aufgestiegen.

Aus der Geschichte der steinernen **Ordensburg**, die 1339 neben dem semgallischen Burgberg errichtet wurde, weiß man insgesamt wenig; als sicher gilt nur, wann sie zerstört wurde, nämlich 1701. Ihre restaurierten Reste sieht man nahe einem früheren Jagdschloss der Grafen von der Pahlen. In deren Besitz kamen die Ländereien um Hofzumberge 1798. Die für die Zerstörung der einstigen Ordensburg verantwortlichen Schweden verschanzten sich seinerzeit auf einem Hügel weiter nordwestlich, der deshalb **»Schwedenberg«** (lett. »Zviedru kalns«) heißt, daneben aber auch die Bezeichnung »Heiliger Berg« (»Svētais kalns«) trägt. Einen weiteren markanten Hügel, den so genannten Klosterkalns, kann man auf der anderen Flussseite erklimmen. Auch auf ihm fanden Archäologen uralte Besiedlungsspuren; dass einmal ein Kloster auf ihm stand, gehört jedoch ins Reich der Legende.

Von den aufgezählten Hügeln bieten sich einige recht **reizvolle Ausblicke**. Die beste Übersicht über das Naturpark-Gelände gewinnt man allerdings, indem man zunächst – gegen eine in einem daneben befindlichen Geschichtsmuseum zu entrichtende Gebühr – den **Aussichtsturm** besteigt, der seit ein paar Jahren Tērvetes Vielfalt an kleineren und größeren Attraktionen komplettiert. Manches ragt indes selbst bei dieser Perspektive kaum aus den dichten Wäldern empor, darunter ein bereits als Baudenkmal registriertes **Tuberkulosesanatorium** am nordöstlichen Talrand. Dass genau in der Gegenrichtung die Rote Armee eine Raketenbasis betrieben hat, kaschieren die vielen hohen Bäume ebenfalls; die Schautafel am nahe gelegenen Parkplatz verschweigt es den Besuchern des Naturparks aber nicht.

Eingeladen sind diese freilich vor allem zum Wandern beiderseits des mit dem Ort gleichnamigen (soweit es die lettische Lautung betrifft) Flusses, der Tērvete (Terwete, Terwitte). Direkt an der Tērvete steht ein Haus, in dem von 1922 bis zu ihrem Lebensende die Kinderbuchautorin **Anna Brigadere** (1861–1933) wohnte. Etliche Gestalten, die in den Erzählungen der beliebten Schriftstellerin eine Rolle spielen, begegnen einem in den Wäldern ringsum als **Holzskulpturen**. Nach einer davon, dem »sprīdītis« (Däumling), trägt das heutige Museum in Anna Brigaderes Haus seinen Namen »Sprīdīši«. Für einheimische Kinder, denen der Riese Lutausis und all die übrigen Wesen ein Begriff sind, wurde in Tērvete mithin eine regelrechte Paradieswelt geschaffen. Die angelegten Spielplätze oder der **»Zwergenwald«** (»Rūķīšu mežs«) weiter nordwestlich begeistern unterdessen auch Altersgenossen, denen noch nie aus einem Brigadere-Buch vorgelesen wurde. Erwähnung verdient noch der »Veco priežu parks«, ein Bereich rechts der Tērvete, in dem einige der ältesten Kiefern Lettlands wachsen.

Kunstgeschichtlich bedeutsam ist die südwestlich der Durchgangsstraße inmitten eines romantischen Friedhofs gelegene **Kirche von Kalnamuiža**. Rechnet man die ersten Jahrzehnte ihres Bestehens, die einer weitgehenden Zerstörung Anfang des 17. Jahrhunderts vorausgingen, mit ein, so handelt es sich um die älteste noch intakte Kirche im gesamten Landesteil Zemgale. Ihren Turm gliedern auf interessante Weise jeweils paarweise in einer Blendnische angeordnete Rundbogenöffnungen. Die wertvollsten Kunstgegenstände der Kirche wurden in die Obhut von Museen in Riga und Rundāle gegeben.

Idyllisches Augstkalne

Noch südlich von Tērvete liegt in wieder ebenerer, wenngleich höher gelegener Umgebung der Ort **Augstkalne** (Grenzhof). Seinen Reiz verdankt er einem seeähnlichen Mühlenteich im Zuge der Svēte (Schwedte), eines im nahen Litauen entspringenden Flusses, der bei Jelgava das Wasser von Tērvete, Auce und Bērze aufnimmt, ehe er selbst in die Lielupe mündet. Am Ufer des Gewässers stehen die 1648 geweihte lutherische Kirche und knapp 100 m davon entfernt das historistische **Herrenhaus** Mežmuiža. Besonderheiten dieses zweigeschossigen Backsteinbaus mit Neorokoko-Interieur sind die vor flach geneigte Dächer gesetzten und daher nur leicht ansteigenden Treppengiebel sowie darüber hinaus die eigenwillige Formung der Fensteröffnungen am Erdgeschoss. 1593 wurde in Augstkalne **Georg Mancelius** geboren, der Verfasser des ersten deutsch-lettischen Wörterbuches. An seinem Nachschlagewerk »Lettisch Vademecum«, das bereits 1631, sieben Jahre vor dem Wörterbuch, erschienen war, orientierte sich die lettische Rechtschreibung bis zu ihrer ersten Reformierung im frühen 20. Jahrhundert.

Gulbene

Gulbene (Schwanenburg) dürfte vor allem Eisenbahnbegeisterten eine Reise wert sein. Interessiert man sich für historische Schienenwege, so wird man sich als Baltikum-Urlauber nämlich kaum den weit und breit einzigen heute noch erlebbaren **Schmalspurbahnverkehr** entgehen lassen wollen. Dieser vollzieht sich zwischen Gulbene und der Nachbarkreisstadt Alūksne auf einem 33 km langen Reststück einer Linie, die von 1903 an Stockmannshof/Pļaviņas mit Walk/Valga verband. Das Bahnhofsgebäude, das man in Gulbene sieht, ist gut zwei Jahrzehnte jünger. Südlich der Bahnstation wuchs nach Eröffnung der Strecke so rasch eine Siedlung heran, dass bereits 1928 Stadtrechte vergeben wurden. In den damals entstandenen Vierteln leben die meisten der heute rund 9600 Einwohner.

Die **Ursprünge** des Ortes liegen etwas südlicher: Genau dort, wo seit 1843 die lutherische Kirche Schwanenburgs bzw. Gulbenes steht, befand sich ab 1340 eine Burg des Rigaer Erzbischofs. Im Schatten der Burg bildeten sich einst so wie neben vielen Burgen Alt-Livlands Ansätze einer Stadt heraus; 1559, in der Anfangsphase des Livländischen Krieges, löschten Moskauer Truppen dieses mittelalterliche Schwanenburg jedoch vollständig aus. Der entsprechende Teil des heutigen Stadtgebietes wird inzwischen seit langem **Vecgulbene** (Alt-Schwanenburg) genannt. Er besteht zum einen aus der erwähnten **Kirche**, bei deren Restaurierung in den 1990er Jahren auf eine Wiederherstellung des im Zweiten Weltkrieg zerstörten Glockenturms verzichtet wurde, vor deren Längsseite jedoch wie in alten Zeiten eine Luther-Statuette wacht. Zum anderen umfasst er einen Komplex aus zwei Mitte des 19. Jahrhunderts nacheinander errichteten Herrenhäusern. In passablem Zustand zeigt sich das wiederholt veränderte **»Rote Schloss«**, während das **»Weiße Schloss«**, das vom Zweiten Weltkrieg stärker betroffen und danach nur noch kurze Zeit bewohnt war, ziemlich heruntergekommen aussieht. In Nebengebäuden der Gutsanlage ist Gulbenes **Geschichts- und Kunstmuseum** angesiedelt. Die Parkanlagen hinter den beiden Herrenhäusern sind für baltische Verhältnisse klein; und so liegt der eigentliche Gutspark auch nicht hier, sondern östlich des heu-

tigen Stadtzentrums. »Spārītes un Emzes parki« nennt man dieses Areal heute, **»Marienpark«** hieß es früher. Leider mangelt es ihm an Pflege. Die Träne, zu der die Insel im »Tränensee« (lett. »Asaru ezers«) geformt ist, könnte Gutsherr Heinrich von Wolff insofern auch heute vergießen. Anlegen ließ er den See und die Insel jedoch anlässlich des Todes seiner Frau.
Im »Gulbju parks« mitten in der Stadt macht unterdessen eine **Schwanenskulptur** nachdrücklich bewusst, dass der lettische Stadtname, so gänzlich anders er klingt, dieselbe Bedeutung wie der deutsche enthält. Das Wort für *Schwan* lautet im Lettischen nämlich »gulbis«.

Umgebung

Das »Märchenschloss« von Stāmeriena und die Dörfer ringsum

Zwischen zwei Seen, dem Stāmerienas und dem Pogas ezers, liegt unweit nordöstlich von Gulbene das romantische Gutsschloss **Stāmeriena** (Stomersee). Es kann sich eines berühmten einstigen Bewohners rühmen, denn in den 1930er Jahren hielt sich hier regelmäßig der italienische Schriftsteller **Giuseppe Tomasi di Lampedusa** (1896–1957) auf, der, auch wenn er nur einen einzigen Roman schrieb, durch diesen weltbekannt wurde. Zu »Il Gattopardo« oder, wie der Roman in der deutschen Übersetzung heißt, **»Der Leopard«**, der Chronik des Niedergangs eines sizilianischen Adelsgeschlechts, mögen Tomasi di Lampedusa während seiner Sommer in Lettland durchaus Anregungen gekommen sein; allerdings kann Stāmeriena nicht auch noch für sich verbuchen, dass das Meisterwerk hier geschrieben worden wäre – es entstand erst in den letzten Lebensjahren des Dichters. Dessen Beziehung zu Stāmeriena ergab sich daraus, dass seine Schwiegermutter das Gut als italienische Witwe eines baltischen Adligen geerbt hatte.
Ein anderer Spross der Gutsbesitzerfamilie von Wolff hatte eine Rus-

➢ *Seeufer bei Stāmeriena*

sin aus dem angesehenen Fürstengeschlecht Potemkin geehelicht. Ihr wurde 1904 die ebenfalls zwischen den beiden Seen befindliche, nahe der Brücke über das verbindende Flüsschen Pogupe (Pohge) aufragende **Aleksandr-Nevskij-Kirche** verehrt. Nach einer Restaurierung erstrahlt diese seit kurzem in erfreulich frischem Glanz.
Vom nahen **Schloss** konnte man um 2003 leider noch nicht dasselbe sagen. Bei seiner Errichtung um 1840 war es ein Repräsentant der frühen **Neugotik**, ehe Umbauten in den 1870er und 1880er Jahren es weitgehend in Formen der französischen **Renaissance** hüllten; weitere Veränderungen ergaben sich, nachdem es im Verlaufe der

Revolution von 1905 in Flammen aufgegangen war. Während der 1908 – deshalb die entsprechende Jahreszahl in der Wetterfahne des Hauptturms – abgeschlossenen Wiederherstellung des ausgebrannten Gebäudes verschaffte sich der **Jugendstil** Geltung, allerdings unter Verwendung einer historistisch-eklektizistischen Ornamentik. In Mischung mit dem, was schon vorhanden war, herausgekommen ist ein Bau, der manchen Besucher an nachempfundene Märchenschlösser in großen Freizeitparks erinnern mag. Dies sei nicht als ästhetisches Werturteil missverstanden; vertraute historische Baustile wurden zwar hemmungslos miteinander kombiniert, ohne dass jedoch das Ergebnis allzu unharmonisch wirkt. Der Ballsaal des Hauses verfügt über eines der reichhaltigsten neoklassizistischen Interieurs, die es in einem Gutshaus in Lettland heute noch gibt.

Wen die baltische Gutshausarchitektur über herausragende Beispiele wie Stāmeriena hinaus intensiv interessiert, der wird vielleicht noch in den Nachbarort **Kalniena** (Kalnemoise) weiterfahren und einen Blick auf dessen zuletzt neoklassizistisch gestaltetes Herrenhaus werfen, einen um die Mitte des 19. Jahrhunderts entstandenen eingeschossigen Mansarddachbau mit zweigeschossigem Mittelrisalit. Eingeschossig und mit Mansarddach präsentiert sich auch das rund ein Jahrhundert ältere Herrenhaus von **Beļava** (Kortenhof). Gut Beļava erreicht man, wenn man über die Kreuzung hinter dem heutigen Ort Stāmeriena geradeaus hinwegfährt, statt nach rechts Richtung Kalniena abzubiegen. Die Wegstrecke ab der Kreuzung beträgt 8 km.

In der Gegenrichtung, also südöstlich von Stāmeriena, liegt **Litene** (Lettin). Einen alten **Gutshof**, übrigens mit fast vollständig erhaltenem Gebäudebestand, gibt es auch hier. Der Name Litene steht allerdings in erster Linie für Verbrechen in der Zeit des Zweiten Weltkriegs, die etwas südlich des Ortes ausgeführt wurden. Nach dem deutschen Überfall auf die Sowjetunion wurden hier im Spätsommer 1941 um die 300 Zivilisten, darunter viele mit jüdischer Abstammung, erschossen. Wenige Monate zuvor hatte in nächster Nähe der Terror Stalins zugeschlagen: Nicht nur die Verschleppung Hunderter Offiziere der lettischen Streitkräfte nach Sibirien erfolgte von hier aus; elf Offiziere wurden sogar unmittelbar auf dem Armeegrundstück, das hier lag, ermordet. An sie erinnern elf weiße Kreuze auf dem **Friedhof** von Litene. Seit 2001 befindet sich dort außerdem ein »Wand der Schmerzen« (lett. »Sāpju siena«) genanntes **Mahnmal**.

Jaungulbene

Ein Gutsensemble mit einem noch vielfältigeren Bestand an Nebengebäuden, als die meisten derartigen Anlagen im Baltikum ihn aufweisen, vor allem aber einem besonders eigenwilligen **Herrenhaus** findet man in **Jaungulbene** (Neu-Schwanenburg), 15 km Luftlinie südwestlich von Gulbene. Von 1806 bis zur Agrarreform nach dem Ersten Weltkrieg gehörte dieser Besitz einem

➢ *Gutsschloss Stāmeriena*

Zweig der Familie von Transehe, deren Wappen als zentrales Motiv auf weißem Hintergrund am Hauptturm des Herrenhauses prangt. Der stetige Bau- und Veränderungseifer, den die Transehes bei diesem Gebäude an den Tag legten, wird von Kunstkennern insofern bedauert, als es sich den Abbildungen von vor 1903 zufolge, die von Neu-Schwanenburg/Jaungulbene existieren, um einen der interessantesten jemals auf Lettlands Boden errichteten Profanbauten neogotischen Stils gehandelt hat. Das, was aus ihm geworden ist, fasziniert indes kaum minder. Von Neogotik bleibt seit gut 100 Jahren nun nichts mehr zu entdecken und auch nichts von der vormals strengen Symmetrie des Bauwerks. Diese wurde – mehr noch als durch die jetzt bunt variierten Dachhöhen, -formen und -neigungen – durch einen hinzugefügten, tendenziell neoromanisch gestalteten seitwärtigen Turm aufgehoben. Letzterer ist vollständig mit dunklen Gesteinsblöcken verkleidet, wie sie an den übrigen Fassaden nur partiell zum Einsatz gekommen sind. Hier wie dort soll das grobe Baumaterial offenbar »nordischen Jugendstil« repräsentieren, ein Eindruck, den das **Jugendstildach des Hauptturms** oder auch, blickt man auf die umliegenden Wirtschaftsgebäude, Fachwerkpartien an einem **Torbau** auf ihre Weise ergänzen.

Beachtung verdient neben den Gebäuden ebenso Jaungulbenes außergewöhnlich weitläufiger **Park** mit entsprechend großem Teich. Für das so bemerkenswerte Herrenhaus fehlt es seit den 1990er Jahren leider an einer passenden Nutzung.

Um Ranka und Lizums

Von den Gutshäusern im Westen des Kreises Gulbene wäre bis 1990 dasjenige von **Ranka** (Ramkau) das erwähnenswerteste gewesen – nicht nur, aber auch nicht zuletzt seiner eigenwilligen Dachkomposition wegen. 1986 und eben 1990 fiel der um 1750 entstandene Bau jedoch Bränden zum Opfer; seitdem existieren von ihm nur noch Außenmauern. Das großzügig gestaltete Gelände ringsum mit seinen Alleen und den teils erhaltenen Wirtschaftsgebäuden vermittelt derweil trotz mäßiger Pflege immer noch viel vom ursprünglichen Charme dieses Gutes. Den Rang, das nach Stāmeriena und Jaungulbene nächstschönste Herrenhaus im Umland von Gulbene zu besitzen, kann man nach den Bränden in Ranka **Lizums** (Lysohn) zusprechen – auch wenn das Ergebnis der neugotischen Umgestaltung, die während der 1860er Jahre an dem Gebäude vorgenommen wurde, nicht unbedingt harmonisch ausgefallen ist. Die meiste Aufmerksamkeit lenkt jedoch ohnehin der wuchtige achteckige Turm an der Nordwestecke auf sich.

Die 1823–1826 erbaute Kirche des Nachbarortes **Tirza** (Tirsen) hält man auf den ersten Blick für klassizistisch und merkt erst dann, dass für diesen Eindruck ganz allein der vollendet griechische Portikus vor ihrem Eingang sorgt. Verlässt man Lizums statt Richtung Tirza nordwärts in Richtung Velēna (Wellan), so weckt die zweimalige Ausschilderung eines **»Gosupes velns«** Neugier, was sich hierhinter verbirgt: »Velns« bedeutet *Teufel*; und ein solcher wurde von einem lokalen Künstler aus einem Fels am Rande des Seitenweges, auf den man abbiegen muss, herausgemeißelt. Viel versprechend ausgeschildert ist ab Velēna und ab Sinole (Sinohlen) auch **Mālumuiža** (Mahlenhof), ein Gutsdorf in – wie das Namenselement »māls« verrät – lehmbodenreicher Umgebung. Mālumuižas pittoresken Gebäudebestand von einst findet man leider stark geschrumpft vor; ein Unikum in der baltischen Gutsarchitektur war und ist jedoch allein das Herrenhaus. Mit seiner geringen Dachneigung und mit seinem durchweg hölzern gestalteten Obergeschoss auf einem steinernen Erdgeschoss könnte man es, wäre die Umgebung eine andere, auch für einen Bahnhof halten.

Ähnlich gebaut, nämlich mit verputztem Erd- und hölzernem Obergeschoss, zeigt sich die **Gemeindeschule von Druviena** (Druween), einem Dorf nahe Tirza und Lizums an den Ausläufern der Livländischen Schweiz. In ihren Klassenzimmern haben mehrere Persönlichkeiten der lettischen Kulturgeschichte gelernt, darunter der Schriftsteller Jānis Poruks (1871–1911). Für ausländische Touristen, denen die Namen derer, an die hier mittlerweile ein **Museum** erinnert, wenig sagen, mag der Gesamteindruck davon, wie eine typische Dorfschule seinerzeit aussah, dennoch interessant sein. Das Gebäude liegt gut 3 km westlich des eigentlichen Ortes.

Ilūkste

Vor 1940, als die Grenzen der Landkreise noch nicht die traditionellen Provinzgrenzen durchkreuzten – erst die sowjetische Administration griff zu dieser einschneidenden Neuordnungsmaßnahme –, war **Ilūkste** (Illuxt) noch Sitz einer Kreisverwaltung. Heute gehört die zweitöstlichste Stadt Semgallens nach Grīva (das inzwischen allerdings ein Stadtteil von Daugavpils ist) zum auf beide Ufer der Daugava ausgedehnten Landkreis Daugavpils. Ilūkste ist damit eine von nur zwei Städten, die in der Zwischenkriegszeit Kreiszentren waren und es heute trotz Verkleinerung der Landkreisgebiete nicht mehr sind; außer ihm betrifft dieses »Schicksal« das kurländische Aizpute.

Den **Mittelpunkt** Ilūkstes bildet ein **dreieckiger Platz**, dessen eine Seite die in Weiß gehaltene Kirche einnimmt. In der Nähe gab es früher ein Jesuitenkloster. 3000 Einwohner leben in der Stadt am gleichnamigen Daugava-Nebenfluss, die infolge schwerer Zerstörung im Ersten Weltkrieg keine Sehenswürdigkeiten bietet, die für ein längeres Verweilen sprechen. Ist man dennoch im Raum Ilūkste und verspürt obendrein Lust zu wandern, so sollte man eine **Kette kleiner Seen** nordwestlich des Vorortes **Pilskalne** (Schloßberg) erkunden. Zur Wahl stehen drei Touristenpfade zwischen 1,6 und 8 km Länge, darunter ein besonders für Kinder reizvoller mit Figuren aus der literarischen Welt Anna Brigaderes. Abwechslungsreich gestaltet sich ein Marsch ins Gelände auch dadurch, dass unterwegs mehrere altlettische Burgberge zu erkennen sind. Vom Reiz des Areals überzeugt und um Vergleiche nicht verlegen, nennen es die Einheimischen **»Pilskalnes Siguldiņa«** – das *Klein-Sigulda von Pilskalne.*

Umgebung

Subate und seine ungewöhnliche Kirche

Auf der Fahrt westwärts ins litauische Rokiškis streift man unmittelbar vor der Grenze **Subate** (Subbath), mit kaum 1000 Einwohnern eine der kleinsten Städte Lettlands. Die älteren Straßenzüge Subates verteilen sich beiderseits einer Mulde, in die der geradezu wurmförmige Subates ezers (Subbather See) gebettet ist. Der Eindruck, es auch mit zwei historischen Ortskernen zu tun zu haben, entsteht nicht zu Unrecht, denn im 17. Jahrhundert trieb der Streit um den rechten Glauben einen Keil in die bis dahin nur am westlichen Ufer ansässige Einwohnerschaft, worauf die Lutheraner sich von den Katholiken auch räumlich trennten.

Ein in Lettland einzigartiger Sakralbau überragt das östliche, »protestantische« Ufer des Sees von Subate: Die **Erlöserkirche** aus dem Jahre 1685, ein **rechteckiger Bau** mit Walmdach und Dachreiter sowie kleinen Ecktürmchen, spiegelt den Versuch wider, einen idealen protestantischen Gemeinderaum zu verwirklichen. Über den rechteckigen Fenstern sind einander abwechselnd dreieckige und kreissegmentförmige Verzierungen angebracht. Die Grundidee, dass keine der Außenwände dekorativer oder schlichter erscheinen soll als die andere, geht dabei voll auf. Am Eingang prangt noch immer ein deutsches »Ehre sei Gott in der Höhe!« unter dem später ergänzten »Gods Dievam augstībā«.

Dem plastischen Schmuck im Inneren sind volkstümliche Anklänge eigen, sei es bei Evangelistenfiguren und Kruzifix am Altar, sei es bei den zwölf Aposteln rund um die hölzerne Kanzel. Welcher Künstler das wertvolle kleine Gemälde »Christus und die Sünderin« schuf, das ungefähr aus der Entstehungszeit der Kirche stammt, ist nicht bekannt.

Bevor man von Ilūkste aus Subate erreicht, passiert man **Eglaine** (Eglon), bei dessen Kirche deutsche Gefallene des Ersten Weltkriegs bestattet sind. Hier, im Kirchsprengel Laši (Lassen), kam 1714 Gotthard Friedrich Stender zur Welt (zu Stenders Leben als Pfarrer und Schriftsteller in Sunākste siehe das Kapitel Jēkabpils); eine Ausstellung im früheren Pfarrhaus erinnert an ihn.

➢ *Glockenturm vor der Kirche von Bebrene*

Abstecher nördlich und südlich von Ilūkste

In den Gemeinden nördlich und nordwestlich von Ilūkste dominieren **Neorenaissance** und **Neobarock** als Stilrichtungen an den örtlichen Baudenkmälern: Eher zurückhaltende Neorenaissance-Formen weist das dreigeschossige, heute als Schule genutzte Gutshaus in **Bebrene** (Bewern) auf. Die

1883 vollendete katholische Kirche schräg gegenüber folgt demselben Stil umso deutlicher. Ihr niedriger **Glockenturm** wurde regionalen Bautraditionen entsprechend, wie sie etwa auch an der katholischen Kirche von Subate verwirklicht sind, separat einige Meter vor dem Kirchengebäude platziert. Deutlich anders, vor allem nämlich weithin sichtbar, präsentiert sich die neobarocke Kirche des Nachbarortes **Dviete** (Dweeten), ein strahlend weißer zweitürmiger Bau aus dem Jahre 1864.

Südlich von Ilūkste bzw. der nahe gelegenen Ortschaft **Svente** (Swenten) mit dem **Gutshaus Jaunsvente** (Neu-Swenten) erstrecken sich zwei überaus reizvolle **Naturparks**: der »Sventes dabas parks« rund um den buchtenreichen Sventes ezers, den größten See der Hügellandschaft Augšzeme, sowie der »Medumu ezeraines dabas parks« rings um die grenznahen Seen bei **Medumi** (Meddum). Seinen höchsten Punkt erreicht dieses Gebiet unweit des Westufers des Sventes ezers: 220 m über dem Meeresspiegel misst hier der **Egļu kalns** – wörtlich übersetzt *Tannenberg*. Landschaftlich bildet die Augšzeme eine Einheit mit den nordöstlichen Regionen Litauens, von wo die Ausläufer einer riesigen Seenplatte sie erfassen, die dem lettgallischen »Land der Blauen Seen« an Reiz nicht nachsteht.

Jēkabpils

Das heutige **Jēkabpils** wurde 1962 aus zwei vormals selbständigen Städten zusammengefügt, die einander gegenüber an den Ufern der Düna/Daugava entstanden:

➢ *Im Stadtkern von Jēkabpils*

Jēkabpils (Jakobstadt), das 1670 vom kurländischen Herzog Jakob Stadtrechte erhielt und dessen Namen trägt, sowie **Krustpils** (Kreutzburg), bei dem der Stadtname auf eine 1237 angelegte Burg des Rigaer Bischofs zurückgeht. Unter dem gemeinsamen Namen Jēkabpils bilden sie mit 27.700 Einwohnern die drittgrößte Stadt, die innerhalb Lettlands am Fluss Daugava liegt.

Die **Kreuzburg** wurde im 14. und 15. Jahrhundert in langwierige Fehden zwischen Erzbischof und Ordensrittern hineingezogen und musste wiederholt Belagerungen durch den Orden standhalten; 1318 fiel sie vorübergehend in dessen Hände. Nach dem Livländischen Krieg übergab Polens König Stephan Báthory sie 1585 seinem Kammerherrn **Nikolaus von Korff**. Im Besitz der Nachfahren Korffs, die immer wieder den Vornamen Nikolaus trugen, blieb sie bis ins frühe 20. Jahrhundert. Die Kreuzburg ist nicht die einzige Burg in Lettland, die nie in ihrer Geschichte für längere Zeit zu einer Ruine wurde; noch weniger als den Parallelbeispielen in Riga, Straupe, Jaunpils und Ēdole sieht man ihr ihre mittelalterlichen Ursprünge allerdings an. Die Wohnflügel sind bis auf die Fundamentsubstanz unverkennbar neueren Datums und nur bei dem wuchtigen **Torturm** an der Westecke ahnt man etwas von einem mittelalterlichen Kern. Nachdem der Gebäudekomplex ab 1920 von der lettischen Armee und danach bis über das Jahr 1991 hinaus von sowjetischem Militär genutzt wurde, fasst seit Mitte der 1990er Jahre das stadthistorische Museum von Jēkabpils hier Fuß. Der Turm harrt, obwohl bereits Teil des Museums, noch einer größeren Restaurierung. Sollte es zu dieser Restaurierung kommen, wird er wahrscheinlich die barocke Haube, mit der alte Stiche ihn zeigen, zurückerhalten.

Der einstigen Burg schräg gegenüber steht die **Kirche** von Krustpils. Ihr ursprüngliches Langhaus wurde 1818–1820 durch ein neues ersetzt, wohingegen der Turm schon zum Vorgängerbau gehörte. Im Bereich sakraler Baukunst gilt dieses neue Langhaus als das prägnanteste Denkmal des Empirestils in Lettland. Von den Säulen in seinem Inneren, auf denen ein hohes Tonnengewölbe ruht, geht eine beinahe abweisende Kühle aus.

Während das Zentrum von Krustpils weitgehend mit dem gleichgesetzt werden kann, was man südöstlich von Burg und Kirche beiderseits der Rīgas iela sieht, lädt der **Stadtkern** des gegenüberliegenden Jēkabpils zu einem etwas längeren Verweilen ein. Von seinen schmalen Sträßchen lernt man bei der Durchfahrt automatisch gleich mehrere kennen, da sie jeweils nur Einbahnverkehr zulassen. – Die Bevölkerung von Jakobstadt/Jēkabpils bestand bis ins 18. Jahrhundert hinein ausschließlich aus in das Herzogtum Kurland und Semgallen eingewanderten **Slawen**. Viele von ihnen verdingten sich als **Treidler**, deren Dienste die Schiffer auf der hier sehr stromschnellenreichen Düna/Daugava zu schätzen wussten. Aus ihren Heimatgebieten waren diese Slawen aus religiösen Gründen vertrieben worden, denn es handelte sich großteils um **Altgläubige**, die sich im 17. Jahrhundert verfügten liturgischen Reformen verweigerten. In Russland nun wie Sektenmitglieder diskriminiert, fanden sie in Jakobstadt zahlreich Aufnahme. Die gleiche Toleranz galt hier für **Unierte** – Christen, die den byzantinisch-slawischen Ritus beibehalten, aber den Papst anerkannt hatten.

Die relative Vielzahl an Gotteshäusern verschiedener Glaubensgemeinschaften macht sich noch heute als Besonderheit im Altstadtbereich von Jēkabpils bemerkbar. Markant ist vor allem die Nikolai dem Wundertäter zu Ehren erbaute **Klosterkirche**, deren **Torgebäude** man sich im Zuge der **Brīvības iela** nähert. Sie versteht sich ausdrücklich als Kirche lettischer Orthodoxer und wurde 1886 an der Stelle einer 1773 abgebrannten hölzernen Vorgängerin errichtet. Von besonderem Reiz ist eine noch heute erhaltene winzige Steinkirche, die 1774 als unmittelbarer Ersatz für den vernichteten

Auf den Spuren des Dichters Jānis Rainis durch Lettlands Südosten

Jānis Rainis (1865-1929) wird manchmal als der **»lettische Goethe«** bezeichnet - dies aber sicher nicht nur, weil er (so wie eine ganze Reihe von Klassikern der Weltliteratur) den **»Faust«** brillant in seine Muttersprache übersetzte. Seine eigenen Werke erreichten nicht minder gigantische Auflagen als die zahlreichen Übersetzungen, jedenfalls wenn man bedenkt, was eine sechsstellige Zahl an Exemplaren bei einer Nation von der Größe der lettischen bedeutet. Rainis' Landsleute waren besonders zu seiner Zeit ein lesefreudiges, ja geradezu bildungshungriges Volk. In der Zwischenkriegszeit wiesen Lettland und Estland einen für damalige Verhältnisse rekordverdächtigen Studierendenanteil an der Gesamtbevölkerung auf, und das in Verbindung mit einem beachtlichen Prozentsatz an Frauen. Insofern waren die Stücke von **Rainis' Ehefrau**, der Dichterin **Aspazija** (1865-1943), die energisch für Emanzipation eintrat, nicht ohne Widerhall verklungen. Beide waren sie auch **überzeugte Linke**, wofür Rainis bereits 1897 für mehrere Jahre in die **Verbannung** geschickt wurde - damals entstand übrigens die lettische Fassung von Goethes »Faust«. Nach der Revolution von 1905 musste er erneut das Land verlassen; zusammen mit Aspazija emigrierte Rainis in die Schweiz, von wo er erst 1920 ins unabhängig gewordene Lettland heimkehrte. Dort trug man ihm **hohe Ämter** an: 1921 wurde er zum Direktor des Nationaltheaters ernannt und ab 1926 war er für zwei Jahre sozialdemokratischer **Bildungsminister**.

So wie seinerzeit Rainis kamen auch nach 1991, als Lettland zum zweiten Mal die Unabhängigkeit erlangte, wieder viele Letten aus dem Exil zurück in das Land ihrer Väter. Insoweit kann der Lebensweg des großen Dichters als ein sehr typisch lettischer gelten, auch über die konkreten Zeitzusammenhänge hinaus.

Unter den verschiedenen inländischen Orten, an denen Rainis diesen oder jenen Lebensabschnitt durchgehend oder teilweise verbrachte und an denen Museen hieran erinnern, kann sein **Geburtsort** freilich eine herausgehobene Stellung beanspruchen. Er befindet sich im Südosten des Kreises Jēkabpils, an der Straße von Rubeņi (Rubinen) zum Anlegepunkt der Daugava-Fähre von Dunava (Podunaj): **Tadenava** heißt das winzige Dorf, in dem Jānis Pliekšāns, der spätere Jānis Rainis, 1865 das Licht der Welt erblickte. Ein unmittelbar danach vom Vater errichtetes hölzernes Wohngebäude wurde zur Stätte der ersten Kindheitsjahre und bildet heute Tadenavas Rainis-Museum.

1872 übernahm die Familie den kleinen Gutshof **Birkineļi** (Berkenhagen) wenige Kilometer südlich von Daugavpils. Seit dem 100.

Geburtstag des Dichters beherbergt auch Gut Birkineļi ein Museum. Dass es sich heute in geradezu perfektem Zustand präsentiert und die Gebäude jünger wirken, als sie tatsächlich sind, ist das Ergebnis einer Mitte der 1990er Jahre durchgeführten Restaurierung.

Das nächste Gut, das Rainis' Vater Krišjānis Pliekšāns pachtete, war **Jasmuiža** in der Nähe von Preiļi. Für einen damaligen Pächter lettischer Herkunft soll Pliekšāns sich hier ungewöhnlich viel Respekt verschafft haben, sogar gegenüber dem russischstämmigen Eigentümer, der auf dem Gut wohnen blieb. Bei dem Gebäude, in dem hier seit 1964 ein Rainis-Museum untergebracht ist, handelt es sich um das einstige **Verwalterhaus**; das Herrenhaus brannte schon 1873 ab. Äußerst gepflegte, das Flüsschen Jāša reizvoll einbeziehende Grünanlagen laden den Besucher zum Verschnaufen ein, ehe dieser vielleicht noch eine gleich neben dem Museum in einer ehemaligen Scheune befindliche **Galerie mit lettgallischer Keramik** aufsucht. – Für Jānis Rainis verbanden sich mit Jasmuiža seine späten Jugend- und die Sommer seiner ersten Berufsjahre. Zu dem, was hier bereits aus seiner Feder floss, gehört eine Übersetzung des Puschkin-Dramas »Boris Godunow«.

Indem er später auch selbst vor allem durch Dramen berühmt wurde – »Feuer und Nacht« (lett. »Uguns un nakts«) oder »Joseph und seine Brüder« etwa, um nur zwei zu nennen –, stellt Rainis, wenn von Meisterwerken der lettischen Literatur die Rede ist, mitunter einen Dramatiker scheinbar in den Schatten, der dies kaum verdient: Bühnenwerke, die den Vergleich mit einigen Dramen Henrik Ibsens nicht zu scheuen brauchen, schuf nämlich auch **Rūdolfs Blaumanis** (1863–1908). Beeindruckend sind daneben Blaumanis' **Novellen**. »Nāves ēnā« (»Im Schatten des Todes«) beispielsweise handelt von zehn Fischern, die im Winter auf einer Eisscholle abgetrieben werden und fünf verzweifelte Tage auf dem offenen Meer verbringen. »Andriksons«, den Helden einer anderen Novelle, lässt verletztes Gerechtigkeitsempfinden zum Verbrecher werden: Er soll ordnungswidrig Bäume gefällt haben und beruft sich gegenüber dem Grafen, der ihm dies vorwirft, hartnäckig auf altes Gewohnheitsrecht. Aus Rache für die Anschuldigung entfacht er einen Waldbrand, worauf er zu Hause erfährt, dass seine Kinder zum Beerensammeln aufgebrochen waren, und diese lange vermisst bleiben. Als sie schließlich doch wieder auftauchen, gesteht der vom Glück übermannte Andriksons augenblicklich die Brandstiftung und will jedwede Bestrafung auf sich nehmen.

➢ *Jānis Rainis und Aspazija*

Holzbau entstand. Sie befindet sich direkt an dem Damm, der Jēkabpils vor Hochwassern der Daugava schützt, und damit an einem Stück Weges, das ohnehin Teil eines möglichen Stadtrundgangs sein sollte. Weiter östlich entdeckt man das kleine **Freilichtmuseum »Sēļu sēta«**, sofern man dessen Windmühle nicht bereits bei einer Fahrt über die Brücke nach Krustpils bemerkt hat. Unter »Sēļi« bzw. Selen hat man sich den regionalen lettischen Volksstamm vorzustellen; »sēta« bedeutet *Hof*. In der Gegenrichtung, noch westlich der erwähnten Klosterkirche, liegt zwischen der Brīvības und der über den Damm führenden Pļaviņu iela ein schmaler **Park**. Ein Denkstein in diesem Park erinnert daran, dass der bekannte Astronomie- und Geodäsieprofessor Friedrich Georg Wilhelm von Struve (1793–1864) genau hier seine Aufmessung Livlands abschloss.

Umgebung

Das Umland von Krustpils

Ein knappes Drittel des Kreises Jēkabpils liegt rechts der Daugava (Düna) und bildet gewissermaßen das Hinterland des auf dieser Flussseite gelegenen früheren Städtchens und jetzigen Stadtteils Krustpils. Unmittelbar südöstlich von Krustpils erhebt sich der **Burgberg von Asote**. Bereits in einem Vertrag von 1211 über die Aufteilung Lettgallens erwähnt, bietet er archäologisch ein teils ähnliches Bild wie der noch etwas bedeutendere Burgberg von Jersika 30 km weiter dünaaufwärts: Neben allerlei Handelsgut und Spuren zahlreicher Handwerkerhütten fanden sich Hinterlassenschaften orthodoxer Christen.

Von Interesse ist auch eine Sehenswürdigkeit in der östlichsten Gemeinde des Kreises Jēkabpils. **Atašiene** (Ataschan), so ihr Name, hat zumindest denen, die sich für das Bauerbe des baltischen Adels interessieren, etwas zu bieten, und zwar in Gestalt des 1845–1847 erbauten Gutsschlosses **Marinzeja.** Sein Name erklärt sich mit der Lage nahe einem See, den man früher Mārijas ezers, *Mariensee*, nannte. Herrschaftlicher als Schloss Marinzeja kann ein klassizistischer Landsitz kaum aussehen – neben den zentralen Vier-Säulen-Portikus treten noch angedeutete Portiken an den Seitenrisaliten. Dass das Gebäude eher zu den unbekannteren unter Lettlands Herrenhäusern zu rechnen ist, kann an übertriebener gestalterischer Bescheidenheit jedenfalls nicht liegen und überrascht insofern.

Eisenbahngeschichte in Viesīte und der Park von Zasa

Von der Brücke, die Jēkabpils mit Krustpils verbindet, sind es 14 km bis **Birži** (Buschhof) mit seiner Kirche im Empirestil, hinter der sich der Weg nach Ilūkste von dem nach Nereta trennt. Was näher gelegene Ziele betrifft, bedeutet dies eine Entscheidung entweder für Zasa und für Tadenava, den Geburtsort von Jānis Rainis, oder aber für die 2500-Einwohner-Stadt **Viesīte** (Eckengrafen). Viesīte wurde in der Zwischenkriegszeit zum Kreuzungspunkt mehrerer **Schmalspurbahnen** ausgebaut. Hieran würde im heutigen Ortsbild – abgesehen von ein paar erhaltenen Depot-Gebäuden - nichts mehr erinnern, stünde nicht an zentraler Stelle, im Übergangsbereich der P. Stradiņa und der A. Brodeles iela, ein Zug aus dieser Zeit auf einem musealisierten Reststück der Gleise. Wer ihn nicht auf Anhieb findet, braucht sich nur zum »Šaursliežu vilciens« durchzufragen, denn so heißt *Schmalspurzug* auf Lettisch. Die Lokomotive dieses Museumszuges wurde 1918 in Berlin gefertigt.

Zasa (Weessen) besitzt keine vollständig erhaltene Gutsanlage mehr, ist aber schon wegen des davon übrig gebliebenen Parks erwähnenswert, in dem immer wieder Brücken über die verschiedenen Teile des Mühlenteichs führen und jede noch irgendeinen weiteren malerischen Winkel des umfangreichen Geländes erschließt. Zu den baulichen Überbleibseln des Ensembles gehört die einstige Wassermühle. An ihr führt auch die Dorfstraße unmittelbar vorbei. Bei der nahe gelegenen Kirche, in der sowohl lutherische als auch katholische Gottesdienste stattfinden, liegen einige deutsche Soldaten des Ersten Weltkriegs begraben. - Zum Geburtshaus des Schriftstellers **Jānis Rainis** in Tadenava siehe unseren Überblick auf S. 167.

Nach Sēlpils und Sunākste

Bis ins 13. Jahrhundert befand sich schräg gegenüber der heutigen Stadt Pļaviņas am linken Daugava-Ufer der wichtigste **Burgsitz der Selen**, einer baltischen Völkerschaft, auf die im späteren Lettland - anders als im Falle der Kuren, Semgaller und Lettgaller - keine Provinzbezeichnung mehr zurückging, sondern nur der Ortsname **Sēlpils** (Selburg). Die Chronik Heinrichs von Lettland, dem jeweils einige hochrangige Vertreter der übrigen Stämme bekannt waren, enthält keinen einzigen Personennamen eines Selen, womit auch der historischen Forschung ihre Grenzen gesetzt sind. Die Unabhängigkeit Seloniens, die um 1200 lediglich durch Tributzahlungen an den russischen Teilfürsten im nahen Kukenois (dem heutigen Koknese) eingeschränkt war, beendete 1208 ein Angriff des Rigaer Bischofs Albert. Nach 1218 ließ sich auf dem Burgberg vorübergehend Bernhard II. zur Lippe nieder, den sein Sohn Otto, selbst Bischof in Utrecht, zum Bischof von Selonien geweiht hatte. Ein steinernes **Ordensschloss** Selburg gab es seit 1373. 1704, während des Großen Nordischen Krieges, wurde es gesprengt; seine Reste sind jedoch noch zu erspähen. Heute umspülen die Fluten der gestauten Daugava das zur Insel gewordene Ruinenfeld. Die Hinweispfeile zur Burg Sēlpils, die sich ab der jetzigen Ortschaft Sēlija aufgestellt finden, lenken einen letztlich also nur zu einem Aussichtspunkt. Kurz bevor man ihn erreicht, sieht man noch eine weitere Ruine - die der 1850 errichteten Kirche von Sēlpils.

Das Pfarramt in der Kirche von **Sunākste** (Sonnaxt) versah von 1766 bis zu seinem Tode 1796 **Gotthard Friedrich Stender**. Er brachte das Lettische auf seinem Weg zu einer vollwertigen Literatursprache einen entscheidenden Schritt voran, indem er die bis dahin ausschließlich religiös motivierte lettischsprachige Literatur um ihre ersten weltlichen Schriften bereicherte. Keineswegs geschmälert wird dieses Verdienst durch den Umstand, dass es sich bei den Texten meist um freie Bearbeitungen von Werken deutscher Dichter handelte: Schon dafür, dass er sich überhaupt ernsthaft mit der Sprache der einheimischen Bauern abgab, steht Stender, der 1714 östlich von Subate geboren wurde, in Jena und Halle studierte und später als Lehrer und Pfarrer wieder nach Semgallen zurückkehrte, bei den Letten in hohem Ansehen – mag er in seinen Gedichten für ihre Vorfahren auch noch so oft den strikten Gehorsam gegenüber dem Gutsherrn als Tugend beschworen haben. 1776 wurde Stenders »Augstas Gudribas Grahmata no Pasaules un Dabbas« gedruckt, eine Enzyklopädie zur Belehrung über Naturerscheinungen. Sein 1789 veröffentlichtes, vor allem auf den Bedarf seiner Amtsbrüder abgestimmtes **»Lettisches Lexikon«** ist mit über 1000 Seiten das umfangreichste von allen Wörterverzeichnissen, die einigermaßen sprachkundige deutsche Geistliche in früheren Jahrhunderten im Baltikum erstellten.

Die Letten reden meist vom »alten Stender« (»Vecais Stenders«), sodass es folgerichtig auch einen jungen, lettisch gesprochen den »Jaunais Stenders« gibt: Sohn Alexander Johannes (1744–1819) trat als Pastor von Sonnaxt und bis zu einem gewissen Grade auch als Schriftsteller in die Fußstapfen des Vaters; immerhin verhalf er der lettischen Literatur 1790 zu ihrem ersten Bühnenstück. Es hieße zu Deutsch »Bērtulis der Säufer« und stellt eine Adaption der Komödie »Jeppe vom Berge« des Dänen Ludvig Holberg dar.

Ein Denkstein für Gotthard Friedrich Stender, dessen Grab und natürlich die **Kirche**, in deren Vorgängerbau Vater und Sohn predigten, bilden einen Anziehungspunkt für auswärtige Besucher. Zur Orientierung sei darauf hingewiesen, dass die genannten Objekte nicht wie die Ortschaft Sunākste bereits im Kreis Aizkraukle liegen, sondern man sie gleich weit von dieser und vom Nachbardorf **Vārnava** (Wahrenbrock) entfernt noch im Kreisgebiet von Jēkabpils findet. Vārnava seinerseits hat als Sehenswürdigkeit den 80 Traubensorten auf sich vereinigenden **Weinberg** von Evalds Pūpols, einem in Lettland durchaus prominenten Winzer, zu bieten.

Im Grenzland zu Litauen: Aknīste und Gārsene

Das 1500-Einwohner-Städtchen **Aknīste** (Oknist) ist Mittelpunkt einer der wenigen Gegenden, in denen die heutige Südgrenze Lettlands nicht unmittelbar aus der vormaligen Südgrenze der russischen Ostseeprovinz Kurland hervorgegangen ist: Vielmehr gehörte es im 19. Jahrhundert zum Gouvernement Wilna bzw. später zum damals neu geschaffenen Gouvernement Kowno (Kaunas), ehe die neuen Staaten Lettland und Litauen eine Grenzziehung aushandelten, nach der 1921 Aknīste lettisch und im Tausch der zuvor kurländische Küstenstreifen bei Palanga (Polangen) litauisch wurde. 1997 wurde Aknīstes **katholische Kirche** aus dem Jahre 1937 als besonders typisches Zeugnis funktionalistischer Architekturauffassung im Kirchenbau jener Zeit in die Liste des europäischen Kulturerbes eingetragen.

Gut 30 Jahre älter ist die Kirche im nahe gelegenen **Gārsene** (Garßen) – ein neoromanischer Sakralbau, wie man ihn in solcher Stilreinheit zumindest in Lettland selten antrifft. Seine Orgel wurde von der Ludwigsburger Firma Walcker gefertigt. Kopfsteingepflasterte Wege führen zu Gārsenes neogotischem **Gutsschloss**, gleichfalls einer baukünstlerischen Besonderheit, denn es zerfällt in zwei unterschiedlich hohe Blöcke, die im Abstand von gut zwei Jahrzehnten entstanden, wobei der eingeschossige jüngere von 1885 sich, indem er Symmetrie andeutet, einerseits harmonisch dem älteren anpasst; doch zeigt er trotz einer sogar identischen Gestaltung der Fenster zugleich Eigenständigkeit, nämlich durch die abweichende Art, wie diese sich an ihm verteilen. Beachtung verdient in Gārsene ferner das neoklassizistische **Mausoleum** von 1903 in der Form eines griechischen Tempels. In der Zeit des Ausbruchs des Zweiten Weltkrieges wurde Gārsenes Gutshaus für eine Nutzung als Schule umgebaut. Zur Schuleinweihung am 2. Juni 1940 kam auch der damalige Staatspräsident Kārlis Ulmanis im Zuge einer Reise, die seine letzte durch Lettland vor dessen zwangsweiser Eingliederung in die Sowjetunion sein sollte.

Ein architektonisch gleichermaßen bemerkenswertes Gutsschloss findet man im nahen **Asare** (Assern). Auch als Ruine, zu der es durch einen Brand im Jahre 1926 wurde, vermag es diesen Eindruck ungemindert zu vermitteln.

Jelgava

Mit 63.500 Einwohnern ist **Jelgava** (Mitau) die viertgrößte Stadt Lettlands. Der lettische Name Jelgava scheint auf »jelgab« zurückzugehen, ein livisches Wort, in dem die Bedeutung *Siedlung* steckt. Die erste schriftliche Nennung Mitaus weist in das Jahr 1265 zurück. Zu dieser Zeit wurde auf dem Gelände des heutigen Schlosses und somit zwischen der Driksa, einem westlichen Seitenarm der **Lielupe**, und dem eigentlichen Fluss Lielupe an einer Ordensburg gebaut. Zu einer Stadt im rechtlichen Sinne wurde der Handelsplatz, der sich jenseits der Driksa westlich anschloss, offenbar 1573.

Das zwölf Jahre zuvor gegründete **Herzogtum Kurland und Semgallen** hatte zunächst keine eindeutige Hauptstadt; vielmehr verteilten sich entsprechende Funktionen anfangs auf Mitau/Jelgava, Bauske/Bauska und Goldingen/Kuldīga. 1587 erbten die Söhne Gotthard Kettlers zu gleichen Teilen, worauf Wilhelm Kettler von Goldingen aus das eigentliche Kurland im Westen und sein Bruder Friedrich von Mitau aus Semgallen, das östlichere der beiden Gebiete, regierte. Als Wilhelm 1616 nach der Ausschaltung zweier missliebiger Adliger selbst abgesetzt und aus den beiden Hälften nun unter der gemeinsamen Führung Friedrichs wieder eine Einheit wurde, fiel die Hauptstadtrolle endgültig an Mitau.

Kompliziert wurden die Verhältnisse im Herzogtum, als 1711–1737 Ferdinand Kettler die Herzogswürde innehatte, es vor lauter Querelen mit dem Adel jedoch vorzog, in Danzig zu leben, und er zudem kinderlos blieb. Nach seinem Tod setzte Zarin Anna Ivanovna den aus einer verarmten Adelsfamilie stammenden **Ernst Johann Biron** als neuen Herzog durch und festigte damit eine zunehmende Bindung Kurlands an Russland. Biron durfte über den Petersburger Hofarchitekten Rastrelli verfügen, der ihm einen prächtigen **Herzogspalast**, noch heute das **Wahrzeichen** Jelgavas, entwarf. Die Bauarbeiten liefen 1738 an; schon 1740 ruhten sie wieder. Die kommenden 22 Jahre fristete Biron in russischer Verbannung, bis Katharina die Große ihn rehabilitierte. 1769, noch zu seinen Lebzeiten, konnte sein Sohn Peter ihn rechtmäßig beerben. Dessen bedeutendstes Verdienst um Mitau/Jelgava sollte 1775 die Stiftung der »Academia Petrina« sein, an der viele spätere Geistesgrößen studierten. Die Steffenhagensche Druckerei zu Mitau, ebenfalls in der Zeit Peter Birons gegründet, entwickelte sich nach und nach zum größten baltischen Verlagshaus. 1798–1801 und 1804–1807 fand umgekehrt einmal einer, der im eigenen Land unerwünscht war, im Biron-Palast Logis, nämlich Louis Stanislas Xavier, Bruder des hingerichteten französischen Königs Ludwig XVI. und 1814/15–1824 als Ludwig XVIII. selbst König von Frankreich.

Im 19. Jahrhundert erlebte Mitau wie die meisten Städte Lettlands einen Aufschwung, der bis zum Ersten Weltkrieg anhielt, und es profitierte davon, 1795 nach der Auflösung des Herzogtums auch für das neue russische Gouvernement Kurland zur **Hauptstadt** erklärt worden zu sein. Politisch blieb Mitau so weiterhin nach Riga die zweitbedeutendste Stadt auf lettischem Gebiet.

Von den Folgen des Ersten Weltkriegs erholte Jelgava, wie die Stadt jetzt offiziell hieß, sich nur mühsam. Im Inferno des Zweiten Weltkriegs verlor es schließlich über die Hälfte seiner Einwohner und 90% seiner damals noch großteils hölzernen Gebäude. Von den Ruinen der wenigen steinernen Bauwerke, die die Stadt besessen hatte, wurden manche nach 1945 rücksichtslos abgerissen, etwa die des historischen Rathauses. Die **Bevölkerungsverhältnisse** wurden in jener Zeit durch den Zuzug von Arbeitskräf-

➢ *Die Academia Petrina*

ten aus anderen Sowjetrepubliken endgültig auf den Kopf gestellt. Auf den Straßen Jelgavas ist daher bis heute mindestens so viel Russisch wie Lettisch zu hören.

Wer aus Richtung Riga anreist, den empfängt Jelgava mit einem geradezu spektakulären Blick auf den

➢ *Jelgavas orthodoxe Kathedrale*

größten Barockbau des Baltikums. Ein Panorama wie das der 150 m langen **Fassade des Herzogspalastes** am Fluss Lielupe sucht im nordöstlichen Europa seinesgleichen. Der Komplex beherbergt heute die **Landwirtschaftsuniversität** Lettlands. Er wurde 1738–1740 und 1766–1772 erbaut, ungefähr in den gleichen Zeitabschnitten wie das Sommerschloss der Birons in Rundāle. Wie dieses umschloss er ursprünglich von drei Seiten einen Ehrenhof. Die vierte Seite, auf der er sich zur Stadt hin öffnete, wurde im Zusammenhang mit seiner Wandlung zu einem Hochschulgebäude 1937 zugebaut – eine schwer verzeihbare Bausünde, für die sich Lettlands damals gefeiertster Architekt Eižens Laube hergab. Beim Studium der Fassaden der drei älteren Flügel springen die vielen Metallverzierungen mit Motiven wie Löwenköpfen, sonstigen Gesichtern und vielem mehr ins Auge. Vergleichbares gibt es an der Residenz in Rundāle nicht. Von der Originalausstattung, etwa den Deckengemälden des kurländischen Hofmalers Friedrich Hartmann Barisien, ist nach einer Brandschatzung durch die so genannten Bermont-Truppen im Jahre 1919 nichts geblieben. Diesen und einen weiteren Brand 1944 überstand immerhin die herzogliche **Gruftkammer** in der Südostecke der Anlage. In den 21 metallenen und neun hölzernen Sarkophagen der Gruft wurden zwischen

1569 und 1791 insgesamt 24 Mitglieder der Familie Kettler (darunter Gotthard, der erste kurländische Herzog) und sechs der Familie Biron beigesetzt. Den Zugang zu diesem ganz besonderen Ort regelt ein kleines Museum, das die Geschichte des Palastes, vor allem aber die des Lehrfachs Agrarwirtschaft veranschaulicht. Das Museum öffnet täglich um 9 Uhr und schließt um 16 Uhr; in die Gruftkammer gelangt man ab 10 Uhr. - 1997 wurden an der Ostseite des Palastes Reste der durch ihn überbauten Ordensburg entdeckt. Nach derzeitiger Absicht sollen sie auf Dauer sichtbar gelassen werden.

Über die vorbeiführende Lielā iela donnern heute Verkehrsmassen stadteinwärts in den völlig umstrukturierten Bereich des einstigen Marktes von Jelgava. An der Südostecke des Platzes erhob sich die **Trinitatiskirche** aus dem späten 16. Jahrhundert, von der einzig und allein der Turm stehen geblieben ist; und auch der war einmal mehr als eineinhalbmal so hoch wie heute. Wollte man die Kirche vollständig rekonstruieren, so stieße der Chor unmittelbar an sowjetzeitliche Wohnblocks. Tatsächlich soll es aber dabei bleiben, dass dieser Kirchturm wie schon in der Sowjetzeit als **Kriegsmahnmal** verstanden wird. Die Grünanlage um ihn herum wurde 2003 noch einmal hierauf abgestimmt und mit einem Denkmal Jānis Čakstes, des ersten Staatspräsidenten, den Lettland hatte, aufgewertet.

Auch von der etwas südlich gelegenen orthodoxen **Simeon-und-Anna-Kathedrale** von 1892 ließ der Zweite Weltkrieg nur eine Ruine übrig. Davon allerdings ahnt man nach ihrer zügigen Wiederherstellung ab Mitte der 1990er Jahre nichts mehr. Weit weniger Kriegsschäden trug das nur einen Steinwurf entfernte Gotteshaus der örtlichen Katholiken davon, ein künstlerisch kaum interessanter historistischer Bau, der mittlerweile ebenfalls in den Rang einer Kathedralkirche aufgestiegen ist.

Ganz in der Nähe steht Jelgavas zweitbedeutendster Profanbau, die spätbarocke **Academia Petrina**. Das Gebäude der ersten auf lettischem Boden gegründeten Hochschule ist an seinem hohen, mit korinthischen Säulen verzierten Turm zu erkennen, der für astronomische Beobachtungen gebraucht wurde. Schon vom Platz vor der Trinitatiskirche aus ist er gut sichtbar; allein Jelgavas Einbahnstraßensystem mag dazu führen, dass man ihn, wenn man daraufhin gleich wieder ins Auto steigt, noch einmal aus den Augen verliert. Die Academia Petrina entstand 1773-1775 durch den Umbau eines Palastes, in dem die spätere Zarin Anna Ivanovna während ihrer Zeit als verwitwete Herzogin von Kurland gelebt hatte. Die mehrfach entscheidend veränderten Pläne für diesen Umbau lieferte der Hofarchitekt der kurländischen Herzöge, Severin Jensen. Die Kapitelle und andere Details des Außendekors schuf Johann Michael Graff, ein Berliner. Heute ist in dem Gebäude das regionale **Geschichts- und Kunstmuseum** untergebracht. Es steht in der Tradition des 1818 gegründeten kurländischen Provinzialmuseums, eines der ältesten Museen im Gebiet der späteren Republik Lettland. Seit dem Tod des

➢ *Die Annenkirche in Jelgava*

südlich der Stadt geborenen Malers Ģederts Eliass (1887–1975) trägt es dessen Namen und widmet zwei seiner Säle ganz dessen Leben und Schaffen.
Kehrt man auf die Hauptdurchgangsstraße Lielā iela zurück und folgt dieser westwärts, so erreicht man die **Annenkirche**, die nicht nur als wertvollster Sakralbau der Stadt, sondern darüber hinaus als Lettlands bedeutendstes Baudenkmal der Renaissance angesehen werden kann. Ihre Baumeister waren Westfalen: 1619–1621 entstand zunächst unter Arend Frönink der Turm; 1638–1641 leitete Johann Kothauer den Bau des Langhauses. Nennenswerte Ausstattungsstücke aus dem 17. Jahrhundert gibt es infolge späterer Kriegsschäden nicht mehr, und so bleibt aus heutiger Sicht vor allem das 1910 entstandene und über beide Weltkriege gerettete **Altarbild** von Jānis Rozentāls hervorzuheben, das 1997 gründlich restauriert wurde.
Alte hölzerne Wohnhäuser, die der Bombenhagel von 1944 verschonte, kann man unweit westlich von hier in der Vecpilsētas iela sehen. Zu den in den Nachkriegsjahren wiederhergestellten Sehenswürdigkeiten Jelgavas gehört die **Villa Medem**, ein typischer hochklassizistischer Patrizierwohnsitz. Sie wurde 1818 nach einem eigenen Entwurf von Johann Georg Berlitz erbaut, der in der Ostseeprovinz Kurland bis dahin vorwiegend Entwürfe aus der Feder Giacomo Quarenghis verwirklicht hatte. Man erreicht die Villa Medem, wenn man am Trinitatiskirchturm auf die Uzvaras iela biegt und ihr bis dorthin, wo die nördlichen Industriebezirke Jelgavas beginnen, geradeaus folgt. Als interessantes Fassadendetail fallen besonders die Stuckverzierungen am Giebel des Portikus auf.
Das **Südende des Stadtzentrums** bildet der Bahnhof, dem ein kleines Eisenbahnmuseum angegliedert ist. In der Grünanlage zwischen dem Bahnhofsgebäude und der lutherischen Johanniskirche sieht man mehrere Denkmäler, darunter eines für die Befreier Jelgavas bzw., wie auf seinem Sockel entsprechend auf Lettisch steht, »Jelgavas atbrīvotājiem«. Es stellt den Kampf des Nationalhelden Lāčplēsis mit dem »Schwarzen Ritter« dar und wurde daher bereits 1942 unter deutscher Besatzung verstümmelt, allerdings erst 1950 geschleift. Während die Reste des Originals von 1932 im Ģederts-Eliass-Museum gehütet werden, kam es am Ursprungsstandort vor dem Bahnhof 1992 zur Einweihung einer Kopie. Ein sich schräg gegen-

über anschließender Park ist **Ādolfs Alunāns** (1848–1912), dem »Vater des lettischen Theaters«, wie man ihn hierzulande nennt, gewidmet. Auf Alunāns' Schaffen als Schauspieler, Regisseur und Dramaturg wird in einem Museum einige Straßen weiter westlich, in der Filozofu iela 3, zurückgeblickt.

Umgebung

Alte Herzogsgüter in Bramberģe und Zaļenieki

Etwa 12 km südwestlich der Stadtränder von Jelgava liegt im Gemeindegebiet von Glūda (Pfalzgrafen) der alte herzogliche Landsitz **Bramberģe** (Brandenburg) mit seinem um 1650 errichteten, äußerlich schlichten Schlossgebäude. Hierhin zogen sich 1676 Friedrich Kasimir Kettler, der Sohn des kurländischen Herzogs Jakob, und seine Gemahlin, Prinzessin Sophie-Amalie von Siegen-Nassau, zurück. Ein Blickfang ist bis heute das **Torhaus**, auf dessen einer Seite eine manieristische Balustrade über der Durchfahrt verläuft. In den 1980er Jahren wurde Gut Bramberģe teilweise instand gesetzt; besuchte man es in jüngerer Zeit, so fand man es jedoch vernachlässigt und das Torgebäude als Opfer von Graffiti-Sprayern vor.

Von Bramberģe südwestwärts weiterzureisen lohnt sich nicht nur, weil man nach 20 km Tērvete im gleichnamigen Naturpark erreicht (in diesem Buch dem Abschnitt über Dobele zugeordnet), sondern auch wegen des vorher am rechten Wegesrand liegenden einstigen Jagdschlosses Zaļa bzw. **Zaļenieki** (Grünhof) aus den Jahren 1768–1775. Dem Auftraggeber, Herzog Ernst Johann Biron, und seinem Sohn und Nachfolger Peter waren die Wälder um Grünhof/Zaļenieki das liebste Jagdrevier überhaupt. Etliche Verzierungen, darunter die fein gearbeiteten Kapitelle, ähneln denen der Pferdeställe am Schloss von Rundāle; daher gilt als sicher, dass es auch hier **Severin Jensen** war, der die – vermutlich vom großen Rastrelli gelieferten – Baupläne umsetzte. Schon bei diesem ersten Projekt, das er für die kurländischen Herzöge übernahm, mischte Jensen barocke mit klassizistischen Elementen. Spätere Besitzerwechsel haben Änderungen in der Gestaltung und Anordnung der Innenräume mit sich gebracht und in dem Gebäude wertvolle Wand- und Deckenmalereien unterschiedlichen Alters entstehen lassen.

Etwas westlich, bereits jenseits des Flusses Tērvete, findet man die lutherische Kirche des Ortes sowie in ihrer Nähe einen kleinen Friedhof für deutsche Gefallene des Ersten Weltkriegs. Auf dem Hof »Daukšas« nordöstlich der heutigen Ortschaft Zaļenieki wurde 1855 die Dichterin **Aspazija** geboren, die eigentlich Elza Rozenberga hieß – bzw. Rozenberga-Pliekšāne, nachdem sie Jānis Rainis, den bis heute wohl bedeutendsten unter Lettlands Dichtern, geheiratet und dessen bürgerlichen Namen ihrem eigenen angehängt hatte. Genauso wie ihr Pseudonym lautet der Titel ihres bekanntesten Schauspiels, das 1923 uraufgeführt wurde und mit dem sie unter Rückgriff auf eine historische Gestalt – Aspasia, die Frau des Perikles – die Frauen ihrer Zeit wachrütteln wollte. Musste die Literatin ihr Elternhaus auf Daukšas 1889 verlassen, weil es versteigert wurde, so ist es heute als **Museum** wieder ganz ihr Eigen.

Reste einstiger Schlösser in Vircava und Eleja

Sowohl in Vircava, einer Ortschaft 10 km vor den südlichen Toren Jelgavas, als auch in Eleja, dem letzten lettischen Ort an der Fernstraße Richtung Litauen, blieb eine einst prachtvolle Schlossanlage jeweils nur in einigen Resten bewahrt. Gewinnt man in Eleja den besseren Eindruck vom Gesamtensemble, so hat vom **Gut Kroņvircava** (Kronswürzau) in **Vircava** (Würzau) immerhin ein einzelner dreigeschossiger Prunkbau vollständig überdauert; dieser nimmt sich im heutigen Ortsbild nun umso mehr wie ein Fremdkörper aus. Es handelt sich dabei um Kroņvircavas so genanntes **Kavaliershaus**, das um 1780 auf den Grundmauern eines Renaissanceschlosses Gotthard Kettlers errichtet wurde und vom Auftraggeber, Herzog Peter Biron, zur Unterbringung von Gästen gedacht war. Die Fassadengestaltung ist im Giebeldreieck am interessantesten, wo die aufgeführten Pilaster einfach entsprechend der Dachneigung schräg abgeschnitten sind - ein Merkmal, das sich mit dem Baumeister Severin Jensen in Verbindung bringen lässt. Der Niedergang des eigentlichen Schlosses, das es hier einmal gab, begann mit dessen Nutzung durch die zaristische Armee, nachdem das kurländische Herzogtum 1795 an Russland gefallen war, und beschleunigte sich im Ersten Weltkrieg.

Parallelen mit dem Schicksal des Gutes Kroņvircava gibt es beim einstigen herzoglichen Jagdschloss in **Svēte** (Schwethof), 9 km Luftlinie nordwestlich von Vircava. Ebenfalls unter Beteiligung Severin Jensens zu seiner früheren Gestalt gelangt, wurde es immerhin erst 1875 dem Militär übergeben und steht heute noch; nach fortgesetzter militärischer Nutzung auch durch die Rote Armee und damit verbundenen Umbauten kann man es inzwischen jedoch kaum mehr als Sehenswürdigkeit bezeichnen.

Allemal vorbildlicher restauriert ist die Windmühle von **Pēterlauki**, das markanteste Bauwerk, an dem man auf dem Weg von Vircava nach **Eleja** (Elley) vorbeifährt. In Eleja angekommen, hat man Gelegenheit, am nordöstlichen Ortsrand immerhin noch ein gestalterisches Umfeld auf sich wirken zu lassen - das Umfeld, in das einmal ein veritabler **Prototyp unter den baltischen Gutshäusern** eingefügt war. Das wenige, was nach den Revolutionsereignissen von 1905, dem Ersten Weltkrieg und einem zu spät gestoppten Abriss der ausgebrannten Ruine noch von diesem Gebäude übrig ist, lässt nicht ahnen, dass ihn Schlossbauten wie in Mežotne und Kazdanga überhaupt erst nachahmten. So wie jene (ihrerseits zum Glück noch oder wieder intakten) Folgeprojekte wurde auch Schloss Elley/Eleja von **Giacomo Quarenghi** (1744-1817) entworfen und von **Johann Georg Berlitz** ausgeführt. Von den zweigeschossigen Seitengebäuden ist eines noch erhalten und das andere inzwischen wieder vervollständigt, sodass man, mag der Gesamtanblick auch betrüblich sein, doch

mehr als nur einen Park und eine ins Nichts führende Allee sieht.
Ein noch recht intaktes Gutsensemble besitzt **Vilce** (Wilzen), ein 8 km westlich von Eleja gelegener Ort. Dass das dortige Herrenhaus bereits Mitte des 18. Jahrhunderts errichtet, Anfang des 19. Jahrhunderts jedoch noch einmal gründlich umgestaltet wurde, hat eine Besonderheit im Erscheinungsbild dieses Baus hinterlassen: Im Zentrum einer nüchtern klassizistischen zweigeschossigen Fassade, die denen vieler anderer baltischer Herrenhäuser zunächst ähnelt, besitzt es noch immer ein **Portal im Rokokostil**. Weitere 8 km – diesmal südwärts – sind es nach **Blankenfelde** (Blankenfeld), wo sich zweimal, 1804 und 1805, der exilierte französische König Ludwig XVIII. aufgehalten hat. Blankenfeldes Gutsgebäude stammen aus den 1740er Jahren und haben ihre Außengestalt seither, anders eben als der etwa gleich alte Gutshof in Vilce, kaum verändert.

Die Holzkirche von Līvbērze

Etwas westlich der Bahnstation von **Līvbērze** (Lieven-Bersen) steht – inmitten einiger Dutzend hoher Bäume, aber von der Straße aus gerade noch erkennbar – die pittoreske **Kirche** des Ortes, ein **Holzbau von 1684** mit steilem Dach und einem direkt über dem Giebel aufgesetzten Türmchen mit Zeltdach. Aufgrund der Konfession des hiesigen Großgrundbesitzers von Lieven wurde 1729 aus dem bis dahin protestantischen Gotteshaus eine römisch-katholische Kirche des heiligen Joseph. Besteht die Gelegenheit zu einer Innenbesichtigung, so verdienen die Malereien und Schnitzereien an Kanzel und Beichtstuhl, Werke aus der ersten Hälfte des 18. Jahrhunderts, besondere Beachtung. Der Blick auf die ursprünglichen Gestaltungselemente an den Außenwänden ist verdeckt, da die Kirche im 19. Jahrhundert mit einem Schutzmantel aus neuen Bretterwänden verkleidet wurde.

Sehenswertes östlich und nördlich von Jelgava

Wer von Jelgava auf möglichst kurzem Wege nach Bauska weiterreisen möchte und dorthin über Garoza (Garrosen) und Emburga fährt, entdeckt am Wegesrand kleinere Sehenswürdigkeiten wie den ungewöhnlichen Turm von **Tetelminde** (Tetelmünde), den der örtliche Baron im 19. Jahrhundert als Mittelpunkt seines Jagdreviers errichten ließ, oder, bereits kurz vor **Emburga** (Annenburg), »Auči«, ein gepflegtes Anwesen, das 1924 Lettlands erster Staatspräsident **Jānis Čakste** in Auftrag gab. Nicht mehr zu dessen Lebzeiten fertig gestellt, beherbergt es seit 1999, als der 140. Geburtstag des Politikers begangen werden konnte, eine Ausstellung, die Čakste umfassend porträtiert.
Ein anderes mögliches Ziel der Weiterfahrt von Jelgava mag Jūrmala sein. Das Kloster von **Valgunde** (Wolgund), das auf dem ersten Abschnitt dieser Strecke rechter Hand liegt, bewirtschaften noch etwa 70 **orthodoxe Nonnen** – heute als Außenstelle eines Rigaer Klosters. In den gut 100 Jahren seiner Existenz hat es seine Tätigkeit nie unterbrochen.
Einige Kilometer weiter – östlich von dort, wo die Lielupe ihre

westlichsten Schleifen zieht - erstreckt sich der **Schauplatz blutiger Kämpfe** zwischen Kaiser- und Zarenreich um die Weihnachtszeit des Jahres **1916**. Nimmt man sich ein paar Stunden Zeit, so kann man das Gelände dank guter Markierung aller Örtlichkeiten, die für den Schlachtverlauf bedeutsam waren, eingehend erkunden. Blicke von einem eigens aufgestellten Aussichtsturm und ein Besuch des Museums auf dem Hof »Mangaļi« (Tel. 3050272) mögen helfen, die gewonnenen Eindrücke zu ordnen. Am nur 19 m hohen, seinerzeit jedoch umkämpften **Ložmetējkalns** (wörtlich *Maschinengewehr-Berg*) würdigt ein Denkstein die an der Schlacht beteiligt gewesenen Angehörigen lettischer Schützenregimenter.

Jūrmala

Der Name **Jūrmala** sagt bereits, was diese Stadt vor allem zu bieten hat, denn im Lettischen bedeutet er *Strand* bzw. *Meeresküste.* Zum Namen einer Stadt konnte dieses Wort werden, weil es die Gemeinschaftsbenennung für ursprünglich über ein Dutzend kleiner Orte bildet. Auf der **Nehrung** zwischen der Rigaer Bucht und der auf Umwegen sich meerwärts schlängelnden Lielupe (Kurländische Aa) aufgereiht, wuchsen die einzelnen Dörfer etwa ab der Mitte des 19. Jahrhunderts, als die Rigenser sie als Naherholungsgebiet entdeckten, immer mehr und schließlich nahtlos aneinander. Riga am nächsten liegt Lielupe (Bullen); es folgen Bulduri (Bilderlingshof), Dzintari (Edinburg), Majori (Majorenhof) sowie Dubulti (Dubbeln), das sich schon um 1830 zu einem Feriendomizil entwickelte, d.h. mit etwas Vorsprung, bevor auch die anderen Orte zu »boomen« begannen. Hinter Dubulti schließen sich Jaundubulti (Neu-Dubbeln), Pumpuri (Karlsbad), Melluži (Karlsbad), Asari (Assern) und Vaivari an sowie zuletzt das bereits 25 km von der Lielupe-Mündung und damit der Spitze der Nehrung entfernte Kauguri (Kaugern). Bald schon nannte man sie allesamt einfach **»Rigascher Strand«** bzw. auf Lettisch »Rīgas Jūrmala«. Eine größere eigenständige Stadt war das etwas im Hinterland gelegene Sloka (Schlock). Erst 1959 wurde Sloka mit den genannten Strandbädern zu der Verwaltungseinheit Jūrmala zusammengefasst. Gleiches gilt für das ebenfalls küstenferne Ķemeri (Kemmern), den aufgrund seiner Schwefelquellen lange Zeit vornehmsten Kur- und Erholungsort des Baltikums.

In den Grenzen Jūrmalas leben heute, verteilt über eine Fläche von genau 100 km², 55.800 ständige Einwohner. In der Sowjetzeit waren es nur gut 5000 mehr; die Zahl der Sommergäste jedoch überstieg das Touristenaufkommen von heute um ein Mehrfaches. Meist ca. 200.000 Personen pro Saison kamen aus allen Teilen der UdSSR nach Jūrmala, das als deren Ostseebad schlechthin galt. Hinter vorgehaltener Hand wurde es **»lettische Riviera«** genannt; und wer am herrlichen Sandstrand der Nehrung entlangspaziert, dem wird klar, dass dies nicht einmal ironisch gemeint war.

Mit rund 40 Sanatorien und größeren Hotels, etlichen parteieigenen Erholungsheimen sowie daneben

➢ *Alte neben sowjetzeitlicher Bäderarchitektur in Jūrmala*

noch 23 Pionierlagern war damals die Grenze des Verkraftbaren erreicht. Jūrmala musste, was neue Bebauung angeht, schließlich die Notbremse ziehen. Der Baustopp kam rechtzeitig, bevor Glas- und Betonburgen womöglich die von den Häuslebauern des 19. und frühen 20. Jahrhunderts errichteten **Holzvillen** aus dem Straßenbild verdrängt hätten; wie sich an der Zahl von allein etwa 200 Architekturdenkmälern zeigt, ist dies zum Glück aber nicht geschehen. Vor allem in der Gegend um die Jūras iela in **Majori** besteht die Bebauung noch zum größten Teil aus den mit Erkern und Türmchen, verschnörkelten Laubsäge- und Schnitzarbeiten sowie meist sprossenreichen Fenstern versehenen Bretterpalästen, die teils hinter, teils zwischen die bewaldeten Dünen gesetzt wurden. Vor wenigen Jahren unternahm die lettische Regierung sogar Anstrengungen, Jūrmalas hölzernen Sommerhäusern einen Platz in der UNESCO-Liste des Weltkulturerbes zu verschaffen; der Vorstoß verlief allerdings erfolglos.

Längs des Strandes gesellt sich zu diesen Holzvillen das, was noch konkreter **Bäderarchitektur** ausmacht – das 1870 eröffnete einstige **Sanatorium »Marienbad«** etwa. Ein Beispiel dafür, wie im Gefolge der Immobilienprivatisierung wenigstens einzelne dieser Bauwerke mustergültig restauriert werden konnten, findet man einige hundert Meter weiter östlich in Gestalt eines für Jūrmala beinahe zum **Wahrzeichen** gewordenen Holzgebäudes am Ende der Pilsoņu iela. Nach dem Ende der Sowjetzeit schien keineswegs vorhersehbar, dass es schon bald schmucker denn je aussehen und in ein vornehmes **Strandhotel** zurückverwandelt sein würde. – Von den Sommerhäusern befinden sich viele wieder im Besitz der Alteigentümer bzw. ihrer Nachfahren, die bis Ende 1993 Gelegenheit hatten, sich zu melden; in anderen konnten sich sodann diejenigen einrichten, die nach der politischen Wende rasch zu Geld gekommen waren. Schwieriger gestaltete sich die Privatisierung der ehemals staatlichen Ferienheime, da ein eventueller Zustrom von Langzeiturlaubern erst wieder neu angekurbelt werden musste. Um zumindest für einige dieser Großbauten eine sinnvolle Weiternutzung zu garantieren - z.B. für das als scharfer Kontrast neben Majoris früherem **Kasino** stehende Rehabilitationszentrum mit seiner eigenwilligen Terrassenarchitektur -, springt auch heute einstweilen der Staat ein.

Unterdessen sind die Strandbäder von Jūrmala wieder vorrangig zum Ziel von Wochenendausflüglern aus der Hauptstadt geworden, also genau zu dem, was sie auch in ihrer Anfangszeit einmal waren. Und ebenso wie damals wählen viele dieser Ausflügler den Zug als schnelle, bequeme und preisgünstige Anreisemöglichkeit. Motorisierten Besuchern entstehen nämlich nicht nur Kosten für Benzin, sondern auch für einen **Passierschein**, dessen es in Jūrmala bedarf. Schon vor etlichen Jahren haben die Stadtväter privates Autofahren für alle, die nicht hier wohnhaft sind, gebührenpflichtig gemacht und Jūrmala so von vermeidbarem Durchgangsverkehr entlastet. An den Hauptzufahrtsstraßen wurden inzwischen Automaten aufgestellt, an denen die City-Maut für 24 Stunden - in diesem Fall betrug sie zuletzt einen Lat - oder bei Bedarf auch für einen längeren Zeitraum unkompliziert entrichtet werden kann.

Den westlichen Teil Dzintaris und den gesamten Stadtteil Majori durchzieht die **Jomas iela**, eine Straße, auf der es im Sommer recht betriebsam zugeht, da über die Hälfte ihres Gesamtverlaufs zu einer **Fußgängerzone** ausgebaut wurde. Zwischen dem Westende des Fußgängern vorbehaltenen Abschnitts sowie der nahen Bahnstation erhebt sich das Hotel »Majori«, ein bemerkenswerter späthistoristischer Bau aus den Jahren 1923-1925. An ihrem entgegengesetzten Ende trifft die Jomas iela auf die Turaidas iela. Folgt man dieser in Richtung Strand, kommt man am 1936 erbauten und 1960 um eine überdachte Freiluftbühne erweiterten **Konzertsaal von Dzintari** vorbei. Nicht nur das Gebäude selbst, sondern auch das Spektrum an Musikveranstaltungen, die hier stattfinden, kann sich sehen lassen.

Die Jomas iela kreuzt, bevor sie auf die Turaidas iela mündet, u.a. die J. Pliekšāna iela. Diese ist nach Lettlands bedeutendstem Dichter benannt, der zwar als **Jānis Rainis** Ruhm erlangte, bürgerlich jedoch Jānis Pliekšāns hieß. In der J. Pliekšāna iela 7 befindet sich das Sommerhaus, in dem er seine letzten Lebensjahre verbrachte und am 12. September 1929 starb. Täglich außer montags und dienstags kann es zwischen 11 und 18 Uhr besichtigt werden. An Rainis' Ehefrau, die Schriftstellerin **Aspazija**, wird außer in dem gemeinsamen Sommerhaus vor allem dort erinnert, wo sie als Witwe hinzog und noch bis 1943 lebte. Bei dem betreffenden Haus handelt es sich um ein für Jūrmala sehr typisches zweigeschossiges Holzgebäude aus dem frühen 20. Jahrhundert. Es liegt am Z. Meierovica prospekts, einem Abschnitt von Jūrmalas Hauptstraße im Übergangsbereich von Majori nach Dubulti, und ist täglich außer sonntags zugänglich (montags von 14 bis 19, sonst von 11 bis 16 Uhr). Auf dem Wege vom einen Museum zum anderen passiert man im Zuge der Jomas iela ein 1990 aufgestelltes **Denkmal**, das Rainis sitzend und Aspazija neben ihm stehend zeigt.

In **Dubulti**, wo die Nehrung nur wenige hundert Meter breit ist, kommt man an Jūrmalas interessantester **Kirche** vorbei. Sie könnte als ein Musterbeispiel für nationalromantischen Jugendstil gelten, wie ihn lettische Architekten zu Anfang des 20. Jahrhunderts unter dem Einfluss finnischer Vorbilder kreierten; in diesem Fall allerdings ist der Architekt ein Deutschbalte, nämlich Wilhelm Bockslaff (1858–1945). In den westlicheren Stadtteilen – an welcher Stelle man welchen erreicht, zeigen Ortstafeln genau an – nimmt der Ferienortcharakter von Kilometer zu Kilometer ab, auch wenn gerade hier mehrere der größten Sanatorien Jūrmalas stehen. Dem **»Platz der Attraktionen«** (»Atrakciju laukums«) in Asari dürfte, gerade was seine Beliebtheit bei Kindern betrifft, inzwischen der »Līvu Akvaparks« den Rang abgelaufen haben – ein 2003 eröffnetes **riesengroßes Schwimmbad** am Vienības prospekts in Bulduri.

Der schon 1255 erstmals erwähnte heutige Stadtteil **Sloka** wurde in der jüngeren Vergangenheit vor allem mit seiner wenig umweltverträglichen Papierfabrik identifiziert, ohne die in Lettland freilich schon manches Mal Mangel an Papier geherrscht hätte. Historisch gehörte Schlock/Sloka zum Herzogtum Kurland, aus dem es allerdings schon vor 1795, dem Jahr der Eingliederung Kurlands in das Zarenreich, herausgelöst wurde: Statt 1795 bereits 1785 an Russland gefallen, war Schlock/Sloka in der Folgezeit die einzige Stadt im Gouvernement Livland, in der es ein Niederlassungsrecht für Juden gab. Jahrzehntelang ließen sich Juden, die in Riga Handel treiben wollten, daher hier registrieren – mangels Alternativen.

Umgebung

Das einstige Kurbad Ķemeri

Während in den Strandbädern Jūrmalas so genannte bessere Kreise nie ganz unter sich waren oder sein wollten, war das 6 km landeinwärts gelegene **Ķemeri** (Kemmern) in seinen Glanzzeiten das, was man sich unter einem mondänen Kurort vorstellt. Nachdem 1877 ein Eisenbahnanschluss geschaffen war, kamen vor allem aus Sankt Petersburg in großer Zahl Patienten, um bei der Linderung ihrer Rheuma- und Asthmaleiden von den Heilwirkungen der hiesigen **Schwefelquellen** zu profitieren.

Das 1936 am Waldrand vor Ķemeri fertig gestellte **Kurhotel**, ein Werk des Architekten Eižens Laube (1880–1967), war in den nachfolgenden Jahren eine der nobelsten Adressen des Landes. Im Volksmund »weißes Schloss« oder auch »weißes Schiff« genannt, gilt es als einer der bemerkenswertesten architektonischen Repräsentanten der lettischen Zwischenkriegszeit. Modernisierungsarbeiten im Gefolge der Privatisierung ziehen sich

➢ *Orthodoxe Kirche im Park von Ķemeri*

seit nunmehr etlichen Jahren ohne erkennbaren Fortschritt hin. Erst recht fragt man sich, ob die einstige Badeanstalt, unweit südlich des Hotelkolosses gelegen und zuletzt in den 1920er Jahren umgebaut, jemals wieder bessere Zeiten erleben wird. Und selbst der Reiz, den **Waldpark** westlich der beiden Gebäude zu durchstreifen, hat sich in jüngerer Zeit etwas reduziert, seit auf dessen anziehendster Örtlichkeit, der **»Insel der Liebe«** (lett. »Mīlestības sala«), Vandalismus gewütet hat. Der zweigeschossige Pavillon auf ihr hat dabei sogar seine Balustrade teils eingebüßt. Eine wirkliche architektonische Zierde für den Park bildet damit einstweilen nur noch die nahe gelegene orthodoxe **St.-Peter-und-Pauls-Kirche** von 1893.

Diejenigen, die weniger an den Zeugnissen alter Bäderkultur als vielmehr am **Ķemeri-Nationalpark** interessiert sind, werden in Ķemeri ohnehin am ehesten das **Informationszentrum** des Nationalparks aufsuchen wollen. Es ist in einem hübschen, einst als Ausflugslokal errichteten Gebäude untergebracht, das heute schlicht »Waldhaus« (lett. »Meža māja«) genannt wird; als Restaurant hieß es seinerzeit »Jautrais ods«, zu Deutsch »Die fröhliche Mücke«. Man erreicht jenes »Waldhaus«, indem man vom ehemaligen Kurhotel bzw. »weißen Schloss« nach Nordosten immer geradeaus waldeinwärts geht oder – sofern man mit dem Auto nahe heranfahren möchte – indem man zunächst Richtung Nordosten auf der Hauptstraße bleibt und dann links abbiegt. Der Nationalpark selbst erstreckt sich überwiegend westlich der Grenzen Jūrmalas und wird in diesem Buch deshalb in dem Abschnitt über Tukums abgehandelt.

Koknese

Koknese (Kokenhusen), 90 km von Riga stromaufwärts an der Daugava (Düna) gelegen und heute ein eher unscheinbarer Ort mit 2900 Einwohnern, spielt in lettischen **Heldenmythen** und auch in der mittelalterlichen Geschichte des Landes eine namhafte Rolle. Seine Sehenswürdigkeit ist eine **Burgruine** in ungewöhnlicher Lage: Hatte sie bis 1968 den Rand des Tals der Düna bzw. Daugava und zur anderen Seite hin das Steilufer des Nebenflusses Pērse (Perse) in imposanter Höhe bekrönt, so steht sie seit den Stauungen von Lettlands Schicksalsstrom förmlich mit den Füßen im Wasser: Aus einer typischen Höhenburg wurde faktisch beinahe eine Seefestung.

Bei der Legendenbildung um Koknese hat, wie es scheint, der Ortsname die Phantasie der Menschen beflügelt. Ein »koknesis« wäre im Lettischen nämlich *jemand, der Holz getragen hat*, und so handeln alte Erzählungen von dem Helden Koknesis, der Baumstämme über den Fluss wuchtete, um am anderen Ufer eine Burg errichten zu können. In seiner ältesten überlieferten Form lautet der Ortsname allerdings **»Kukenois«**. Um 1200 bezeichnete er zugleich ein von der Oger/Ogre bis zur Ewst/Aiviekste reichendes **Fürstentum**, das den westlichsten Vorposten der Herrscher von Polock darstellte und über das in Abhängigkeit von diesen zuletzt ein gewisser Vesceke (Vetseke, Vjačko) regierte. 1205 schloss Vesceke einen Vertrag mit Bischof Albert I. von Riga; zwei Jahre später steckte er seinen Burgsitz jedoch in Brand und machte sich auf und davon, worauf ab 1209 die bereits erwähnte steinerne Burg entstand. Bischof Albert und der Schwertbrüderorden besaßen sie zunächst gemeinsam, ehe sie 1213 ganz an den Bischof fiel; dessen Nachfolger vergaben sie später als Lehen. Der dreieckigen **Hauptburg** waren fächerförmig eine **Vorburg** und eine kleine **städtische Siedlung** vorgelagert. Vorbilder für diese Art, auf spitz zulaufendem Gelände oberhalb einer Flussmündung Burgen und unmittelbar dahinter Städte anzulegen, sind in Westfalen, von wo viele der im Mittelalter ins Baltikum gelangten Deutschen stammten, nachgewiesen worden. Bei Ausbruch des Livländischen Krieges 1558 wurde die Burg den Polen übergeben, die sie, von einem russischen Intermezzo 1577 abgesehen, bis 1625 halten konnten. In jenem Jahr eroberte Gustav II. Adolf sie für Schweden, was seinem Vorgänger Karl von Södermanland 1601 noch knapp missglückt war: Dieser war nur in die Stadt Kokenhusen vorgedrungen, nicht aber in die Burg. Bis 1656 und erneut ab 1661 befand sich die Burg in schwedischer Hand, dazwischen in russischer. Doch erst der Befehl eines sächsischen Obersts, sie zu sprengen, machte sie ein Jahr nach Ausbruch des Großen Nordischen Krieges (1700–1721) zur Ruine.

➢ *Zu einem Stausee angeschwollen, umspült die Daugava die Burgruine von Koknese*

Die Stadt, die bis etwa dort gereicht haben mag, wo heute mit einer **Sängerbühne** ein Park rund um das Burgareal beginnt, war schon 1684 geschleift worden, um Platz für Bastionen zu schaffen. Die meisten Bewohner siedelten damals ins Tal um – insofern erlebte Koknese durch das Staudammprojekt der Sowjetzeit bereits die zweite Siedlungsverlegung im Laufe seiner Geschichte. Inzwischen hat es sich nordwärts zur Eisenbahnlinie hin ausgedehnt; dicht am Stausee steht außer den Burgmauern und wenigen Gehöften nur die lutherische Kirche. Am fotogensten ist der **Blick auf die Burgruine** wohl vom westlichen Pērse-Ufer, wenngleich die Fundamentbetonierungen, die zu ihrer Sicherung vor ein paar Jahren vorgenommen wurden, ihren Anblick aus keiner Richtung reizvoller gemacht haben. Daran, dass die Pērse unweit von hier einen wunderschönen Wasserfall besaß, der mit im Stausee untergegangen ist, erinnert ein Denkstein im erwähnten Park bei der Burg. Des Weiteren stehen dort noch vier **Geschütze** aus der schwedischen Zeit.

In einem der Gebäude, die vom örtlichen Gutshof – Mitte der 1880er Jahre eine Zeit lang Wohnsitz des Dichters Rūdolfs Blaumanis – verblieben sind, findet man heute eine Touristeninformationsstelle. Vermarkten kann Koknese sich vor allem in seiner Eigenschaft als einstiges **Hansemitglied**, in der es wie die meisten übrigen einstigen Hansestädte des Baltikums aus westlicher Sicht lange vergessen war. Auf den »Hansetagen der Neuzeit«, die seit 1980 jährlich eine andere Stadt ausrichtet, war es erstmals 1991 in Wesel wieder vertreten.

Umgebung

Pļaviņas

Das heutige Stadtgebiet von **Pļaviņas** (Stockmannshof) erstreckt sich über einen Bereich längs der Daugava, den vor der sowjetischen Zeit jahrhundertelang Grenzziehungen zwei- oder, was Landkreisgrenzen betrifft, sogar dreigeteilt hatten. Die meisten der heute 4000 Einwohner leben auf einem Gebietsstück, das ab 1629 zu Schweden gehörte, der Rest, nämlich die Bewohner des mittlerweile eingemeindeten **Gostiņi** (Trentelberg), auf Gebiet, das damals polnisch blieb. Nach der 1783 unter russischem Regiment durchgeführten Kreisreform lag der heutige Stadtkern im Landkreis Riga und damit innerhalb der Ostseeprovinzen, während Trentelberg/Gostiņi dem Kreis Dünaburg/Daugavpils zugeordnet war. Dazwischen schob sich obendrein ein schmaler Streifen des Kreises Wenden/Cēsis (später, in der Zwischenkriegszeit, des Kreises Madona). Historisch respektive dem Provinzgrenzenverlauf bis 1940 nach war bzw. ist Gostiņi jedenfalls die westlichste Stadt Lettgallens.

Als Sehenswürdigkeit dieses heutigen Stadtteils von Pļaviņas sei die 1830 im **Empirestil** errichtete **Kirche** erwähnt – ein Walmdachbau mit nur angedeutetem Turm über einem Portikus. Auf die Mündung der Aiviekste (Ewst), an der Gostiņi liegt, in die zum Stausee angeschwollene Daugava fließt von Norden kommend der Bach Skanstupīte zu (auch Aizmantiņa genannt); an dessen Mündung erkennt man die **»Schwedischen Schanzen«** (lett. »Zviedru skanstis«), Verteidigungsanlagen aus dem 17. Jahrhundert. Beim »Stockmannshof«, auf den der deutsche Name von Pļaviņas zurückgeht – der lettische übrigens würde *kleine Wiesen* bedeuten –, handelt es sich um eine westlich der Stadt gelegene Guts- und vormalige **Burganlage**. Sie wiederum heißt mit lettisiertem Namen Stukmaņi. Zwischen zwei »Kleten«, wie man den betreffenden Gebäudetypus im Baltikum nannte, ist der markante **Tor- und Glockenturm** von Stukmaņi gefügt. Durch ihn gelangt man auf einen rechteckigen Innenhof, um den herum die meisten Gebäude noch in etwa so aussehen, wie sie im 18. Jahrhundert gestaltet wurden.

Rund um Odziena

An der Straße von Pļaviņas nach Ērgļi liegt das historistische **Gutsschloss Odziena** (Odensee), das in seinen Ausmaßen und der Höhe seines Turms die meisten Herrenhäuser Lettlands – egal welcher Stilrichtung – in den Schatten stellt. Ob das seit langem ohne Dach und Fenster dastehende Gebäude noch vor dem völligen Verfall gerettet werden kann, ist leider fraglich.

Ein Ehrenfriedhof 2 km südlich des nahen Gemeindehauptortes **Vietalva** (Fehteln) steht mit einer fünftägigen Schlacht in Verbindung, die im August 1944 in dieser Gegend zwischen lettischen Angehörigen der Roten Armee und Streitkräften der Wehrmacht ausgetragen wurde. Nordwestlich von Odziena befindet sich, 1766 auf Veranlassung Katharinas II. als **deutsche Bauernkolonie** gegründet, die Ortschaft **Irši** (Hirschenhof), der man heute allerdings nichts ansieht, was sie von anderen Dörfern Lettlands unterschiede.

Krāslava

Durch die lange Zugehörigkeit der heutigen Region Latgale (Lettgallen) zu Polen wurde die Baukunst hier nachhaltig und bis tief in die Provinz hinein vom Barock geprägt; andererseits entwickelte sich nur eine einzige der lettgallischen Städte, nämlich **Krāslava** (Kraslau), mit gleich mehreren barocken Prachtbauten zu einer wirklichen Perle dieses Stils. Sie verdankt dies den kunstsinnigen Grafen Plater, die seit 1729 die Geschicke der Gegend bestimmten. Das Bestreben Johann Ludwig Platers, vor allem aber seines Sohns Ludwig Konstantin Plater (1719–1778) war es, den Ort zum geistigen wie auch wirtschaftlichen **Zentrum Polnisch-Livlands** bzw. Inflantys, wie man Lettgallen damals nannte, zu machen. Letzterem Ziel diente die Anwerbung von Handwerkern der unterschiedlichsten Fachrichtungen aus Polen und Deutschland.

Das so genannte **Neue Schloss** der Grafenfamilie und die ursprünglich als Bischofskathedrale für Polnisch-Livland gedachte Ludwigskirche thronen auf Hügeln; das **Alte Schloss**, die spätere Schlossbibliothek, liegt genau dazwischen in einer Senke. Es war 1759 als erster der drei Bauten fertig gestellt; seine Nutzung für Bibliothekszwecke ergab sich bald nach Vollendung des Neuen Schlosses im Jahre 1791. Die dreigeschossige Fassade des Alten Schlosses bzw. der Bibliothek beherrscht ein vorgewölbter Mittelrisalit, den zwei frei stehende Säulen seitlich einfassen.

Auch die Risalite des Neuen Schlosses – ein dreigeschossiger in der Mitte und jeweils, angepasst an die sonstige Höhe des Gebäudes, ein zweigeschossiger an den Seiten – kommen ohne Ecken und Kanten aus und haben stattdessen abgerundete Außenwände. Besonders eigentümlich wirken diese Risalite, seit sie, bedingt durch klassizistische Einflüsse des frühen 19. Jahrhunderts,

Dreiecksgiebel erhielten. Bei den zu dieser Zeit ausgeführten Umbauten büßten beide Schlossgebäude ihr ursprüngliches Mansarddach ein. Beim Neuen Schloss wurde es um 1990 rekonstruiert, ohne dass sich an dessen traurigem Gesamtzustand dadurch viel geändert hätte; auch um das Alte Schloss scheint es kaum besser bestellt. Von Norden ist dem Neuen Schloss ein Paradehof vorgelagert. In Seitengebäuden hat an ihm inzwischen das **Geschichts- und Kunstmuseum** Krāslavas seine Heimstatt gefunden; geöffnet ist es dienstags bis freitags von 10 bis 17 Uhr, an Samstagen von 10 bis 14 Uhr.

Auf der Talseite des künstlich erhöhten Schlosshügels wurde seinerzeit ein terrassenförmiger Park angelegt. Die naturgegebenen Voraussetzungen an der Düna- bzw. Daugava-Schleife von Krāslava wurden somit optimal ausgenutzt und teils noch optimiert. Sie waren im Übrigen auch der Grund dafür, dass die Hauptfassade der **Ludwigskirche** nach Süden gerichtet und der Altar folglich im Norden anstatt im Osten platziert wurde. Die turmlose Kirche entstand 1755–1767 nach einem Entwurf des Genuesen Antonio Paracco. Die Errichtung zweier Türme, wie sie ursprünglich vorgesehen waren, scheiterte aus finanziellen Gründen. Jeweils drei überkuppelte Kapellen bilden die Seitenschiffe; an der Ostseite, vor der rechten Chorwand, kam später eine Kapelle des heiligen Donatus zur Aufbewahrung von **Reliquien** dieses Märtyrers hinzu. Dem von korinthischen Säulenpaaren eingerahmten Altarbild von 1884 liegt eine Skizze des großen polnischen Künstlers **Jan Matejko** zugrunde. Es zeigt Frankreichs heilig gesprochenen König der Jahre 1226–1270, Ludwig IX., vor dem Kreuzzug, der ihn das Leben kosten sollte.

Ludwigskirche und Neues Schloss sind vom Tal her weitgehend zugewachsen, sodass sie beim ersten Blick auf Krāslava – wie er sich, wenn man aus westlicher Richtung anreist, sehr schön von einem Aussichtsparkplatz bietet – kaum mehr wie früher ins Auge fallen. Charakteristisch für das Stadtbild bleiben die zahlreichen eingeschossigen **Holzhäuser** entlang der Hauptstraße Rīgas iela und etlicher anderer Straßen. Die traditionellen Holzbauten Lettgallens unterscheiden sich von denen in anderen Landesteilen vor allem durch oft wunderschöne Schnitzereien über ihren Fenstern.

Nach dem am frühesten begonnenen Barockbau, den die Stadt einmal besaß, nämlich ihrem ab 1752 errichteten **Rathaus** auf einem heute so nicht mehr existenten Marktplatz an der Mündung der Brīvības auf die Rīgas iela, hält man heute vergebens Ausschau. Nachdem neue russische Gesetze im späten 19. Jahrhundert die überkommene Form der Ratsgewalt beseitigt hatten, trug man – vielleicht gerade weil das Gebäude polnische Rathaus-Bautraditionen so idealtypisch verkörperte – das turmgekrönte Dach und das Obergeschoss ab. Das noch vorhandene Erdgeschoss ist inzwischen durch spätere Anbauten entstellt. Vergleichsweise besser hat sich das sogar schon aus den 1730er Jahren stammende Gebäude der einstigen **Apotheke** erhalten, die, wie damals üblich, planmäßig in Rathausnähe angesiedelt wurde.

Die an die Rīgas iela westlich anknüpfende Augusta iela durch den Vorort Augustovka und der dort zu sehende **»August-Stein«** (lett. »Augusta akmens«) erinnern an den polnischen König August II. aus dem Hause Wettin. Der Monarch soll an jenem Stein, mit welchem Johann Ludwig Plater markiert hatte, bis wohin sein Landerwerb von 1729 reichte, einmal nach einer Jagd gespeist haben. Fährt man in entgegengesetzter Richtung stadtauswärts, so kann man vor einer lang gezogenen Linkskurve, die die Rīgas iela dort macht, rechts zu einem unmittelbar am Fluss gelegenen jüdischen Friedhof abbiegen.

Mit 11.400 Einwohnern ist Krāslava derzeit die drittgrößte Stadt Lettgallens, dicht gefolgt von Ludza. Ob man es zu den ältesten Siedlungen der Region rechnet oder seine Geschichte tatsächlich erst mit dem **Geschlecht Plater** beginnen lässt, ist Auslegungssache; zu wenig weiß man, was diese Gegend betrifft, über die Gegebenheiten zur Zeit der Ankunft der Deutschen im Baltikum und davor. Sicher ist nur, dass sie damals den russischen Fürsten von Polock (heute einer Stadt im Norden Weißrusslands) unterstellt war.

Umgebung

Indrica und Piedruja

Die 1698 geweihte **Johanniskirche** in **Indrica** (Indritz) zeichnet neben dem für einen Holzbau erstaunlichen Alter ihre ausgesprochen reizvolle Lage in Sichtweite zur Daugava aus. Die Entscheidung, von der Fernstraße Richtung Vitebsk aus auf einen holprigen Seitenweg in das nur 4 km entfernte Dorf abzubiegen, sollte deshalb leicht fallen. Das von Lärchen überragte Gotteshaus besitzt äußerst schmale, eigentlich nur angedeutete Seitenschiffe und ist anders als die meisten Holzkirchen Lettgallens eintürmig; allerdings steht ähnlich wie andernorts in der Region im hinteren

➢ *Die hölzerne Kirche von Indrica*

Winkel des Kirchhofs noch ein separater **Glockenturm**.

Ein Gebiet, das im Mittelalter nie zum Ordensstaat gehörte und ebenso wenig in späterer Zeit zur polnischen Woiwodschaft Inflanty, decken die heutigen lettischen Grenzgemeinden Indra (Baltinowo) und Piedruja ab. Nach der ersten Teilung Polens 1772 trennte die Düna/Daugava zwischen dem Städtchen Druja und seiner Brückenkopfsiedlung **Piedruja** erstmals Staaten voneinander, nämlich Litauen (als Teil von Polen-Litauen) vom erweiterten Zarenreich. Mit der Dritten Polnischen Teilung wurden 1795 beide Ufer russisch. Von 1920 bis 1940 grenzte hier das damalige Polen an Lettland, das sich den Gebietsstreifen von Piedruja bei der Arrondie-

rung seines Staatsgebietes gerade noch hatte ertrotzen können. Seit Anfang der 1990er Jahre ist nunmehr das linke Flussufer weißrussisches und das rechte wieder lettisches Staatsterritorium.
1759, als Druja und Piedruja noch beide auf litauischem Gebiet lagen, wurde nahe dem rechten Ufer der Grundstein für die barocke **Mariä-Himmelfahrts-Kirche** gelegt, deren Türme dem verträumten Nest, als das man Piedruja heutzutage empfindet, Glanz verleihen.
Im 13 km nördlich von Indra gelegenen **Robežnieki** werden auf dem Hof »Viesturi« Strauße und andere **exotische Vögel** gehalten. Die immer zahlreicheren Besucher dürfen hier sogar von deren Eiern kosten oder können diese als Souvenirs erwerben.

Dagda, Auleja und der Sauleskalns

Wie vielerorts in der Region Latgale (Lettgallen), so stellt auch in dem Städtchen **Dagda** (Dageten), das gut 30 km von Krāslava entfernt am Westufer eines Sees liegt, ein barocker Sakralbau die Hauptsehenswürdigkeit dar: Mitte des 18. Jahrhunderts wurde hier aus Mitteln des Kastellans Jan August Hülsen mit der Errichtung der **Trinitatiskirche** begonnen, die trotz ihrer niedrigen Türme kaum zu übersehen ist. Die Türme stehen um einige Meter seitlich vom Mittelschiff abgerückt, sodass die Westfassade insgesamt an Breite gewinnt, und zwar so sehr, dass sie breiter ausfällt, als die Türme hoch sind. Zu dieser Fassadenkonzeption passt immerhin der Verzicht auf eine von außen sichtbare Kuppel. Die zentrale Kuppel über der Vierung und vier um sie herum angeordnete kleinere Kuppeln verschwinden vielmehr unter der Dachkonstruktion. An das frühere Gut erinnert in Dagda nach den Aufständen von 1863 und 1905 nur mehr ein **Park**, dessen Bäume allerdings so alt sind, dass sich auch ein Stopp nur für den Park durchaus lohnt.
An der nördlichen Bucht des Sees Sīvers vorbei gelangt man von Dagda nach **Auleja** (Aula). War schon die Kirche in Dagda Ergebnis einer Mischung von Zentral- und Längsplanung, so trifft dies vollends auf die **Kirche St. Maria Magdalena** in Auleja zu, bei der zwischen Türmen und Querhaus praktisch kein Zwischenraum bleibt. 1709 von Jesuiten erbaut, ist sie die etwas ältere der beiden Kirchen. Auch in Auleja sind die Türme nicht hoch, aber anders als in Dagda immerhin höher geraten als der Giebel; dieser wiederum tritt in Auleja über den Grundriss der Türme hinaus nach vorne.
Die Bewohner Aulejas bewahren mit besonderem Engagement alte Traditionen und verstehen sich nach wie vor meisterhaft auf die Fertigung ihrer **Trachten** sowie schmucker Tücher.
Auf der Fahrt von Auleja nach Krāslava oder umgekehrt bietet sich ein Abstecher zum 211 m hohen **Sauleskalns** an. Die Landschaft konnte hier auch durch die Errichtung eines sowjetischen Arbeiterferienheims ihren Reiz nicht verlieren. Noch sind dessen Bauten nicht so verfallen, dass eine Instandsetzung unmöglich wäre; Inländern scheinen inzwischen jedoch andere Unterbringungsarten attraktiver,

sodass ein potentieller Investor das Wagnis eingehen müsste, hauptsächlich auf Familienurlauber aus dem Ausland zu setzen. Schon die Erholungsanlage selbst berührt zwei Seen, und etliche weitere kann man von der Kuppe des Sauleskalns aus überblicken. Sein Name – wörtlich *Sonnenberg* – weist auf vorchristliche Kulthandlungen zurück. Der Drīdza ezers oder **Drīdzs** (Drissasee) zu seinen Füßen ist der **tiefste See** des Baltikums. Zum Vergleich: Nach neuesten Messungen beträgt seine Tiefe gut 63 m und kommt damit der des Zeller Sees bei Salzburg nahe.

Rund um Ezernieki

Das Dorf **Ezernieki** trägt diesen Namen erst seit einer Umbenennung im Jahre 1938; eigentlich heißt es Bukmuiža (Buckmuische). Es liegt am Nordostufer des Ežezers, in dem es rund **40 Inseln** gibt, mehr als in irgendeinem anderen lettischen See. Wenn lange kein Regen gefallen ist, sollen unter Einrechnung der Sandbänke, die dann über den Wasserspiegel treten, sogar schon um die 70 gezählt worden sein. Das Erscheinungsbild der tatsächlichen Inseln mit ihrer typischen Bewaldung hat offenbar zu der originellen Benennung des Sees geführt; man kann den Namen Ežezers im Lettischen nämlich so verstehen, dass er *Igelsee* bedeutet. Westlich von Ezernieki liegen zwei unter Schutz gestellte **Eichenhaine** am Ufer, die mit ihrem Baumbestand aus alten Eichen und teilweise auch Eschen ein ideales Gefilde für zahlreiche andere Arten, darunter allerlei Farne, bilden.

Fährt man an den beiden Eichenwäldern vorbei weiter westwärts, so hat man noch etwa 15 km lang keinen Asphalt unter sich, was der Zauber der Landschaft jedoch aufwiegt. In **Andrupene** (Andropno), wo man schließlich auf die Straße von Dagda nach Malta stößt, kann ein **Bauernhof** besichtigt werden, dessen Wohnhaus, Stall, Getreidekammer, Schmiede und Badestube noch so erhalten sind, wie es den Gegebenheiten Ende des 19. Jahrhunderts entspricht.

Vielleicht reist man von Ezernieki aber statt nach Andrupene lieber genau in die Gegenrichtung weiter, weil man einen Eindruck von der Gegend um das lettisch-russisch-weißrussische Dreiländereck bekommen möchte. Diesen Eindruck kann sehr gut ein Abstecher zur Kirche von **Landskorona** (Landskron) in der Gemeinde Šķaune, der östlichsten des Kreises Krāslava, abrunden. Die **Gottesdienste** finden hier noch in reinem **Lettgallisch** statt, das für Letten aus den übrigen Landesteilen nicht leicht zu verstehen ist.

Kuldīga

Kuldīga (Goldingen) liegt nicht nur, wie gerne gesagt wird, im Herzen Kurlands, sondern ist auch die **älteste Stadt** dieses Landesteils – jedenfalls im rechtlichen Sinne: 1355, zu einer Zeit, als noch kaum ein anderer Ort im weiteren Umkreis Stadtrechte besaß, wurde das Privileg für Goldingen/Kuldīga bereits ein erstes Mal erweitert. Goldingen entstand genau an der Stelle, bis zu der die **Venta** (Windau) im Mittelalter schiffbar war, und entwickelte sich zu einer von zwei Hansestädten an deren Ufern – auch dies übrigens

mit einem zeitlichen Vorsprung gegenüber Windau/Ventspils, der an der Mündung in die Ostsee gelegenen anderen dieser zwei Städte.
Der lettische Name Kuldīga klingt so, als sei er dem deutschen lautlich nachgebildet; tatsächlich verhält es sich aber umgekehrt. Die Burg, mit deren Errichtung der Livländische Orden beginnen konnte, nachdem der päpstliche Legat Wilhelm von Modena den betreffenden Grund und Boden 1242 als Ordensbesitz bestätigt hatte, hieß anfangs zunächst **»Jesusburg«**. Ihren späteren Namen übernahmen Stadt und Burg von einer **Vorgängersiedlung** des heutigen Kuldīga, die sich gut 3 km flussabwärts bei einem kurischen Burghügel befand. Dieses noch ältere einstige Kuldīga, heute **Veckuldīga** genannt, wurde durch die Stadtgründung im Schatten der Ordensburg nicht schlagartig verdrängt, sondern existierte bis ins 14. Jahrhundert weiter. Dass es schließlich doch von der Bildfläche verschwand, war eine Folge seiner handelsstrategischen Unterlegenheit gegenüber dem im 13. Jahrhundert neu entstandenen und fortan einzigen Goldingen bzw. Kuldīga. Dessen Blüte, zu der seine Lage am wichtigsten Verbindungsweg zwischen den preußischen Ordensgebieten und Riga beitrug, schien zunächst überschritten, als 1466 die Litauer über Kurland hergefallen waren, setzte sich jedoch ab 1561 in der Zeit des Herzogtums Kurland und Semgallen fort. Herzog **Gotthard Kettler** führte zeitweise von hier aus die Regierungsgeschäfte; sein Sohn Wilhelm erklärte Goldingen 1596 zur Hauptstadt für die Westhälfte des Herzogtums. Mit Wilhelms Sturz im Jahre 1616 verlor es die Residenzstadtwürde zwar, doch stand ein neuerlicher wirtschaftlicher Aufschwung unter dem großen **Herzog Jakob** erst noch bevor. Auf diesen Aufschwung folgten allerdings die Nordischen Kriege, die dem Land unendliches Leid bringen sollten und die auch die »goldene Zeit Goldingens« beendeten.
Heute gehört es zum touristischen Kapital der 13.600 Einwohner zählenden Stadt, dass sie noch Gebäude aus der Zeit vor diesen Kriegen besitzt. Wurden derartige Relikte andernorts oft spätestens in einem der beiden Weltkriege ausgelöscht, so richteten diese in Kuldīga keinerlei Schäden an. Die Sowjetzeit erlebte Kuldīga dank geringer Industrieansiedlung mehr oder minder im **Dornröschenschlaf**; und so fasziniert es seine Besucher bis in die Gegenwart mit einer großen und sehr kompakt erhaltenen **Altstadt**. Deren Bild prägen sowohl Stein- als auch Holz- und Fachwerkbauten, dazwischen drei Kirchtürme sowie – nicht wegzudenken – der **Bach Alekšupite** (Alexbach), der in seinem engen Bett stellenweise unmittelbar zwischen zwei Hauswänden hindurchfließt und Kuldīgas Fremdenverkehrsförderer zu Vergleichen mit Venedig und Amsterdam beflügelt.
Holländisch muten auch einige Hausfassaden im östlichen Abschnitt der Liepājas iela an, die den Pilsētas laukums, einen großen Platz im moderneren Teil Kuldīgas, mit dem historischen Stadtkern rund um den Rathausplatz verbindet. Dort angekommen, sieht man im Süden das 1868 in neoromanischen Formen errichtete **Rathaus**.

➢ *In der Altstadt von Kuldīga*

Vorgänger dieses einzigen Rathausneubaus aus der zweiten Hälfte des 19. Jahrhunderts, den es in ganz Lettland gibt, war das benachbarte Eckgebäude zur Pasta iela. Im Mittelalter muss die Stadt deutlich weiter nördlich verwaltet worden sein, denn damals reichte sie noch gar nicht bis hierhin.

Von den Brücken neben dem neuen und dem alten Rathaus bieten sich malerische Blicke auf die Alekšupīte. Auf der Westseite ist dem unebenen Rathausvorplatz der Chor der **Dreifaltigkeitskirche** zugewandt. Der 1639 veranlasste Bau einer katholischen Stadtkirche war ein Zugeständnis an die polnische Krone, von der Kurland formell abhängig war und die in dem protestantischen Herzogtum den Katholizismus gefördert sehen wollte. Zur überaus prachtvollen Ausstattung der Dreifaltigkeitskirche gehört als ältestes Stück eine **Marienfigur** aus dem 16. Jahrhundert. Die **Annenkirche** an der Dzirnavu iela, zu erkennen am grünen Turmhelm mit vier Ecktürmchen, wurde von Wilhelm Neumann, dem späteren Rigaer Kunstmuseumsdirektor, entworfen und 1904 fertig gestellt. Erst mit ihr bekam die lettische Gemeinde der Stadt ein eigenes Gotteshaus. Spenden für ihren Bau waren schon seit 1870 gesammelt worden.

Über die von den Rathausgebäuden nordwärts führende **Baznīcas iela** (Kirchstraße) gelangt man zum dritten und ältesten Sakralbau in der Altstadt von Kuldīga, der Katharinenkirche. Blickfang an der Baznīcas iela ist seit einer 1986 erfolgten umfassenden Restaurierung wieder die einstige **Hofapotheke**. Noch größere kunstgeschichtliche Bedeutung als dieser größte und älteste Fachwerkbau der Stadt besitzt das unmittelbar an die Alekšupīte stoßende Haus Baznīcas iela 7, seinerseits eines der ältesten in Lettland erhaltenen kleinstädtischen Patrizierhäuser aus Holz. Keller und Erdgeschoss stammen noch aus dem ursprünglichen Baujahr 1670. Die Gestalt des Daches hat

➢ *Reste einer Werbeaufschrift aus längst vergangenen Tagen*

sich aus 1742 sowie Anfang des 19. Jahrhunderts vorgenommenen Umbauten ergeben; barocke und klassizistische Formen fügen sich seither zu einem harmonischen Ganzen zusammen. Haus Nr. 17, in dem 1701 sogar **Karl XII.** von Schweden einmal genächtigt hat, wird nach dem Bürgermeister, dem es gehörte, »Stafenhāgena nams« genannt. Im Hof von Haus Nr. 14 erinnert eine Gedenkwand an die Erschießung roter lettischer Schützen durch Angehörige der deutschen Landeswehr im Jahre 1919, während aus der früheren Synagoge in jüngeren Jahrzehnten ein Kino wurde. An einer Hauswand unweit der Katharinenkirche werden in einem Lettisch, das längst von Rechtschreibreformen überholt ist, Reparaturen offeriert - aus Sicht des Nostalgikers Beweis dafür, dass der Mangel an Anstrichfarbe, der während der Sowjetzeit vorherrschte, auch Gutes hatte. Inzwischen hat das Gebäude nun doch eine Pinselkur hinter sich, bei der die Stelle mit der besagten Werbeaufschrift von vor 100 Jahren allerdings liebevoll ausgespart wurde.

Kuldīgas **Katharinenkirche** wurde bereits im Mittelalter erwähnt, als Steinbau jedoch erst 1606. Bis der hölzerne Vorgängerbau vollständig ersetzt und auch ein Turm aus Stein errichtet war, verging auch dann noch fast ein halbes Jahrhundert. 1866 bekam der Turm seine heutige Form und wurde damit 45 m hoch; zuvor haben die Türme von Katharinen- und Dreifaltigkeitskirche einander stark geähnelt. Der kurländische Herzog betrat die Katharinenkirche für gewöhnlich durch das **Südportal**, das ein Relief der Kirchenheiligen ziert. Das gezeigte Motiv wurde später auch zum Stadtwappen. Für einen der Herzöge, nämlich Jakob Kettler, war die Katharinenkirche sogar der Ort seiner Taufe. Kanzel und Altar schuf um 1660 Nikolas Söffrens der Ältere, der Gründer und Meister der Holzschnitzerschule von Windau/Ventspils; die Orgel wurde 1712-1715 von Cornelius Rhaneus dem Jüngeren aus Libau/Liepāja gefertigt.

Kaum 100 m von der Kirche entfernt ergießt sich neben der 1807 neu aufgebauten, mittlerweile allerdings sichtlich baufälligen **Burgmühle** der **Wasserfall** der Alekšupīte. Seine Höhe, immerhin über 4 m, ist für Kurland bereits rekordverdächtig. Mehr von sich reden macht in Kuldīga jedoch ein anderer Wasserfall - wenn man ihn denn so nennen will. Etwas besser passt angesichts der nur knapp 2 m Gefälle wohl der Begriff »Stromschnelle«, was auch der lettischen Bezeichnung dieses Naturschauspiels als **»Ventas rumba«** entspricht. Im Deutschen wurde daraus der Name »Rummel«. Wenn man die Breite der Venta-Stromschnellen nicht mit der Flussbreite gleichsetzt, sondern ihrem genauen Verlauf nach misst, so beträgt sie 249 m, womit Kuldīga einen der breitesten Wasserfälle Europas besitzt. Doch damit noch nicht genug der Superlative: Bei der 1874 fertig gestellten **Brücke**, von der man auf die Venta und ihre Stromschnellen hinunterblickt, handelt es sich um eine der längsten Backsteinbrücken des Kontinents. Autoverkehr über das 126 m lange Bauwerk ist heute nur noch eingeschränkt zugelassen. Einheimischen, die man an der »Ventas rumba« schwimmen, angeln oder bisweilen sogar mit bloßen Händen Fische fangen sieht, sollte man es nicht ohne weiteres gleichtun, denn die Unfallgefahren werden hier, wie sich leider häufig beweist, auch von Ortsansässigen unterschätzt.

Die Geländeformung rechts der Venta zeugt von einem schon unter den kurländischen Herzögen gefassten Plan, einen Seitenkanal neben dem Wasserfall anzulegen und den Fluss so auch oberhalb von hier als Schifffahrtsweg zu erschließen. Am linken Ufer stand oberhalb des Flussabschnitts zwischen Wasserfall und Brücke einst die **Ordensburg**. Auf ihre Spur führt einen heute nur noch der Eingang zu einem unterirdischen **Gewölbe**, den man am Rande eines Skulpturenparks findet. Gegenüber steht ein kleines Gebäude mit Krüppelwalmdach, das 1735 aus Steinen der damals noch nicht gänzlich zerstörten Burg errichtet wurde. Der Volksmund bezeichnet es als das »Henkershäuschen« (lett. »Bendes namiņš«); das an der angebrachten Tafel zu lesende »sarga mājiņa« bedeutet hingegen lediglich *Wächtershäuschen.*

Gut 100 m südlich von dort befindet sich – täglich außer montags von 11 bis 17 Uhr zugänglich – Kuldīgas **Heimatmuseum**. Der Holzbau, in dem es untergebracht ist, war der Pavillon des Zarenreichs auf einer Weltausstellung in Paris im Jahre 1900. Ein Kurländer kaufte ihn danach auf und ließ ihn auf Schiffen an seinen jetzigen Standort transportieren.

Ein spezialisierteres Museum findet man am entgegengesetzten Ende der Altstadt: An der Šaurā iela, einer Querstraße der Liepājas iela unweit der orthodoxen Kirche, gibt es ein **Spielkartenmuseum**, das über nahezu sämtliche jemals in Lettland hergestellten Spielkartenkollektionen sowie noch etwa 200 aus anderen Ländern verfügt. Den Weg dorthin kann man mit einer Durchquerung des »1905. gada parks« verbinden. Die in der Mitte des Parks platzierte Skulptur bildet

➢ *Oben: Kuldīgas alte Backsteinbrücke über die Venta; unten: Die Stromschnellen der Venta in Kuldīga*

in gewisser Weise eine Kuriosität, denn sie stellt Revolutionäre des Jahres 1905 dar und gibt einem davon die Gesichtszüge Lenins.
Teil eines nur wenige Kilometer vor den nordöstlichen Stadtgrenzen gelegenen Naturparks beiderseits des Flüsschens **Riežupe** sind die Riežupes alas, ein im 19. Jahrhundert von Menschenhand erweitertes **Höhlenlabyrinth**. Grund für die Verbreiterung seiner Gänge war, dass hier besonders heller, im Zusammenhang mit Glasproduktion begehrter Sand gewonnen werden konnte. Interessierten Ausflüglern werden Führungen angeboten (telefonisch verabredbar unter 3326236 oder 9267308).

Umgebung

Gutshäuser im näheren Umkreis: Pelči und Padure

5 km südlich von Kuldīga liegt der kleine Ort **Pelči** (Pelzen). Vom dortigen Gutsgelände aus führte der Stab der Heeresgruppe Kurland im Zweiten Weltkrieg das Kommando über den so genannten **»Kurland-Kessel«**, der erst am 8. Mai 1945 kapitulierte. Das Hauptquartier bildete ein nahe gelegener Bunker; Unterbringung fanden die Soldaten jedoch im ehemaligen **Herrenhaus** der Fürsten Lieven. Dieses wurde 1904 fertig gestellt; die Ziegel zur Verkleidung seiner Fassaden ließ man damals eigens aus Deutschland kommen. In seiner Architektur, für die der gebürtige Mecklenburger und spätere Rigenser Wilhelm Neumann (1849–1919) verantwortlich zeichnet, mischen sich Neorenaissance und Neobarock mit Jugendstil, wobei die Vorbilder für die Dachgestaltung klar in Frankreich zu suchen sein dürften. Der **Park**, in den es eingebettet ist, wurde vom damaligen Gartenbaudirektor der Stadt Riga, Georg Kuphaldt (1853–1938), konzipiert. Die Nebengebäude sind ähnlich gut erhalten und werden ähnlich sinnvoll genutzt wie das Herrenhaus – Letzteres hat die inzwischen weitaus meiste Zeit seiner Existenz hindurch als Schulgebäude gedient.
In Pelčis westliche Nachbargemeinde **Kurmāle** (Kurmahlen) wurden Anfang des 20. Jahrhunderts **deutsche Kolonisten** aus Wolhynien umgesiedelt. Spuren im heutigen Siedlungsbild hat dies jedoch nicht hinterlassen.
Auf Gut **Padure** (Paddern) nahe der Straße nach Ventspils wurde 1855 der Schriftsteller **Eduard Graf von Keyserling** geboren. Seine Romane, Novellen und Dramen geben Einblick in das Leben und Denken des kurländischen Adels jener Zeit; und oft schwingt das Gefühl von Vergänglichkeit mit. Keyserling starb 1918 in München.
Den einstigen Gutsbesitzern kann man die Wahl eines äußerst reizvollen Standortes für ihr **Herrenhaus** bescheinigen, zumal den Blick von

➢ *So genannte Klete (Kornkammer) auf Gut Padure*

der auserkorenen Anhöhe nach Westen zu ihrer Zeit noch nicht wie seit ein paar Jahrzehnten Kolchosarbeiterhäuser verengten. Anders als deren Erbauer begnügten die Keyserlings sich mit einem eingeschossigen Bau. Obwohl die klassizistischen Formen dieses Hauses eher schlicht gehalten sind, wäre es zweifellos Padures wertvollstes Baudenkmal, besäße das Gut nicht außerdem noch ein recht außergewöhnliches Gebäude aus dem 18. Jahrhundert. Es handelt sich dabei um eine Kornkammer oder, wie man im Baltikum sagte, **»Klete«** – in diesem Fall einen verputzten Feldsteinbau mit in der baltischen Gutshofarchitektur einzigartigen Formen. Hiervon kann man sich überzeugen, wenn man am Herrenhaus vorbei etwas nordostwärts weiterfährt; als vorerst letztes Gebäude links des Weges sieht man dann besagte Klete.

Kabile und Renda

Auch in **Kabile** (Kabillen), der östlichsten größeren Ortschaft des Kreises Kuldīga, befindet sich ein **Gutshof**, der einmal der Familie von Keyserling(k) gehörte – einem traditionsreichen Geschlecht, das ab 1300 in Bielefeld und Herford historisch fassbar wird und ab 1494 in Kurland. Als die Keyserlings Kabillen/Kabile 1810 erwarben, waren die meisten der heute zu sehenden Gebäude bereits vorhanden. Die vorherigen Besitzer, Angehörige der Familie von Behr, hatten das Herrenhaus und die übrigen Bestandteile des Hofes wie Vorratshäuser, Ställe und Gutsverwalterwohnung in einem lang gezogenen Rechteck anordnen lassen; der baumbestandene Innenhof ist nur zu einer der schmalen Seiten hin offen. Die ältesten Gemäuer des Ensembles stammen aus den 1690er Jahren; das Herrenhaus entstand in der zweiten Hälfte des 18. Jahrhunderts und verfügt über einen Saal mit in dieser Art heute seltenen Rokoko-Deckenstuckaturen. Von besonderem Reiz sind die Bogengalerien an Wäscherei und Speicher im Nordostwinkel. Ihre Dächer wurden 2003 mit neuen, freilich nach alter Technik gefertigten Holzschindeln eingedeckt.

Kabile ist der Geburtsort des Geologen **Alexander Graf von Keyserlingk** (1815–1891), der auf seinem Fachgebiet wesentlich zur Erforschung des Urals beitrug. Man zählt Keyserlingk daher zu den bedeutendsten unter den Naturwissenschaftlern und Forschungsreisenden deutschbaltischer Herkunft, wovon es – gemessen am rein zahlenmäßigen Umfang der Deutschbalten als Bevölkerungsgruppe – erstaunlich viele gab.

Zentrum von Kabiles nördlicher Nachbargemeinde ist **Renda** (Rönnen), der einzige größere Ort zwischen Kuldīga und Sabile. An fast allen Nebenbächen der hier vorbeifließenden Abava (Abau) sind unweit oberhalb der jeweiligen Mündung **Wasserfälle** anzutreffen; kaum einen erreicht man jedoch so leicht wie den der Īvande, da dieser sich ganz nahe der Ortsmitte von Renda ergießt. Jenseits der Abava führt ein steiler Weg hinauf zum ehemaligen **Gutshaus** von Renda, neben dem auch noch Reste einer frühneuzeitlichen Burganlage erkennbar sind.

Ēdole

In **Ēdole** (Edwahlen) findet man die einzige nicht schon vor Jahrhunderten zur Ruine gewordene, sondern fortwährend bewohnt gebliebene **Burg** im Gebiet des einstigen Bistums Kurland und späteren Stiftes Pilten. Im Mittelalter war Edwahlen/Ēdole Teil des nördlichen der insgesamt drei größeren Territorien, in die sich das Bistumsland gliederte, während Allschwangen/Alsunga als westlicher und Goldingen/Kuldīga als nächstgrößerer östlicher Nachbarort auf Ordensgebiet lagen.

Die von einem **Wassergraben** umgebene Burg wurde in den Jahren 1264–1276 errichtet. Von 1561 bis ins frühe 20. Jahrhundert war sie Eigentum der Familie von Behr: Einst hatten die Dänen, die, als der alt-livländische Staatenbund seinem Ende entgegensah, besonders auf Kurland schielten, viele der im Bistum gelegenen Ortschaften Ulrich von Behr, einem Anwärter auf den Piltener Bischofsstuhl, überlassen müssen, um einen Ausgleich der beiderseitigen Interessen herbeizuführen.

Auf der vertikalen Dominante des Burgkomplexes, einem quadratischen **Torturm** in der Mitte der Südostfront, wurde in den 1990er Jahren eine **Aussichtsgalerie** rekonstruiert; seitdem genießt man von dort einen guten Rundumblick. Die Turmfassade hat stärker als das übrige Gebäude die neogotischen Formen behalten, in denen die Burg seit einem 1835–1841 erfolgten Umbau erstrahlte. An den übrigen Gebäudeteilen sind sie hingegen, nachdem 1905 die Revolution getobt und auch dieses Bauwerk eingeäschert hatte, im Zuge des Wiederaufbaus weitgehend wieder verschwunden. Sowohl den Torturm als auch einen runden Turm an der Westecke krönten vor 1905 Zinnenkränze; danach wurde vor allem der **Rundturm** wieder so gestaltet, als hätte es dieses Intermezzo nie gegeben. Von einem kapriziösen Gewächshaus, das sich einmal westlich an ihn anschloss, sieht man seit dieser Zeit überhaupt nichts mehr. Fragt man sich, was an Ēdoles Burg nach all diesen Veränderungen noch originalgetreu aus dem Mittelalter stammt, so ist in erster Linie an die Turmgewölbe zu denken. Heute sind in ihr ein (täglich zugängliches) **Museum** sowie ein kleiner Hotelbetrieb angesiedelt.

Um das alte Gemäuer ranken sich legendenhafte Gerüchte von einem Brudermord. Ein **Blutfleck** an der Wand, der von der Tat zeugte, soll, so berichtet es eine von mehreren Versionen der Erzählung, unkenntlich gemacht worden sein, indem man den gesamten Raum rot anstrich; einer anderen Version zufolge brach man einen Kamin in die betreffende Wand. Klagerufe des beseitigten Verwandten sollen seither nächtens die Burgmauern rund um das Zimmer erschüttern.

Das übrige Dorf verteilt sich malerisch um einen kleinen See. Auf einer darin befindlichen Insel scharte Mitte des 19. Jahrhunderts der damals noch junge Krišjānis Valdemārs regelmäßig gleichaltrige und noch jüngere Letten um sich – stets darauf hinarbeitend, Anfänge eines lettischen nationalen Bewusstseins zu säen. Am Südwestufer des Sees lenkt eine intensiv grüne Dachbedeckung alle Aufmerksamkeit auf die lutherische **Kirche**. Interesse verdient dieser 1648 errichtete backsteinerne Saalbau zweifellos, soweit es um seinen Innenraum geht, einen der anmutigsten und gestalterisch einheitlichsten in der kurländischen Sakralarchitektur. Neben den verschiedenen Kunstwerken im Stil des Manierismus (Kanzel und Altar) und des Rokoko (Beichtstuhl und Orgelprospekt) beachte man die **Gewölbeformen**, die mit Hängezapfen ein spätgotisches Stalaktitengewölbe imitieren.

Reist man von der Kreisstadt Kuldīga nach Ēdole (und nicht beispielsweise von Ventspils, wo die Bewohner Ēdoles noch während der Zwischenkriegszeit ihre Kreisverwaltung fanden), so führt der Weg 6 km zuvor durch **Īvande** (Iwanden). Durch zweimaliges kurzes Verlassen der Hauptstraße gelangt man in Īvande zunächst links an der Kirche vorbei zu einem ehemaligen Wassermühlengebäude und danach rechts, am diagonal entgegengesetzten Ortsende, zu dem stattlichen früheren **Gutshof Lielīvande** (Groß-Iwanden). Dem in der zweiten Hälfte des 19. Jahrhunderts im späten Klassizismus der Berliner Schule errichteten Herrenhaus mit hübschem Park steht ein deutlich älteres, ebenfalls zweigeschossiges Gutsgebäude genau gegenüber. In der Nähe von Gütern, die, wie es hier der Fall ist, schon ihr Name als »große« einstige Besitztümer ausweist, findet man auf der Landkarte meist auch Gegenstücke mit dem Namenselement »klein«. Wer einmal exemplarisch sehen möchte, wie man sich das typische Erscheinungsbild eines solchen »kleinen« Gutshofes vorzustellen hat, dem sei der 2 km lange, gegenüber der Kirche von Īvande beginnende Abstecher nach **Mazīvande** (Klein-Iwanden) ausdrücklich empfohlen.

Alsunga

Das Dorf **Alsunga** (Allschwangen) ganz im Westen des Kreises Kuldīga ist als eine Hochburg der **Brauchtumspflege** bekannt. Alsungas Frauen sind mit ihren überwiegend roten Trachten und ihren teils humorigen Singspielen (beispielsweise solchen, in denen eine jede ihre Vorzüge im Vergleich zu den anderen hervorkehrt) gern gesehene Akteurinnen auf Folkloreveranstaltungen. Die Traditionen festigten sich deshalb so stark und mit so deutlichen Unterschieden gegenüber dem weiteren Umland, weil Alsunga sowie seine südliche und westliche Nachbargemeinde eine **»katholische Insel«** inmitten durchweg lutheranischer Gegenden bilden. Als einziger Mächtiger weit und breit hatte der hiesige Schlossherr Ulrich von Schwerin, anfangs ein Lutheraner, 1632 die römische Konfession angenommen.

An dessen Vorfahrn Jakob von Schwerin fiel 1573 die Ordensvogtei Allschwangen, eine quadratische **Burganlage**, die im 14. Jahrhundert gegründet worden war. An der Südecke, wo deren Gestalt am besten bewahrt geblieben ist, sowie an der Nordecke haben vorspringende **Rundtürme** bis heute überdauert. Ansonsten stehen Wirtschaftsgebäude auf den einstigen Burgmauern; in einem neu errichteten Flügel befinden sich Amtsstuben der Gemeindeverwaltung sowie eine Schule. Die mit einem Querschiff versehene Pfarrkirche St. Michael aus dem 16. Jahrhundert erhebt sich wenige hundert Meter von der Burg entfernt an einem dreieckigen Marktplatz.

Liepāja

Nach Riga und Daugavpils ist **Liepāja** (Libau) mit 89.100 Einwohnern die drittgrößte Stadt Lettlands. Das Stadtzentrum liegt auf einem kaum mehr als zwei Kilometer breiten Landstreifen zwischen der Ostsee und dem lang gestreckten Liepājas ezers (Libauscher See); die jüngeren Vororte reichen nach Norden bis zum Tosmares ezers (Tosmar-See). Wie das 130 km entfernte Ventspils besitzt auch Liepāja einen ganzjährig eisfreien **Hafen**. Zu einer stadtähnlichen Siedlung entwickelte es sich erst ab dem 16. Jahrhundert, deutlich später als Windau bzw. Ventspils; dessen Vergangenheit als Hansestadt teilt es somit nicht. Ein weiteres Jahrhundert verging, ehe Libau/Liepāja eine ernst zu nehmende Konkurrenz für die heute nicht einmal halb so große Nachbarhafenstadt im Norden wurde.

➢ *Blick vom Hafenkanal zur Trinitatiskirche in Liepāja*

Dass noch heute sämtlicher Verkehr zwischen den westlichen Teilen Lettlands und dem Küstenstreifen Litauens mitten durch Liepāja fließt, spiegelt Gegebenheiten wider, die schon im Mittelalter bestanden: Zentralen heutigen Altstadtstraßen wie der Kuršu iela entspricht der damalige Verlauf der Heerstraße, die livländisches und preußisches Ordensland (und somit beispielsweise Riga mit Königsberg) verband. Sie berührte hier ein Fischerdorf namens **Liva**. Während dieser Name mit dem livischen Wort für *Sand* identifizierbar scheint, hat die lettische Namenslautung »Liepāja« eher den Klang des baltischen Wortes für *Linde*.

Gotthard Kettler, der letzte livländische Ordensmeister und nachmals erster Herzog von Kurland und Semgallen, verpfändete das Umland der Ordensvogtei Grobin/Grobiņa einschließlich der Landenge, auf der Liepāja liegt, 1560 dem Markgrafen von Brandenburg und preußischen Herzog Albrecht; erst 1609 fiel es durch eine von Gotthards Sohn Wilhelm eingegangene Ehe wieder an Kurland. 1625 stellte Herzog Friedrich von Kurland den Libauern die – vergeblich schon von Albrecht erbetene – **Stadtrechtsurkunde** aus. Ab 1697 wurde in sechsjähriger Bauzeit zwischen dem Libauschen See und dem offenen Meer ein **Hafenkanal** geschaffen, der endlich eine bequeme Anlegemöglichkeit auch für größere Schiffe bot; bis dahin waren zu deren Entladung stets Boote im Einsatz gewesen. Damit gelang es der

Stadt zu einem für sie günstigen Zeitpunkt, Windau/Ventspils zu überflügeln, das nach den Nordischen Kriegen samt Pestepidemien noch entvölkerter daniederlag als Libau/Liepāja. Libau dehnte sich von dem ursprünglichen Siedlungskern an der Annenkirche jetzt stark nordwärts zu seinem neuen Hafen hin aus. Die gewachsene wirtschaftliche Bedeutung brachte mit sich, dass es sowohl eine Besetzung durch die Truppen Napoleons als auch ein britisches Intermezzo während des Krimkrieges erlebte. Mit Städten wie Memel und Königsberg mitzuhalten blieb gleichwohl schwierig, da anders als dort in Libau kein schiffbarer Fluss die Verbindung mit dem Hinterland herstellte; diesem Problem half erst 1876 die Fertigstellung einer Eisenbahnlinie ab. Von dem daraufhin erwirtschafteten Wohlstand zeugt die Tatsache, dass Libau sich 1899 als erste Stadt im Baltikum eine **Straßenbahn** leistete. Nördlich des bisherigen Hafens wurde zu dieser Zeit ein **Marinestützpunkt** ausgebaut. Im turbulenten Jahr **1919**, als Lettland zeitweise drei Regierungen gleichzeitig hatte – die prokommunistische von Pēteris Stučka, die bürgerliche unter Kārlis Ulmanis und seit deren Umschwenken auf den Kurs der Entente-Mächte auch eine prodeutsche mit dem Pfarrer Niedra an der Spitze –, hielten sich zwei davon in Liepāja auf: die Regierung Niedra innerhalb der Stadt, die Regierung Ulmanis daraufhin auf einem britischen Kriegsschiff im Hafen.

Zwischen den Weltkriegen wurde Liepāja erstmals Zentrum eines Landkreises; der Südwesten Kurlands hatte sich bis zu diesem Zeitpunkt stets von Grobin/Grobiņa aus verwaltet. Heute bildet Liepāja eine eigene, vom gleichnamigen Landkreis unabhängige administrative Einheit. Im Zweiten Weltkrieg sowohl 1941 als auch gegen dessen Ende schwer in Mitleidenschaft gezogen, konnte die Stadt ihr Gesicht erst nach der neuerlichen Unabhängigkeit Lettlands umfassend regenerieren; während der 1970er und 1980er Jahre, als ihr Hafen ausschließlich militärisch genutzt wurde, bestand dazu weder Anlass noch Gelegenheit. Wichtige noch sichtbare Industriebetriebe sind ein **Hüttenwerk** und eine **Zuckerfabrik**; zu Liepājas größten Problemen gehört jedoch seine Arbeitslosenquote. Dass die Stadt dennoch wie eine der lebensfrohesten des Baltikums wirkt, hat wohl mit den hier angesiedelten Ausbildungsstätten zu tun. Neben einer Außenstelle der Technischen Universität von Riga und einem Musikkolleg zählt dazu vor allem die **Pädagogische Hochschule**.

Letztere befindet sich am **Rožu laukums** (zu Deutsch *Rosenplatz*), einem begrünten Platzdreieck mit Straßencafés inmitten der Stadt, über das auch die Hauptachse des Stadtzentrums, die **Lielā iela** (Große Straße), verläuft. Bei Spaziergängen durch die **Altstadt** trifft man östlich der Lielā iela auf insgesamt wertvollere Baudenkmäler, allerdings auch traurige Beispiele unrettbar verfallener Bausubstanz; westlich der Lielā iela gibt es dagegen mehr Altstadthäuser, die der Krieg verschont hat, und ist deren Erhaltungszustand homogener. Schade wäre z.B., hier bei einer näheren Er-

➢ *Die Annen- und die Josephskirche*

kundung nicht bis zum Kreuzungsbereich von Dīķa und Jēkaba Dubelšteina iela vorgestoßen zu sein. Auch das Gebäude des Restaurants »Pastnieka māja« in der Friča Brīvzemnieka iela 53 weckt Hoffnung, dass noch mehr Häuser ähnlich gut restauriert werden könnten.
Auf der Fläche vor dem Hotel »Līva« an den Nordausläufern des Rožu laukums stand vor dem Zweiten Weltkrieg Liepājas Rathaus. Das spitze Ende, das der Platz somit erst nach 1945 bekommen hat, weist zum Turm des größten protestantischen Kirchenbaus Lettlands, der spätbarocken **Trinitatiskirche**. Sie wurde 1742–1758 nach einem Entwurf des Königsbergers Johann Christoph Dorn unter der Leitung von dessen Schüler Johann Michael Fröhlich erbaut und zeigt durch ihre rechteckige Grundform, den Verzicht auf ein hohes Dach und besonders durch ihre zweigeschossige Fensteranordnung deutliche Anleihen in der Schlossarchitektur jener Zeit. Teile von Dorns Entwurf wurden erst bei einer Restaurierung Mitte der 1860er Jahre umgesetzt; dem Turm etwa fehlten bis dahin die beiden obersten Geschosse. Im lichtdurchfluteten Inneren tragen schlanke Säulen mit korinthischen Kapitellen die Last monumentaler Kreuzgewölbe. Besondere Aufmerksamkeit zieht die ursprünglich von Heinrich Andreas Contius eingebaute **Orgel** auf sich, die nach einer Erweiterung im Jahre 1885 mit über 7000 Pfeifen die größte im Russischen Reich und weit darüber hinaus war. Schräg hinter der Kirche wurde 1912–1916 etwas versteckt das Stadttheater errichtet.
Ähnlich alt wie die Trinitatiskirche sind mehrere Häuser in der unmittelbar südlich von ihr beginnenden **Stendera iela**. Gleich zwei gehörten dem einstigen Bürgermeister Stender, nach dem die Straße benannt ist. Eines der für das Libau des 18. Jahrhunderts so typischen Häuser an der Stendera iela konnte vor geraumer Zeit wegen Verfalls nur mehr abgetragen werden; findet sich ein Investor, so wird man es auf dem noch vorhandenen Fundamentsockel wahrscheinlich rekonstruieren. Glücklicherweise originalgetreu erhalten blieb das Haus eines noch früheren Stadtoberhauptes an der Kreuzung der östlichen Parallelstraße Bāriņu iela mit der **Kungu iela**. Es wurde »anno 1699«, wie in schmiedeeisernen Lettern und Zahlen am Giebel zu lesen steht, im Auftrag von Bürgermeister Joachim Schröder erbaut, der schon im folgenden Jahr einen hochrangigen Gast, nämlich Schwedens König Karl XII., darin begrüßen und bewirten konnte. Ins genau vis-a-vis gelegene Haus Kungu iela 24, das einstige »Hoyersche Hotel«, war drei Jahre zuvor Zar Peter der Große eingekehrt, weswegen es heute meist **»Petershaus«** genannt wird. Beide Gebäude, das Bürgermeisters- wie auch das Petershaus, sind eingeschossig, haben

aber ein sehr hohes Sockelgeschoss. Beim Petershaus besteht nur der Sockel aus Stein und die übrige Konstruktion aus Holz; seine Straßenfronten wurden erst im 19. Jahrhundert verputzt.

Die Kungu iela kreuzt westlich von hier die Zivju iela, in deren Verlauf in mehreren Innenhöfen alte **Speichergebäude** aufzuspüren sind. Beachtenswert ist vor allem der hinter den Häusern Nr. 4/6 erhaltene Speicher von etwa 1690. Die Eisenbeschläge an seinen oben abgerundeten Bohlentüren zeugen von einiger Kunstfertigkeit. Weitere für Liepāja typische Speichergebäude mit geteerten Holzfassaden und Fachwerkgiebeln kann man – in diesem Fall unmittelbar entlang einer Straße – beiderseits der Jāņa iela sehen, einer Seitengasse der Lielā iela nördlich der Trinitatiskirche.

Die Zivju iela verbindet den früheren Neuen Markt, der im Rožu laukums aufgegangen ist, mit dem südlicher gelegenen Alten Markt an der Annenkirche, dem heutigen Kuršu laukums. Rund um eine vom Stadtarchitekten der Jahre 1871–1902, Paul Max Bertschy, entworfene **eklektizistische Markthalle** herrscht hier auch heute noch reges Treiben – ganz in Kontinuität zum ersten Marktplatz Livas, Libaus bzw. Liepājas vor rund 500 Jahren, der bereits in diesem Bereich lag. Dass Bertschy sich auch auf reine Neogotik bestens verstand, bezeugt seine 1890–1893 vorgenommene Umgestaltung der **Annenkirche**, die ursprünglich aus dem 16. Jahrhundert stammt. Sie besitzt einen 10 m hohen, in der Vertikale dreigliedrigen **Altar** von 1697, der als Höhepunkt im Schaffen des Holzschnitzers Nikolas Söffrens des Jüngeren und überdies als eines der wertvollsten Barockkunstwerke in ganz Lettland anzusehen ist. Wie in einer ganzen Reihe baltischer Sakralbauten erschallt auch in der Annenkir-

➢ *Typische Altstadthäuser in Liepāja (rechts das Haus des einstigen Bürgermeisters Schröder)*

➢ *Jugendstilmalerei in einem Treppenhaus in Liepāja*

che eine Orgel der Ludwigsburger Firma Walcker.
Die gegenüberliegende Platzseite wird von der fünftürmigen **Josephskirche**, Liepājas katholischer Kathedrale, dominiert. Seinen heutigen Grundriss erhielt das Gotteshaus 1894–1896 dadurch, dass sein Vorgängerbau gleichsam geschluckt und aus einem Teil von dessen Schiff eine Seitenkapelle wurde. – Südlich und südöstlich von Annen- und Josephskirche war Liepāja bis vor kurzem sehr arm an Kirchen, doch daran hat sich etwas geändert: Bei der 2001 geweihten **Kirche des heiligen Meinhard**, an der die Hauptdurchgangsstraße Ganību iela vorbeiführt, handelt es sich um den Pavillon des Vatikans auf der Weltausstellung in Hannover. Nach Ablauf der »Expo 2000« konnte er dank in Deutschland gesammelter Spenden nach Liepāja transportiert und hier neu aufgebaut werden.

Wenn man einer der nach Westen aus der Altstadt herausführenden Straßen – am besten der am Südende der Zivju iela beginnenden Peldu iela – geradeaus folgt, gelangt man zuletzt automatisch in den **Strandpark** (lett. »Jūrmalas parks«), der ab 1870 für Kurgäste angelegt wurde. Dass Liepāja auch einmal ein beliebter **Kurort** war, lassen die alten Villen in den Straßenzügen am Rande des Parkgeländes erkennen. Dieses ist über 3 km lang; hat man den Weg dorthin in der Tat über die Peldu iela eingeschlagen, so erreicht man es in Höhe des Konzertgartens »Pūt, vējiņi« (übersetzbar mit: »Blast, ihr Windlein«). Etwas nördlich dieser für verschiedenste Festivals genutzten Bühne steht unmittelbar am Strand ein **Fischer- und Seemannsdenkmal**. Neben dieser Form der Erinnerung an alle, die von den Ozeanen nicht zurückkehrten, gibt es ganz in der Nähe, in der Hika iela 9, ein Fischerei- und Schifffahrtsmuseum (lett. »Zvejniecības un kuģniecības muzejs«). Das Geschichts- und Kunstmuseum (»Vēstures un mākslas muzejs«) findet man ebenfalls nicht weit von hier; es ist am Kūrmājas prospekts 16/18 in einem schmucken Haus von 1901 untergebracht.
Als ein wichtiges stadthistorisches Thema dokumentiert dieses Museum zwangsläufig auch die zweimalige Vereinnahmung Libaus bzw. Liepājas für militärische Interessen – zuerst gegen Ende der Zarenzeit und dann während der Sowjetära. – Die 1894 begonnene Einkreisung der Stadt mit **Forts** wurde nach einem deutsch-russischen Vertragsschluss 1908 gestoppt. Reste dieser Anlagen sind noch an verschie-

denen Stellen des Stadtgebietes zu sehen: ganz in dessen Norden ebenso wie im Süden – dort am Westende des Pērkones kanāls unweit der Ausfallstraße Richtung Litauen –, ferner an gleich drei Stellen im Zuge des östlich und nordöstlich um die Stadt geführten so genannten Festungskanals (lett. »Cietokšņa kanāls«). Zeugnis des Atomzeitalters ist unterdessen vor allem der gesamte Stadtteil **Karosta**, wörtlich *Kriegshafen* (»karš« = Krieg, »osta« = Hafen). Innerhalb der »geschlossenen« Stadt Liepāja verkörperte er in den letzten Jahrzehnten der Sowjetherrschaft gleichsam die **»verbotene Stadt«**. Damals war die bewegliche Brücke über den Karostas kanāls hinweg, welche diesen Stadtbezirk von Süden erschließt, sogar nur stundenweise geöffnet und machte während des restlichen Teils des Tages Kriegsschiffen Platz. Noch immer von vielen ehemaligen Militärangehörigen und deren Nachkommen bevölkert, wenn auch insgesamt von 35.000 auf 7000 Einwohner geschrumpft, stellt Karosta nicht zuletzt deshalb eine Kuriosität dar, weil die zwischen den Plattenbauten verlaufenden Straßen inzwischen nach Personen und Ereignissen des lettischen »Nationalen Erwachens« und der Staatsgründung Lettlands umbenannt wurden. Manches, was nicht mehr bewohnbar scheint oder nie fertig gestellt wurde, befindet sich im Abriss; allerdings gibt es hier auch ein Baudenkmal, mit dem in der Gegenwart weit pfleglicher als unter sowjetischer Vormacht umgegangen werden kann: die prächtige **Kathedrale des heiligen Nikolaus**, einst im Beisein des gleichnamigen letzten Zaren eingeweiht. Einige hundert Meter östlich von ihr ragt ein fast ebenso prächtiger Wasserturm aus gleicher Zeit über seine weniger schöne Umgebung. Von dort wiederum südlich, an der Invalīdu iela 4, kann ein Gebäude, das fast das gesamte 20. Jahrhundert hindurch als Gefängnis gedient hat, besichtigt werden. Ein weiteres interessantes Relikt der späten Zarenzeit bilden die Außenmauern einer **Reitbahn**, zu finden an der entsprechend benannten Manēžas iela, einer Nebenstraße der Zemgales iela an Karostas östlichem Ende. Wer sich die Zeit, Karosta zu erkunden, tatsächlich genommen hat und nicht windscheu ist, kann seinen Besuch Liepājas hier mit einem Gang auf die **Nordmole** (lett. »Ziemeļu mols«) abschließen.

Umgebung

Grobiņa

Im Stadtgebiet des späteren **Grobiņa** (Grobin), wenige Kilometer östlich von Liepāja, lag bis ins 8. Jahrhundert die größte **skandinavische Handelsniederlassung** im Baltikum, von der die historisch-archäologische Forschung weiß. Sie identifiziert sie mit dem aus Chroniken bekannten **»Seeburg«**. Der bedeutendste damit verbundene Fund, der Grabstein eines Kriegers aus dem genannten Zeitraum, befindet sich heute im Geschichts- und Kunstmuseum von Liepāja. Mindestens eineinhalb Jahrhunderte konnten Kaufleute und Krieger aus Gotland und Mittelschweden ihren Stützpunkt seinerzeit gegen die Kuren behaupten. Die nach der

Zerstörung jener Kolonie errichtete kurische Festung wurde im 13. Jahrhundert von deutschen Ordensrittern niedergebrannt und ab 1269 durch eine steinerne **Burg** ersetzt, deren Ruine bis heute am Ufer der **Ālande** (Ahlandbach) zu sehen und in einem teilweisen Wiederaufbau begriffen ist. Noch bis 1812 hat die Burg den Grobiner Landräten bzw. Hauptleuten als Amtssitz gedient; Verwaltungszentrum auch für Liepāja war Grobiņa sogar bis 1920.

An der Lielā iela, der von der Fernstraße Rīgas iela südlich abzweigenden Hauptstraße Grobiņas, über die man auch die Burgruine erreicht, verlebte die Schriftstellerin **Zenta Mauriņa** (1897–1978) Kindheit und Jugend. Ein Zimmer im Haus Nr. 84 ist als Ort der Erinnerung an sie eingerichtet – zu besichtigen mittwochs und donnerstags von 11 bis 16 Uhr sowie samstags von 11 bis 14 Uhr (ansonsten nur nach telefonischer Anmeldung unter 3491565). Ab 1966 wohnte Zenta Mauriņa, die seit ihrem fünften Lebensjahr auf den Rollstuhl angewiesen war, im südbadischen Bad Krozingen. Von ihren Werken verfasste sie manche auf Lettisch, später aber die meisten auf Deutsch.

Der 2004 in Betrieb genommene **Windpark** östlich von Grobiņa mit seinen 33 in Deutschland gefertigten Windrädern ist der größte des Baltikums und deshalb in einheimischer Wahrnehmung einstweilen noch so etwas wie eine Sehenswürdigkeit. Rund 11 km nördlich von Grobiņa – zwischen Kapsēde (Kapsehden) und **Medze** (Medsen) – verläuft beinahe parallel zur Straße ein Hang, der augenfälliger, als es an irgendeinem sonstigen Ort Lettlands beobachtbar wäre, ein Stück **Uferlinie des »Baltischen Eissees«** bildet; man gewinnt mit anderen Worten eine Vorstellung davon, bis wohin vor ungefähr 11.500 bis 10.000 Jahren die Ostsee reichte, und hat dort, wo die Naturschutzregelungen für den Hang einen nicht hindern, zudem die Möglichkeit zu einem Ausblick auf den Küstenstreifen von heute, jene Partie Land also, die bei Ende der letzten Eiszeit noch längere Zeit überschwemmt blieb.

Durbe

Den Ruhm, als die **kleinste Stadt** des Landes zu gelten, genießt im Falle Lettlands **Durbe** (Durben), das, nahe einem gleichnamigen See 12 km nordöstlich von Grobiņa gelegen, auf den zweiten Blick manches mehr bietet, als der erste vermuten lässt. Durbes Einwohnerzahl beläuft sich den aktuellsten Angaben zufolge, die dazu bei Drucklegung dieses Buches verfügbar waren, auf 444. Auf einem nicht mit letzter Sicherheit lokalisierbaren Schlachtfeld bei Durben/Durbe erlebte der Deutsche Orden im Juli **1260** einen der schwärzesten Tage seiner Geschichte. Ursprünglich hatte der Orden selbst zu einem Schlag gegen den unberechenbaren litauischen Stamm der Schemaiten ausholen wollen; wegen Desertionen innerhalb des Ordensaufgebots, in dessen Reihen es auch Prußen, Kuren und Liven gab, konnten dann jedoch die Schemaiten ihren Herausforderern eine schwere Niederlage versetzen, indem sie an die 200 Ordensangehörige, darunter auch deren Anführer, töteten. Archäologisch nachgewiesen ist inzwischen,

an welcher Stelle in der Umgebung diese Toten begraben wurden.
Auf einer Anhöhe am westlichen Ortsausgang sind Reste der bald nach 1260 erbauten **Ordensburg** erhalten; wer ihnen nur im Vorbeifahren Aufmerksamkeit schenken kann, sieht sie am leichtesten von der Umgehungsstraße aus. Der Grundstein der **Kirche** von Durbe wurde 1576 gelegt, doch bis sie geweiht werden konnte, vergingen 75 Jahre. In ihrem Inneren verdient neben dem Altar aus dem frühen 18. Jahrhundert vor allem ein manieristischer Leuchter von 1609 Beachtung.
Ein Denkmal gleich neben der Kirche ehrt **Atis Kronvalds** (1837–1875), einen der wichtigsten so genannten »Jungletten«. Unweit von hier in Krote (Krothen) geboren, lebte er einige Zeit in der hiesigen Pfarrersfamilie. Eine Tafel am benachbarten Haus kündet davon, dass er in den 1860er Jahren in diesem Gebäude erstmals sämtliche damaligen Volksschullehrer lettischer Nation zu Konferenzen versammelte. Nach umfangreichen Selbststudien interessierte Kronvalds sich zuletzt besonders für Sprachforschung und war um eine Stärkung des Eigencharakters der lettischen Sprache bemüht.
In dem Haus Raiņa iela 17, das lange als örtliches Krankenhaus gedient hat, wurde **Zigfrīds Meierovics** (1887–1925) geboren, einer der ersten Ministerpräsidenten und einer der im Bewusstsein der Letten bedeutendsten Außenminister in der Geschichte des Landes. Durbe ist zu wünschen, dass die bestehende Absicht, in dem Anfang des 19. Jahrhunderts erbauten Haus in der Aizputes iela 5 ein Museum einzurichten, Verwirklichung findet, damit die Vergangenheit des Städtchens und das Leben seiner bekanntesten einstigen Bürger breiter dokumentiert werden kann, als es die derzeit aufgestellten Schaukästen ermöglichen.
Direkt an den im Schnitt nur 1,5 m tiefen Durbes ezers (Durben-See) führt ein Sträßchen über **Līguti** (Ligutten). An Līgutis Gutshaus lässt sich das ästhetisch nicht unbedingt überzeugende Ergebnis der Erweiterung eines ursprünglichen Seitenflügels zum faktischen Hauptflügel studieren; auch derlei kam in der Baugeschichte baltischer Adelssitze, wie man sieht, vor. Die **Kirche** des nordöstlich benachbarten Dorfes **Vecpils** (Altenburg) ist ein für Kurland sehr typischer Sakralbau mit recht wertvoller Innenausstattung. Nur durch ein einziges Merkmal erlebt man sie als ungewöhnlich; ihren Turm krönt nämlich nicht, wie man es von den meisten Kirchen dieser Region gewohnt ist, ein Zeltdach, sondern eine (wenn auch schlichte) Barockhaube. Der ganz in der Nähe sichtbare **Burghügel** war einer der bedeutendsten der altkurischen Landschaft Esestua, die von hier bis an die Ufer der Ostsee reichte.

Tāši – Idylle rund um ein fast vergessenes Gutshaus

An einem holprigen Verbindungsweg zwischen den Straßen von Grobiņa nordwärts nach Ventspils respektive nordostwärts nach Aizpute steht ein **Gutshaus**, dessen Alter das der meisten, die heute in Lettland zu sehen sind, um etliche Jahrzehnte übertrifft: 1734, so zeigen es die Ziffern am Mittelrisalit des eingeschossigen Gebäudes an, kamen hier in **Tāši** (Telsen) die Bauarbeiten zum Abschluss. Die Herrenhäuser jener Zeit hatten bescheidenere Maße und unterschieden sich weniger drastisch von den Behausungen der einfachen Bauern als die vielerorts protzig geratenen Bauten des 19. Jahrhunderts. Künstlerischer Meisterwerke entbehrt das Haus in Tāši dabei keineswegs; als solche sind vor allem die zweigeschossigen **Kamine mit plastischem Dekor**, die es besitzt, einzustufen. Schien es noch vor kurzem dem Verfall preisgegeben, so hat inzwischen eine Restaurierung begonnen, die hoffentlich ihren Fortgang nehmen wird. Ausgestorben war das einstige Gutszentrum zum Glück nie, da zu ihm auch ein bewohnbar gebliebenes zweigeschossiges Gebäude auf der anderen Wegseite gehört. Eine besonders schöne Anfahrt nach Tāši hat man, wenn man aus östlicher Richtung kommt, also von Aizpute oder Durbe her, und sich einem zunächst ein Gesamtpanorama zusammen mit dem **Tāšu ezers** (Telsen-See) – nicht zu verwechseln mit einem malerischen Teich unmittelbar bei den beschriebenen Gebäuden – bietet. Rote Krüppelwalmdächer inmitten dichten Waldes verraten dann bereits die Lage des Gutshofs.

Priekule und Vaiņode

Das 1928 mit Stadtrechten ausgestattete **Priekule** (Preekuln) liegt im östlichen Teil des Kreises Liepāja und hat 2600 Einwohner. Es besitzt ein sonderbares Baudenkmal, das von 1688 stammt und für das sich der Name **Schwedisches Tor** bzw. Schwedentor (lett. »Zviedru vārti«) eingebürgert hat. Der zweigeschossige Walmdachbau steht zusammen mit einem rechtwinklig angefügten Haus gleicher Größe an der Mündung des Weges aus Richtung Purmsāti (Pormsahten) auf die Hauptstraße. Er wirkt in seiner Umgebung vollkommen fremdartig – schon weil er seine Funktion als Torgebäude verloren hat und der alleinige Überrest eines längst verschwundenen Schlosses ist.

Die interessante Ostfassade bestimmen zwei **halbrunde Erker** mit kleinen runden **Schießscharten**. Wie kleine Türme aussehend, wachsen sie gleichsam in die Wand hinein und ruhen auf wuchtigen Säulen. Die beiden Säulen ihrerseits rahmen die einstige Durchfahrt ein. Rings um den Torbogen kommt eine schwere Rustika, d.h. betont herausgearbeitete Mauerquader, dank zweifarbiger (weiß-gelber) Fassadengestaltung gut zur Geltung. Mittig über ihm prangt ein Maskenrelief. Den Zweiten Weltkrieg hat das Schwedische Tor nicht ohne Beschädigung überstanden. Priekule wurde damals schwer in Mitleidenschaft gezogen und verlor neun Zehntel seiner Häuser; sein Wahrzeichen immerhin konnte 1952–1954 restauriert werden.

Nahe der erwähnten Straßenkreuzung entdeckt man hinter einem Türmchen, wie es in historistischer Schloss- und Parkarchitektur des 19. Jahrhunderts beliebt war, noch ein **Herrenhaus**, das rund zwei Jahrhunderte jünger ist als der Torbau. Gutsherren in Priekule bzw. Preekuln waren über lange Zeit die Barone von Korff; einer von ihnen stand 1734–1740 der Petersburger

Akademie der Wissenschaften als Präsident vor.

Der 1984 vollendete **Soldatenfriedhof** etwas südöstlich des Ortes – auf ihm ruhen Rotarmisten, die 1945 in Kämpfen um den noch von Deutschen gehaltenen »Kurland-Kessel« fielen – gilt als der größte seiner Art im Baltikum. Im 18 km östlich benachbarten **Vaiņode** (Wainoden) können, seit 1992 die ehemalige Sowjetarmee von dort abgezogen ist, eindrucksvolle **Überreste eines Fliegerhorstes** aus der Zeit des Kalten Krieges in Augenschein genommen werden. Umfährt man das 2100 Einwohner zählende Städtchen nordwestlich und nördlich, so gelangt man zum **Herrenhaus Lielbāte** (Groß-Bahten) aus dem Jahre 1912, einem der letzten vor dem Ersten Weltkrieg fertig gestellten und somit jüngsten baltischen Gutsschlösser. 1929 wurde der Jugendstilbau in Anpassung an seine damalige Nutzung als Sanatorium erweitert.

Embūte

Nordöstlich von Priekule, kurz vor Erreichen des Örtchens **Embūte** (Amboten), durchfährt man den höchstgelegenen Teil Lettlands westlich von Riga. Mehr als **190 m** über dem Meeresspiegel messen die Höhenzüge Kurzemes bzw. Kurlands allerdings auch hier nicht. Eine alte Erzählung siedelt in Embūte das tragische Liebesverhältnis eines kurischen Häuptlings mit einer Deutschen – der Tochter eines Ordenskomturs – an. Jānis Rainis, Lettlands wohl bedeutendsten Dichter, inspirierte diese Legende zu seinem Drama »Indulis un Ārija«. Etwaige Quellen, in denen jener Indulis als reale historische Gestalt fassbar wird, gibt es übrigens nicht.

Nach dem Vordringen der Ordensritter und nach der einvernehmlichen Aufteilung der eroberten Gebiete zwischen Orden und Bischof war Amboten/Embūte ab 1265 Standort einer **Burg** genau im Zentrum des zweitgrößten der kurländischen Bischofsterritorien. Reste dieser Burg entdeckt man noch heute, sobald man einen Hügel unmittelbar südlich der Landstraße, den diese regelrecht umrundet, hinaufzusteigen beginnt. Nach der Zerstörung der Burg im Großen Nordischen Krieg entstand neben und zwischen ihren Ruinen ein Herrenhaus der Barone von Hahn – ein schmucker zweigeschossiger Krüppelwalmdachbau, der 1919 leider einem Brand zum Opfer fiel und nicht wieder aufgebaut wurde. Noch als Ruine sieht man auf der entgegengesetzten Straßenseite ein wenig westlich Embūtes Kirche. Von hier zweigt ein schmaler Weg zu dem altkurischen **Burgberg** ab, welcher mit dem literarisch verewigten Indulis in Verbindung gebracht wird. Die Abhänge dieses Burgbergs sind so steil, dass sogar ein hölzerner Treppenweg angelegt wurde, damit man ihn erklimmen kann. Rätsel gibt bis heute ein 100 m langer, 6 m breiter und etwa 3 m hoher, **»Joda dambis«** genannter **Damm** in seiner Nähe auf, der kaum auf natürliche Weise entstanden sein kann. Als Erklärung für die Existenz dieses Damms bleibt also fast nur, dass ihm eine Schutzfunktion für den Burgberg zufallen sollte; welche genau, ist jedoch schwer durchschaubar.

➢ *Küstennahe Landschaft bei Pape*

Lettlands südlichster Küstenstreifen und das Fischerdorf Pape

Auf der möglichen Weiterreise von Liepāja südwärts über **Nīca** (Niederbartau) ins litauische Palanga (Polangen) durchfährt man einen äußerst ebenen Landstrich, dessen einzige Erhebungen die entlang der Ostseeküste bis zu 37 m hoch aufgetürmten **Dünen** sind. Die meisten liegen unter einer festen Grasdecke oder sind sogar bewaldet; in der unmittelbareren Umgebung von Liepāja gibt es aber auch Dünenareale, die in Bewegung sind. Als Platz, um sich in der Sonne zu aalen, kann besonders der Strand bei **Bernāti** (Bernaten) etwa 15 km südlich der Stadt empfohlen werden. Hier befindet man sich zugleich an Lettlands westlichstem Punkt. Seit ein paar Jahren macht auf diesen Umstand ein kleines Kunstwerk aufmerksam; ähnliche Schöpfungen desselben Künstlers gibt es inzwischen ebenso am südlichsten, östlichsten und nördlichsten Ende des Staatsgebietes. Voll Stolz wurde auf einer nahen Düne außerdem ein 1924 getaner Ausspruch des damaligen Präsidenten Jānis Čakste in Stein verewigt: »Hier müsste ein Kurort sein«, hatte das Staatsoberhaupt zum Charme der hiesigen Landschaft damals gemeint. Die Strände blieben jedoch unverbaut; noch urtümlicher als in dem Abschnitt um Bernāti sind sie bis heute im Bereich des Nachbarortes **Jūrmalciems**.

Fast wie auf einer schmalen Insel zwischen dem Meer und einem See liegt **Pape** (Papenhof), ein aus drei kleinen Fischersiedlungen bestehendes Küstendorf westlich von Rucava (Rutzau). Wie die sowohl auf der Ostsee als auch im Papes ezers (Papensee) fischenden Bewohner früher lebten, wird am besten in Papes Koņuciems, dem teilweise zu einem **Freilichtmuseum** gemachten südlichen der drei Ortsteile, sichtbar. In erster Linie garantiert ein Besuch Papes allerdings Naturerlebnisse. Dazu, dass gerade diese ein wirtschaftliches Standbein werden, ver-

➢ *Am Strand von Jūrmalciems*

hilft dem Dorf seit 1999 der **World Wide Fund for Nature** (WWF). In einem eigenen Haus, das er in Pape betreibt, bietet er auch selbst günstige Übernachtungsmöglichkeiten an. Zu den Initiativen, die der WWF hier weckte, gehört, dass um den Papes ezers inzwischen wieder Riedgras geschnitten wird, was die allmähliche Verlandung des Sees verlangsamt. An dessen Ostufer wurden überdies **rückgezüchtete Tarpane** ausgewildert - als Grasfresser zwecks Bewahrung der dortigen Wiesen. Die Wildpferdeart Tarpan ist in Mitteleuropa seit langem ausgestorben und hat auch im Nordosten des Kontinents nur in Gestalt der aus ihr hervorgegangenen so genannten Konik-Polski-Pferde überlebt; hieraus ergab sich jedoch die Möglichkeit der Rückzüchtung. Die inzwischen schon deutlich über 50 Pferde dürfen freilich nur aus einiger Entfernung und in Begleitung eines WWF-Mitarbeiters in Augenschein genommen werden. Damit für die am Papes ezers heimischen und die zahlreich durchziehenden **Vögel** nicht dasselbe gelten muss, wurde am Südufer des Sees ein Beobachtungsturm errichtet.

Reizvoll ist auch das direkt an der litauischen Grenze gelegene **Nida** (nicht zu verwechseln mit dem gleichnamigen Ort auf der Kurischen Nehrung in Litauen), in das man von Pape in mehrstündiger Wanderung über einen ausgewiesenen **Naturpfad** gelangen kann. Eine kleine Skurrilität bildet die dort anzutreffende Sammlung von Gegenständen, die das Meer angespült hat - darunter auch Flaschenpost, verfasst in den verschiedensten Sprachen.

Das intensive Erleben von Natur kann sich auch von Rucava weiter landeinwärts noch fortsetzen: Gelegenheit dazu gibt vor allem ein derzeit von Jahr zu Jahr immer länger ausgebauter **Moorpfad** durch den Tīrspurvs bei **Dunika** (Dunniken). Als Sehenswürdigkeit kultureller Art auf dem weiteren Weg in Richtung Priekule ist die Kirche von **Krū-**

te (Groß-Kruthen) zu vermerken – ein Sakralbau, dessen äußerliche Erscheinung nicht im Mindesten ahnen lässt, dass der Innenraum wertvolle manieristische Kunst des 17. Jahrhunderts birgt.

Limbaži

Limbaži (Lemsal), die 9200 Einwohner zählende Kreisstadt des nordwestlichen Vidzeme (Lettisch-Livland), gehört nicht zu den allervorrangigsten Besuchszielen einer Lettland-Rundreise, sollte dem zufällig Durchreisenden jedoch einen Halt wert sein und lohnt wohl auch den Abstecher von 18 km, den man hierhin unternehmen kann, falls man auf direktem Wege, aber ohne Zeitdruck von Riga nach Tallinn unterwegs ist. Gerade wenn man von Westen über die Jūras iela in die Stadt kommt, vermittelt sich rasch der Eindruck, dass Limbažis alter Kern einer der geschlossensten in ganz Lettland ist. Das Straßennetz lässt noch gut die Radialstruktur der mittelalterlichen Stadtanlage erkennen; die Bebauung stammt derweil überwiegend aus dem 19. Jahrhundert und umfasst noch einige reizvolle Objekte wie etwa den Turm einer alten Feuerwache.

Der Hügel am rechten Ufer der Svētupe, auf den sich das alte Limbaži drängt, war schon vor der Christianisierung Zentrum seiner weiteren Umgebung; seinerzeit bildete hier die Burg »Limisele« das Zentrum der livischen Landschaft **Metsepole**. In den 1220er Jahren wurde eine **bischöfliche Burg** gegründet, die eine Art Residenz für die »livische Seite« des rigischen Bistumslandes war. Die Bischöfe und späteren Erzbischöfe verbrachten Jahr für Jahr eine gewisse Zeit in dieser Burg, was Handwerker und Kaufleute anlockte, sodass eine ansehnliche Siedlung entstehen konnte. Der Aufstieg zu einer **Hansestadt** nahm seinen Anfang, noch bevor es 1385 zur offiziellen Stadtrechtsverleihung kam. Lemsals große Zeit endete umso abrupter, als **Gustav II. Adolf** die Stadt zum Ausdruck seiner Dankbarkeit gegenüber Riga 1621 dem Rigaer Rat schenkte. Diesem blieb Lemsal bzw. Limbaži auch weit über die schwedische Herrschaftszeit hinaus unterstellt.

Immerhin wurde so aus den Kassen Rigas eine heutige Hauptsehenswürdigkeit der Stadt finanziert: die Bartholomäus- bzw. **Johanniskirche** von 1679/80. Das Wappen Rigas entdeckt man deshalb auch im Abschlusssegment der Portale, die durch ein rechteckiges Fenster gestreckt und gewissermaßen zweigeschossig sind. Das Hauptportal zeigt die gleiche Anordnung wie die seitlichen und ist lediglich geringfügig größer. Den Entwurf dieses Gotteshauses, eines Baus mit hohem Dach und demgegenüber betont zierlich wirkendem Westturm, lieferte **Rupert Bindenschuh**, der seinerzeit auch die Westfront der Rigaer Petrikirche konzipiert hatte.

Die Überbleibsel der mittelalterlichen Bischofsburg beschränken sich auf Teile der Außenmauern, lassen die Form der Anlage aber noch gut erkennen. Sie sind am nördlichen Altstadtrand (nordwestlich der Kirche) in Nachbarschaft des lokalen Museums zu finden und wurden seit 1999 sorgsam restauriert und mit Schutzdächern versehen.

Auf der anderen Seite der Johanniskirche stechen die Kuppeln der russisch-orthodoxen **Kirche der Verklärung Christi** von 1903 hervor. An ihr vorbei gelangt man wenig weiter nördlich zu dem zwischen mehreren winzigen Seen aufragenden Burghügel Ķezberkalns, dem mutmaßlichen Standort der oben erwähnten **Livenburg Limisele**. 1961 wurden auf ihm - was einen eher ungewöhnlichen Umgang mit archäologisch-landschaftlichen Denkmälern dieser Art in Lettland darstellt - einige Weltkriegsopfer der Roten Armee bestattet.

Wer sich an der Tristesse mancher der alten Holzhäuser Limbažis nicht stört, sondern länger dort verweilt und deshalb keine Sehenswürdigkeit auslassen möchte, sollte versuchen, die wertvollen Wandmalereien in einem zeitweiligen früheren **Rathaus** an der Burtnieku iela 4 sehen zu dürfen, sowie die kaum als Sakralbau auffallende einstige Kirche der schwedischen Garnison ausfindig machen, die im 19. Jahrhundert zu einem Speicher umfunktioniert wurde.

Im Bewusstsein der Letten ist Limbaži vor allem die Heimat von Kārlis Baumanis (1835-1905), dem Komponisten ihrer **Nationalhymne**, den sie in vertraulicher klingender Voranstellung des Familiennamens meist »Baumaņu Kārlis« nennen. Auf dem Friedhof am westlichen Stadtrand, wo er begraben liegt, trifft man auf das von Gustavs Šķilters (1874-1954) geschaffene eine von zwei Baumanis-Denkmälern in Limbaži; das andere steht auf einem zentralen Platz (unweit der beiden großen Kirchen), der nach dem bekannten Sohn der Stadt auch benannt ist.

Umgebung

Nordwärts nach Aloja und Staicele

Auf einer Fahrt von Limbaži nach Norden liegen bis Aloja mindestens drei Sehenswürdigkeiten rechts der Hauptstrecke - zwei in einigen Kilometern Entfernung von ihr, die dritte in Sichtweite.

Das **Museum »Rumbiņi«** östlich von Pociems (Posendorf) pflegt die Erinnerung an die Geschwister Bārda, die hier beheimatet waren und von denen besonders der Dichter **Fricis Bārda** (1880-1919) fast jedem Letten ein Begriff ist. Wie auf vielen Höfen Lettlands, die als Museen verzeichnet sind, beschränkt das eigentliche Museum sich auch hier auf einen einzelnen Raum eines ansonsten herkömmlich bewohnten und bewirtschafteten Anwesens. Gerne zeigen die heutigen Besitzer einem jedoch auch ihren hübschen Garten samt Gartenhaus, einem bevorzugten Aufenthaltsort des prominenten Ahnen. Auf Besucher eingerichtet sind sie von Mitte Mai bis Ende Oktober mittwochs bis samstags jeweils zwischen 10 und 18 Uhr.

Ist dieser Weg einmal eingeschlagen, so hat man vielleicht erst recht die Muße für eine Weiterfahrt über Ozoli (Lappier) nach **Ozolmuiža**. Das dortige **Gutshaus**, einen spätbarock-frühklassizistischen Bau aus dem späten 18. Jahrhundert, entwarf mit einiger Wahrscheinlichkeit Christoph Haberland; und die künstlerisch wertvolle Dekoration eines der Säle dieses Hauses schuf ziemlich sicher Karel Kalopka. Mit dem Prager Kalopka arbeitete Haberland, seinerseits eine der bekanntesten Größen der baltischen Architekturgeschichte, auch an anderen Orten zusammen, so etwa im damaligen Marienburg (heute Alūksne). Das ursprünglich streng symmetrische Gutshaus von Ozolmuiža wurde 1889 seitlich verlängert, was ein fragwürdiges Gesamtbild erzeugte, dessen störenden Teil man aber – beim Fotografieren etwa – leicht ausblenden kann.

Unmittelbar an der Hauptstraße liegt 8 km vor Aloja das **Gutshaus Puikule** (Puikeln) – unter Lettlands Gutshäusern einer der eigentümlichsten Repräsentanten des Tudorstils. Insbesondere mit Blick auf seinen nicht einmal sehr hohen, dafür aber recht massiven Turm scheint diese Behauptung gerechtfertigt.

Aloja (Allendorf) mit seinen kaum über 1500 Einwohnern ist ebenso wie das noch etwas kleinere Staicele erst um die Wende zum 20. Jahrhundert im Zusammenhang mit der Ansiedlung einer Fabrik entstanden. Kulturell dreht sich in Aloja vieles um **Auseklis** (1850–1879), einen unweit westlich geborenen Dichter aus den Reihen der so genannten »Jungletten«. An seinem 150. Geburtstag wurde ihm nunmehr ein Denkmal verehrt. Auseklis' Grab findet man auf dem örtlichen Friedhof und alles Dokumentierenswerte über ihn in einem Museum bei der nach ihm benannten Mittelschule.

Nahe der Straße weiter nach Staicele liegt nach wenigen Kilometern der **Ungurpils dzirnavezers**, ein relativ großer Mühlensee mit einigen sumpfigen Inseln. In einem ehemaligen Gutspark an seinen Rändern sind noch letzte Reste der um 1350 errichteten Burg Perkile (Pürkeln) zu finden.

Keimzelle von **Staicele** (Staizel) war eine **Papierfabrik** am Fluss Salaca, von der baulich einiges bis heute erhalten ist. Noch ein wenig älter ist das Gebäude, in dem Staiceles **Museum** eingerichtet wurde. Zentrales Thema dieses Museums sind nicht, wie man erwarten könnte, die Anfänge der Papierproduktion im Baltikum, sondern die Liven der Landschaft Metsepole, welche im 13. Jahrhundert noch klar als livisches Siedlungsgebiet vom lett(gall)ischen Hinterland unterscheidbar war. Nicht allzu ernst zu nehmenden Gerüchten zufolge plant Staicele darüber hinaus die Schaffung eines Storchmuseums, da es sich zur »Stadt der Störche« im an Störchen ohnehin reichen Lettland erklärt hat. – Die größten **Storchenkolonien** des Landes mit 18 bis 25 Nestern auf dichtem Raum konnten bislang allerdings nicht unmittelbar in Staicele, sondern bei Vilzēni (Wilsenhof) südöstlich von Aloja sowie bei Mīlīte (Neuhall) nahe dem Burtnieku ezers lokalisiert werden.

Der Landschaftsraum von Staicele die **Salaca** (Salis) abwärts bis zu deren Mündung in die Ostsee hat sich unter dem Einfluss einer vergleichsweise dicken Eisschicht, die während der letzten Glazialzeit auf ihm lastete, zu der sumpfreichen Ebene von heute herausgebildet. Damals vom Gewicht des Eises in die Tiefe gedrückt, kippt er seitdem um einige Milimeter jährlich gegenüber dem Meeresspiegel gleichsam nach hinten.

Die Burgruine Augstroze und das »Biosphärenreservat Nördliches Vidzeme«

Im Osten grenzt Limbaži an die Gemeinde **Umurga** (Ubbenorm), in der das Landschaftsbild zusehends anziehender wird, je weiter man in östlicher Richtung vorankommt. Am schönsten gestaltet es sich rund um den See **Augstrozes Lielezers**. Auf einem Berg unmittelbar an dessen Ufer liegen Ruinen der 1272 gegründeten **Burg Augstroze** (Hochrosen), der nördlichsten von mehreren Burgen, die Angehörige des Geschlechtes von Rosen als Vasallen des Rigaer Erzbischofs in dieser Gegend anlegten. Von unten aus sehen kann man die Gemäuer nur im Winter, wenn alle sie umgebenden Bäume kahl sind; entsprechend bietet der Berg auch nur dann eine wirklich lohnende Aussicht.

Im von hier bis zur estnischen Grenze reichenden **»Biosphärenreservat Nördliches Vidzeme«** (lett. »Ziemeļvidzemes biosfēras rezervāts«) bildet der Augstrozes Lielezers den Mittelpunkt einer von drei Flächen, die nicht nur allgemeinen Landschafts-, sondern umfassenden Naturschutz genießen. Die größte derartige Fläche konzentriert sich im unmittelbaren Grenzland um die Moorgebiete Sokas und Saklauru purvs. Auch die Umgebung von Augstroze ist vergleichsweise reich an **Sumpfland**. Über die nur landschaftsgeschützten Bereiche hinaus – sie dehnen sich entlang den Flussläufen von Salaca, Rūja, Seda und Svētupe aus und decken etwa die Hälfte des Biosphärenreservats ab – gibt es auch so genannte »neutrale Zonen« ohne besondere Schutzbestimmungen, so vor allem im gesamten Gebiet zwischen Limbaži und Mazsalaca. Die Verwaltungs- und Auskunftszentrale des Reservats hat sich in Salacgrīva angesiedelt (Adressen und Telefonnummer siehe dort).

Salacgrīva und Ainaži

Salacgrīva (Salismünde), mit 3500 Einwohnern der größte Ort, den die Fernstraße A1 nach Tallinn zwischen Riga und dem estnischen Pärnu berührt, entwickelte sich im 19. Jahrhundert zu einem regional wichtigen Umschlagplatz für Erzeugnisse aus dem lettischen Teil Livlands, dem heutigen Vidzeme. Als in diesem Zusammenhang der **Hafen** an der Mündung der Salaca (Salis) in die Ostsee mit einer Mole ausgebaut wurde, bediente man sich auch der Steine der Festungsanlagen, die hier bis in die Schwedenzeit in Funktion gewesen waren. Heute erinnert an die von Bischof Albert I. 1226 gegründete Burg und ihre Nachfolgebauten daher nur noch der kleine Hügel neben der lutherischen Kirche, auf welchem sie standen. Nördlich an Salacgrīva anschließend wurde in der Sowjetzeit ein großes Freizeitareal – der »Zvejnieku parks« (wörtlich *Fischer-Park*) – geschaffen, in das auch ein **Badestrand** integriert ist. Anfang Juli eines jeden Jahres findet im »Zvejnieku parks« die in ganz Lettland bekannte Großveranstaltung »Jūras svētki« (»Meeresfest«) statt.

Von der Rīgas iela 10 in Salacgrīva aus verwaltet sich das »Biosphärenreservat Nördliches Vidzeme« (www.biosfera.lv; Tel. 4071408). Das Biosphärenreservat erstreckt sich südlich von hier bis kurz vor Saulkrasti und im Osten bis an den Stadtrand von Valka; von dort zur Ostsee entspricht seine Nordgrenze dem Grenzverlauf zu Estland.

Rund 12 km südöstlich von Salacgrīva nehmen in den malerischen Sandsteinwänden entlang der Svētupe zwei 46 bzw. 19,5 m lange **Höhlen** ihren Anfang. Sie werden »Livische Opferhöhlen« (lett. »Lībiešu upuralas«) genannt, nachdem immerhin noch 1641 aktenkundig wurde, dass die örtliche Bevölkerung alte heidnische Rituale in ihnen abhielt.

In dem Grenzstädtchen **Ainaži** (Hainasch), das der Fernverkehr nach Estland links liegen lässt, konnten die Bewohner im Juni 1919 darüber abstimmen, welchem der im Vorjahr proklamierten neuen Staaten – Lettland oder Estland – sie sich zugehörig fühlten. Im Ergebnis wurde Ainaži, das für Estnisch Sprechende »Heinaste« heißt, lettisch; sein nördlicher Ortsteil Ikla fiel jedoch an Estland.

Mit dem Namen Ainaži verbindet sich in der lettischen Kulturgeschichte vor allem die auf Anregung von **Krišjānis Valdemārs** 1864 hier gegründete **Seefahrtschule**, an der während der folgenden Jahrzehnte über 1000 Letten in muttersprachlichem Unterricht zu Kapitänen und Steuerleuten ausgebildet wurden. Für die Ortsansässigen wurde Schiffbau alsbald zur Haupterwerbsquelle. Im 20. Jahrhundert bekam Ainaži sogar einen Hafen, den man nach seiner Zerstörung im Zweiten Weltkrieg allerdings nicht wiederherstellte.

Wer von Süden in den ruhigen, mit manchen seiner **Holzvillen** ein wenig an Jūrmala erinnernden Ort hineinfährt, passiert, bevor er das in der einstigen Seefahrtschule eingerichtete Museum (K. Valdemāra iela 47) erreicht, bereits das ehemalige Spritzenhaus – heute **Feuerwehrmuseum** (K. Valdemāra iela 69) und damit ein zweites mögliches Besichtigungsziel.

Zwischen Ainaži und Salacgrīva hat der allmähliche Rückzug des Meeres ein außergewöhnliches Fleckchen Natur entstehen lassen: Die so genannten »Randu pļavas« sind gleichsam **Sumpfwiesen** auf sehr salzhaltigem Boden.

Liepupe

Westlich von Limbaži und nördlich von Saulkrasti führt die küstennahe Fernstraße von Riga nach Tallinn durch die Gemeinden Skulte und Liepupe. Die relative Schlichtheit der in den 1750er Jahren errichteten Kirche von **Skulte** (Adiamünde) bewirkt, dass ihr barockes Südportal umso aufwendiger erscheint. Die Kirche von **Liepupe** (Pernigel), erbaut 1777–1784, liegt etwas südlich des gleichnamigen Flusses unmittelbar an der viel befahrenen Straße. Ihr Grundriss fällt aus dem üblichen Rahmen, denn der Turm wurde mittig vor die Längswand des Langhauses gesetzt, das zudem – ebenfalls ungewöhnlich – ein Krüppelwalmdach trägt. Die Gesamtkonzeption hat auch zu einer eigentümlichen Verteilung von Kanzel und Altar im Inneren geführt. Mit frischem Anstrich und repariertem Dach bietet die Kirche seit 1995 wieder einen erfreulichen Anblick; die Spuren eines mutwillig gelegten Brandes im Jahre 1971 sind getilgt. Im Pfarrhaus des Kirchspiels Pernigel/Liepupe war von 1788 bis 1792 **Garlieb Merkel** (1769–1850) als Hauslehrer angestellt. Merkel, der einer elsässischen Pfarrersfamilie entstammte, ließ 1796 in Leipzig ein Buch über die Situation lettischer Leibeigener, wie er sie hier erlebt hatte, drucken.

Im Vorgängerbau der heutigen Kirche – Reste dieses Gotteshauses sind neben ihr noch zu erkennen – heiratete 1744 der als Lügenbaron unsterblich gewordene Karl Friedrich Hieronymus **Freiherr von Münchhausen** (1720–1797) die hiesige Baronesse Jakobine von Dunten. Nach zehn Jahren, die er Offizier in der Armee des Zaren war, kehrte der Freiherr 1750 Livland wieder den Rücken. Das an ihn erinnernde **Museum**, das lange im früheren Wirtshaus von **Dunte** (Ruthern), einer Streusiedlung knapp 4 km südlich von Liepupes Kirche, untergebracht war, ist nach einem Brand ins nahe gelegene Gemeinderatsgebäude ausgewichen. Es rühmt sich, das weltweit einzige Münchhausen-Museum neben dem im deutschen Bodenwerder zu sein.

Biegt man in **Jelgavkrasti**, der zentralen Ortschaft der Gemeinde Liepupe, ostwärts in den eigentlichen Ort Liepupe ab, so steuert man auf dessen Gutsanlage zu. Das **Herrenhaus** aus dem Jahre 1751, ein eingeschossiger Bau mit Seitenrisaliten und Mansarddach, steht leider, obwohl die lettische Denkmalpflege es als Baudenkmal ersten Ranges einstuft und obwohl es Eigentum der Gemeinde ist, seit langem ungenutzt da. Bei dem in etwa halbrunden Portikus vor seinem Haupteingang handelt es sich um eine Ergänzung aus der zweiten Hälfte des 19. Jahrhunderts. – Alle genannten baulichen Merkmale treffen auch auf das Herrenhaus in **Ķirbiži** (Kürbis), einem Ort 25 km nördlich von hier, zu. Der erfreuliche Unterschied: Für Gut Ķirbiži wurde eine passende Nutzung gefunden. Ein **Forstmuseum** (lett. »Meža muzejs«), wie es in Lettland nicht wenige gibt, vermittelt dort Einblicke in die Flora und Fauna der Umgebung – in die Fauna vor allem anhand ausgestopfter Tiere.

Am Strand von Tūja

»Steiniger livländischer Strand« (»Vidzemes akmeņainā jūrmala«) – diese Bezeichnung ist für einen Küstenabschnitt gebräuchlich geworden, der ziemlich genau westlich von Limbaži seinen Anfang nimmt und sich von dort nach Norden fortsetzt. Grund, ihn so zu

➢ *Strandabschnitt bei Ķurmrags*

nennen, waren die bizarren Findlingsformationen, die ihn zieren. Manchmal ist gleichbedeutend auch vom »Strand von Tūja« die Rede, was einen in die richtige Richtung lenkt, nämlich in die Nähe des Ortes **Tūja** (Taubenhof), doch was nicht zu der Annahme verleiten sollte, hier sei der landschaftliche Reiz bereits am größten. Dieser erreicht seinen Höhepunkt eher jenseits des Fischerdorfes **Ķurmrags** und der gleichnamigen Landspitze. Denn nördlich der abgesackten **Leuchtturmruine**, auf die man dort trifft, macht der »steinige livländische

Strand« seinem Namen erst recht alle Ehre. An einer Stelle gibt es sogar noch oberhalb der küstennahen Steilwände ein Steinfeld; poetisierend wird es »Verzauberter Hain« (lett. »Apburtā birze« oder »Apburtais birzs«) genannt. Rund 4 km nördlich der Landspitze Ķurmrags bildet die rund 200 m lange **Felswand Veczemju klintis** ein weiteres mögliches Ziel. Will man einen Strandspaziergang - bei dem man vermutlich kaum einer Menschenseele begegnet - auf diesen Bereich konzentrieren, so bietet sich an, die Fernstraße A1 statt schon bei Tūja lieber erst an der Bushaltestelle Oltūži zu verlassen und von dort **Mantiņi**, eine Gruppe von Gehöften an der Mündung der Kurliņupīte (Rankulfluss), anzusteuern. Auf welchen Wegen in dem geschützten Küstenstreifen man sich ohne besondere Genehmigung überhaupt motorisiert fortbewegen darf, gilt es aktuell anhand der Beschilderung in Erfahrung zu bringen; denn die Regelungen hierzu haben sich wiederholt geändert.

Die Gutshäuser Bīriņi und Igate

In **Bīriņi** (Koltzen), dem südlichsten Ort im Kreis Limbaži, trifft man westlich der Durchgangsstraße an einem See auf ein außen wie innen gut erhaltenes **Gutshaus** mit einer interessanten Mischung historistischer Stile. Mit seinem achteckigen seitlichen Turm und den zusätzlichen kleineren Türmen an fast jeder seiner Ecken wirkt es in der Gesamtkonzeption neogotisch, doch hat es nicht etwa Spitz-, sondern Rundbogenfenster. Für seine Errichtung in den Jahren 1857-1860 sorgte, nachdem auf Koltzen/Bīriņi durch Vererben mehrfach der Name der Besitzerfamilie gewechselt hatte, schließlich August von Pistohlkors. An die nötigen finanziellen Mittel war dieser angeblich erst gelangt, als er die Adoptivtochter eines Petersburger Bankiers geheiratet hatte. Die vielen darüber hinaus noch interessanten Objekte im und um den Park, ob nun das ungewöhnliche **Familiengrab** aus der zweiten Dekade des 19. Jahrhunderts oder auch der achteckige **Wasserturm**, können hier kaum alle im Einzelnen aufgezählt werden. Von 1926 bis 1995 wurde Gut Bīriņi von einem Sanatorium genutzt; inzwischen ist an dessen Stelle ein Hotel mit Tagungsstätte und einem kleinen Museum getreten, was dem hübschen Ensemble zweifellos besser bekommt.

Eine ganz ähnliche Nutzung wurde für das 16 km nördlich von Bīriņi gleichermaßen reizvoll gelegene **Gutshaus Igate** (Idsel) entwickelt, ebenfalls einen ehemaligen Besitz derer von Pistohlkors. 1880 ließen diese es von dem Rigaer Architekten Rudolf Heinrich Zirkwitz verwirklichen, der seinerzeit auch kleinere Veränderungen an Gut Koltzen/Bīriņi ausführen sollte. Zwischen 1934 und 1976 diente das Gebäude zunächst als Internat und später als Kinderheim; was folgte, war ein umso einschneidenderer Nutzungswechsel: In den 1980er Jahren wurden die Keller zu einem Rückzugsraum für staatliche Funktionsträger im Falle eines Nuklearkriegs ausgebaut.

Die Ortsmitte von **Vidriži** (Widdrisch) bestimmt ebenfalls ein Gutskomplex; erfreulich im Zusammenhang mit dessen Geschichte ist die in den letzten Jahren erfolgte Re-

staurierung des Familiengrabes der Barone von Budberg, das während der Sowjetzeit sogar sein Dach verloren hatte.
Wer Gelegenheit zu einem längeren Verweilen in Bīriņi oder Igate hat und Ausflugsziele in der näheren Umgebung sucht, mag nahe Igate »Melngaiļi«, das Geburtshaus des Komponisten Emilis Melngailis (1874–1954), ansteuern oder aber sich für **Lēdurga** (Loddiger), ein hübsches Dorf gut 6 km östlich von Vidriži, entscheiden. Lēdurgas 1767–1772 von Johann Bernhard Masungen erbaute **Kirche** kann unter den barocken Dorfkirchen im Umkreis von Limbaži als dic schönste gelten. Am südöstlichen Ortsrand wartet ein **dendrologischer Park** mit sage und schreibe 440 nicht in Lettland heimischen Baumarten auf; zu den weiteren Attraktionen dieses Parks gehört ein gewaltiger Findling. Dass längst nicht alle Gutsensembles der Umgebung auch nur entfernt so gut erhalten werden konnten wie diejenigen in Igate und Bīriņi oder selbst das von Vidriži, erweist sich in **Nabe** (Nabben) am Lādes ezers (Nubben-See). Notdürftig wurde auf den Turm des dortigen Herrenhauses inzwischen ein Pultdach gesetzt, um den Verfall wenigstens zu verlangsamen.

Ludza

Ludza (Ludsen), Lettlands östlichste Kreisstadt, hat bei den Bewohnern der westlichen Landesteile, von denen viele freilich noch nie hier waren, den Ruf, ein besonders hinterwäldlerischer Flecken zu sein. Der ausländische Besucher empfindet das vermeintlich drastische Kulturgefälle unterdessen längst nicht so stark. In seinem Programm für eine Rundreise durch Lettland sollte Ludza vor allem deshalb nicht fehlen, weil es eine der am schönsten gelegenen Burgruinen des Landes sein Eigen nennt. Ludza, heute Heimat von 10.700 (darunter vielen russischsprachigen) Einwohnern, bestand einmal fast ausschließlich aus Holzhäusern. Erst seit einem verheerenden **Stadtbrand** im Jahre 1938 halten Holz- und Steinbauten einander in etwa die Waage. Der Wiederaufbau Ludzas wurde von der damaligen lettischen Architektengeneration als eine große Herausforderung begriffen und finanziell sogar vom Heiligen Stuhl unterstützt. Lettlands Einverleibung in die Sowjetunion und die anschließenden Kriegsgeschehnisse unterbrachen ihn jedoch, und dies im Falle eines Gebäudes – des heute auffälligsten Sakralbaus Ludzas – sogar bis 1990: Die zweitürmige **Marienkirche** konnte, nachdem sie 1938 ein Raub der Flammen geworden war, erst 1995 wieder geweiht werden. Fast zwei Jahrhunderte älter ist die ihr unmittelbar benachbarte Kapelle des heiligen Tadeusz.
Beide stehen auf dem Gelände der äußeren Vorburg der mittelalterlichen **Ordensritterburg**. Deren Entstehungszeit ist ungewiss, dürfte aber frühestens im ausgehenden 13. und spätestens im 14. Jahrhundert anzusetzen sein. Auf einer Landzunge mit steilen Böschungen, die den Lielais Ludzas ezers (Ludscha-See) im Nordosten von dem weitaus kleineren Mazais Ludzas ezers im Westen trennt und die nur Platz für eine ganz schmale Verbindung zwi-

schen den beiden Seen lässt, wurde zuvor ein Plateau für die Burganlage geschaffen. Welchen Umfang diese mitsamt ihren zwei Vorburgen hatte, ist durch die teils noch erhaltenen Außenmauern gut erkennbar. Vom Hauptturm blieben Wände in einer Höhe von drei Stockwerken stehen. Sie weisen an der Außenseite **Schmuckelemente** auf, die hinter denen eines zeitgenössischen Sakralbaus weit zurückstehen, für eine livländische Burg jedoch beachtlich sind: zum einen einen verputzten Blendbogenfries, zum anderen, was heute nicht mehr auf den ersten Blick sichtbar wird, ein Netzwerk diagonaler Streifen aus schwarz glasiertem Backstein. Hinzu kommt der wirkungsvolle Gesamtkontrast zwischen Feldstein im unteren und Backstein im oberen Bereich.

Ähnlich prägnant, wie die Burgruine und auf gleicher Höhe die Kirche der Katholiken Ludza insgesamt überragen, bestimmt innerhalb der Unterstadt ein orthodoxes Gotteshaus deren Bild: Bei der klassizistischen **Uspenskij-Kirche** von 1843 fußt der Westturm auf einer offenen Vorhalle. Eine Häuserblocklänge nördlich, an der Mündung der 1. maija auf die Mazā Ezerkrasta iela, trifft man auf das Gebäude der ehemaligen **Synagoge**.

Auf der anderen Seeseite befindet sich unweit der Brücke über die Engstelle zwischen kleinem und großem See Ludzas Heimatmuseum. Um das frühere Haus der Adelsfamilie Kulnew, in dem es untergebracht ist, wächst zugleich ein kleines bäuerliches **Freilichtmuseum** heran. Letzteres macht durch eine kleine sechsflüglige Bockwindmühle Vorbeifahrende auf sich aufmerksam. – Am Ufer des Lielais Ludzas ezers erblickt man außer dem Hügel mit der Ordensburgruine auch noch einen Burgberg der alten Lettgaller.

Umgebung

Kārsava

Die Straße von Ludza nach Kārsava, einer Stadt mit 2700 Einwohnern, führt zunächst durch **Pušmucova**. Dessen 1852 fertig gestellte Kirche ist so wie viele lettgallische Sakralbauten in Feldstein gekleidet, kombiniert jedoch als beinahe Einzige dieses Material mit klassizistischem Formenrepertoire. An der Kirche im Zentrum von **Kārsava** (Karsau, Korsowka) machen sich unterdessen vor allem Schnörkellosigkeit und üppige Dimensionen bemerkbar – Ergebnis eines zügigen Wiederaufbaus, nachdem sie lange Jahre, zunächst noch über die Sowjetzeit hinaus, als Ruine dagestanden hatte. Neben ihr hat eine der in Lettgallen früher sehr verbreiteten hölzernen Pseudobasiliken überdauert. Letztere wurde in der zweiten Hälfte des 18. Jahrhunderts errichtet und ist damit ähnlichen Alters wie die Kirche von Bērzgale bei Aglona, mit der sie auch äußerliche Merkmale teilt. Dies gilt etwa für die paarweise angeordneten Segmentbogenfenster.

Kārsavas **Bahnhof** ist der älteste des Landes, denn auch der vorbeiführende Schienenweg ist der erste, der auf dem Boden der heutigen Republik Lettland verlegt wurde, verbindet er doch Sankt Petersburg mit Warschau. Offiziell trägt dieser Bahnhof nicht den Namen Kārsava, sondern noch immer den des etwas östlich gelegenen Gutes, auf dessen Boden Kārsava im 19. Jahrhundert zu entstehen begann: **Malnava**. Unweit nördlich von hier erreichen die Züge die Grenze der EU zur Russischen Föderation. Der Bahndamm verläuft danach zwar noch einmal kurz über lettisches Territorium und die Staatsgrenze unmittelbar parallel zu ihm; Zollabfertigungsort ist jedoch schon Kārsava.

Im Grenzstreifen zu Russland: Pasienes Barockkirche

Um die vielleicht anmutigste Barockkirche auf lettischem Boden zu sehen, muss man bis in die östlichste Gemeinde des Landes fahren: Die **Heiligkreuzkirche** von **Pasiene** (Possinja) bildet hier den Abschluss der nordöstlichsten Barockkirchenlandschaft Europas und mithin des nordöstlichsten vom Katholizismus geprägten Gebietes auf dem Kontinent. Sehr bezeichnend ist es da, dass ihre beiden Türme entgegen der üblichen Ausrichtung **gen Osten** statt gen Westen gewandt wurden, selbst wenn sich dies auch mit der nach Osten hin abfallenden Hanglage begründen lässt. Gerade von russischem Territorium sind dieser Abhang und der Ort Pasiene schon aus großer Entfernung sichtbar. Man könnte sich die in der zweiten Hälfte des 18. Jahrhunderts zusammen mit einem **Dominikanerkloster** errichtete Kirche mit ihren sich elegant verjüngenden Türmen gut im Stadtbild von Vilnius vorstellen, das vergleichbare barocke Sakralbauten prägen. Im Innenraum, an dem Liebhaber des **Rokoko** großen Gefallen finden werden, besticht die Gestaltung des

➢ *Die Kirche von Pasiene*

Altarraums durch eine Art Lettner in Form einer Brüstung mit davor gesetzten Säulen. Der übrige Dekor umfasst neben Heiligenfiguren dutzendweise Engel und Putti. Die Klostergebäude sind 1837 weitgehend abgebrannt und danach nicht mehr erneuert worden.

Kunstinteressierte, die kein Architekturdenkmal auslassen wollen, halten bereits auf dem Weg von Ludza nach Pasiene an der um 1800 errichteten Holzkirche des Dorfes **Brigi**. Sie besitzt voll ausgeprägte und gegenüber dem Mittelschiff deutlich niedrigere Seitenschiffe, sodass sie einer tatsächlichen **Basilika** gleicht. Die meisten Holzkirchen der Region haben hingegen fensterlose Mittelschiffe und lediglich angedeutete Seitenschiffe, weshalb sie als Quasi- oder Pseudobasiliken bezeichnet werden.

Da Grenzstädte ihren eigenen Charme haben, biegt manch einer vielleicht auch gern in das genau 300 km von Riga entfernte **Zilupe** (Rosenau) ab. Die katholischen unter den 2000 Einwohnern Zilupes nutzen eine Holzkirche, die, bevor sie 1933 hier aufgebaut wurde, bereits ein halbes Jahrhundert in der westlich benachbarten Gemeinde Nirza (Nersa) gestanden hatte. Ihre beiden Türme bekam sie allerdings erst an ihrem jetzigen Standort.

Die Aussicht auf die weite Ebene jenseits der Grenze bleibt allen, die von Pasiene südwärts weiterfahren, noch kilometerlang erhalten; und auch das Gebiet um das lettisch-russisch-weißrussische **Dreiländereck** kann man überblicken. Exakt dort, wo die Grenzverläufe aufeinander treffen, wurde 1959 zu Ehren der Partisanen der drei damaligen Sowjetrepubliken der so genannte »Freundschafts-Kurgan« (lett. »Draudzības kurgāns«) geschaffen, zu dem es jedoch kein Durchkommen ohne vorherige Genehmigung durch die Grenzschutzbehörden gibt. Bereits nahe der Stelle, an der man von der Straße nach Ezernieki theoretisch abbiegen müsste, wenn man ihn aufsuchen wollte, steht deshalb eine andere Skulptur, die ebenfalls Bezug zu der Grenze hat und mehr öffentliche Beachtung finden soll: 1998/99 wurden der nördlichste, der westlichste, der südlichste und der **östlichste Punkt Lettlands** mit kleinen Kunstwerken des Bildhauers Titāns gekennzeichnet, wobei in diesem Fall eben doch eine gewisse Abweichung vom betreffenden Punkt besteht. Einander am nächsten liegen Lettlands östlichster und südlichster Punkt; eine weitere der vier Schöpfungen von Titāns ist also schon 110 km Luftlinie von hier entfernt am Grenzübergang zu Litauen bei Demene (Demmen) zu sehen. Mit Kontrollen durch Grenzschutzsoldaten sollte man in der Gemeinde Pasiene übrigens allgemein rechnen und den Pass am besten schon bereithalten.

Sucht man für einen möglichen Rückweg von der Gegend am Dreiländereck nach Ludza nach einer alternativen Route, so gibt es auch dafür lohnende Stationen: Das zwischen drei kleinen Seen gelegene Dorf **Vecslabada** (Staraja Sloboda) sollte dazu ebenso gehören wie, schon wieder kurz vor Ludza, die 1926 fertig gestellte zweitürmige Kirche des Kirchspiels **Pilda** (Pylda), eine der stattlichsten unter den jüngeren Holzkirchen Lettgallens. Sie liegt nicht dort, wo Karten den Ort Pilda verzeichnen, sondern nahe dem gleichnamigen See in der nördlichen Nachbargemeinde **Ņukši**.

Madona

Madona (Modohn), heute eine Stadt von 9500 Einwohnern, wurde erst im 20. Jahrhundert gegründet, und dies auch nur aufgrund des nach der territorialen Gliederung der neuen Republik Lettland entstandenen Bedarfs an einer Kreisstadt in diesem Landstrich. Für diese Eigenschaft prädestinierten Madona – vormals nur ein Gut mit dem in Lettland mehrfach vertretenen Namen Birži – seine Lage an der weit und breit wichtigsten Straßenkreuzung und sein Anschluss an die zwischen 1898 und 1903 gebaute Eisenbahnstrecke, die es mit dem heutigen Pļaviņas verband. Während der Zarenzeit hatte die Gegend stets

zum Kreis Wenden/Cēsis gehört. Gegenwärtig reicht das Kreisgebiet noch weiter nach Südosten als in den Zwischenkriegsjahren und schließt sogar das eigentlich lettgallische Varakļāni mit ein.
Die Wohngebiete Madonas ziehen sich von der Bahntrasse nach Westen und Nordwesten den Hang hinauf. Die **lutherische Kirche** hingegen, im frühen 19. Jahrhundert erbaut und mit einer Orgel der Ludwigsburger Firma Walcker bestückt, ist in entgegengesetzter Richtung, außerhalb der geschlossenen Bebauung, an der Straße nach Varakļāni und Rēzekne zu finden. Wiewohl noch auf Stadtgebiet gelegen, bezeichnet man sie aufgrund der Kirchspiel-Zuordnung als Kirche von Lazdona (Lasdohn). Unweit nördlich steht auch die orthodoxe Kirche von Lazdona bzw. Madona; nur Madonas Katholiken und Baptisten haben ihr jeweiliges Gotteshaus innerhalb der eigentlichen Stadt.
Touristisch interessant ist Madona, sieht man von seinem über viele eisenzeitliche Fundstücke verfügenden **Heimat- und Kunstmuseum** (Skolas iela 10a) ab, fast nur aufgrund seiner Umgebung, wo der Gaiziņkalns, Lettlands höchster Berg, einen Hauptanziehungspunkt bildet. Entwicklungschancen für das Umland verspricht der Wintersport.

Umgebung

Der Gaiziņkalns

Blickt man auf Landkarten, so scheint die Höhe des **Gaiziņkalns** (Gaising) uneindeutig zu sein: Manche geben sie mit 312 m an, andere mit 311 m. Tatsächlich beträgt sie 311,6 m; außer Zweifel steht aber so oder so, dass der Gaiziņkalns der **höchste Berg Lettlands** und der zweithöchste des gesamten Baltikums nach dem 318 m hohen Suur Munamägi in Südestland ist. Auf dem Berg selbst erwarten einen keine touristischen Einrichtungen, sondern nur ein halbfertiger, mit Bauschutt überhäufter Aussichts-

➢ *Am Weg zum Gaiziņkalns*

turm sowie eine Tafel, die anzeigt, dass 1930 Lettlands damaliger Staatspräsident Alberts Kviesis den Berg besucht hat. Während der Anfahrt bewährt sich die Bauruine, als die man den Turm bezeichnen muss, mit ihrem roten Klinker immerhin als Orientierungshilfe; von einer Besteigung jedoch wurde man zuletzt durch Absperrungen ausdrücklich abgehalten. Wer sich in früheren Jahren, vor Anbringung der Warnhinweise, durchrang, das Turmdach zu erklimmen, wurde mit einem phantastischen **Rundumblick** über das waldreiche Hochland von Vidzeme belohnt. Im Zuge denkbarer privater Investitionen mag es zu einer Fertigstellung des

➢ *Blick vom Gaiziņkalns*

Turmes kommen, wenngleich es schwierig sein dürfte, ein solches Vorhaben rentabel umzusetzen. Mit wirtschaftlichem Gewinn können umso mehr die nahe gelegenen Quartiere betrieben werden, da sie zur Skisaison meist rasch durch Inländer ausgebucht sind.

Madonas Nachbargemeinden im Westen

Am nördlichen Rand der Fernstraße von Madona nach Pļaviņas ist nahe der Brücke über den Fluss **Arona** (Arron) gut der gleichnamige **Burgberg** zu erkennen. Auf ihm selbst und in Gräberfeldern um ihn herum wurden vom 10. bis ins 12. Jahrhundert gefertigte Gegenstände aus Eisen, Silber und Bronze gefunden – Schmuck wie auch Arbeitsgeräte.

An der Ruine des klassizistischen Gutshauses im südlich benachbarten **Mārciena** (Martzen) lässt sich ein ungewöhnlicher architektonischer Einfall beobachten: An der Außenecke des im rechten Winkel errichteten Gebäudes spart der Grundriss ein Segment in der Form genau eines Viertels eines Kreises aus; und die Rundung der Wand wird durch eine davor gesetzte, ebenfalls gerundete Säulenreihe gespiegelt.

Bei **Bērzaune** (Bersohn) muss man abbiegen, falls die Reise sich in Richtung Gaiziņkalns oder Ērgļi fortsetzen soll. Deutlich erkennt man das alte **Gasthofgebäude**, an welchem die Straße Richtung Ērgļi vorbeiführt; denn ein ganz ähnlicher historischer Landkrug, der heute sogar wieder als solcher in Funktion ist, war bereits ein paar Kilometer vor dem Burgberg Arona rechts zu sehen. In **Vestiena** (Festen) schließlich kann man, sofern man nach rechts zum Gaiziņkalns abbiegt, einen Blick auf das **Gut** mit seinen recht stattlichen Ställen aus der Zeit um 1800 werfen.

Ērgļi

Die direkteste Straße von Madona nach Riga führt über **Ērgļi** (Erlaa) und damit in die Heimat von Rūdolfs Blaumanis (1863–1908), einem der bedeutendsten Schriftsteller, die Lettland je hatte. Auf einem Friedhof nahe dem rechten Ufer des Flusses Ogre, der Ērgļi durchschlängelt, kann man Blaumanis' Grab besuchen und den Dichter in Reliefform mit finsterem Blick auf seinem Grabdenkmal sehen. Für dieses wurde kein beliebiger Stein verwendet, sondern einer, auf dem Blaumanis oft gesessen haben soll, wenn er auf dem Hof **»Braki«** gut 3 km östlich von hier die Figuren seiner Dramen und ihre Schicksale erfand. Braki, wo seine Familie 1868 ansässig wurde, ist heute als **Blaumanis-Gedenkstätte** und zugleich **Museum** für das bäuerliche Leben jener Zeit hergerichtet. Während man dorthin nur über eine Stichstraße gelangt, streift die Hauptstraße von Madona etwas südlicher, an dem See Pulgosnis, ein ähnlich geartetes Bauernhof-Museum sogar unmittelbar: **»Meņģeli«** heißt in diesem Fall der Hof, und erinnert wird an die in Lettlands Musikgeschichte bedeutsamen – insgesamt vier – Brüder Jurjāni.

Ērgļi selbst bietet außer den (allerdings mageren) Resten einer Burg am rechten Ogre-Ufer, auf der im Mittelalter Angehörige des Geschlechtes von Tiesenhausen als Vasallen des Rigaer Erzbischofs walteten, kaum weitere bemerkenswerte Baulichkeiten. Ein schmuckes **Gutshaus** bietet umso mehr die nordöstliche Nachbargemeinde **Jumurda** (Jummerdehn), der der neogotische Ziegelbau als Sitz ihres Gemeinderats dient. Andere Teile des Gutskomplexes werden seit 2001 als Tagungshotel genutzt.

Varakļāni und der Teiču purvs

An der Fernstraße von Riga über Rēzekne zur Ostgrenze Lettlands liegt zwischen Jēkabpils und Rēzekne das 2400-Einwohner-Städtchen **Varakļāni** (Warkland), das seine Architekturdenkmäler kunstsinnigen polnischen Adligen aus dem Geschlecht von der Borch verdankt. Kaum verfehlen kann man das 1783–1789 errichtete **Herrenhaus**, einen teilweise ein-, großenteils zwei- und im Mittelteil sogar dreigeschossigen Bau am östlichen Stadtrand. Seit seiner Restaurierung in den 1990er Jahren, bei der Wandmalereien aus dem 18. Jahrhundert wieder entdeckt wurden, beherbergt es ein **Museum** zur Geschichte der Stadt und des Grafengeschlechts. Die Entwürfe für die Gebäude wie auch die Gartenanlagen legte der Architekt Vincenzo Mazotti (1756–1798) vor. Wie schon damals geplant, wurde in den 1850er Jahren in der heutigen Ortsmitte schließlich auch eine zweitürmige **Kirche** fertig gestellt. In Sichtweite dieses Gotteshauses, das der Jungfrau Maria geweiht und mit einem bombastischen Sechs-Säulen-Portikus versehen ist, besitzt Varakļāni noch eine zweite katholische Kirche. Für sie wurden sogar **Reliquien** ihres Schutzheiligen Viktor aus Rom herbeigeschafft. Bei dem um 1815 entstandenen überkuppelten Rundbau auf einem künstlichen Hügel handelt es sich im Ursprung um die Grabkapelle der Grafen Borch.

Westlich von Varakļāni erstreckt sich das größte zusammenhängende **Moorgebiet** Lettlands, genannt **Teiču purvs** (»purvs« = Moor) – seit 1982 ein streng geschütztes Naturreservat. In den 1990er Jahren entbrannte eine leidenschaftliche Diskussion darüber, ob das riesige Moor nicht doch über kurz oder lang zur Torfgewinnung herangezogen werden sollte. Die Hemmungen, dies zu tun, sind aber noch nicht in dem Maße gefallen, wie es in anderen Gebieten Lettlands und mehr noch im Nachbarland Estland inzwischen zu beobachten ist. Exkursionen in die sensible Naturoase hinein dürfen nur unter Führung durch Mitarbeiter der in **Ļaudona** (Laudohn) ansässigen Reservatsverwaltung unternommen werden. Ähnlich strenge Bestimmungen gelten für das deutlich kleinere Reservat **Krustkalni**, das ebenfalls von Ļaudona aus verwaltet wird. Im Falle des »Teiču rezervāts« betrifft das Verbot, es ohne Begleitung zu betreten, leider auch eine kulturgeschichtlich interessante Örtlichkeit in seiner Mitte: **Siksala**, erreichbar über eine in Murmastiene (Murmelstein) beginnende Stichstraße, war ein **Rückzugsort von Altgläubigen**. Denn diese meinten, sich den Repressionen, denen sie nach den von ihnen abgelehnten Reformen der russisch-orthodoxen Kirche im 17. Jahrhundert ausgesetzt waren, nirgendwo besser entziehen zu können als auf einer ringsum von Moor umgebenen Festlandsinsel wie eben Siksala (»sala« = Insel). Die wenigen Häuser, die es hier gab, sind inzwischen längst aufgegeben und zu Ruinen geworden, was die Faszination dieses Ortes aber nicht mindert.

Ogre

Ogre (Oger), seit 1950 Verwaltungssitz eines Landkreises, ist die größte von mehreren Kleinstädten rund um Riga, die innerhalb weniger Jahrzehnte fast aus dem Nichts zu einer ansehnlichen Sommerhaussiedlung heranwuchsen und im weiteren Verlauf sogar Kurort-Charakter entwickelten. Der Aufstieg setzte in Ogre 1861 ein, denn seit jenem Jahr konnten die Sommerfrischler aus der Metropole auch per Eisenbahn hierhin gelangen. Ein besonderer Pluspunkt Ogres war sein wohltuendes, durch einen bewaldeten Höhenrücken im Hinterland begünstigtes **Mikroklima**.

Die Stadt Ogre liegt 35 km von Riga entfernt an der Mündung eines gleichnamigen, 177 km langen Flusses in die Daugava. In früheren Jahrhunderten wurde dieser auch Vogene und deutscherseits Woge genannt. Für den daraus hervorgegangenen Namen Ogre haben die Letten eine volkstümliche Erklärung parat, wonach er sich von »ugor«, dem russischen Wort für *Aal*, herleitet: Mit der Frage, ob es diesen Fisch in dem Fluss gebe, und dabei auf das plätschernde Wasser zeigend sollen sich mehrere Russen an die Einheimischen gewandt haben, die zwar nicht recht verstanden, worum es ging, den Fluss jedoch fortan »Ugor« nannten, woraus »Ogre« wurde. So oder ähnlich geht es aber wohl nur in Legenden zu.

Den ursprünglichen Charakter Ogres als **Kurstadt** machen noch immer einige alte **Holzvillen** greifbar. Dutzendweise hinzugekommene Wohnblocks verdeutlichen indes, dass die Stadt einen zweiten Wachstumsschub in den 1970er Jahren hinter sich hat. Nach dem Bau einer Trikotage-Fabrik, die zu den damals größten Europas gehörte, kamen 7000 russische Familien nach Ogre und verzweieinhalbfachten dessen Einwohnerzahl auf rund 30.000. Aktuell liegt sie bei etwa 26.600.

Die Eisenbahntrasse, mindestens so sehr aber auch der (für Fahrzeuge nur im Zuge der Fernstraße Riga-Daugavpils überquerbare) Flusslauf der Ogre reißen die verschiedenen Teile der Stadt stark auseinander. Biegt man von der vierspurigen Fernstraße in die Dārza iela, die erste Straße, die jenseits der Brücke abzweigt, so fährt man auf den Höhenzug Grantskalni zu. Bei seiner Umrundung sieht man zunächst Ogres **Freilichtbühne** – die zweitgrößte Lettlands: Auf ihr finden leicht 4000 Sänger Platz und vor ihr ein mehr als 10.000-köpfiges Publikum. Wenn im Rigaer Mežaparks riesige Sängerfeste mit internationaler Beteiligung stattfinden, können daher manche Aktivitäten nach Ogre verlagert werden. Ein Stück weiter verläuft die Straße an einem deutschen **Soldatenfriedhof** vorbei.

Die Namen »Lazdukalni« bzw. »Špakovska parks« bezeichnen ein und dasselbe, nämlich einen sehr gewächsartenreichen dendrologischen Park, der einen weiter südlichen Teil der Hügelkette überzieht. In diese reiht sich ganz am südöstlichen Stadtrand der 50 m hohe Ķentes kalns ein, an dem es, ebenso wie im Norden Ogres am Zilais kalns (52 m), eine kleine **Skipiste** gibt. Beide Erhebungen waren einstmals Burgberge der livischen Urbevölkerung. – Auf dem Weg zum Zilais kalns passiert man im Verlauf des Mālkalnes prospekts Lettlands 1991 eröffnetes **Pfadfindermuseum** (lett. »Latvijas Gaidu un skautu muzejs«, Haus Nr. 10).

Umgebung

Die Kirchenruine von Ikšķile

Leider nur aus einiger Entfernung kann man von der Uferstraße des 3900-Einwohner-Städtchens **Ikšķile** (Uexküll) 6 km westlich von Ogre auf das **älteste Steinbauwerk des Baltikums** blicken: Die Reste der ab 1185 am rechten Düna- bzw. Daugava-Ufer errichteten Kirche von Uexküll bzw. »Ykescola«, wie der Ort in zeitgenössischen Quellen heißt, gerieten durch den Bau des Rigaer Wasserkraftwerks auf eine Insel inmitten des Stausees. Dem 1186 zum ersten Bischof von Livland ernannten Meinhard aus Segeberg (gest. 1196) diente die Kirche von Uexküll/Ikšķile mitsamt der angrenzenden, gleichzeitig erbauten steinernen Burg als **Bischofssitz**. Der von gotländischen Meistern gestaltete romanische Kirchenraum mit einer zentralen Säule als Gewölbestütze hatte einen annähernd quadratischen Grundriss. Ein in der Mitte geteilter Triumphbogen trennte ihn vom etwas kleineren, ebenfalls quadratischen Chor. Die beste Vorstellung von Burg und Kirche kann ein Modell im Geschichtsmuseum auf der Daugava-Insel Dole geben (siehe dazu unseren Abschnitt über Salaspils). Mit der Burg wurde Anfang des 13. Jahrhunderts, nachdem Riga gegründet war, Konrad von Meyendorff belehnt, 1257 gefolgt von der Familie der Bardewis. Die Bardewis gingen dazu über, sich »von Uexküll« zu nennen, womit einer der bekanntesten baltischen Adelsnamen geboren war. Während die Burg schon in früheren Jahrhunderten nahezu dem Erdboden gleichgemacht wurde, hat die Kirche trotz baulicher Erweiterungen lange ihre historische Substanz bewahrt. Zur Ruine wurde sie erst 1916, als die Düna/Daugava eine **Frontlinie des Ersten Weltkriegs** bildete und sie dadurch unter Dauerbeschuss lag. Nach einer Restaurierung in den 1960er Jahren wurden die letzten Reste der Burg beinahe ganz und die Kirchenruine teilweise mit Erdreich zugeschüttet, damit sie nicht

überflutet oder weggeschwemmt werden können. Ergebnis weiterer, erst wenige Jahre zurückliegender Schutzmaßnahmen ist die Dachkonstruktion, die den verbliebenen Mauerbestand nunmehr beschirmt und seinen Anblick verfremdet.
Die heutige **lutherische Kirche** Ikšķiles aus dem Jahre 1933 hat während der Sowjetzeit eine in der Lettischen SSR einzigartige Form der Zweckentfremdung erfahren, nämlich als Magazinraum für Bücherbestände der Staatlichen Bibliothek (der heutigen Nationalbibliothek).

➢ *Die gestaute Daugava bei Lielvārde*

Lielvārde

Die Gegend von **Lielvārde** (Lennewarden), einer 6300 Einwohner zählenden Stadt im Kreis Ogre, lag während des Ersten Weltkriegs, als die Düna/Daugava etwa zwei Jahre lang Frontlinie war, so stark unter Beschuss, dass bis 6 km jenseits des Flusses kein Dach unversehrt blieb. Lielvārde verlor so beispielsweise seine lutherische Kirche nahe dem Ufer, die erst 1932 durch die heutige ersetzt wurde. Zugleich gilt die Gegend aber auch als Schauplatz jener kampfreichen Geschehnisse, von denen das lettische **Nationalepos** berichtet. Einblicke in das oft unstete Leben seines Schöpfers **Andrejs Pumpurs**, der aus Jumprava (Jungfernhof), einer Gemeinde südöstlich von Lielvārde, stammte, vermittelt ein **Museum** – angesiedelt in einem umgebauten ehemaligen Wirtschaftsgebäude eines Gutshofs. Man findet es im östlichen Teil Lielvārdes unweit der erwähnten Kirche und unweit der Brauerei des Bieres »Lāčplēsis«, das nach dem unsterblichen Helden in Pumpurs' Epos benannt ist. Zwei Findlinge, die das Bett und die Decke des Lāčplēsis darstellen sollen, wurden in die Nähe des Museums transportiert, weil sie andernfalls 1939 nach Fertigstellung des Wasserkraftwerks bei Ķegums in den Fluten versunken wären. – Mit dem wunderschönen Kalkfelsen **Staburags** oberhalb von Koknese, der mit der Handlung der Sage ebenfalls in Verbindung steht, ist dies in den 1960er Jahren leider geschehen. Auf dem Felsen entsprangen kleine Bäche, die die Letten als Tränen der den Lāčplēsis beweinenden Göttin Staburadze deuten. Links der Daugava von Aizkraukle nach Jēkabpils fahrend, kann man bei einem Ort neben dem einstigen Gut Vīgante (Stabben), der heute selbst »Staburags« heißt, in die Nähe des überspülten Naturdenkmals gelangen.
An Museum und Kirche schließt sich in Lielvārde ein **Park** an, in dem seit 1988 originelle Holzskulpturen der im Epos agierenden Gestalten stehen und in den die Reste der 1229 angelegten **Bischofsburg** Lennewar-

den eingebettet sind. Ihr gegenüber, jenseits der schmalen Bucht, die der gestauten Daugava hier die Mündung des Baches Rumbiņa verschafft, erblickt man den kleinen Hügel **Dievu kalns**; ihn weisen archäologische Funde als einen der beständigsten vorgeschichtlichen Siedlungsplätze im Großraum Riga aus. Während es dabei um bis zu 3000 Jahre alte Spuren geht, hat in einem westlicheren Teil der Stadt (ebenfalls nahe einer Bucht des Stausees bzw. nahe einer Bachmündung) ein Künstler plastisch gemacht, wie er sich das Aussehen der hölzernen Festung eines hiesigen Gebietsältesten im 12. Jahrhundert vorstellt. Nach dem Namen jenes Gebietsältesten heißt das Gebilde »Uldeneva pils« (»pils« = Burg).

Suntaži

Einigen der Werke des Baumeisters **Christoph Haberland** (1750–1803) sieht auch ein wenig geschultes Auge leicht an, dass sie Schöpfungen ein und derselben Person sind. Kir-

Der lettische Nationalheld Lāčplēsis

Der Wunsch, als Nation eine **Heldensage** zu besitzen, reifte bei den Letten, seit 1849 in Finnland das Epos »Kalevala« von Elias Lönnrot erschienen war, auf das in Estland bald Friedrich Reinhold Kreutzwalds »Kalevipoeg« folgte. Erfüllt hat sich dieser Wunsch schließlich durch **Andrejs Pumpurs** (1841–1902). Eineinhalb Jahrzehnte lang sammelte er Material in Form von bereits geläufigen Sagen sowie dazu passenden Volksliedern (»dainas«), ehe 1888 das spätromantische »epische Lied« vom **»Lāčplēsis«** (*Bärenreißer*, in der literarischen Übersetzung »Bärentöter«) veröffentlicht werden konnte – nach Pumpurs' damaliger Ansicht übrigens nur die Vorstufe zu einem tatsächlichen Epos.

Lāčplēsis, **halb Mann und halb Bär**, hatte von seiner Mutter, einer Bärin, die Ohren geerbt und wurde deshalb auch »Lāčausis« (*der mit den Bärenohren*) genannt. Die Ohren verliehen ihm übernatürliche Kräfte, durch die er jedes noch so große Tier packen und in Stücke reißen konnte; nur ohne seine Ohren wäre er zu besiegen gewesen. Deshalb nahm der **»Schwarze Ritter«** einen Kampf mit ihm auf, in dessen Verlauf beide in der Daugava (Düna) versanken. Nie tauchten sie wieder auf; wenn aber **Nebelschwaden** über dem Fluss aufsteigen, so soll das ein Zeichen für die Fortdauer des Zweikampfes sein und dafür, dass Lāčplēsis dem Volk eines Tages doch noch die Freiheit bringen wird. – Der unverkennbare politische **Symbolgehalt** des Schlusses tritt noch deutlicher in dem Drama »Uguns un nakts« (»Feuer und Nacht«) hervor, zu dem Jānis Rainis den Bärentöter-Stoff weiterverarbeitete. Jānis Mediņš wiederum vertonte »Uguns un nakts« 1913–1919 zu einer zwei Abende füllenden Oper.

In Lielvārde trug während der Sowjetzeit auch die örtliche Kolchose den Namen »Lāčplēsis« und braute nicht zuletzt ein gleichnamiges **Bier**, das sich auch heutzutage noch großer Beliebtheit erfreut.

chen entwarf Haberland, der nur im Baltikum tätig war, seinerzeit außer für Riga und Orte in dessen Umgebung beispielsweise auch für Marienburg/Alūksne sowie für die neu gegründete Stadt Werro/Võru im heutigen Südestland. Weniger bekannt ist diejenige in **Suntaži** (Sunzel). Sie ähnelt der Stadtkirche von Võru frappierend, wobei es sich in Suntaži um den etwas älteren der beiden Bauten handelt.

Das unweit nordwestlich befindliche **Gutsschloss** wurde nach seinem Niederbrennen in den Revolutionswirren von 1905 in so veränderter Form wieder aufgebaut, dass eine stilistische Einordnung seitdem schwer fällt. Die beiden hohen Türme an seinen Enden wurden zwar bereits im 19. Jahrhundert angefügt, 1909 jedoch noch einmal grundlegend umgestaltet.

Weitaus älteren Ursprungs als die Kirche von Suntaži ist die des südöstlichen Nachbarortes **Madliena** (Sissegal). Im Ergebnis der späteren barocken Gestaltung des Turms, den allerdings ein schlichtes Zeltdach abschließt, sowie der hierzu passenden Nüchternheit des übrigen Gebäudes überbietet sie Suntažis Kirche kaum an Reiz; doch dafür gilt für Madliena gerade das, was für Suntaži nicht gilt, nämlich dass sein Gotteshaus mit keinem anderen in der Sakralbautenlandschaft des nördlichen Baltikums verwechselbar scheint.

Preiļi

Das vergleichsweise junge **Preiļi** (Prely), das 1950 zum Zentrum eines Kreises erhoben wurde, ist als einzige Kreisstadt Lettlands nicht zugleich die größte Stadt im Kreisgebiet (sondern wird mit seinen 9000 Einwohnern von Līvāni mit 10.400 übertroffen). Die Bebauung verdichtete sich zunächst im Kreuzungsbereich der Landstraßen Daugavpils-Viļāni und Līvāni-Krāslava, wo um 1885 eine katholische Kirche gebaut wurde. Südöstlich der so entstandenen Ortsmitte erstreckt sich ein recht alter, reizvoll durch Teiche und Kanäle gegliederter **Landschaftspark** von 43 Hektar. In den bereits vorhandenen Park ließ das Geschlecht derer von Borch im 19. Jahrhundert ein neoromanisch-neogotisches **Gutsschloss** einfügen. Nach einem Brand 1978 einstweilen zur Ruine verkommen, strahlt es selbst in diesem Zustand noch viel von seiner ursprünglichen Pracht aus und kann mit Fug und Recht als bedeutendster historistischer Profanbau Lettgallens bezeichnet werden. Von den einstigen Pferdeställen an einem der Teichufer stehen sogar nur noch Außenwände; auch sie vermitteln gleichwohl einiges an Eindruck von dem, was einmal war.

In Preiļi leben mehrere sehr angesehene **Keramiker**, die das klassische Kunsthandwerk der Region Lettgallen/Latgale hauptberuflich betreiben. Wer sich in einer der kleinen Privatausstellungen umsehen möchte, erkundige sich nach einer »keramikas izstāde«. Örtliche Keramik zeigt allerdings auch das **Geschichts- und Kunstgewerbemuseum** Preiļis (lett. »Preiļu vēstures un lietišķās mākslas muzejs«), an dem man vorbeikommt, wenn man den Schlosspark im Zuge des Raiņa bulvāris von Norden her betritt. Erhalten hat sich in diesem Bereich außer dem Wächtershäuschen auch die Grabkapelle der Gutsherren.

Bereits 5 km außerhalb der Stadt Preiļi, aber noch innerhalb der gleichnamigen Gemeinde befindet sich nahe der Straße nach Līvāni die Kirche von **Moskvina**. In den letzten Jahren gut wieder hergerichtet, zeigt sie das typische Erscheinungsbild eines Gotteshauses von Altgläubigen.

Über **Gut Jasmuiža**, eine bei **Aizkalne**, rund 12 km südöstlich von Preiļi, gelegene Lebensstation des Dichters Jānis Rainis, berichtet unser Überblick zu Rainis und den Orten seiner Jugend; dieser Überblick ist dem Abschnitt über Jēkabpils zugeordnet. Einen gewissen Reiz hat auch Aizkalnes Ortskern mit seinen beiden Kirchen, einer katholischen und einer russisch-orthodoxen, von denen keine die jeweils andere in den Schatten zu stellen trachtet. Selten glückte im Wettstreit der Glaubensrichtungen ein so harmonisches Nebeneinander.

Umgebung

Zwischen Preiļi und Viļāni

Gehört die Straße von Preiļi Richtung Norden zu der Reiseroute, die man sich vornimmt, so lohnt es sich, sie noch vor der Kreisgrenze an mindestens einer Stelle, bei genügend Muße aber auch ruhig zweimal kurz zu verlassen. Mit einem entsprechenden Abstecher zur **Holländermühle** von **Pastari**, zu der man gegenüber der Ortschaft Stabulnieki abbiegen müsste, verbindet sich leider nicht die Möglichkeit einer Innenbesichtigung; ein hübsches Fotomotiv gibt das 1902 errichtete Baudenkmal jedoch allemal ab. Im Falle des benachbarten Ortes **Galēni** (Galen) fordern beinahe schon die beiden spitzen Türme der Kirche dazu auf, das Ortsinnere nicht, wie es die heutige Straßenführung möglich macht, zu umfahren. Galēnis eigentliche Sehenswürdigkeit kommt allerdings erst hinter dem 1912 fertig gestellten Gotteshaus allmählich zum Vorschein: Die **Gutsanlage Vidsmuiža** aus dem 18. Jahrhundert, einstiger Besitz eines Zweigs der Grafenfamilie von der Borch, ist in keinem guten Zustand, gleichwohl aber, was den Ensemblewert angeht, in erfreulicher Vollständigkeit erhalten. Es mag schwer fallen, die in etwa quadratische Freifläche, um die sie sich verteilt, heute noch – so überwuchert, wie sie sich darbietet – als Paradehof zu bezeichnen; ganz sicher aber hat man mit Vidsmuiža einen der urtümlichsten lettgallischen Gutskomplexe gesehen.

Līvāni und der Burgberg von Jersika

Das an der Mündung der Dubna in die Daugava (Düna) gelegene **Līvāni** (Lievenhof) galt in den 1990er Jahren als traurige Rekordhalterin unter Lettlands Kleinstädten, was das Ausmaß der Arbeitslosigkeit betraf. Mit dem Namen eines Wohngebietes rechts der Dubna – Ubagu Līcis, was wörtlich *Bettler-Bucht* bedeutet – hat es zwar eine andere historische Bewandtnis; er bekam in der jüngeren Vergangenheit jedoch einen bitteren Beigeschmack. Inzwischen hat Līvāni sich wieder etwas erholt und macht sich vor allem den ständigen Durchgangsverkehr im Zuge der A6 von Riga nach Daugavpils zunutze. Halbwegs behaupten konnte sich daneben seine **Glasindustrie**. Produkte der hiesigen Glasdesigner zeigt ein Museum an der Zaļā iela, die südlich der Dubna als westliche Parallelstraße der Hauptstraße Rīgas iela verläuft. In noch unmittelbarerer Nähe der Dubna-Mündung befindet sich eine interessante Kombination aus Lehr- und Ausstellungsörtlichkeit: das **»Kunst- und Gewerbezentrum Lettgallens«** (»Latgales mākslas un amatniecības centrs«), dessen Einrichtung von der EU gefördert wurde.

Vom südlichen Stadtrand 7 km in Richtung Daugavpils liegt unmittelbar am rechten Ufer der Daugava der geschichtsträchtige **Burgberg von Jersika** (Gerzike). Gerzike hieß in alter Zeit das südliche der von Lettgallern bewohnten Fürstentümer. Während festzustehen scheint, dass das nördlich angrenzende Fürstentum Tholowa lange den Herrschern von Pskov Tribut zollte, ohne darüber hinaus deren Macht zu unterliegen, ist unter Historikern strittig, ob Gerzike ebenfalls nur tributpflichtig wurde, und zwar gegenüber Polock, oder ob hier unmittelbar russische Fürsten die Macht ausübten. Den Herrschernamen **Wissewalde**, der durch den Chronisten Heinrich von Lettland überliefert ist, halten viele für slawisch und setzen ihn mit »Vsevelod« gleich; andere hingegen erkennen ein baltisch klingendes »Visvaldis« darin. Neuere Forschungsergebnisse stützen eher die zweite These. Wie Ausgrabungen bestätigt haben, gab es in der stadtähnlichen Siedlung, die bei der Burg Gerzike existierte, mehrere orthodoxe Kirchen, vermutlich in Form kleiner Saalbauten. Bewiesen ist damit zumindest die Anwesenheit einer Oberschicht mit orthodoxem Glauben. Die mit Metallverarbeitung, Töpferei oder Knochenbearbeitung beschäftigten Handwerker der Burgstadt dürften durchweg Lettgaller gewesen sein. Ob auch sie bekehrt waren, scheint kaum klärbar.

Eine Besichtigung des von Bäumen umkränzten, auf seiner Oberfläche jedoch baumlosen Hügels wird dadurch erschwert, dass dieser inzwischen in Privatbesitz ist. Überhaupt bildet das Bushaltestellenschild »Pilskalns« (Burgberg) bislang den einzigen Anhaltspunkt, anhand dessen man ihn ohne langes Suchen findet. Denn während im Nachbarlandkreis Jēkabpils auch kleinste Sehenswürdigkeiten ausgewiesen sind, woran man sich, falls von dort kommend, allzu gern gewöhnt, ist die Beschilderung im Kreis Preiļi nach bisherigem Stand weit dünner gesät. Sehr viel eindeutiger sichtbar als der Burgberg liegt 2 km südlich Jersikas heutige **orthodoxe Kirche** am Wegesrand. In einer Art **Fertigbauweise** in Odessa konstruiert, wurde sie 1886 zunächst im heutigen Daugavpils aufgestellt, ehe sie 1904 hierhin gelangte.

Begibt man sich nicht von Jēkabpils oder Daugavpils in die Gegend um Līvāni, sondern aus einem anderen Teil des Kreises Preiļi, beispielsweise von Aglona aus, so kann es reizvoll sein, den Weg, den der Fluss Dubna bis zu seiner Mündung in Līvāni nimmt, mitzuvollziehen. Interessante zweitürmige Kirchen, die, wie für lettgallische Sakralbauten der Zeit um 1900 typisch, teils in Ziegel und teils in Feldsteine gehüllt sind, sieht man auf einer solchen Route zunächst in **Nīder-**

muiža und dann in **Vārkava** (Warkowo). Das insgesamt schlichte eingeschossige **Gutshaus Arendole** – auf dem Wegstück zwischen Nīdermuiža und Vārkava am linken Dubna-Ufer gelegen – besticht durch seinen schmucken achteckigen Turm, obwohl es sich dabei eigentlich um kaum mehr als einen leicht erhöhten Erker mit hoher Spitze handelt.

Rēzekne

Die am Schnittpunkt wichtiger Straßen- und Schienenwege gelegene Stadt **Rēzekne** (Rositten) sieht sich als Hauptstadt Lettgallens, der östlichen der vier Regionen, in die Lettland sich gliedert – mag das ebenfalls zu dieser Region gehörige Daugavpils auch fast dreimal so groß sein. Mit 39.100 Einwohnern ist Rēzekne nach Riga, Daugavpils, Liepāja, Jelgava, Jūrmala und Ventspils die kleinste von sieben lettischen Städten, deren Status sich auf deutsche Verhältnisse übertragen mit dem einer kreisfreien Stadt vergleichen lässt.

An einer **Schleife des Flusses Rēzekne**, der die Binnenseen Rāznas ezers und Lubāns verbindet, lag offenbar schon seit dem 9. Jahrhundert eine Festung der Lettgaller. Nachdem die deutschen Eroberer das Gebiet unter sich aufgeteilt hatten, musste sie einer Ordensburg weichen, als deren Gründungsdatum das Jahr **1285** genannt wird. Unter der Herrschaft Polen-Litauens, die hier vom späten 16. Jahrhundert bis zur ersten Teilung Polens 1772 währte, geriet Rositten/ Rēzekne nahezu in Vergessenheit: Eine im Mittelalter entstandene Handwerkersiedlung hatte Ivan IV. (der Schreckliche) 1577 beseitigen lassen, um die Burganlage erweitern zu können; diese wurde aber schon bald während polnisch-schwedischer Konflikte ebenfalls zerstört. **Katharina II.**, Russlands Herrscherin zur Zeit der Polnischen Teilungen, veranlasste den planmäßigen Ausbau vieler für das Zarenreich hinzugewonnener Orte und ließ auch Rositten zu einer Kreisstadt erheben; die damaligen Pläne zu dessen Ausbau wurden allerdings nur teilweise Wirklichkeit, sodass erst mit dem **Eisenbahnbau** im 19. Jahrhundert Leben in die Stadt kam. Dass sich hier die auch strategisch bedeutsamen Strecken von Ventspils über Riga nach Moskau und von Warschau nach Sankt Petersburg kreuzen, wurde ihr im Zweiten Weltkrieg zum Verhängnis – ein Großteil der Bebauung, die damals noch überwiegend aus Holzhäusern bestand, sank 1944 bei sowjetischen Bombardements in Schutt und Asche. In dem nordwestlich von Rēzekne gelegenen Dorf **Audriņi** fanden Ende 1941 sowjetische Armeeangehörige Unterschlupf, was die deutschen Besatzer mit der Erschießung beinahe sämtlicher Bewohner Audriņis vergalten. In den Hügeln von Ančupāni (lett. »Ančupānu kalni«), dem Ort dieses Verbrechens, erinnert seit 1973 ein **Mahnmal** an die Geschehnisse von damals (zu erreichen, indem man unmittelbar jenseits der Stadtgrenze, gut 1 km vor Querung der nördlichen Umgehungsstraße Rēzeknes, von der Straße Richtung Audriņi leicht rechts abbiegt).

Nach 1945 wandelte Rēzekne sich zu einer **Industriestadt**, verbunden mit forcierter Ansiedlung von aus

➢ *Die Schmerzensmutterkirche in Rēzekne*

anderen Republiken der damaligen UdSSR stammenden Arbeitskräften. Produziert wurden neben Landmaschinen hauptsächlich Nahrungsmittel.

Als Ausgangspunkt für eine Stadtbesichtigung bietet sich das **Gelände der Ordensburg** am rechten Rēzekne-Ufer an. Heute sieht man nicht mehr, dass es durch Abtrennung der Landzunge, um die der Fluss sich hier schlängelt, einst zu einer künstlichen Insel gemacht worden war. Die noch vorhandenen **Mauerreste** sind offenbar Fragmente der Hauptburg, während sich von der Vorburg kaum etwas erhalten hat. Im 19. Jahrhundert soll die Ruine noch weitaus stattlicher ausgesehen haben, dann allerdings hemmungslos als Steinbruch ausgebeutet worden sein. Um 1940 erwogen einzelne Politiker und Publizisten, die die scheinbare Zwangsläufigkeit von Denkmalschutz für Reste der Burgen fremder Eroberer aufgehoben sehen wollten, sogar, die hiesige Burgruine (gleichsam stellvertretend für andere) ganz abzureißen. Wie um dies wieder gutzumachen, haben spätere Restauratoren zwischen den beiden höchsten erhaltenen Mauerstücken einen dünnen Bogen rekonstruiert, was der Ruine unfreiwillige Ähnlichkeit mit der Natursehenswürdigkeit Delicate Arch im US-Bundesstaat Utah gibt. Sie haben damit zugleich die Aufmerksamkeit für ein mögliches **Fotomotiv** gesteigert; denn gerne werden durch die Bogenöffnung hindurch die Türme der ab 1883 erbauten **Herz-Jesu-Kirche**, heute einer Kathedralkirche (als Zentrum der Diözese Rēzekne-Aglona), aufgenommen, deren kräftiges Rot reizvoll mit dem blassen Feldstein der Burgmauern kontrastiert.

Zwischen den Burgresten und der Latgales iela, an der besagte Kathedrale liegt, führt eine Seitenstraße, die Izraēlas iela, zu dem unscheinbaren Gebäude der früheren **Synagoge**. Wendet man sich vom Burgareal nach Westen oder Nordwesten, so ist es nicht weit bis zur **Atbrīvošanas aleja**, der *Allee der Befreiung* – gemeint ist die Befreiung Lettgallens 1917–1920. Zu Sowjetzeiten wurde diese breite Hauptstraße – wie könnte es anders sein – in Ļeņina iela umgetauft. Auf einer Platzanlage, zu der sie sich zu Füßen des Hotels »Latgale« weitet, steht heute anstelle einer Lenin-Statue wieder das lettgallische **Freiheitsdenkmal »Latgales Mā-**

ra«, ähnlich wie das, das die Sowjets ihrerseits abgeräumt hatten, um Lenin auf den Sockel zu heben. Andrejs Jansons, der an dem neuen Denkmal als Bildhauer tätig war, stellte damit zugleich die Ehre seines Vaters wieder her, denn der hatte das ursprüngliche, 1940 gestürzte Freiheitsdenkmal geschaffen. Die gleiche Geschichte ließe sich über die Befreiungsdenkmäler weiterer Orte berichten: So wie hier waren etwa auch in Jelgava und in Balvi im Abstand von über einem halben Jahrhundert Vater und Sohn Jansons am Werk. Im Falle Rēzeknes ist es 1943 sogar zu einer Wiederaufrichtung des Denkmals gekommen, auf die 1950 die abermalige Beseitigung folgte.

An den Rändern des Platzes befinden sich eine 1846 geweihte orthodoxe Kirche sowie – etwas älter wirkend, als sie tatsächlich ist – die katholische **Schmerzensmutterkirche** aus den 30er Jahren des 20. Jahrhunderts. Nur wenige Schritte nordöstlich der orthodoxen Kirche liegt das **Museum für Kulturgeschichte** (»Latgales kultūrvēstures muzejs«). Einen seiner Schwerpunkte bildet die lettgallische Keramik, die gerade in Rēzekne bis auf den heutigen Tag als traditionelles Kunsthandwerk beheimatet ist.

Umgebung

Der Lubāns

Im dünn besiedelten einstigen Grenzraum Livlands zu Lettgallen liegt der **Lubāns** (Lubahnscher See), Lettlands **größter Binnensee**. Von der letzten Eiszeit zunächst als regelrechtes Meer, ähnlich dem Ladogasee in Russland, zurückgelassen, schrumpfte er rapide, und doch bereitete er den Menschen in seinem Umland noch bis ins 20. Jahrhundert große Probleme; denn im Frühjahr konnte der äußerst seichte See enorm anschwellen und entsprechend große Teile seiner kaum wesentlich höher als der Seegrund gelegenen Umgebung unter Wasser setzen. Hinzu kam, dass die im Lubāns zusammenströmenden Wassermassen sich aufgrund des geringen Gefälles seines Abflusses, der Aiviekste (Ewst), nur sehr zäh in Richtung Daugava weiterbewegten. Die Überschwemmungen konnten somit auch lange anhalten. Um dem ein Ende zu bereiten, wurden die Uferzonen des Sees von den

➢ *Rēzeknes Freiheitsdenkmal »Latgales Māra«*

1930er bis in die 1970er Jahre umfassend durch **Dämme und Kanäle** reguliert. Der Charakter der Landschaft ging dabei nicht gänzlich verloren; von den an seinem Ostrand angelegten Fischteichen dürfen vielmehr, da sie nicht alle bewirtschaftet werden, manche mit Schilf zuwuchern. **Zugvögel**, die im Frühjahr und Herbst am Lubāns Station machen, zieht der See jedenfalls nach wie vor zu Abertausenden an. Wer diesem Schauspiel beiwohnen möchte, sollte nicht ohne Fernglas anreisen: Entsprechend ausgestattet, profitiert man von den Vogelbeobachtungstürmen, die vor allem im Bereich des Teichareals »Kvāpānu dīķi« aufgestellt wurden, umso mehr. Mitten zwischen den »Kvāpānu dīķi« findet man auch ein kleines touristisches **Informationszentrum** und ein Gästehaus; der Weg dorthin ist von dem Straßendamm aus, der den Lubāns nordöstlich begrenzt, ausgeschildert.

Ein möglicher Anfahrtsweg von Rēzekne führt zunächst über **Viļāni** (Wilon, Welonen), ein sehr typisch lettgallisches Städtchen mit 4000 Einwohnern. Sehenswert ist hier die zwischen 1753 und 1772 in Verbindung mit einem **Bernhardinerkloster** entstandene **Kirche des Erzengels Michael**, ein stattlicher zweitürmiger Bau in, was das Äußere betrifft, vergleichsweise zurückhaltenden Rokokoformen. Die Klostergebäude mussten nach Zerstörungen im Zweiten Weltkrieg weitgehend neu errichtet werden. – Ein anderer denkbarer Anfahrtsweg lässt sich mit einem Abstecher zur angeblich ältesten Holzkirche Lettgallens in **Piļcine** verbinden. Dieser sieht man ihr Baujahr 1670 allerdings, bedingt durch zwischenzeitliche Restaurierungen, mitnichten an. Auf ihre Weise interessant ist auch die Kirche von **Dricāni** (Drizane), bei der man nach Piļcine abbiegt. Sie beweist, dass ein klassizistischer Sakralbau, selbst wenn er zweitürmig gestaltet ist, ganz ohne Portikus auskommen kann.

Rund um den Rāznas ezers

Wenn die Bewohner Rēzeknes sich vom Stadtalltag erholen wollen, fahren sie am liebsten an den **Rāznas ezers** (Rasno-See). Vom Fassungsvermögen her ist der Rāznas ezers Lettlands größter See: Addiert man sämtliches Wasser lettischer Seen, so entfällt auf ihn der stolze Anteil von ziemlich genau einem Fünftel. Was die Quadratkilometerzahl angeht, übertrifft ihn nur der Lubāns; im Hochland von Latgale (Lettgallen) oder, wie es oft genannt wird, **»Land der Blauen Seen«** ist er jedoch eindeutig auch der großflächigste dieser blauen Seen.

Mit einer Fahrt von Rēzekne zum Rāznas ezers kann sich, sofern man dabei in die Nähe von Malta kommt, ein Halt am Herrenhaus von **Lūznava** verbinden. Der vom **Jugendstil** beeinflusste Bau entstand 1905–1908, ohne dass damals noch irgendein Interesse am Gutsbetrieb dahinter stand; das ursprüngliche Gutshaus war längst abgerissen worden. Der kunstinteressierten **Eugenia Kierbedź** (1855–1946), einer späteren Ehrenbürgerin Warschaus, diente das Gut, das ihr Vater, seinerseits ein angesehener Petersburger Ingenieurakademiker, 1870 eher beiläufig erworben hatte, als Ort der Begegnung mit Musikern, bildenden Künstlern und Schriftstellern. Diesen standen in dem merkwürdig vieleckigen Gebäude **Ateliers** zur Verfügung; aber auch zur bloßen Erholung waren sie der Besitzerin jederzeit willkommen. Zu denen, die sich hier einfanden, gehörte neben vielen anderen der große litauische Maler und Komponist Čiurlionis.

Wo das Gebiet der Gemeinde Lūznava bereits an den Rāznas ezers stößt, liegt **Zosna**, ein kleiner Ort mit einem deutlich bescheideneren, aber nicht weniger interessanten Gutshaus. Es stammt aus der Zeit um 1870 und seine Besonderheit ist eine elegante, in Lettgallen kaum ein zweites Mal so anzutreffende **Fachwerkbauweise**.

Wenn man im Anschluss die Südhälfte des Rāznas ezers umrundet, erkennt man von einigen Punkten aus bereits die zweitürmige Kirche von **Kaunata** (Kownat) am noch weit entfernten Ostufer. Vor Ort gibt sie sich dann schlichter, als man aus der Ferne meinen mochte, und erinnert fast ein wenig an alpenländische Dorfkirchen. Fertig gestellt wurde sie 1850.

12 km vor Kaunata empfiehlt sich zunächst noch ein kurzer Abstecher zum **Mākoņkalns** (Wolkenberg). Auf seinem 248 m hohen Gipfel stand einst die so genannte **Wolkenburg**, die, ehe es die Ordensschlösser Dünaburg und Rositten gab, sogar Sitz eines Komturs war. Eine der alten **Volkssagen**, die sich um den Berg ranken, berichtet von einem Burgherrn, der die nördliche Umgebung der Wolkenburg einst zu gleichen Teilen seinen Töchtern Rose, Luzia und Maria vererbt habe, und erklärt so die Namen der späteren lettgallischen Städte Rositten/Rēzekne, Ludsen/Ludza und Marienhausen/Viļaka. Ob man, um die noch erhaltene Schutzmauer der Burg zu sehen, den Mākoņkalns auch besteigen möchte, sollte man sich gut überlegen; denn zumindest bei feuchter Witterung, wenn die Hänge aufgeweicht sind, wird noch allzu begreiflich, warum die Wolkenburg im Mittelalter als uneinnehmbar galt. – Verglichen mit dem Mākoņkalns hebt sich der **höchste Berg Lettgallens** und dritthöchste Lettlands, der **Lielais Liepukalns** südöstlich von Kaunata (289 m), längst nicht so markant von der umliegenden Landschaft ab; zu viele andere Bergkuppen kreisen ihn ein. Im Deutschen wurde deshalb früher auch nur die gesamte Hügelkette gemeinsam bezeichnet, und zwar als Tulenhöfsche Berge.

Wer keine Gelegenheit zum Verweilen im Umland des Rāznas ezers hat, weil er von Rēzekne gleich nach Aglona oder Daugavpils durchfährt, dem sei noch ein Kulturdenkmal genannt, das nur etwa 3 km abseits der Hauptstraße liegt: In **Feimaņi** (Feiman), knapp auf halber Strecke zwischen Rēzekne und Daugavpils, steht eine der schönsten der für Lettgallen typischen Basiliken aus Holz. Die in der zweiten Hälfte des 18. Jahrhunderts von Einheimischen erbaute **Gemeindekirche St. Johannis** hat zwei Türme, wobei der Abstand zwischen beiden so eng ist, dass er nicht einmal einer halben Turmbreite entspricht. Im Osten schließt ein Dachreiter, den eine zierliche Barockhaube und ein Kreuz bekrönen, den Bau ab. In keiner anderen lettischen Landkirche gibt es Kronleuchter, die den hiesigen gleichwertig wären; insofern sind sie am meisten hervorzuheben, obgleich auch Orgelprospekt, Altäre und sonstiger Dekor Beachtung verdienen.

Rūjiena

An der Rūja (Ruje), einem der Flüsse, die das »livländische Binnenmeer« Burtnieku ezers (Burtneck-See) speisen, liegt das knapp 4000 Seelen zählende **Rūjiena** (Rujen), Lettlands nördlichste Stadt. Seit die nahen Grenzübergänge nach Estland nicht mehr nur Letten und Esten offen stehen, ist Rūjiena für ausländische Reisende weniger abgelegen als früher und befindet sich an einer potentiellen Touristenroute von Valmiera in Richtung Viljandi in Estland. Der Durchfahrende steuert womöglich dennoch am Stadtkern vorbei, da er ein paar dichtere Häuserzeilen längs der Fernverkehrsstraße bereits für das Zentrum halten könnte.

Östlich des tatsächlichen, nämlich weiter westlich gelegenen Stadtkerns steht auch die relativ große, aber turmlose **Bartholomäuskirche**, die um 1260 begonnen wurde und seit dem ausgehenden 17. Jahrhundert ihre heutigen Ausmaße hat. Nur wenig ist von der mittelalterlichen **Ordensburg** Rujen übrig, die 1560 schweren russischen Angriffen ausgesetzt war. Die Mauerreste erreicht man, indem man Richtung Valka bzw. Naukšēni abbiegt und dann nochmals ganz am östlichen Stadtrand, wo ein Pfeil mit dem Wort »Pilskalns« auf sie hinweist.

Im Zentrum Rūjienas fällt das Mitte der 1930er Jahre nach Plänen von Aleksandrs Klinklāvs, einem namhaften Architekten jener Zeit, errichtete Stadthaus auf. Von einem der bedeutendsten lettischen Bildhauer des vergangenen Jahrhunderts, Kārlis Zemdega, stammen drei **Denkmäler** in Rūjiena, darunter das des **»Tālavas taurētājs«** oder »Trompeters von Tholowa« (aufgestellt 1937), über den es auf dem Sockel heißt, er habe sterben müssen, doch die Letten hörten seine Botschaft. Zum altlettischen Herrschaftsgebiet Tholowa hat der Landstrich um Rūjiena indes nicht unmittelbar gehört; er war vor der Eroberung durch Ordensritter vielmehr Teil der estnisch dominierten Landschaft Sackala/Sakala. Dies und die Ableitbarkeit des Stadtnamens aus dem Estnischen stehen – ebenso wie die Tatsache, dass die Zugehörigkeit Rūjienas zu Lettland (oder aber Estland) noch um 1920 strittig war – in amüsantem Kontrast dazu, dass die Stadt heute, was ihre Bevölkerungszusammensetzung betrifft, mit 95% Letten zu den »lettischsten« des Landes gehört.

Umgebung

Gut Naukšēni und die Mühle von Ķoņi

Immerhin bis **Naukšēni** (Naukschen) ist die Straße von Rūjiena nach Valka noch asphaltiert; die Entscheidung zu einem Abstecher hierhin mag insofern leicht fallen. Im Blickfeld liegen, wenn man Naukšēni erreicht, zunächst einige teils gut erhaltene Wirtschaftsgebäude. Hat man nach einer Kurve die **Rūja** überquert, sieht man rechter Hand auch das Haus der einstigen Gutsherren auftauchen, dessen klassizistische Fassade aus den 1840er Jahren stammt. Zum Gebäudebestand dieses hübschen Gutsdorfes gehört eine alte **Käserei**; eine Ausstellung veranschaulicht dort heute, »wie unsere Großmütter Käse gemacht haben« (lett. »kā mūsu vecmāmiņas darināja sierus«). In einem der Altbauten oberhalb des Flusses wurde inzwischen auch ein kleines Hotel eröffnet.

Während der Zwischenkriegszeit hielten in Naukšēni sogar noch Züge einer damaligen Schmalspurbahn zwischen Rūjiena und Valka. Heute hingegen lassen die Fernzüge von Tallinn nach Riga selbst Rūjiena knapp links liegen. Ähnlich eigenwillig, wie der noch bestehende Teil des Schienennetzes verläuft, windet sich auch der Fluss Rūja durch die Umgebung Rūjienas, denn bevor er bei Naukšēni eine starke Rechtsbiegung macht, mäandriert er bereits durch die Gemeinde **Ķoņi** (Königshof) nördlich der Stadt. Hier bei Ķoņi hat man die Gelegenheit zur Besichtigung einer **Wassermühle** von 1872. Außer den Verarbeitungswegen des Korns werden auch die der Wolle gezeigt, verbunden mit der Möglichkeit, vor Ort gefertigte Souvenirs zu erwerben.

Mazsalaca

Lohnende touristische Ziele sind im Grenzgebiet zu Estland nicht rar; doch nur wenige lohnen den Besuch so sehr wie das 1900-Einwohner-Städtchen **Mazsalaca** (Salisburg) mitsamt den in unmittelbarer Nähe gelegenen Natursehenswürdigkeiten an den Ufern der Salaca (Salis). Mehrere Devonsandsteinwände und ein teilweise recht alter Baumbestand formen hier Lettlands vielleicht **populärstes Naturparadies** außerhalb des Gauja-Nationalparks. Da der Tourismus dank der relativen Abgeschiedenheit Mazsalacas nie überhand genommen hat, dürfen motorisierte Reisende sogar nahe an die einzelnen landschaftlichen Szenerien heranfahren; von den Parkplätzen bleiben jeweils nur kurze Fußwege.

Nachdem man die Ortsmitte, wo fünf Straßen aufeinander zulaufen, westwärts über die Parka iela verlassen und auf einer Holzbrücke die Eisenbahnlinie Riga-Tallinn überquert hat, sieht man linker Hand zunächst das ehemalige **Gutshaus Valtenberģe** (Waltenberg), heute Teil der Mittelschule von Mazsalaca. Der dreigeschossige, durch sein hohes Mansarddach markante Bau entstand um 1780 in frühklassizistischem Stil; entworfen hat ihn wahrscheinlich der Dresdner Friedrich August Krubsacius. Im Revolutionsjahr 1905 brannte er aus – offenbar ein Racheakt dafür, dass Gutsherr Otto von Vietinghoff eine der damaligen Strafexpeditionen auf die Spur einiger Revolutionäre gelenkt hatte. In den Besitz der Vietinghoffs, in dem es über ein Jahrhundert blieb, war Waltenberg einst als Mitgift einer Tochter der Vorbesitzer gekommen, die in die Familie eingeheiratet hatte.

Indem man zwischen dem Gutskomplex und ein paar neueren Schulgebäuden links abbiegt, gelangt man in den **Naturpark** und kann ein erstes Mal in Höhe der so genannten »Werwolfkiefer« (lett. »Vilkaču priede«) Halt machen.

Die Steilhänge verlaufen in diesem Abschnitt etwas vom Flussufer entfernt; unmittelbar an der Salaca liegt ein Streifen Sumpfland. Vom nächsten Parkplatz aus stößt man an eine Stelle, von der am gegenüberliegenden Ufer **Höhleneingänge** zu sehen sind, darunter als wohl schönster weit und breit der Eingang der »Engelshöhle« (lett. »Eņģeļu ala«). Weiter geht es zur »Treppe der Träume" (lett. »Sapņu kāpnes" oder »Sapņu trepes"), an deren unterem Ende man über die »Liebesbrücke" (»Mīlestības tiltiņš") schreiten kann. Was der Wanderer sich auf dieser Brücke wünscht, geht angeblich in Erfüllung, wenn er während der ganzen Zeit, in der er die Treppe wieder hinaufsteigt, fest daran denkt und es ihm gleichzeitig gelingt, mit geschlossenen Augen die Stufen der Treppe richtig zu zählen. In der Praxis sollte man die Augen allerdings tunlichst nicht schließen, da man gehörig ins Stolpern geraten könnte.

Der imposanteste Blick auf einen je nach Sonnenstand leuchtend roten **Sandsteinfelsen** – den »Nelkenfelsen« (lett. »Neļķu klints«) – eröffnet sich im Bereich von »Teufelshöhle« (»Velna ala«) und »Teufelskanzel« (»Velna kancele«). Eine noch farbenreichere Felswand am linken Flussufer, deren lettischer Name »Skaņais kalns« mit *tönender* oder *klangvoller Berg* zu übersetzen wäre, bildet den Abschluss des knapp 5 km langen Weges durch den Naturpark. Dem Talabschnitt am »Skaņaiskalns« werden absonderliche **Echoeffekte** nachgesagt – die stärksten in ganz Lettland, wie es heißt. Fest steht, dass das, was man ruft, nicht für einen selbst, dafür aber für jemanden, der sich in einem gewissen Abstand genau gegenüber dem Felsen postiert, erstaunlich laut hörbar ist.

Zu den Felsformationen, die einem, wenn man nur der Autoroute folgt, entgehen, gehören die nicht sonderlich hohen, aber äußerst pittoresken »Schwalbenfelsen« (lett. »Bezdelīgu klintis«). Sie befinden sich vom Gut Valtenberģe wenige hundert Meter die Salaca abwärts am linken Flussufer. Dem Gut etwas direkter gegenüber ragt ein altlivischer **Burgberg** auf.

Das Gebiet mit den beschriebenen Natursehenswürdigkeiten, in seiner Gesamtheit auch »Skaņākalna parks« genannt, bevölkern an etlichen Stellen Gestalten aus Eichenholz, die seinen Märchenwelt-Charakter noch greifbarer machen sollen. Wieder zurück im Ortskern, wird, wer mit Kindern reist, gewiss noch einen Stopp am »Dinosaurier-Park« (schräg gegenüber dem Krankenhaus) einlegen; auch hier sind die entsprechenden Skulpturen aus Holz gearbeitet. Die urigste Ansammlung von Holzschnitzwerk in Mazsalaca bilden jedoch die rund 450 Figuren von **Valters Hirte** (1913–1983), die Hauptbestandteil eines Museums im Mündungsbereich von Baznīcas und Rīgas iela sind. Zu über einem Drittel verkörpern sie kleine **Teufel** (»velniņi«), wobei an Teufel, wie die heidnische Vorstellungswelt sie kannte, zu denken ist und kaum an das Böse des Leibhaftigen. Die Herausbildung seines Talents gelang Hirte, obwohl er in seinem Leben nur vier Winter lang Schulunterricht genoss.

Die noch ein wenig östlicher gelegene **Kirche** Mazsalacas wurde 1890 dergestalt erweitert, dass vor einen

➢ *Rundāle – die Sommerresidenz der beiden letzten kurländischen Herzöge*

mittelalterlichen Baukörper, das ursprüngliche Gotteshaus also, ein Querschiff gesetzt wurde, an das sich westlich ein neuer Langhausteil und der Turm anschließen. Da die komplett zum Chor gewordene alte Kirche verputzt blieb, während alles Ergänzte mit Ziegeln verkleidet ist, lassen die beiden Bauphasen sich mehr als deutlich ablesen. Zugleich spiegelt sich darin, dass es um 1890 einen solchen Erweiterungsbedarf gab, die Entstehung Mazsalacas wider: Sie hatte 1864 damit begonnen, dass kirchliches Land zur Bebauung freigegeben wurde und auch der Gutsherr auf Waltenberg einen Teil seines Bodens für diesen Zweck verpachtete.

Rundāle

11 km westlich von Bauska und rund 80 km von Riga entfernt erwartet den Reisenden eine Sehenswürdigkeit ersten Ranges: Der **Herzogspalast von Rundāle** (Ruhenthal), eine dreiflüglige Schlossanlage, die die Letten stolz (und ohne damit zu übertreiben) als ihr **»Klein-Versailles«** rühmen, ist der bedeutendste Barockbau des Landes.

Entworfen hat ihn kein Geringerer als Bartolomeo Francesco Rastrelli (1700–1771), von dem mehrere bekannte Gebäude in Sankt Petersburg stammen, allen voran der Winterpalast. Rastrellis Auftraggeber war **Ernst Johann Biron** (1690–1772), Kammerherr der Zarin Anna Ivanovna, die als Witwe des früh verstorbenen kurländischen Herzogs Friedrich Wilhelm Kettler selbst einmal im nahen Mitau/Jelgava gelebt hatte. Als 1737 mit dem Tod des kinderlosen Ferdinand Kettler die Nachfolgefrage akut wurde, gelang es der Zarin, den Herzogsthron entgegen preußischen Interessen ihrem Günstling Biron (eigentlich »von Bühren«) zuzuspielen. Siegesgewiss hatte dieser bereits 1736 in Ruhenthal/Rundāle an der Stelle eines Schlosses aus dem 16. Jahrhundert den Rohbau seiner künftigen **Sommerresidenz** erstellen lassen. Nachdem er sein politisches Ziel erreicht hatte, brauchte er indes dringender eine Residenz in Mitau, der Hauptstadt des Herzogtums. Die Bauarbeiten in Ruhenthal kamen nun ins Stocken - und 1740, nach dem Tod Anna Ivanovnas, sogar ganz zum Erliegen: Biron wurde abgesetzt und in sibirische Verbannung geschickt, aus der er erst 1762 zurückkehrte. Von Katharina II. nach deren Thronbesteigung begnadigt und damit wieder im Besitz der Herzogswürde, sorgte er für die rasche Fertigstellung seiner Prachtbauten. Noch einmal kam **Rastrelli** nach Ruhenthal; als Bildhauer konnte er den Berliner Johann Michael Graff gewinnen, der 1765–1767 seine meisterhaften Stuckaturen schuf. Nach dem Anschluss Kurlands an Russland 1795 nahm Katharina II. sich das Recht, den Palast nunmehr ihrerseits an einen Günstling, den Grafen Valerian Zubov, zu verschenken. Schon zur Zeit der Napoleonischen Kriege in Mitleidenschaft gezogen, wurde die Anlage im Ersten Weltkrieg dann so stark beschädigt, dass es während der folgenden zwei Jahrzehnte nur zu sehr begrenzten Restaurierungsbemühungen und zu einer teilweisen Nutzung als Schule kam. Umso konsequentere Restaurierungen begannen **1972**; schon 1981 waren sie so weit gediehen, dass Besucher in das Schloss gelassen werden konnten. Zu einer Jahrhundertaufgabe - bzw. für Imants Lancmanis, heute so etwas wie den Schlossherrn auf Rundāle, zur Lebensaufgabe - wurden die Arbeiten nicht zuletzt dadurch, dass südlich des 86 x 100 m großen Schlosses auch noch der **französische Park** in seinen ursprünglichen, streng regelmäßigen Formen neu erstand. Hinter ihm schließt sich ein einstiger Jagdpark an.

Die Parkanlagen, das Schloss sowie die Pferdeställe und Remisen sind an einer kilometerlangen Achse ausgerichtet; der äußere Vorhof wird von den **Stallungen** hufeisenförmig eingefasst. Diese weisen eine künstlerisch anspruchsvolle Außengestaltung auf, die dem kurländischen Hofarchitekten Severin Jensen, einem gebürtigen Dänen, zuzuschreiben ist. Die Einfahrt vom Vor- in den Paradehof flankieren zwei **Löwenfiguren** sowie dekorative Vasen. Der ursprünglichen Planung zufolge hätte in diesem Bereich ein Turm,

➢ *Im Herzogspalast von Rundāle*

etwa doppelt so hoch wie das übrige Schlossgebäude, den Paradehof verschlossen. Dieser Turm war bereits so gut wie fertig, wurde während der zweiten Bauphase aber wieder abgerissen, weil er zu den Gestaltungsidealen des inzwischen aufgekommenen Frühklassizismus nicht mehr passte.

Funktional gesehen ist der Schlosskomplex dreigeteilt: Im Ostflügel befinden sich Repräsentationsräume, im Südflügel der Wohnbereich des Herzogs und im Westflügel die Gemächer der Herzogin nebst Gästezimmern. Sie nehmen das jeweilige Obergeschoss ein, in das man durch ein geradezu majestätisches **Treppenhaus** gelangt. So wie insgesamt etwa ein Viertel der Räumlichkeiten sind die Treppenbereiche noch mit ihrer ursprünglichen Ausstattung erhalten; in ihrem Fall ist dies nicht einmal erst auf das Fertigstellungsjahr 1767, sondern sogar schon auf den Zeitpunkt der Bauunterbrechung von 1740 zu beziehen. Von den Kunstgegenständen des Palastes hatte die meisten schon Ernst Johann Birons Sohn Peter abtransportieren lassen, als er Kurland 1795 verlassen musste.

An den östlichen Treppenaufgang schließt sich unmittelbar der **Goldene Saal** an, der dem Herzog als Audienzsaal diente. Seine Decke schmückt ein die Herrschertugenden allegorisch darstellendes Gemälde der Italiener Francesco Martini und Carlo Zucchi, die Wände derweil allerlei plastischer Dekor mit üppiger Vergoldung sowie blauer und rosafarbener Stuckmarmor. Ganz anders der im nordöstlichen Querbau befindliche **Weiße Saal**, in dem einst Bälle gefeiert wurden: Er wirkt zurückhaltender als der Goldene Saal, wiewohl auch hier Johann Michael Graff sein außerordentliches bildhauerisches Können unter Beweis stellte. Tatsächlich ist der Weiße Saal derjenige Raum des Schlosses, der auf die gelungenste Weise die Leichtigkeit des Rokoko vermittelt. In den äußersten Winkel des Querbaus wurde ein ovales **Porzellankabinett** eingepasst, in dem wertvolle chinesische und japanische Vasen auf 45 Rocaille-Konsolen stehen. Ein weiteres Kabinett mit fernöstlichen Porzellanvasen ist dem Goldenen Saal angegliedert.

Von den Räumen, die dem Schlafzimmer des Herzogs im Mittelbau vorgelagert sind, verdient aufgrund seines Deckengemäldes das so genannte **Rosenzimmer** besondere Beachtung. Hier und in den sich anschließenden, durchweg mit Brokattapeten ausgestatteten Räumen, in denen jeweils eine andere Grundfarbe vorherrscht, stehen reich verzierte **Öfen**. Allerdings ist nur derjenige im Zimmer unmittelbar vor dem herzoglichen Gemach als Original mit Delfter Kacheln erhalten; alle Übrigen mussten nachgearbeitet werden. Begibt man sich weiter in den westlichen Trakt, so bleibt einem von den dortigen Privaträumen wahrscheinlich vor allem die wie eine Muschel geformte Diwan-Nische im **Boudoir der Herzogin** in Erinnerung. Die ebenerdigen Räume des Schlosses werden, soweit sie nicht – wie etwa die Küchen – in altem Zustand bewahrt blieben, heute als Ausstellungssäle genutzt. Besucher finden täglich von 10 bis 18 Uhr (von November bis April nur jeweils bis 17 Uhr) Einlass in das Gebäude.

Nicht besichtigt werden kann es nur dann, wenn die Republik Lettland gerade einen Staatsempfang auf Schloss Rundāle abhält oder vorbereitet, was gelegentlich vorkommt. So hielt 1999 auch Lettlands damals frisch gewählte Präsidentin Vaira Vīķe-Freiberga im Goldenen Saal ihre Amtsantrittsrede.

Die Ansiedlung unmittelbar um Schloss Rundāle wird heute offiziell **Pilsrundāle** genannt (»pils« = Schloss). Dieser Orientierungshinweis mag eine Rolle spielen, sofern man sich aus Richtung Bauska nähert und vor Ort allein auf die Beschilderung verlässt.

Umgebung

Gutshäuser östlich und südwestlich von Rundāle

Die Strecke von Rundāle in die nahe gelegene Stadt Bauska, in der man leichter als in Pilsrundāle ein passendes Quartier findet, ist recht kurz. Selbst auf diesen wenigen Kilometern liegen jedoch schon zwei erwähnenswerte **Gutshöfe** beiderseits des Weges: **Bornsminde** (Bornsmünde) und Kaucminde, wobei **Kaucminde** (Kautzemünde) aufgrund seiner Architektur der sehenswertere von beiden ist. Biegt man in das Kolchosarbeiterdorf Saulaine ein, so steuert man an dessen Südende automatisch auf ihn zu. Seine charakteristische **halbrunde Form** bekam er erst um 1910, als das dreigeschossige Hauptgebäude von etwa 1780 und die beiden Seitenbauten durch eingeschossige Zwischentrakte mit kreisbogenförmig gerundeten Außenmauern miteinander verbunden wurden. Wer das Ensemble auf sich wirken lässt und bewundert, wie gut beispielsweise das Walmdach des Hauptbaus und die gaubenreichen Mansarddächer der hinzugekommenen Verbindungstrakte harmonieren, der wird ihm dabei einen besseren Gesamtzustand wünschen. Dem Vernehmen nach wurde inzwischen immerhin ein Käufer gefunden. Der auffällige Namenszug »Kauzminde« prangt noch als Relikt längst vergangener Zeiten an der Fassade: Seit 1923 stand er zwei Jahrzehnte lang für eine hier untergebrachte und in ganz Lettland bekannte Hauswirtschaftsschule.

Vom **Bild der Landschaft**, in die die prunkvollen Anlagen von Rundāle hineingesetzt wurden, bekommt man den wahrscheinlich besten Eindruck, wenn man von Pilsrundāle zunächst südwestwärts weiterfährt und erst später auf die Hauptstraße von Bauska nach Eleja zurückkehrt. Nach ein paar Kilometern kommt, aus einem Hain über die Ebene mit ihren großen Feldern aufragend, die Gemeindekirche von **Bērstele** (Bersteln) in Sicht. Sie liegt einsam genau zwischen Bērstele bzw. Lielbērstele (Groß-Bersteln) und Mazbērstele (Klein-Bersteln) - also nicht etwa direkt bei einem der beiden Dörfer. Von der Kirche sind es nur noch 2 km bis zum **Gutshaus Svitene** (Schwitten), einem jener bald nach 1800 entstandenen Paradebauten des Klassizismus, deren symmetrische Gestaltung durch die ionischen Säulen eines Portikus - in diesem Fall sechs - betont wird. Eine historistische Kapelle bereichert den im Vergleich mit anderen Gutsanlagen eher klein ausgefallenen Park, der das Gebäude umgibt.

Salaspils

Wenn die Gräuel der Naziherrschaft über ein Land »beim Namen« genannt werden sollen, so ist es meist ein Ortsname, an dem man sie festmacht. In Lettland heißt einer der betreffenden Orte **Salaspils** (Kirchholm). Das nahe gelegene **Konzentrationslager Kurtenhof**, das ihm den traurigen Ruhm einbrachte, trennten nur 15 km vom Rigaer Stadtzentrum. Wahrscheinlich etwa 50.000 Menschen, vielleicht sogar mehr – die exakten Zahlen kennt niemand – wurden hier zwischen Oktober 1941 und Oktober 1944 ermordet. Letten, Litauer, Polen, Russen, Tschechen, Franzosen, Niederländer, Deutsche und Österreicher waren unter ihnen, die meisten aufgrund ihrer jüdischen Abstammung. Viele wurden vor ihrer Ankunft in Kurtenhof durch das Rigaer Ghetto geschleust; und für viele blieb auch Kurtenhof nur eine Durchgangsstation auf dem Weg in die eigentlichen Vernichtungslager.

Einen Besuch der 1967 genau an der Stelle des Lagers eingeweihten **Gedenkstätte** sollte niemand meiden. Man erreicht sie über einen von der Schnellstraße zwischen Riga und Salaspils abzweigenden Waldweg oder, sofern man nicht motorisiert ist, am günstigsten per Zug; vom Haltepunkt der Vorortzüge in Höhe der Siedlung Dārziņi bleiben noch etwa 20 Minuten Fußweg.

Ein monumentaler Betonbalken mit der Aufschrift »Aiz šiem vārtiem vaid zeme« (»Hinter diesem Tor stöhnt die Erde«), den man als leicht angehobene Schranke oder als ein in den Boden gerammtes Beil deuten kann, symbolisiert die **Grenze zwischen Leben und Tod**. Er ist von innen begehbar und enthält Vitrinen mit allgemeinen Informationen über das Lager sowie mit Linolschnitten von Kārlis Bušs (1912–1987), die das Leiden der Insassen wiedergeben und teils zusätzlich durch ihre sachlich beschreibenden Titel wie »Den Müttern werden die Kinder weggenommen« (lett. »Mātēm atņem bērnus«) erschüttern. Ähnlich beklemmend wie die Betrachtung dieser Bilder ist es, an der Stelle für Kranzniederlegungen die in einem **Marmorblock** pochenden Schläge eines Metronoms zu vernehmen, das den Herzschlag der Getöteten hörbar machen soll. Seit hier – nach Jahren, in denen organisiertes Aufsuchen der Gedenkstätte eine sozialistische Pflichtübung geworden war – immer mehr Stille eingekehrt ist, dringt dem Besucher tatsächlich oft nichts außer dem dumpfen Geräusch aus dem schwarzen Marmor ans Ohr.

Auf einem in **Hufeisenform** verlaufenden »Weg des Leidens« umrundet man die sechs bis zu 12 m hohen, unregelmäßig verteilten **Skulpturen**, für die die verantwortlichen Bildhauer 1970 ebenso wie die drei Architekten der Anlage mit dem Lenin-Preis ausgezeichnet wurden. »Die Erniedrigte«, die sich die Arme vor Brust und Gesicht hält, »Die Mutter«, die ihren Unterdrückern mit einem Rest von Stolz entgegenblickt und sich schützend vor ihre Kinder stellt, und »Der Unbeugsame«, der sich mit letzter Kraft aufstemmt, wurden weit voneinander entfernt platziert, während die Figuren, die vor allem die Entschlossenheit zum Widerstand

➢ *Gedenkstätte auf dem Gelände des Konzentrationslagers Kurtenhof bei Salaspils*

verkörpern – »Solidarität«, »Der Schwur« und »Rot Front« –, dicht beieinander stehen. Durchs Gras verlegte weiße Platten deuten an, wo einige der 39 Häftlingsbaracken standen, die Ende 1944, als die Rote Armee näher rückte, in aller Eile niedergebrannt wurden. Unweit der »Mutter«-Figur ist der Standort der Kinderbaracke besonders hervorgehoben. An der gegenüberliegenden Seite des »Leidensweges« führt ein kurzer Pfad zum Exekutionsplatz, wo eine mit Kugeleinschüssen überzogene **Betonstele** mehr als eindringlich die Hinrichtungsmauer ins Gedächtnis ruft. – In seiner Gesamtheit ermöglicht das Ensemble eine tief bewegende Konfrontation mit dem Geschehenen. An den Orten anderer Konzentrationslager sind vergleichbare Ausgestaltungen meist erst in wesentlich jüngerer Zeit zustande gekommen (so zuletzt im polnischen Bełżec).

Nur einige Kilometer entfernt zeigten deutsche Truppen schon im Ersten Weltkrieg, wozu sie fähig waren: Eine südlich der Siedlung Saulkalne im Daugava-Stausee gelegene Insel wird **Nāves sala**, Insel des Todes, genannt, weil hier **1917** die Kampfhandlungen der gegen die Deutschen operierenden lettischen Schützen durch einen Giftgasangriff sprichwörtlich erstickt wurden. Die Insel von heute war damals noch eine Halbinsel. In den Geschichtsbüchern findet Kirchholm/Salaspils auch durch einen weit früheren Krieg Erwähnung: **1605** wurde hier das 14.000 Mann starke Heer Karls von Södermanland, der später als Karl IX. über Schweden herrschte, von 4000 polnisch-litauischen Soldaten geschlagen.

Der deutsche und der lettische Name des Ortes sind sich gar nicht so unähnlich, wie es rein lautlich den Anschein hat – der deutsche spricht von einer Insel mit einer Kirche, der lettische von einer *Inselburg*. Eine solche errichtete der »Livenapostel« Meinhard gegen Ende des 12. Jahrhunderts auf dem Inselchen **Martiņsala**; nach der Kirchenburg

Uexküll/Ikšķile wenige Kilometer flussaufwärts war sie der zweitälteste steinerne Bau des Baltikums. Bei der Stauung der Daugava um 1970 wurde in Salaspils anders als in Ikšķile die endgültige Zerstörung der vorhandenen Ruinen in Kauf genommen. Am rechten Fluss- bzw. heutigen Stausee-Ufer gibt es lediglich Reste einer im 14. Jahrhundert nahe einer jüngeren Burg Kirchholm erbauten Kirche des heiligen Georg, die im Zweiten Weltkrieg erheblich beschädigt und in den 1970er Jahren gesprengt wurde.

Das 1993 zur Stadt erklärte, 18.000 Einwohner zählende heutige Salaspils mit seinem typischen Vorortflair wurde in der Sowjetzeit nicht wie eine beliebige Retortensiedlung, sondern in erster Linie als **Wissenschaftler-Stadt** geplant. Daher kommt es, dass als Außenstelle der Rigaer Akademie der Wissenschaften gerade hier der **Nationale Botanische Garten** entstand. Während dieser Anziehungspunkt des modernen Salaspils weiterhin besteht, befindet sich eine Kernforschungsanlage nahe dem nordöstlichen Stadtrand in Demontage. Das der gestauten Daugava nächstgelegene Stadtviertel wurde seinerzeit - funktional von den übrigen separiert - gezielt für die beim Wasserkraftwerk »Rīgas HES« Beschäftigten gebaut.

Umgebung

Über die Insel Dole nach Ķekava und Katlakalns

Bei einer Fahrt über den **Damm des Rigaer Wasserkraftwerks** mag manch einer sich die Augen reiben, weil er auf der einen Seite die meiste Zeit auf Wiesen und Wälder anstatt auf schäumendes Wasser blickt: Durch das gigantische Staudammprojekt wurde die Westhälfte der Daugava-Insel **Dole** (Dahlen), von Deutschen früher auch »der Königsholm« genannt, gleichsam zu einer dem Damm vorgelagerten Halbinsel, während ihr östlicher Teil seit der Füllung des Staubeckens einige Meter unter der Wasseroberfläche liegt.

Das heutige **Gutshaus** Dole steht an der Stelle der jüngeren von zwei

➢ *Ehemalige Fischerhäuser als Teil des Museums auf der Insel Dole*

Burgen, die es im Mittelalter auf dem Königsholm gab. Die ältere Burg Dahlen (Alt-Dahlen oder lett. »Vecdole«, gelegen bei Bēči) war schon 1298 zerstört worden; damals kämpften der Erzbischof und die Stadt Riga Seite an Seite gegen den Orden. - Ein Besuch des Gutshauses lohnt sich, weil in ihm ein **Museum zur Geschichte des Flusses Daugava** und zur Entstehung der Stauseen untergebracht ist. Vielfältiges Bildmaterial dokumentiert einerseits die Hochwasserkatastrophen, gegen die sie Abhilfe schafften, andererseits aber auch die unwiederbringlich geopferte landschaftliche Schönheit des Flusstals. Zugleich erfährt man einiges über die Bedeutung der Daugava als Handelsweg. Der Eintrittspreis schließt auch die Besichtigung eines 100 m entfernt aufgebauten Freilichtmuseums in Gestalt eines liebevoll hergerichteten Fischerhauses samt Nebengebäuden mit ein.

Als Gemeindegebiet reichte Dole früher auch noch weit auf das Südufer der Daugava. Die Kirche von **Ķekava** (Keckau) - im Ergebnis ihrer Baugeschichte ein teils spät- und teils neobarockes Gotteshaus - wird in ihrer lettischen Benennung »Doles baznīca« deshalb immer noch dem alten Kirchspiel Dahlen zugeordnet. Durch Ķekava ergießt sich an ihr vorbei der Fernverkehr von Vilnius über Bauska nach Riga.

Nur knapp außerhalb der offiziellen Stadtgrenzen Rigas liegt die Kirche von **Katlakalns**, ein schon frühklassizistische Züge tragender **Rundbau** auf einer Hügelkuppe, den Christoph Haberland 1791–1794 verwirklichte. Auf dem alten **Friedhof** von Katlakalns befindet sich das Grab Garlieb Merkels (1769–1850). Letten waren es, die aus Dank für sein dem Zeitgeist vorauseilendes Eintreten gegen die Unterdrückung bäuerlicher Leibeigener 1869 das Grabdenkmal spendeten. Merkel hatte seine letzten Lebensjahre auf dem nahe gelegenen Gut Rāmava (Rammenhof) verbracht.

Über Daugmale nach Baldone

Mit dem Ortsnamen **Daugmale** (Dünhof) verbindet sich vor allem ein in dieser Gemeinde gelegener **Burgberg**. An dessen Fuß lag, bis 1201 Riga gegründet wurde, das wichtigste Handelszentrum am Unterlauf der Düna/Daugava; eine archäologisch ergiebigere Stätte gibt es im gesamten weiteren Umkreis nirgends. Der Burgberg liegt unmittelbar an der Mündung des Baches Varžupīte in den Daugava-Stausee, aus welchem er etwa 15 m hinausragt.

Soll das Ausflugsziel, das man von Riga aus ansteuert, gar nicht der schwer zugängliche Burgberg sein, sondern nur das 10 km Luftlinie südlich von ihm gelegene einstige Kurstädtchen **Baldone** (Baldohn), so macht ein anfänglicher Umweg über Daugmale dennoch Sinn. Man vollzieht damit nämlich den Anreiseweg nach, den im frühen 20. Jahrhundert zahllose Kurgäste hatten, indem sie per Zug bis zum Bahnhof Ikšķile fuhren und ab dort, die noch ungestaute Daugava überquerend, die Pferdebahn nach Baldone nahmen. Baldones Schwefelquelle war schon im Mittelalter bekannt und selbst bei manchen der livländischen Ordensmeister für ihre Heilwirkung geschätzt. Ein rapider **Aufschwung als Kurort** setzte in den 1790er Jahren ein. Kaum dass das damalige Baldohn als einer der weltweit ersten Kurorte mit Schlammbädern für Furore sorgte, unterlag es allerdings bereits der Konkurrenz, die ihm ab Mitte des 19. Jahrhunderts Kemmern/Ķemeri (heute ein Stadtteil Jūrmalas) machte. Mehr Patienten als je zuvor verzeichnete Baldone schließlich während der Sowjetzeit, zuletzt etwa 10.000 im Jahre 1990. Sich dies vorzustellen fällt beim Anblick des Sanatoriumshochhauses, welches den 2100-Einwohner-Ort überragt, mittlerweile schwer – nicht wegen der potentiellen Bettenzahl dieses Hochhauses, sondern wegen des jämmerlichen Zustandes, in dem es sich befindet; denn seit Ende 1992 ruht jedweder Badebetrieb. Der Verwahrlosung entgangen ist von den Gebäuden, die einmal dem Sanatorium angeschlossen waren, allein das so genannte »Weiße Schloss« (lett. »Baltā pils«) am nördlichen Ortsrand, das im 18. Jahrhundert als Jagdschloss errichtet wurde und derzeit eine Musikgrundschule beherbergt. Einstweilen besteht der Reiz einer Fahrt nach Baldone somit vornehmlich darin, sich hier umzusehen und zu fragen, ob wohl jemals irgendein Investor das einst so überlaufene Städtchen mit seinem exzellenten Mikroklima wieder wachküssen wird. Niemandem kann es verübelt werden, wenn er dagegen wettet.

Saldus

Wer von Riga auf direktem Wege in den äußersten Südwesten Lettlands reist, passiert etwa auf halber Strecke die nur in der Zwischenkriegszeit genau festgeschriebene, den Menschen hier jedoch stets im Bewusstsein gewesene Grenze zwischen den Landesteilen Semgallen/Zemgale und Kurland/Kurzeme. Wenig später öffnet sich links der Fernstraße der Blick auf die 12.700 Einwohner zählende Kreisstadt **Saldus** (Frauenburg) am Venta-Nebenfluss Ciecere (Zezer). Das mittelalterliche Ordensschloss, auf das ihr deutscher Name zurückgeht, wurde im Großen Nordischen Krieg so vollständig zerstört, dass die Stelle, an der es stand, heute überbaut ist, nämlich durch ein Krankenhaus. Auch die nahe gelegene Siedlung, die sich schon im Spätmittelalter als Zentrum eines Kirchspiels »Vrawenborch« herausgebildet hatte, ließ jener Krieg der Jahre 1700–1721 beinahe veröden. Anfänge einer erneuten Belebung waren für Frauenburg/Saldus erst in der zweiten Hälfte des 19. Jahrhunderts zu verzeichnen. Die aus dieser Zeit stammenden Häuser im **Stadtzentrum** südlich der etwas erhöht stehenden lutherischen **Kirche** verleihen der Kleinstadt von heute aber bereits einen anheimelnd-altertümlichen Charakter.

Saldus bzw. das damalige Frauenburg war Heimatort von **Jānis Rozentāls** (1866–1916), dem bedeutendsten lettischen Maler seiner Generation – der ersten überhaupt, die in dem Bewusstsein arbeitete, eine eigenständige lettische Kunst formen zu wollen. Unter Rozentāls' Werken finden sich viele Szenen aus dem bäuerlichen Leben sowie Landschaften in impressionistischem Stil, doch sind seine meistbewunderten Bilder fast allesamt Porträts. Einige hält das in seinem hiesigen Atelier an der Strīķu iela 22 eingerichtete **Geschichts- und Kunstmuseum** zur Ansicht bereit. Das vor diesem Gebäude platzierte Denkmal des Malers datiert von 1954, das Gebäude selbst von 1900. Erholungswert haben in Saldus die Ufer des Flüsschens Ciecere – vor allem im Bereich hinter dem ehemaligen **Gut Kalnsētas** (Berghoff, lett. auch Kalnmuiža) im Osten des Stadtgebiets. Die Ciecere fließt unweit östlich von hier aus dem äußerst schmalen, aber fast 10 km langen **Cieceres ezers** (Zezern-See) ab, an dem auch Broceni (Brotzen), die ansonsten reizlose Nachbarstadt von

Saldus, liegt. Über Brocēni erreicht man die überwiegend am Ostufer gelegenen Unterbringungsstätten für Wassersportler und andere, die an dem See ausspannen möchten. Dessen Tiefe übrigens wurde lange überschätzt, nämlich bei etwa 50 m vermutet; tatsächlich beträgt sie, wie sich im Jahre 2000 herausgestellt hat, nur knapp die Hälfte.

Umgebung

Orte des Kriegsgedenkens und Spuren des Kalten Krieges

Westlich von Saldus liegt nach etwa zwei Dritteln der Strecke bis Skrunda das **Museum »Airītes«**. Zusammen mit mehreren Denkmälern hält es die Erinnerung an **Oskars Kalpaks**, den ersten Oberbefehlshaber einer lettischen Armee, und dessen Mitkämpfer wach. Kalpaks fand an dieser Stelle 37-jährig im März 1919 auf tragische Weise den Tod, als seine eigenen Einheiten und Angehörige der mit ihm kooperierenden deutschen Landeswehr aufeinander trafen, Letztere ihre Verbündeten jedoch nicht erkannten und ein Gefecht eröffneten. Die durch Spenden aus dem Volk finanzierte Gedenkstätte wurde 1950 zerstört und 1988 erneuert.

Bei der 1997 begonnenen Untersuchung von Kampfes- und Begräbnisstätten des Zweiten Weltkriegs rund um Saldus wurden die Gebeine hunderter Letten, aber auch einer großen Zahl von Wehrmachtsangehörigen freigelegt. Diese sind mittlerweile auf einem gemeinsamen, neu angelegten **Friedhof** gut 6 km südlich von Saldus nahe der Hauptstraße nach Ezere beigesetzt.

Folgenreich war für einen Teil des Kreises Saldus auch das Wettrüsten der Supermächte nach dem Zweiten Weltkrieg. Seit 1951 diente nahezu das gesamte Gebiet der heutigen Gemeinde **Zvārde** (Schwarden) als **Militärversuchsfeld**; Kampfflieger testeten hier ihre Zielgenauigkeit. Die Zivilbevölkerung des Umlandes hatte nicht nur unter Lärm zu leiden, sondern manchmal auch darunter, dass Ziele verfehlt wurden. Im Bereich des seinerzeit über 24.400 Hektar großen Übungsgeländes erinnern die **Kirchenruinen** von Zvārde und **Ķerkliņi** (Kerklingen) sowie der zerbombte Friedhof von Rīteļi als stumme Zeugen an diese Zeit. Dass die Gegend auch nach dem Ende der Sowjetzeit weitgehend menschenleer blieb, macht sie nunmehr für Querfeldeinrennen und Rallyes aller Art attraktiv – nicht ungefährliche Vergnügen angesichts der vielen Munition, die abseits der ausgewiesenen Wege noch zu vermuten ist.

Über Grīvaiši nach Ezere, Jaunauce oder Vadakste

Fährt man von Saldus zur litauischen Grenze bei **Ezere** (Essern), so kommt man nahe einer Grabkapelle vorbei, in der neben anderen Russlands einstiger Finanzminister **Michail von Reutern** beigesetzt ist, während dessen Amtszeit der Verkauf Alaskas an die Vereinigten Staaten abgewickelt wurde. Daneben sollte einem das ganz nahe der Staatsgrenze gelegene **Gutsensemble** mit seinen Ställen im Empirestil einen Blick wert sein. Gleiches gilt allerdings auch bereits 5 km vor Ezere für ein Baudenkmal in **Grīvaiši** (Griwaischen), dort, wo eine Piste ostwärts nach Auce abzweigt: An deren Anfang steht gleich rechts **einer der besterhaltenen Dorfkrüge Kurlands** – wobei sich »besterhalten« auf die kaum veränderte Form bezieht, nicht auf eine etwaige Bewahrung der ursprünglichen Funktion. Im 19. Jahrhundert waren die länglichen Gebäude mit Walm- oder wie in diesem Fall Krüppelwalmdach und Fachwerkgiebel ein fester **Bestandteil der ländlichen Architektur** im Baltikum. Der klassischen Aufteilung nach wurden die Gebäudeenden als Stallungen bzw. Unterstellplätze für den mitgereisten Fuhrpark genutzt, während im meist schmaleren mittleren Drittel die Wirtsstuben angesiedelt waren. Entsprechend gibt es für »Gasthausstall« – im Deutschen ein zusammengesetztes, eher seltsames Wort – im Lettischen sogar eine eigenständige Vokabel. Typisch besonders für Kurland ist die hier sichtbare Art des Übergangs vom breiteren zum schmaleren Gebäudeteil, die gewisse Ähnlichkeiten mit einer Ziehharmonika, die ein solches Bauwerk ohnehin hat, noch steigert. Das Dach ist im Übergangsbereich in zweifacher Weise schräg: Was die Vertikale betrifft, fällt bzw. steigt der First; gleichzeitig verläuft die Traufe schräg zur eigentlichen Grundlisslinie.

In Grīvaišis **Kirche** am Waldrand gegenüber hat sich zumindest teilweise die ursprüngliche Innenausstattung des ausgehenden 17. Jahrhunderts erhalten; die manieristische **Kanzel** aus dieser Zeit zieren beachtliche Schnitzereien.

Ein Graf von Medem erwarb, nachdem diesem Geschlecht bereits seit ungefähr einer Generation der östlich angrenzende Gutsbesitz Vecauce nahe der heutigen Stadt Auce gehörte, 1804 auch **Jaunauce** (Neu-Autz), wo ein eingeschossiges **Herrenhaus** im damals verbreiteten **Empirestil** errichtet wurde. Von der Landstraße von Grīvaiši nach Auce fällt der Blick auf die zum Garten gewandte Südseite des Gebäudes. Hat man Gelegenheit, es zu betreten, so sollte man sich die Kuppelbemalung des ovalen Saals, eine von nur noch wenigen ihrer Art in Lettland, nicht entgehen lassen.

Der traditionellen Vierteilung Lettlands gemäß waren Jaunauce und **Ruba** (Ringen) die westlichsten Gemeinden der Provinz Zemgale (Semgallen). Heute sind sie in den Kreis Saldus eingegliedert und damit politisch von Auce und dem übrigen Semgallen abgetrennt.

Das bei Ruba unmittelbar in Reichweite der litauischen Grenze befindliche **Herrenhaus Reņģe** (Ringen) von 1882 vertritt den unter den Gutshäusern des Baltikums seltenen Typus eines eingeschossigen Neorenaissancebaus. Ebenso grenznahe liegt das in etwa gleich alt wirkende, tatsächlich jedoch noch gut drei Jahrzehnte jüngere Gutshaus in **Vadakste** (Waddax), ein schwerfälliger Bau mit hohem Sockelgeschoss. Alle drei genannten Gebäude, jenes in Jaunauce ebenso wie die in Reņģe und Vadakste, werden heute von den örtlichen Grundschulen genutzt.

Die Kalköfen von Alši

Liegt an der Reiseroute, die man wählt, ob von Ezere, von Skrunda und Lēnas oder von Embūte her kommend, die Ortschaft **Nīgrande** (Nigranden), Zentrum der west-

➢ *Die Kalköfen von Alši*

lichsten Gemeinde des Kreises Saldus, so sollte man von der Venta-Brücke bei Nīgrande 3 km flussabwärts einen Blick auf die **Kalkstein-Brennerei von Alši** werfen. Fotogen sind die 1906–1908 entstandenen und erst in den 1990er Jahren stillgelegten Kalkbrennöfen, das älteste derartige technische Denkmal im Baltikum, übrigens auch vom anderen Venta-Ufer nahe Lukas (Lucken) aus.

Zu erwägen bleibt auch ein Abstecher von Nīgrande ins südlich benachbarte **Kalni**, jedenfalls dann, wenn man sich gern von Anblicken überraschen lässt, mit denen man nicht ohne weiteres rechnen würde. Etwas unmittelbar Sehenswertes gibt es in Kalni nicht; der Ort gehört jedoch zu Lettlands hervorstechendsten Beispielen dafür, dass in der Sowjetzeit **Kolchosarbeitersiedlungen** gerade in der tiefsten Provinz mitunter stadtähnliche Züge annahmen.

Von Remte über Gaiķi nach Šķēde

Dem Architekten des Gutsschlosses derer von Medem in **Remte** (Remten) ist es, ob beabsichtigt oder nicht, gelungen, Vorder- und Rückfront so unterschiedlich zu konzipieren, dass man kaum glaubt, es mit ein und demselben Gebäude zu tun zu haben. Über dem Haupteingang des heute als Schule dienenden Baus begeben sich klassizistische Formen von etwa 1800 und die Ergebnisse eines neobarocken Umbaus um 1880 in eine bemerkenswerte Symbiose; vor allem eine Fensterlünette ist es, die hier den Eindruck erzeugt, die beiden Formeninventare seien tatsächlich gut miteinander vereinbar.

Am Ufer des Sees von Remte verdeutlicht ein weithin sichtbarer, großzügig proportionierter **Badeturm** aus dem Jahre 1890, wie weit die herrschaftlichen Parkanlagen sich einst ausdehnten. Versteckter liegt der von den Gutsherren seinerzeit ebenso gern und häufig aufgesuchte **Jagdturm**; zu ihm stößt man vor, wenn man hinter der **»Liebeseiche«** (lett. »Mīlestības ozols«), die sich an der letzten Linkskurve der Landstraße von Saldus nach Remte mühsam aufrecht hält, geradeaus (noch über das Flüsschen Viesata hinweg) in den Wald hineingeht.

Die einsam auf einem Hügel erbaute und doch zunächst kaum sichtbare **Kirche von Gaiķi** (Gaiken), 11 km westnordwestlich von Remte bzw. 12 km nördlich von Saldus gelegen, birgt eine wertvolle Innenausstattung aus der Zeit bald nach ihrer Errichtung in der zweiten Hälfte des 17. Jahrhunderts, darunter – neben Schnitzwerk am Altar und einer Kanzel mit Intarsien – **bemaltes Gestühl** mit beinahe einzigartigen symbolisch-allegorischen Umsetzungen christlicher Moral.

Die nördlichste Gemeinde des Kreises Saldus, **Šķēde** (Scheden), beherbergt Teile ihrer Verwaltung in einem zuletzt (Ende des 19. Jahrhunderts) neogotisch gestalteten Gutsschloss mit achteckigem Turm, das Typähnlichkeit mit den noch ein wenig imposanteren in Odziena bei Koknese oder Lāzberģi bei Alūksne aufweist, doch im Gegensatz zu diesen eben nicht zu einer Ruine verfallen ist.

Saulkrasti

Führt die Nord-Süd-Fernstraße »Via Baltica« auf ihrem Abschnitt von Riga nach Tallinn auch kaum durch Ortschaften, so gibt es doch eine Ortsdurchfahrt, deren Länge eine gewisse Geduldsprobe bedeutet. Die scheinbare Endlosigkeit der 3400-Einwohner-Stadt **Saulkrasti** (Neubad) erklärt sich damit, dass sie sich aus mehreren – insgesamt vier – im 19. Jahrhundert entstandenen Badeorten zusammensetzt. Bei den Rigensern hatten diese bereits große Beliebtheit erlangt, bevor schließlich »Saulkrasti«, was wörtlich *Sonnenküsten* bedeutet, zu ihrem gemeinsamen Namen erkoren wurde. Die kilometerlange Ortsdurchfahrt findet ihr Pendant also darin, dass sich gleichermaßen endlos in nur 100 bis 400 m Entfernung **Sandstrände** hinziehen. Ein besonders schönes Stück Strand ist dem südlichen Stadtteil Pabaži (Pabbasch) vorgelagert, wo die so genannte **»Weiße Düne«** (lett. »Baltā kāpa«) die Mündung des Baches Inčupe überragt. Ebenfalls in Pabaži befindet sich ein Fahrradmuseum – vielleicht das Originellste, was es innerhalb der Grenzen Saulkrastis zu besichtigen gibt, wenn auf die Küste einmal nicht so viel Sonne fällt, wie der Ortsname verspricht. Woran es Saulkrasti ein wenig fehlen mag, ist das, was man »Flair« oder »Ambiente« nennen könnte. Weder um 1900 noch in der Zwischenkriegs- oder der Sowjetzeit wurde hier etwas architektonisch so Einprägsames geschaffen, dass dem Ortsbild damit irgendein Stempel aufgedrückt worden wäre. Wem **Spaziergänge durch Dünenwälder** mehr Vergnügen bereiten als das Flanieren auf Promenaden, für den ist aber vielleicht gerade Saulkrasti ein Seebad, in dem er sich wohl fühlt. Voraussetzung dafür dürfte freilich sein, dass die Unterkunft nicht zu nahe an der frequentierten Durchgangsstraße liegt…

➢ *Gutsschloss Remte*

Umgebung

Zwischen Saulkrasti und den Stadtgrenzen Rigas

Am südlichen Stadtrand von Saulkrasti beginnt der **»Piejūras dabas parks«**, ein 1962 gegründeter Naturpark. Das für ihn charakteristische Landschaftsbild ist dadurch entstanden, dass zunächst Rodungen im 18. Jahrhundert Sandbewegungen und damit die Formung von **Dünen** in Gang gesetzt hatten und dass es diese Dünen später durch Bepflanzung wieder zu zähmen galt. Der Naturpark berührt die Mündungen aller drei großen Flüsse, die bei Riga das Meer erreichen - die der Gauja, die der Daugava und die der Lielupe. Würde man die rund 12 km bis zur **Gauja-Mündung** bei **Carnikava** (Zarnikau) durchwandern, so sähe man demnach ein knappes Drittel des unter Schutz gestellten Küstenabschnitts. Auf dem Friedhof neben Carnikavas hölzerner Kirche befindet sich das Grab des lettischen Dichters Ojārs Vācietis (1933-1983).

Im Zuge der A1 nach Riga werden **landschaftliche Reize** besonders dort spürbar, wo die stark befahrene Straße über die Landbrücke zwischen dem Lielais Baltezers (Großer Weißer See) und dem Mazais Baltezers verläuft. **Baltezers** (Weißensee) heißt auch eine kleine Ortschaft, die - halb Straßendorf, halb Gartenstadt - unter hohen Bäumen auf dem schmalen Geländestreifen liegt. Das 1775 nach einem Entwurf von Johann Bernhard Masungen errichtete barocke Gotteshaus des Kirchspiels **Ādaži** (Aahof) ist, nachdem es im Zweiten Weltkrieg schwer beschädigt wurde, erst seit wenigen Jahren voll wiederhergestellt, seitdem aber umso mehr Baltezers' Zierde. Die Seen Lielais und Mazais Baltezers sind nicht nur untereinander, sondern auch mit der Gauja durch einen **Kanal** verbunden. Die dahinter stehende Absicht, einen Binnenlandswasserweg von der Gauja bzw. Livländischen Aa zur Daugava bzw. Düna zu schaffen, kam schon vor Jahrhunderten auf; 1903 wurde sie verwirklicht. Wichtig für das Wasserversorgungssystem des Großraums Riga wurde in diesem Zusammenhang eine Pumpstation am Mazais Baltezers. Inzwischen längst ein **technisches Denkmal**, kann sie als Museum besichtigt werden, allerdings nur während vergleichsweise eng begrenzter Öffnungszeiten (Mo-Do 10-14 Uhr).

Sigulda

Der Ferienort **Sigulda** (Segewold) bildet gleichsam die **Pforte zum Gauja-Nationalpark** und ist das meistbesuchte Touristenziel im lettischen Binnenland. Hat man nur einen einzigen Tag Zeit, um von Riga einen Ausflug zu unternehmen, so werden lettische Gastgeber oder Reiseanbieter einem mit einiger Wahrscheinlichkeit vorschlagen, diesen Tag rund um Sigulda zu verbringen. An warmen Sommerwochenenden tummeln sich hier viele Einheimische - vor allem Kurzurlauber aus Riga - an den Stränden längs des Flusses Gauja. Mit ihrer Warnung, hier sei dann mehr Betrieb als im Zentrum der Hauptstadt, dürften die Letten allerdings etwas übertreiben.

Das 10.700 Einwohner zählende Sigulda liegt nur 50 km von Riga entfernt; für nichtmotorisierte Tagesausflügler ist es am einfachsten, mit dem Zug anzureisen. Von einem repräsentativen Bahnhofsgebäude aus gelangt man über die Pils oder über die Raiņa iela schnell ans andere Ende des Stadtkerns, der eigentlich gar keiner ist; denn das heutige Sigulda bildete sich, nachdem das mittelalterliche Segewold schon Jahrhunderte zuvor in Kriegen ausgelöscht worden war, erst ab 1889 im Anschluss an den Bau der Eisenbahnlinie heraus, und dies von vornherein als **Luftkurort** mit viel Grün. Der örtliche Großgrundbesitzer, ein Fürst Kropotkin, konnte sich damals durch Grundstücksverkäufe an die oberen Zehntausend des Zarenreichs, die sich immer zahlreicher hier einfanden, gesundstoßen.

Der Weg zu Kropotkins **Herrenhaus** führt an der in ihrer Substanz sehr alten, allerdings erst 1930 mit einem so hohen Turm versehenen lutherischen Kirche vorbei. Ihr gegenüber steht ein Denkmal zu Ehren von Krišjānis Barons (1835–1923), dem größten lettischen Folkloresammler. Unmittelbar vor dem Gutsschloss folgt ein Denkmal für den Publizisten und Sprachforscher Atis Kronvalds (1837–1875). Es wurde in der Zwischenkriegszeit aufgestellt, als die einstigen Gutsgebäude dem Journalisten- und Schriftstellerverband Lettlands gehörten, der sie zu einer Erholungsstätte für seine Mitglieder machte. Neben dem feldsteinverkleideten neogotischen Schlossbau aus der Zeit um 1880 sieht man seitlich auch noch dessen Vorgänger in der Funktion als Herrenhaus. 1953 wurde ein Sanatorium in den Gebäuden angesiedelt; 1993 gingen sie nunmehr in die Hände des Stadtrats über. – Errichtet sind sie auf dem Gelände der äußeren Vorburg der bereits 1207 gegründeten **Schwertritterburg** Segewold – der ersten überhaupt, die nach der Gründung des Schwertbrüderordens 1202 außerhalb von Riga entstand. Die erstaunlich umfangreichen Reste der eigentlichen Burg werden sichtbar, sobald man seitlich um das Herrenhaus herumgeht. Erhalten blieben vor allem die Außenmauern der **Burgkapelle** mit früh-

➢ *Ausblick vom Bergfried der Burg Turaida*

gotischen Fensteröffnungen, Teile des Trakts, in dem sich der Kapitelsaal befand, sowie der viereckige Torturm der inneren Vorburg. Maßnahmen zur Konservierung dieser Burgruine wurden vor allem in den 1960er und 1970er Jahren ausgeführt. Bei den ursprünglichen Bauarbeiten im 13. Jahrhundert soll, so wird berichtet, mit einem Gemisch aus Eiern, Milch und Honig gemörtelt worden sein.

Von dem Burggelände, auf dem häufig Theater- oder Opernaufführungen unter freiem Himmel stattfinden, bietet sich ein **prächtiger Ausblick** über den Taleinschnitt

➢ *An der Gauja zwischen Sigulda und Turaida*

der Gauja und hinüber zur leuchtend roten Burg Turaida. Letztere war keine Ordens-, sondern, jedenfalls die meiste Zeit hindurch, eine bischöfliche Burg: Schon im frühen 13. Jahrhundert hatte der Papst eine Aufteilung der eroberten livischen Gebiete angeordnet; seitdem gab die Gauja bzw. Livländische Aa die Grenze zwischen Gebietsabschnitten des Ordens und der so genannten »livischen Seite« des Rigaer Bistums vor.

Landschaftsmaler verewigten den grandiosen Blick über das Tal hinweg vor allem von einem nordöstlich der Schwertritterburg gelegenen Geländevorsprung, der so zu seinem Namen »Gleznotāju kalns« (Malerhügel) kam. Auch die bedeutendsten Letten dieser Zunft, Jānis Rozentāls und Vilhelms Purvītis, begaben sich hier oft mit der Staffelei ins Freie. Die von den Malern aufgesuchte Stelle ist Teil eines längeren Abhangs, der insgesamt »Paradīzes kalns« (Paradiesberg) genannt wird. Folgt man der unterhalb von dort in die Gauja mündenden Vējupīte talaufwärts, so erreicht man die **Felsschlucht Kraukļu aiza**, wenig später den steilen Hügel der **Livenburg Satezele**, deren Eroberung den Schwertbrüdern erst 1212 gelang, sowie schließlich die so genannte Pētera ala bzw. **Petershöhle**. In ihr soll während des Nordischen Krieges ein Mann namens Pēteris mit seiner Familie ausgeharrt haben.

Am westlichen Stadtrand kann man die 1986 von jugoslawischen Fachleuten konstruierte **Schlitten- und Bobbahn** von Sigulda, eine der modernsten Europas, bestaunen, auf der Spitzensportler trainieren und Jahr für Jahr internationale Wettkämpfe ausgetragen werden. Der Höhenunterschied zwischen dem Start- und dem Zielpunkt der 1200 m langen Renntrasse beträgt 101 m. Eine Attraktion technischer Art ist ferner die **Seilbahn**, die einen von Sigulda über das Tal hinweg nach Krimulda bringt. Das Vergnügen, in einer Gondel 40 m über der Gauja zu sitzen, sollte man sich, sofern die Anlage gerade in Betrieb und man selbst schwindelfrei ist, nicht entgehen lassen. Als Alternative kommen die Gondeln eines unweit der Seilbahnstation aufgestellten Riesenrades in Betracht, aus denen man nicht nur das Tal, sondern ebenso die Stadt von oben sieht.

Wie viel von dem, was allein Sigulda selbst bietet, man in einem Tagesprogramm unterbringen kann, hängt nicht zuletzt von der Jahreszeit ab. Plant man wirklich nur einen Kurzausflug, so wird dieser sich beinahe automatisch auf Örtlichkeiten am gegenüberliegenden Gauja-Ufer, vor allem den Stadtteil Turaida mit seiner Burg, konzentrieren. Für die Einwohnerzahl fallen Turaida und das ebenfalls rechts der Gauja gelegene Krimulda kaum ins Gewicht; Sehenswürdigkeiten gibt es dort jedoch mindestens so viele wie in der eigentlichen Stadt.

Umgebung

Burg Turaida und der Dainas-Berg

Zu einem regelrechten Wahrzeichen des Gauja-Nationalparks ist der Bergfried der Bischofsburg **Turaida** (Treyden) geworden. Schon der Name Turaida – im Livischen bedeutet er so viel wie »Gottesgarten« – spricht für sich. Wer heutzutage den 30 m hohen, im oberen Teil rekonstruierten Turm besteigt und die Aussicht über das dicht bewaldete Tal genießt, wird dieser Benennung wohl beipflichten können.

Bis 1206 residierte in Turaida der Livenfürst **Kaupo**. Als die deutschen Schwertritter in sein Gebiet eindrangen, nahm er, ohne lange zu zögern, das Christentum an und unternahm bald darauf sogar eine Reise zum Papst in Rom. Seine Untertanen, die sich noch gegen die Taufe sträubten, sagten sich von ihm los, worauf Kaupo zum Verräter wurde und bereitwillig hinnahm, dass die Deutschen seine Burg stürmten und niederbrannten. Der neue Glaube spendete ihm wenig Segen: Sein Sohn, den er auf den deutschen Namen Berthold hatte taufen lassen, fiel 1210 gegen die Esten; Kaupo selbst traf 1217 im Kampf gegen die tapferen Bewohner der südestnischen Landschaft Sackala das gleiche Schicksal.

Ab 1214 traten an die Stelle von Kaupos Festung die Bauten der **Bischofsburg**, die anfangs »Fredeland« und erst von 1239 an endgültig »Treyden« genannt wurde. Da sie sich sehr dem Geländerelief anpasst, konnte sie mit vergleichsweise wenig Aufwand verteidigt und so gut wie unmöglich eingenommen werden. In den frühneuzeitlichen Kriegen zwischen Schweden, Polen und Russen war das Interesse an ihr gering; erst ein Brand im Jahre 1776 machte sie unbewohnbar. Gerade als Ruine zog die Burg nun allerdings **Romantiker** an. In ihren Resten und um sie herum wurde unterdessen ein kleines Gut bewirtschaftet. 1953 begannen auf dem Burggelände Ausgrabungen und parallel dazu die Nachbildung wesentlicher Teile der Anlage in ihrer mittelalterlichen Form. Ein bescheidenes hölzernes Wohnhaus, das neben dem Stumpf des Bergfrieds errichtet worden war, musste in diesem Zusammenhang weichen. Wiederhergestellt wurden nach dem **Bergfried** zunächst ein einstiges Wirtschaftsgebäude mit hölzerner Außengalerie, das heute als Museum genutzt wird, und danach die gesamte Westmauer mit ihrem halbrunden Verteidigungsturm bis hin zum südlichen Torbereich. Um 1980 gelangten diese **Rekonstruktionen** weitgehend zum Abschluss. Ergänzungen, etwa an den beiden Vorburgen, werden nur mehr vereinzelt vorge-

nommen; archäologisch-bauhistorische Untersuchungen sind jedoch noch immer im Gange. Die meisten Sorgen bereiteten den Restauratoren während der letzten Jahre witterungsbedingte Veränderungen des Untergrunds, auf dem das wertvolle Bauwerk steht. Würden diese Bodenaufweichungen weiter zunehmen, wäre Burg Turaida durchaus ernsthaft gefährdet.
Außer der Burg umfasst das eintrittspflichtige Parkareal von Turaida eine kleine **Holzkirche** von 1750, den Skulpturenpark auf dem so genannten Dainas-Berg (lett. »Dainu kalns«) sowie das **Grab der Maija**, die einst den Tod in Kauf genommen haben soll, um ihrem Geliebten treu bleiben zu können. Das Grab, einst Teil eines neben der Kirche angelegten Friedhofs, wurde 1972 in seiner heutigen Form gestaltet, nachdem die über ihm wachende Linde 1968 vom Blitz getroffen worden war. Fast genauso sehr wie die auch als »Turaidas Roze« oder »Rose von Treyden« bekannte Maija verehren die Letten **Krišjānis Barons**, den »Vater der Dainas«. Zwischen 1894 und 1915 katalogisierte Barons in mühevoller Kleinarbeit die zu Tausenden von ihm gesammelten lettischen Volkslieder. Aus Anlass seines 150. Geburtstages wurden 1985 unterhalb der Kirche von Turaida rund 20 phantasievolle **Skulpturen des Bildhauers Indulis Ranka** aufgestellt, die gängige Motive und Gestalten aus dem lettischen Liedgut plastisch werden lassen. Ein Gang auf den **Dainas-Berg**, über den sie sich verteilen, lohnt sich daneben wegen des gerade von hier sehr hübschen Blicks auf die Türme der Burg. Einen reizvollen Anblick bieten ferner die Wirtschafts- und Bedienstetengebäude des Gutes Turaida, da sie teils tiefer liegen als die **Teiche**, um die sie sich gruppieren. Ein paar der Gebäude wurden in den letzten Jahren aufwendig restauriert, darunter die Schmiede.

Von der Gūtmaņa-Höhle zur Burg Krimulda

Auf dem Weg von Sigulda nach Turaida ist für Touristen ein Halt an der »Gūtmaņa ala« bzw. **Gutmannshöhle** geradezu obligatorisch. In der Vertikale misst sie etwa 10 m und ist damit die höchste Höhle Lettlands. Das aus ihr hervorsprudelnde Wasser soll früher von einem Mann, der in der Nähe wohnte, verteilt worden sein und viele Kranke geheilt haben, daher der Name Gutmannshöhle. Der mögliche Wunsch, hier etwas Tiefsinniges in den Fels zu ritzen, dürfte inzwischen mangels Schreibfläche scheitern; Sprüche, ganze Gedichte und andere Mitteilungen wurden nämlich schon seit dem 16. Jahrhundert am Höhleneingang hinterlassen. Als die »Rose von Treyden« und ihr Viktors hier in der Zeit der polnisch-schwedischen Kriege ihre Rendezvous abhielten, müsste es also bereits erste Graffiti gegeben haben.
Von der Höhle aus kann man über einen Treppenweg zur Ruine der Domkapitelsburg von **Krimulda** (Kremon) hinaufwandern. Verglichen mit den Burgen in Sigulda und Turaida nimmt sie sich nicht gerade imposant aus, doch die versteckte Lage der im Grün versinkenden Gemäuer hat zweifellos auch ihren Reiz. Südwestlich von hier kommt

Maija oder die Rose von Treyden

Auf dem Gelände um die Burg Turaida liegt unweit einer kleinen Holzkirche das von einer Linde beschattete Grab der Maija. Frisch Vermählte von nah und fern legen hier am Tag ihrer Hochzeit oder bald danach Blumen ab. Die **Legende vom Findelkind Maija**, das, als es heranwuchs, wegen seiner bezaubernden Schönheit von allen nur **»Turaidas Roze«** - die »Rose von Treyden« - genannt wurde, fußt auf einer wahren Begebenheit; das Berichtete muss sich, wie historische Belege zeigen, im Jahre 1620 in recht ähnlicher Weise real zugetragen haben:

Der zu den Schweden übergelaufene polnische Offizier Jakubowski buhlte um die Gunst Maijas, wurde aber nicht erhört, da diese nur Augen für den Schlossgärtner Viktors hatte. Mit ihm traf sie sich viele Male heimlich an der **Gūtmaņa-Höhle** im Tal unterhalb von Turaida. Eines Tages gelang es Jakubowski, Maija mit einer fingierten Botschaft, von der sie glauben musste, sie stamme von Viktors, zur Höhle zu locken. Gerade war der abgewiesene Bewerber im Begriff, ihr Gewalt anzutun, da deutete Maija auf ihr **Halstuch**. Ihr **Auserwählter** habe es ihr geschenkt und es mache sie unverwundbar, so ihre verzweifelte Behauptung; er solle sich ruhig davon überzeugen. Jakubowski zückte sogleich sein Schwert und schlug ihr zu seinem eigenen Entsetzen den Kopf ab. Zunächst wurde Viktors der Bluttat bezichtigt. Er war bereits abgeurteilt, als sich ein Augenzeuge der Geschehnisse meldete. So konnte er seine Geliebte doch noch selbst begraben, ehe er die Gegend für immer verließ.

Die nicht weit von der Gūtmaņa-Höhle entfernte **Höhle »Viktora ala«** hat Viktors der Legende nach eigenhändig für seine Verlobte gegraben: Maija sollte ihm bei seiner Arbeit als Schlossgärtner zusehen können, denn die verrichtete er genau gegenüber von hier in Sigulda.

➢ *Das Grab der Maija*

man zu einem früheren **Gutshaus** der Familie von Lieven, das 1854 in klassizistischem Stil erbaut wurde. 1922 kam es in den Besitz des Roten Kreuzes und wurde von da an als Sanatorium für tuberkulosekranke Kinder genutzt. Als »Rehabilitationskrankenhaus Krimulda«, wie es inzwischen heißt, strahlt es selbst heute noch eine beklemmende Atmosphäre aus und lässt spontan an Thomas Manns »Zauberberg« denken. - Eine rasche Rückkehr nach Sigulda ist von Krimulda aus mit der **Drahtseilbahn** möglich, deren Station zwischen dem Schloss bzw. Krankenhaus und der Burgruine liegt. Wer einen längeren, mit noch mehr Naturgenuss verbundenen Rückweg bevorzugt, kann südwärts bis zur so genannten **Teufelshöhle** (»Velna ala«) wandern und 200 m von ihr entfernt über eine Fußgängerbrücke die Gauja überqueren.

Krimuldas **Kirche** aus dem 13. Jahrhundert, eine der ältesten der gesamten Region, liegt hingegen so weit von der Burg entfernt, dass man sie wohl besser mit dem Auto ansteuert, indem man in Turaida Richtung Ragana abbiegt. Um 1900 bekam sie nach einem Entwurf von Augusts Reinbergs einen hohen Turm, der ihr Aussehen grundlegend veränderte. Im Jahre 1217 soll in der Kirche die Asche des gefallenen Livenfürsten Kaupo beigesetzt worden sein.

Über Allaži nach Mālpils

Unweit südlich von Sigulda, bereits 5 km vor dem Ort **Allaži** (Allasch), sieht man rechts das Gotteshaus der gleichnamigen Kirchengemeinde. Es stammt von 1927 und gehört zu den bedeutendsten Kirchenbauten, die in der ersten lettischen Unabhängigkeitsperiode entstanden sind. Wohl noch auf absehbare Zeit macht es zugleich sichtbar, dass den Denkmalpflegern des Landes durchaus auch Bauwerke aus diesen gar nicht so fernen Jahrzehnten bereits erhebliche Sorgen bereiten. Entworfen wurde die Kirche von Pauls Kundziņš, auf den beispielsweise auch die Initiative zur Gründung des Rigaer Freilichtmuseums zurückgeht. Als Baumaterial kam an Allažis Kirche **Tuffstein** zum Einsatz, da Lettlands Tuffvorkommen unmittelbar in der Nähe liegen. Die bekanntesten Schöpfungen aus hiesigem Tuff sind die skulpturalen Kunstwerke auf Rigas Brüderfriedhof.

Der einzige größere Ort zwischen Sigulda und den Städten unmittelbar an der Daugava ist **Mālpils** (Lemburg). Zwischen einem länglichen See, der, je mehr Mālpils wuchs, zunehmend zu dessen Mittelpunkt wurde, und der südöstlich gelegenen lutherischen Kirche von 1766 erstreckt sich das ehemalige Gutsgelände. Das von vielen Nebengebäuden umgebene **Gutshaus** fiel einem der zahllosen Brände während der Revolution von 1905 zum Opfer, wurde aber schon bald in veränderter Form wieder aufgebaut. Die ungewöhnlich breite Mittelrisalit-Partie fordert regelrecht dazu heraus, sie sich einmal wegzudenken oder, umgekehrt, sie sich einmal ohne das übrige Gebäude um sie herum vorzustellen: Kaum wird man das eine dann als zum anderen passend empfinden. Genutzt wurde der Bau zuletzt - von 1967 bis 2002 - als staat-

➢ *Die Gūtmaņa-Höhle*

liches Museum für Landwirtschaft und Bewässerungstechnik.
Nicht minder interessant erscheint das Herrenhaus im nur 3 km entfernten **Bukas** (Suddenbach), bei dem der gesamte mittlere Teil der Fassade hinter sechs monumentale Säulen zurückgezogen ist. Der Portikus, den sie bilden, grenzt unmittelbar an die Seitenrisalite und vereinigt sich mit diesen unter demselben Dach.

Lettlands bekanntestes Rasthaus

Von Riga aus gesehen am linken Rand der Fernstraße über Sigulda in Richtung Pskov steht in Höhe des Ortes **Inčukalns** (Hinzenberg) ein Rasthaus, das den meisten Letten ein Begriff ist. Es wurde **»Sēnīte«** getauft, was im Lettischen der Verkleinerungsform von *Pilz* entspricht. Dies spielt einerseits auf die Dachform an, bedeutete andererseits aber, als die Betonkuppel 1967 entstand, bereits eine Anknüpfung an einen Vorgängerbau – ein Teehäuschen, das ebenfalls Ähnlichkeit mit einem Pilz gehabt hatte. Der Ruhm des Rasthauses »Sēnīte« gerade gegen Ende der Sowjetzeit resultierte allerdings nicht allein aus seinem Namen und seiner Form, sondern vor allem daraus, dass man weitaus vornehmer darin speisen konnte und ein weit stärkerer Akzent auf landestypischen Spezialitäten lag, als das futuristische Äußere des Gebäudes vermuten ließ. An diese Tradition versucht die »Sēnīte« auch heutzutage anzuknüpfen. Ganz in ihrer Nähe befindet sich inzwischen der wegen seiner Rodelbahnen populäre **Freizeitpark »Rāmkalni«**.

An der Strecke von Sigulda bzw. Turaida nach Saulkrasti und damit etwa 10 km nordwestlich der »Sēnīte« liegt **Sēja** (Zögenhof), wo **eine der dicksten Eichen des Baltikums** wächst: Ihr Stammumfang beträgt um die 9 m. Der Anblick des zur Ruine verkommenen Gutshauses stimmt eher traurig, ist rein architektonisch jedoch durchaus interessant. Besser erhalten findet man einen neogotischen **Wasserturm** schräg hinter dem Hauptgebäude vor.

Skrunda

Das 2800 Einwohner zählende **Skrunda** (Schrunden) ist der zweitgrößte Ort im Landkreis Kuldīga und Mittelpunkt der südlichen Kreishälfte.
Nachdem Lettland 1991 seine Unabhängigkeit wiedererlangt hatte, stand der Name Skrunda für ein Schlüsselproblem in den Verhandlungen mit der Russischen Föderation über den Abzug ihrer Truppen. Nördlich von Skrunda ragte nämlich – von den Einheimischen stets nur als **»Monstrum«** tituliert – eine unvollendete Frühwarnradarstation der Sowjetunion über die sanfte kurländische Landschaft. Die Russen wollten diese fertig stellen und ungeachtet ihres unvermeidlichen Rückzugs aus dem Baltikum längerfristig nutzen können. Der während Boris Jelzins Präsidentschaft unter geschickter Vermittlung Bill Clintons erzielte Kompromiss zwischen Letten und Russen räumte Letzteren das Recht ein, noch bis 2000, sechs Jahre über den allgemeinen Truppenabzug hinaus, eine bereits bestehende Radaranlage neben der neu errichteten weiter

zu betreiben. Der unfertige Koloss jedoch wurde am 4. Mai 1995 gesprengt, sosehr Russland die Letten bis zuletzt auch beschwor, hierauf zu verzichten.

Seit genau demselben Jahr ragt in Skrundas Mitte wieder ein stattlicher **Kirchturm** über die Dächer, nachdem das zugehörige, 1673 errichtete Gotteshaus die Jahrzehnte davor nicht nur turmlos, sondern zudem zweckentfremdet als Pferdestall hatte überstehen müssen.

An der Stelle am **Ufer der Venta**, an der 1368 eine Ordensburg angelegt wurde, ist heute nichts mehr von dieser sichtbar, obschon eine Ansicht von 1661 sie noch als völlig intaktes Wasserschloss zeigt und sogar noch 1701, in der Frühphase des Großen Nordischen Krieges, Schwedens König Karl XII. sich in ihr aufhielt. Den Burghügel nimmt jetzt eine **Sängerbühne** ein.

Umgebung

Entlang der Venta bis Nīkrāce

Auf der südlich aus Skrunda heraus in Richtung Embūte führenden Straße erreicht man bald das Gemeindegebiet von **Nīkrāce** (Niekratzen) und hier zunächst die katholische **Kirche von Lēnas** (Lehnen) mit ihren zwei eleganten Türmen. Sie wurde 1756 errichtet und birgt in ihrer Krypta die Särge der beiden letzten Bischöfe von Pilten. Auf dem Weg von Lēnas weiter nach Nīgrande überquert man nach gut 6 km einen Nebenfluss der Venta mit dem schwierig zu artikulierenden Namen **Šķērvelis** (Schkerwel, Abbus). Er entspringt in den Höhen um Embūte und sein Gefälle von 67 m auf 12 km überbietet so leicht kein anderer Fluss in Kurland. Sein wildromantisches Tal ist ein **beliebtes Wandergebiet**; von der Mündung in die Venta bis hinauf in die Nähe der Ortschaft Nīkrāce steht es unter Naturschutz. Der **Gutshof Vormsāte** (Wormsaten) nahe Nīkrāce, erbaut im ausgehenden 18. Jahrhundert und aufgrund eines mittig vor den Südwestgiebel des Herrenhauses gesetzten

➢ *Die Kirche von Lēnas*

runden Treppenturms architektonisch recht interessant, verfällt leider zusehends.

Auf den Kilometern unterhalb der Mündung des Šķērvelis erreicht auch die **Venta** die größte Fließgeschwindigkeit auf ihrem Weg durch Lettland und wird von zwei Steilufer-Abschnitten, dem Ātraiskalns und den Gobdziņu klintis, gesäumt.

Westwärts über Rudbārži oder Valtaiķi

Das **Gutshaus** in **Rudbārži** (Rudbahren), einer Ortschaft 8 km westlich von Skrunda, zeichnet sich durch eine interessante Baugeschichte aus: Das 1835 im späten

Empirestil errichtete symmetrische Gebäude wurde 1882/83 in Neorenaissance-Formen überarbeitet. Das Aussehen eines französischen Renaissancebaus behielt es jedoch nur für gut zwei Jahrzehnte, denn nach der Revolution von 1905, in deren Verlauf es Brandstiftern zum Opfer fiel, schien dem mit der Wiederherstellung beauftragten Architekten Leo Reynier angebracht, der ursprünglichen Stilrichtung, eben dem Empire, wieder Geltung zu verschaffen, sodass an die Stelle verspielter Giebel-, Dach- und Geländerformen jetzt nüchterner Neoklassizismus trat. An einer Terrassenmauer vor dem zentralen Fassadenteil erinnert eine **Gedenktafel** daran, dass im März 1919 die Befreiungskämpfe unter Führung von Oskars Kalpaks hier in Rudbārži ihren Anfang nahmen.

Fährt man, nachdem man Skrunda westwärts verlassen hat, nicht geradeaus über Rudbārži in Richtung Liepāja, sondern biegt nach rechts auf die Nebenstrecke nach Aizpute, so sieht man, wenn rund die Hälfte der Strecke nach Aizpute hinter einem liegt, links in einer breiten Senke die **Kirche** von **Valtaiķi** (Neuhausen). An ihr sind vor allem die 15 **Fensterverglasungen** sehenswert, die im Jahre 1902 nach einem Entwurf des bekannten lettischen Malers Vilhelms Purvītis in Italien gefertigt wurden. Teils zeigen sie Szenen des Neuen Testaments, während einige andere der Fenstermotive Bezug zum Rittertum und zur Geschichte der Barone von Manteuffel haben. Purvītis verkehrte seinerzeit viel auf deren nahe gelegenem Gut Katzdangen/ Kazdanga.

Smiltene

Verglichen mit der Kreisstadt Valka macht die zweitgrößte Stadt des Landkreises, das 6300 Einwohner zählende **Smiltene** (Smilten), einen gemütlicheren Eindruck. Auch hier reicht neuere Bebauung bis in den Stadtkern und an den großzügig zugeschnittenen Marktplatz, doch umrahmen diesen ebenso Häuserzeilen aus der Zeit vor den Weltkriegen. An seiner Südseite steht die **lutherische Kirche**, die ihr durch besondere Querschiff-Breite betonter kreuzförmiger Grundriss recht unverwechselbar macht.

Stadtrechte wurden Smiltene erst nach dem Ersten Weltkrieg vom unabhängigen Lettland zuerkannt. Die ältesten Nachrichten über den Ort stammen aus dem Jahr 1359, der Zeit, als nördlich des heutigen Zentrums und des Flusses Abuls eine **bischöfliche Burg** ausgebaut wurde. Die Überreste bieten heute einen unter den Burgruinen des Baltikums recht einzigartigen Anblick, denn sie umranden ein - somit im Innenhof des kastellartigen Baus von einst angelegtes - kleines Gehöft. Unmittelbar benachbart liegt das einstige Gut, bis Anfang des 20. Jahrhunderts ein Besitz des Geschlechtes von Lieven und heute »Kalnamuiža« genannt. Mitten in das Gutsensemble hineingebaut wurde das Gebäude eines der beiden örtlichen **Hotels**, deren jeweils bemerkenswerte Lage als eine weitere Besonderheit Smiltenes gelten darf. Das andere, das »Park Hotel Brūzis«, bei dem die Talsenke des Abuls für den Reiz sorgt, findet man (nur ein kurzes Stück Luftlinie nach Osten entfernt, aber anders anzufahren) am linken (stadtseitigen)

Flussufer. Südwestlich des Stadtzentrums gewährt auf dem Hügel Lazdukalns ein **Aussichtsturm** Blicke über Smiltene und die nähere Umgebung.

Umgebung

Nach Trikāta oder Vijciems

Östlich von Valmiera und nordwestlich von Smiltene liegt in landschaftlich reizvoller Umgebung das Dorf **Trikāta** (Trikaten) mit Überbleibseln einer **Ordensburg** in wie für eine Festung geschaffener Lage. Schon vor der Christianisierung war »Tricatua« einer der wichtigsten Burgberge im Nordwesten des von Lettgallern bewohnten Gebietes gewesen; seine relative Bedeutung für das Umland sank in der Ordenszeit also eher. Die heutigen Ruinen geben die Umrahmung für die örtliche Sängerfestwiese ab. Weil von hohen Bäumen überragt, werden sie erst aus der Nähe sichtbar. Trikātas bemerkenswertester Baum – **der dickste Ahorn des Baltikums** – wächst südwestlich des Ortes bzw. nordwestlich der (außerhalb an einem See gelegenen) **Kirche**, die, später verändert, aus dem 17. Jahrhundert stammt. Vom Ort wie von der Kirche ist der Ahorn jeweils gut 1 km Luftlinie entfernt.

18 km nordöstlich von Trikāta liegt auf halber Strecke zwischen Smiltene und Valka **Vijciems** (Wiezemhof). Von hier noch einmal 5 km östlich erreicht man die **Zapfendarre** von Vijciems (lett. »Vijciema Čiekurkalte«), ein 1895 in Betrieb genommenes technisches Denkmal, das sich sogar in der Liste des europäischen Kulturerbes verzeichnet findet. In der kurzen winterlichen Zeit der Zapfentrocknung kann einem dieser Vorgang hier auch heute noch vorgeführt werden. Den Wunsch nach einer näheren Demonstration meldet man am besten telefonisch unter 4747266 oder 6478620 vorab an.

Über Mēri zum Höhenzug von Aumeistari

An einer der höheren Kuppen einer sich in Nord-Süd-Richtung erstreckenden, mitunter weite Ausblicke bietenden **Hügelkette** liegt **Aumeistari** (Serbigal), wohin ein 10 km langer Abstecher von der Fernstraße A2 führt. Ein vergleichsweise

➢ *Blick nach Osten von den Höhen bei Aumeistari*

abwechslungsreiches Landschaftsbild entschädigt für mäßige Wegverhältnisse. Der **Bautenbestand des Gutes** von Aumeistari besticht wenn, dann durch seine **stilistische Buntheit** vom klassizistischen Wirtschaftsgebäude bis hin zum in Neorenaissance gehaltenen Verwalterhaus von 1896, das beinahe einer gründerzeitlichen Unternehmervilla gleicht.

Rascher und bequemer kann man von der A2 zuvor bereits **Mēri**

(Mehrhof) erreichen, an dessen ältestem Baum, einer 5,1 m Stammumfang messenden **Eiche**, am meisten der im Baltikum recht einzigartige Umfang der Krone beeindruckt. Mēris eklektizistisches **Gutshaus** mit seinen reizvoll geschwungenen Erkerdach- und Giebelformen datiert in seiner heutigen Außengestalt von 1906.

Straupe

Der Name **Straupe** (Groß-Roop) bezeichnet heute nur mehr ein Dorf, durch das die Straße von Riga nach Valmiera führt. Mindestens seit dem 14. Jahrhundert existierte, wie Quellen belegen, an der Stelle des heutigen Straupe die damalige **Hansestadt Roop**. Während der Kriege des 17. Jahrhunderts wurde die Stadt gänzlich in Schutt und Asche gelegt und verschwand so von der Landkarte. Noch vorhanden, wenn auch in stark veränderter Form, ist das **Schloss Lielstraupe**, neben dem sie einst entstanden war. Es wurde im 13. Jahrhundert auf Geheiß des Rigaer Erzbischofs erbaut und ging schon damals in den Besitz eines Vasallen über, womit die bis ins 20. Jahrhundert währende Anwesenheit des Geschlechtes von Rosen in diesem Gebiet begann.

Die Gebäude der Schlossanlage sind im rechten Winkel an zwei Seiten eines wuchtigen Bergfrieds angefügt; den Abschluss des einen Endes bildet eine ebenfalls bereits im Mittelalter errichtete **Kirche**. Der ursprünglich dreischiffige Bau verlor später seine Pfeilerreihen. Um 1740 bekam er eine Holzdecke mit Akanthusmalereien; abermalige Veränderungen an der Decke wurden 1938 vorgenommen. Als bemerkenswertestes Einzelkunstwerk im Inneren der Kirche ist ein **Epitaph** von 1590 zu nennen, das den verstorbenen Georg von Rosen in Reliefform darstellt. Die Fensterbilder »Christi Geburt« und »Golgatha« stammen von 1944.

Genau zwei Jahrhunderte älter ist ein **hölzerner Glockenturm** in einer Ecke des hinter Schloss und Kirche befindlichen Parks - ein in Lettland recht einzigartiges, äußerst schlichtes Bauwerk mit abgeschrägten Außenwänden. Auch der charakteristische, in der Art einer »Welschen Haube« geformte Barockhelm des Burgturms und der dem Teich zugewandte Südwestgiebel wurden in der ersten Hälfte des 18. Jahrhunderts ausgeführt. Als 1905 Feuer an viele baltische Gutshäuser gelegt wurde, blieb Schloss Lielstraupe nicht verschont. Den anschließenden **Wiederaufbau** leitete der Rigaer Architekt Wilhelm Bockslaff. Überdachte Balkone, kleine Erker mit Fachwerkwänden und ähnliche Ergänzungen lassen den Komplex seitdem im Innenwinkelbereich sehr verschachtelt und verspielt erscheinen. Bockslaff ging es indes vor allem darum, im Geiste des Jugendstils zu arbeiten; und das bedeutete, bei den Hinzufügungen erkennbar zu machen, welche Funktion sie erfüllen, und auf keinen Fall den Eindruck zu erzeugen, sie gehörten zum Ursprungsbestand des Gebäudes. Seiner Gesamtfunktion nach dient der Schlosskomplex heute als Entziehungsanstalt, was einer etwaigen Besichtigung enge Grenzen setzt.

Umgebung

Entlang der Brasla rund um Straupe

Mit der frühzeitigen Aufteilung des riesigen Besitztums der **Familie von Rosen** unter deren verschiedenen Zweigen erklären sich mehrere **Ortsnamen** in Straupes Umgebung wie Rozula (Rosenbeck), Mazstraupe (Klein-Roop) und Augstroze (Hochrosen). Turmreste der Burg Rosenbeck bzw. (lettisiert) **Rozbeķi** findet man, indem man in den Ort **Rozula** einbiegt, ihn nach Norden hin verlässt und schließlich nach links Ausschau hält. Dieselbe Straße führt von hier aus auch nach Augstroze, das schon im Kreis Limbaži liegt und dessen Burgruine unser Buch daher in den Abschnitt über Limbaži einbezieht.

Das Tal der an Rozula vorbei und durch Straupe fließenden **Brasla** (Brasle) entfaltet bis zu deren Mündung in die Gauja einen Reiz, den kaum ein Flusslauf in Lettland überbieten kann. Ein möglicher Anlaufpunkt unweit der Straße nach Lēdurga sind, wenn auch in Privathand befindlich, die »Vējiņu alas« (sehr wörtlich »Höhlen der Windlein«) mit ihren zwei unterschiedlich hoch in einem **Steilhang** zu findenden Eingängen. Weitere, noch malerischere Sandsteinwände folgen nahe einer im Zuge der Fernstraße A3 leicht erreichbaren Stelle, an der die Brasla gestaut ist. – Was Routenplanungen im Anschluss an einen Besuch Straupes betrifft, sei noch darauf hingewiesen, dass es durchaus möglich ist, von hier aus auf direktem Wege Līgatne anzusteuern, da dort (außer im Winter) eine **Fähre** über die Gauja verkehrt.

➢ *Schloss Lielstraupe*

Ungurmuiža – hölzernes Kleinod der Gutshofarchitektur

Allmählich scheint sich unter Baltikum-Touristen herumgesprochen zu haben, dass es zwischen Cēsis und Straupe eine Stelle nahe einem früheren Landgasthof gibt, an der man auf keinen Fall versäumen darf, einen kurzen Abstecher nach Norden einzulegen, will man sich nicht eines der interessantesten Architekturdenkmäler in diesem Teil Lettlands entgehen lassen. 1732 fertig gestellt und nur um 1750 noch einmal gründlich verändert, ist das eingeschossige **Herrenhaus** des Gutes **Ungurmuiža** (Orellen) der in Lettland heute einzige hölzerne Profanbau im Barockstil jener Zeit. Zusätzlichen Wert verleihen ihm **Wandmalereien auf Holz**, die von Anfang der 1750er Jahre datieren und dem Lemsaler Künstler Georg Dietrich Hinsch zuzuschreiben sind: Regel-

➢ *Ungurmuiža*

recht dazu beigetragen, dass Ungurmuiža inzwischen so bekannt ist, haben die einzigartigen Darstellungen zweier **Grenadiere** am Treppenaufgang im Dachgeschoss. In einem der beiden soll man dem Gesicht nach offenkundig Peter den Großen erkennen. Zu dem Grenadiersmotiv kam es nicht zufällig, denn Gutsbesitzer und Bauherr Balthasar von Campenhausen (1689–1758) war Generalleutnant.

Ebenfalls in den 1750er Jahren entstand hinter dem Hauptgebäude ein eleganter **Teepavillon**, wie er dem Zeitgeschmack entsprach. Auch er blieb, wenngleich im 20. Jahrhundert schon einmal bis zur Unkenntlichkeit entstellt, dank einer 1980 abgeschlossenen Restaurierung bis heute erhalten. Bei einem Besuch auf Ungurmuiža sollte man sich die in seinem Obergeschoss zusammengetragene **Ausstellung** zur Geschichte des Gutes zeigen lassen.

Teil dieser Geschichte sind leider auch Barbareien, die an den Kunstwerken des Herrenhauses begangen wurden. Während des Ersten Weltkrieges quartierten sich Kosaken der russischen Armee ein und verfeuerten verschiedene mit Malereien versehene Zwischenwände. Eine angemessene Renovierung durch die Familie von Campenhausen, die sich auf dem ihr nach der Agrarreform verbliebenen Restgut bis 1939 weiter aufhielt, schien danach unfinanzierbar. Bei einer Wiederherrichtung als **Schule** um 1960 litt die ursprüngliche Konzeption des genau doppelt so langen wie breiten Barockbaus weiter. Immerhin passte diese Nutzung in gewisser Weise zur **Tradition** Orellens als eines Gutes, auf dem der bäuerlichen Bevölkerung stets eine vergleichsweise gute Schulbildung gewährt worden war. Schon Balthasar von Campenhausen und seine zweite Ehefrau Helene Juliane hatten sich der Herrnhuter Bewegung gegenüber sehr aufgeschlossen gezeigt.

Das damalige Schulhaus des Gutshofs ist dessen ältester Bestandteil nach dem Herrenhaus sowie einer Kornkammer. Die übrigen Nebengebäude verteilten sich nach und nach in immer größerer Entfernung vom einstigen Innenhof der Anlage – heute einer **Wiese mit imposanten Eichen**. Das etwas abgelegene Mausoleum der von Campenhausens stammt von 1760. Der lettische Ortsname Unguri – nicht ganz so klangvoll wie das deutsche »Orellen« – geht übrigens auf noch frühere Eigentümer zurück: Bis Mitte des 17. Jahrhunderts hatte das Gut Mitgliedern der Familie von Ungern gehört.

Die vollständige Wiederherstellung des Herrenhauses, die Anfang der 1990er Jahre noch wie ein Mammutunternehmen erschien, aber mit viel Idealismus zumindest schon in Angriff genommen wurde, hat seit 1996 durch jährliche Sommerschulen für Restauratoren an Tempo zugelegt. Dass im Inneren vieles nicht mehr so traurig aussieht wie noch vor wenigen Jahren, verdankt sich großzügiger Unterstützung vor allem aus Schweden. Unterdessen bemerkt man an dem Gebäude, wenn man nur genau genug hinsieht, auch außen manches, was von Kunstsinn zeugt, etwa schmiedeeiserne **Wasserspeier in Drachenkopfform**. Bei wohl jedem, der Ungurmuiža besucht hat, stellt sich am Ende das Gefühl ein, etwas sehr Kostbares gesehen zu haben.

Talsi

Bemisst man den Reiz einer Ortschaft daran, wie ihre landschaftliche Lage gewählt und wie sie in die Naturgegebenheiten eingebettet wurde, so ist **Talsi** (Talsen), die heutige Kreisstadt Nordkurlands, eine Stadt wie aus dem Bilderbuch. Dies haben gerade auch **Maler** stets so empfunden und Talsi zu einer Stadt, die man nicht besser hätte erfinden können, erklärt.

➢ *Zwei Seen und viel Grün umgeben den Kirchhügel in Talsi*

Derartiges Schwärmen scheint schwer nachvollziehbar, falls man Talsi von Norden oder Westen ansteuert oder auch nur den Kreisverkehr an seinem Südende statt über die Stendes iela über die Rīgas iela verlässt. Dann nämlich durchfährt man zunächst die Viertel, in denen heute die meisten der 12.300 Einwohner leben, und wird der Stadt wenig abgewinnen können. Den Charme der älteren Teile Talsis beeinträchtigen diese sowjetzeitlichen Viertel jedoch so gut wie gar nicht. An den Ufern des **Vilkmuižas ezers** und besonders an denen des Talsu ezers, seines kleineren Nachbarsees, mag man dem Urteil der faszinierten Maler nach wie vor kaum widersprechen. Am Talsu ezers wirkt die Stadt sogar fast ein wenig skandinavisch. Beim Zählen der **Hügel**, über die sie sich verteilt, kommt man je nach dem Radius, den man rund um den zentralen Kirchhügel zieht, auf Ergebnisse zwischen sieben und neun, kann also den Vergleich mit Rom wagen oder gar behaupten, Talsi überbiete die Ewige Stadt, denn es sei auf noch mehr Hügeln als diese erbaut.

Der Kirchhügel bzw. -berg (lett. »Baznīckalns«) geht nach Nordwesten in den etwa gleich hohen Mühlenberg (»Dzirnavkalns«) über; eine Windmühle, wie sie auf älteren Stadtansichten zu erkennen ist, gibt es hier inzwischen leider nicht mehr. Bis zu seiner Zerstörung im 17. Jahrhundert hatte hier ein Ordensschloss gestanden, von dem man heute ebenso wenig mehr etwas sieht. Im Gefolge der einstigen Ordensritter hatten sich schon im Mittelalter Handwerker und Kaufleute niedergelassen. Entsprechend lange bereits ist der **Kirchberg** Standort eines Gotteshauses, stammt der heutige Bau auch erst aus den 1730er Jahren. 1888 wurde er um ein Querschiff erweitert. Von 1802 bis 1836 war **Karl Ferdinand Amenda**, einer der engsten Freunde Ludwig van Beethovens, an dieser Kirche Pfarrer.

Der einzige weder bebaute noch bewaldete Hügel innerhalb der Stadt ist der – insofern auch als Aussichtspunkt aufsuchenswerte – **Burgberg** unmittelbar am Ufer des Talsu ezers. Seit dem 10. Jahrhundert war er ein wichtiger befestigter Ort der Liven und später der Kuren. Archäologische Fundstücke hat er längst hundertfach mehr geliefert, als für diese Erkenntnis allein nötig gewesen wären. Auf der Basis mancher dieser Funde, Münzen aus Köln beispielsweise, neigt man heute dazu, Handel und Infrastruktur Kurlands vor der Christianisierung nicht mehr für so wenig entwickelt zu halten, wie es die ältere Forschung gewöhnlich tat.

Nahe einem Hügel weiter südöstlich, dem zweithöchsten in Talsi, liegt inmitten eines Parks, der mit zahlreichen exotischen Bäumen und Sträuchern bepflanzt ist, die eigentümliche **Villa Hochheim**. Um 1880 ließ ein Gutsherr aus dem Geschlecht derer von Fircks den eingeschossigen (wenn auch auf einem hohen Sockelgeschoss stehenden) Bau als eine Art **Stadtvilla** für sich errichten; sein eigentliches Gut lag östlich von hier in Okte (Okten). Auf den ersten Blick wirkt die Villa rein neoklassizistisch, obwohl eindeutig auch neogotische Elemente dazugemischt sind und eines davon, ein Erker vor einer der beiden Giebelwände, sogar ihre – ansonsten allerdings strikte – Symmetrie aufhebt. 1996 ist in dieses Gebäude das **Stadtmuseum** zurückgekehrt, nachdem es bereits in der Zwischenkriegszeit einmal hier untergebracht war. Zu berichten hat es davon, wie Talsen/Talsi während der zweiten Hälfte des 19. Jahrhunderts, der Zeit des »Nationalen Erwachens«, zu einem Zentrum lettischer Kulturaktivitäten und zum Ort großer Zusammenkünfte von Letten wurde, oder auch davon, wie besonders erbarmungslos die Strafexpeditionen des Revolutionsjahres 1905 hier ausfielen und keineswegs nur Rädelsführer der vorangegange-

nen Unruhen trafen. Täglich außer montags ist es zwischen 11 und 17 Uhr zugänglich.
Am Fuße des 93 m hohen »Königsbergs« (lett. »Ķēniņkalns«), dessen Hänge ein paar der am häufigsten verewigten Blicke auf Talsi gewähren, steht die **Skulptur eines Kokle-Spielers** – noch nicht lange allerdings, denn sie hat eine bemerkenswerte Entstehungsgeschichte: Talsis Stadtväter hatten sie bereits in den 1930er Jahren bei dem Bildhauer Kārlis Zemdega in Auftrag gegeben. Die Arbeit daran konnte Zemdega jedoch nicht sofort aufnehmen; und mit Lettlands Annexion in der Zeit des Zweiten Weltkriegs erübrigte sich dies. 1982 entdeckte man in Riga Zemdegas Entwurf, der nunmehr 1996 von anderer Hand Verwirklichung fand.
Als ein interessantes Baudenkmal sei abschließend noch eine als **Kapelle** gestaltete **Familiengruft** an der Zvaigžņu iela genannt; und als eine recht spezielle Art von Museum gilt es die Landmaschinenausstellung zu erwähnen, die es seit 1982 im südwestlichen Industriebezirk von Talsi gibt.

Umgebung

Am Grab K. F. Amendas vorbei nach Lauciene und zum Schloss Nurmuiža

Wer Talsi über die K. Mīlenbaha iela in östlicher Richtung verlässt, kann unmittelbar hinter dem Umgehungsstraßenring links im Wald einen alten jüdischen Friedhof entdecken. Verlängert man den Abstecher dorthin noch um ein paar Kilometer, so kann man ihn mit einem Besuch am **Grab von Karl Ferdinand Amenda** (1774–1836), einem engen Freund Beethovens, verbinden. Mit 27 Jahren machte Amenda Beethovens Bekanntschaft und gehörte später zu den wenigen, gegenüber denen dieser seine zunehmende Taubheit, ein anfangs streng gehütetes Geheimnis, eingestand. Das unter der Obhut der Beethoven-Gesellschaft stehende Grab befindet sich rechts des Weges auf einem Hügel – inmitten wunderschöner Landschaft, die inzwischen zu einem **Naturpark**, dem »Talsu pauguraines dabas parks«, erklärt wurde und von herrlichen, eigens angelegten Wanderwegen durchzogen ist. Unmittelbar nach dem Grab passiert man den alten **Pfarrhof**, der Amenda als damaligem Pfarrer von Talsen/Talsi 34 Jahre lang anvertraut war. Nur wenig später liegen links die **Gebäude eines Leprosoriums**, darunter dessen 1936–1938 nach einem Entwurf des Architekten Pauls Kundziņš errichtete Kirche. In ihr werden Wachsmodelle von Krankheitssymptomen und ähnliches Anschauungsmaterial für frühere Medizinergenerationen aufbewahrt; in letzter Zeit war sie allerdings leider nicht mehr zugänglich.
Obwohl in diesem Bereich die Asphaltierung der Strecke endet, sollte man die Fahrt ruhig fortsetzen und schließlich nach **Lauciene** (Nurmhusen) abbiegen. Die deutsche Variante des Ortsnamens ist übrigens livischen Ursprungs; auch im nahe verwandten Estnischen gibt es bis heute ein Wort »nurm« mit der Bedeutung *Feld* oder *Flur*. Über Felder und Fluren ragt hier weithin sichtbar der spitze Turm der 1594 erbauten **Dorfkirche**. Laucienes

zweite Sehenswürdigkeit ist das etwas östlicher gelegene **Schloss Nurmuiža**, hervorgegangen aus einem Wirtschaftshof des Livländischen Ordens. Der zweigeschossige Bau, der einen kleinen, länglichen Innenhof umschließt, zeigt sich noch weitgehend so, wie die Barone Fircks ihn im 17. Jahrhundert gestalten ließen. Die **Sgraffiti**, die zur Betonung der Fensteröffnungen an ihm angebracht wurden, sind inzwischen stark verblasst und nur mehr bei genauem Hinsehen wahrzunehmen. Als äußerliche Besonderheit fällt ansonsten nur die symmetrische Erweiterung des Nordwesttraktes durch Seitenflügel auf; umso mehr sei auf das umfangreich erhaltene neoklassizistische Interieur hingewiesen. Die vorgelagerten Nebengebäude des Schlosses befanden sich zuletzt in einem beklagenswerten Zustand. Man kann nur hoffen, dass dieser nicht in endgültigen Verfall übergehen wird.

Gutshäuser in Talsis näherem Umkreis: Valdgale, Pastende und Dižstende

Gegenüber der Abzweigung nach Valdemārpils, knapp 4 km vom nördlichen Stadtrand Talsis, führt links ein Weg an Scheunen vorbei zum einstigen Gutshaus **Valdgale** (Waldegahlen). Das aus dem 18. Jahrhundert stammende eingeschossige **Holzgebäude mit Fachwerkgiebeln** dürfte, nachdem ein Seitenflügel sowie Teile des Daches und der Decken bereits in sich zusammengefallen sind, mittlerweile kaum mehr zu retten sein – was deswegen umso bedauerlicher ist, weil an anderen Gebäuden des Gutes in den letzten zwei Jahrzehnten erfreulich viel repariert wurde. Als Gesamtensemble scheint Valdgale also kaum gefährdet; nur droht ihm sein Herzstück unwiederbringlich verloren zu gehen.

Das Gut in **Pastende** (Postenden) gehörte stolze **444 Jahre** ein und derselben Familie: 1476 einem gewissen Hinrik Hane vermacht, blieb es bis zur allgemeinen Enteignung des baltischen Adels im Besitz des Geschlechtes von Hahn. Das oberhalb eines idyllischen kleinen Sees gelegene Herrenhaus wurde Anfang des 19. Jahrhunderts in nüchternen klassizistischen Formen erbaut. Zweigeschossige seitliche Querbauten und ein Mittelrisalit fangen das hohe Dach der eingeschossigen Zwischenteile gleichsam ab.

Noch etwas großzügiger ließen die Herren von der Brüggen ihr ebenfalls klassizistisches Gutsensemble in **Dižstende** (Großstenden) ausfallen. Als **dreiflügliger Komplex** bietet sich hier nicht nur das Herrenhaus, sondern ebenso ein Teil der Nebengebäude dar. Alles das passt zur Größe des einstigen Gutsbesitzes, der einmal 12.200 Hektar umfasste. Hinter einem Wassergraben versteckt sich am Waldrand noch immer das ältere, schon im 16. Jahrhundert entstandene herrschaftliche Haus. Der bescheidene Bau wurde, nachdem Philipp von der Brüggen das Gut in den 1520er Jahren als Lehen erhalten hatte, als Wohngebäude innerhalb der seinerzeitigen Vasallenfestung errichtet. Am jüngeren Herrenhaus, einem Bau mit breitem Krüppelwalmdach, lässt sich ein im Klassizismus seltenes Gestaltungsprinzip beobachten, nämlich dass die meiste Aufmerksamkeit statt auf die Längsseite vielmehr auf die **Giebelfassade** gelenkt wird. Man erreicht das auffallend gepflegte Ensemble, indem man aus Talsi südwärts herausfährt und unmittelbar hinter dem großen Knotenpunkt mit der Straße von Riga nach Ventspils rechts abbiegt. Beim Ausbau dieses Knotenpunktes zu einem regelrechten Autobahnkreuz wurde die alte Kirche von **Stende** (Stenden) zwischen zwei Verkehrsarmen eingezwängt. Sie gilt als das Werk von Künstlern und Handwerkern aus Königsberg, die im 18. Jahrhundert hierhin kamen. Eine Besonderheit, die sie mit der Annenkirche in Jelgava und wenigen weiteren Gotteshäusern teilt: Sie besitzt ein **Altarbild** des großen lettischen Malers **Jānis Rozentāls**. Im Zusammenhang mit ihrer ausgefallenen Lage sei erwähnt, dass noch in der Zwischenkriegszeit sowohl der Ost-West- als auch der Nord-Süd-Verkehr in diesem Bereich zwischen den Gutsgebäuden von Dižstende hindurch verlief. Dass man diesen verkehrstechnischen Engpass in der Sowjetzeit nicht beibehalten wollte, nimmt kaum wunder.

Deutlich älter als die Kirche von Stende ist diejenige bei **Strazde** (Strasden), an der man 12 km südöstlich auf der Fernstraße nach Riga vorbeifährt. Äußerlich mag der aus einem quadratischen Chor und einem beinahe ebenfalls quadratischen Gemeinderaum bestehende Bau eher jünger wirken; er wurde jedoch - genauso wie die Kirche von Lauciene 10 km nördlich - bereits in den 1590er Jahren errichtet.

Sabile

Von Talsi nach Sabile unterwegs, sieht man 3 km vor Sabile an der Einmündung einer Nebenstrecke nach Jaunpagasts (Neuwacken) die einstige **»Heringsschänke«** aus dem 19. Jahrhundert. Ausgeschenkt wird hier wie in den meisten alten Landkrügen schon lange nichts mehr, doch erfreulicherweise ist das Gebäude immerhin noch bewohnt. Stallungen bzw. Unterstellplätze für Kutschen und Pferde besaß die vergleichsweise kleine »Heringsschänke« nur an einem Hausende und

➢ *Ehemaliges Wirtshaus nördlich von Sabile*

nicht, wie es nach baltischer Bauart die Regel war, an beiden.

Wer wenig später die relativ steilen Hänge hinab ins Tal der Abava (Abau) und mitten in den engen Kern des Städtchens **Sabile** (Zabeln) fährt, ist vielleicht nicht einmal erstaunt, wenn er hört, dass an einem dieser Hänge bereits im Spätmittelalter **Wein** gelesen wurde. Unter dem kurländischen Herzog Jakob intensivierte dieser Weinanbau sich so sehr, dass sogar ins Ausland exportiert wurde. Zu Wiederbelebungen des danach lange vergessenen Weinbergs kam es in den 1930er Jahren und nach neuerlichem Dornröschenschlaf noch einmal 1989. Seit 1999 feiert die Stadt jedes Jahr im Juli ein **Weinfest**. Die Vermarktungsmöglichkeiten für den leicht säuerlichen Rebensaft scheinen nicht schlecht; denn im Zusammenhang mit der für ein Weinbaugebiet sehr nördlichen Lage gelang es Sabile, im Guinness-Buch der Rekorde verzeichnet zu werden. Außer Rebstöcken finden sich auf dem 1,5 Hektar großen Weinberg übrigens sogar Pfirsich- und Walnussbäume.

Fast so weit wie die Geschichte des Weinbergs reicht auch die Vergangenheit einer **Glocke** zurück, die sich in Sabiles **Kirche** befindet. 1450 gegossen, hing sie bereits in der Kapelle einer mittelalterlichen Ordensburg. Von der Burg ist seit langem nichts mehr sichtbar, nachdem ihre Steine nicht zuletzt für den Bau der Kirche herhielten. Anfang des 20. Jahrhunderts wurde ihr einstiges Gelände schließlich parzelliert und als Bauland vergeben. Sie stand somit nicht auf dem 25 m über seine Umgebung und 80 m über den Meeresspiegel ragenden **Burgberg** oberhalb der Talsu iela, der allein der livisch-kurischen Urbevölkerung der Gegend als ein solcher gedient hat. Unmittelbar neben diesem Burgberg entdeckt man noch einen alten deutschen Friedhof und etwas nördlicher (jenseits der Straße nach Talsi) den Friedhof der Juden, die einmal in Sabile lebten.

Das auffälligste Gebäude in Sabiles Stadtkern ist die noch erhaltene **Synagoge** von 1890 – heute einerseits als Kulturerbe und als Ort des Gedenkens verstanden, zur anderen Hälfte jedoch sehr ansprechend als Ausstellungshalle für moderne Kunst genutzt.

Am der Stadt gegenüberliegenden Talrand geht es zu den schlichten, in der Bauweise einander ähnelnden Gutshöfen von Pedvāle (Pedwahlen). Der südlichere heißt nach der einstigen Besitzerfamilie **Firkspedvāle** (Fircks-Pedwahlen), der nördlichere **Briņķpedvāle** (Brinckens-Pedwahlen). Um ihren Verfall, vor allem den ihrer **Herrenhäuser** – jeweils lang gestreckter eingeschossiger Bauten mit Krüppelwalmdach –, zu stoppen, machte der Künstler Ojārs Feldbergs sie ab 1992 zum Präsentationsort für viele seiner Objekte und lud zu Workshops hierhin ein. In dem daraus entstandenen **»Freiluft-Kunstmuseum Pedvāle«** (lett. »Pedvāles brīvdabas mākslas muzejs«) zwischen den beiden Gutsanlagen stellen mittlerweile auch andere zeitgenössische Künstler ihre Skulpturen aus. Pedvāle hat sich so zu einem Ausflugsziel gerade für Familien entwickelt, denn bei der Ausgestaltung des Geländes wurde auch an Kinderspielplätze gedacht. Das noch erhaltene **Mausoleum** der Familie Brincken findet man weiter stadteinwärts, unweit der Stelle, an der man, aus dem Zentrum kommend, nach der Abava auch deren Nebenflüsschen Rumbulīte überquert. Gleich weit von Briņķpedvāle entfernt wie Firkspedvāle, nur in entgegengesetzter Richtung, liegt noch ein drittes ehemaliges Gut, nämlich Sabiles Pfarrhof.

Verlassen wird man Sabile möglicherweise über die Ventspils iela in Richtung Kuldīga. Von dieser Strecke aus sind im Verlauf der folgenden 15 km mehrere Stichwege hinunter zur **Abava** ausgeschildert: zunächst einer, der zu einem kleinen Campingplatz an deren Stromschnellen führt; Letztere hinterlassen je nachdem, wie viel Wasser der Fluss führt, unterschiedlich viel Eindruck. Vom nächsten ausgeschilderten Objekt, der Wassermühle des Hofes Svente (»Sventes dzirnavas«) an der Mündung der Virbupe in die Abava, sind nur mehr Grundmauern erhalten, doch gelangt man hier in ein mindestens ebenso romantisches Stück Natur wie zuvor bei den Stromschnellen. Auf der Grenze zur Gemeinde Renda folgen schließlich - leider recht abgelegen - die **»Māras kambari«**, zu Deutsch »Marienkammern«, mehrere kleine Höhlen, deren Eingänge wie bloße Schlitze oder Risse in der sandsteinernen Talkante wirken und von denen man weiß, dass sie vor Jahrhunderten einmal ein Kultplatz waren.

Die Holzkirche von Iģene

Spätestens seit ihrer Eintragung in das Verzeichnis europäischen Kulturerbes wird man die **Kirche** beim Dorf **Iģene** (Iggen), 15 km nordöstlich von Talsi, als den bedeutendsten hölzernen Sakralbau auf kurländischem Boden einstufen dürfen. Das Alter der mit Darstellungen der Evangelisten geschmückten **Kanzel** wird mit 300 Jahren angegeben. Die Konstruktion des Bauwerks in seinen heutigen Ausmaßen (ohne Turm und Sakristei, die 1872 hinzugefügt wurden) soll nahezu ähnlich alt sein, jedoch einen noch älteren Kern einschließen. An einer erst vor kurzem abgeschlossenen **Restaurierung** der Kirche waren deutsche Fachleute aus Hildesheim beteiligt, die über mehrere Jahre hinweg die Sommer hier verbracht haben. Die Schlüssel werden im einzigen unmittelbar benachbarten Haus gehütet.

Die Strecke von Talsi nach Iģene führt zuletzt über **Vandzene** (Wandsen). Wer hier, anstatt die entsprechende Abzweigung zu nehmen, noch ein Stück geradeaus bis zum nördlichen Ortsende fährt, erlebt, wie der Portikus des klassizistischen Gutshauses Vandzene aus dem frühen 19. Jahrhundert über mehr als einen Kilometer den Fluchtpunkt der Hauptstraße bildet. Bereits gut 3 km vor Vandzene kommt man in **Lādzere** (Lahdsern) an der dicksten **Ulme** des Baltikums vorbei. Ihr Stammumfang bemisst sich auf 7,8 m.

➢ *Sabile mit seiner ehemaligen Synagoge*

Valdemārpils und das Jagdschloss Nogale

Das knapp 1400 Einwohner zählende Städtchen **Valdemārpils** (Saßmacken) hieß im Lettischen bis 1926 Sasmaka. Die Umbenennung erfolgte zu Ehren des im nahen Cīruļi (Zihrul) geborenen **Krišjānis Valdemārs** (1825–1891), einer Schlüsselfigur im Prozess des »Nationalen Erwachens« oder lettisch

➢ *Jagdschloss Nogale*

gesprochen der »atmoda«. Aus dem 19. Jahrhundert stammt auch ein Großteil der Bebauung; damals waren viele **jüdische Kaufleute und Handwerker** hier ansässig geworden. Ihre Synagoge befand sich nahe der Mündung der Ezera auf die Talsu iela, unweit der 1646 erbauten lutherischen **Kirche**. Letztere gehört der Ausstattung nach zu den sehenswertesten im Kreis Talsi. Ein Naturdenkmal besitzt Valdemārpils ebenfalls: 8,5 m beträgt der Stammumfang einer **Linde** - der »Elku liepa« -, die im ehemaligen Gutspark nahe dem Ufer des Sasmakas ezers wächst. Einigermaßen passend dazu existiert auf der anderen Seeseite im einstigen Leprosorium Priednieki seit 1971 ein **Forstmuseum** (lett. »Meža muzejs«).

10 km östlich von Valdemārpils liegt das neoklassizistische Jagd- und Sommerschloss des Freiherrn von Fircks in **Nogale** (Nogallen) - beinahe der **Inbegriff eines baltischen Herrenhauses**. Der bezaubernde Blick über einen Teich hinweg auf die Südseite des 1880 errichteten Baus jedenfalls weist Nogale als perfektes Gutsherrenidyll aus. Einzig und allein die Satellitenschüssel des heutigen Besitzers trübt die enorme Fotogenität dieses Blicks ein wenig. Dass das Gebäude in Privathand gelangt ist, bedeutete einerseits die Rettung seiner aufwendigen rokokoartigen Innengestaltung, andererseits aber, dass es nunmehr praktisch unmöglich ist, diese in Augenschein zu nehmen. Als Reisenden belohnt einen jedoch schon der Reiz der Fahrt nach Nogale dafür, dass man sie unternimmt - besonders wenn man von Südosten her kommt, denn dann stimmt einen spätestens das malerisch an einem winzigen See gelegene Dorf **Dārte** (Dorotheenhof) auf die Abgeschiedenheit der Gegend ein. Nogale selbst wird von einer Windmühle überragt, die aufgrund der Form ihrer Haube eher wie ein Wehrturm aussieht. Nahe der nächsten Kreuzung südlich des Ortes bleibt der **»Vandzenes dižakmens«** zu bestaunen, ein **Findling** mit sage und schreibe 26 m^2 Umfang und 80 m^3 Rauminhalt. Eine Sehenswürdigkeit 6 km nordwestlich von Nogale setzt sich aus ungleich kleineren Steinen zusammen, fasziniert aber mindestens ebenso sehr: So wie auf dem skandinavischen Festland und auf Gotland haben auch in Nordkurland Skandinavier, die im ersten Jahrtausend unserer Zeitrechnung hier lebten, Grabplätze in Form so genannter Schiffssetzungen hinter-

lassen. Um das »Teufelsboot von Bīlavas« (lett. »Bīlavu velna laiva«), wie die **besterhaltene Schiffssetzung auf lettischem Boden** vom Volksmund genannt wird, wieder leicht als solche erkennbar zu machen, bedurfte es allerdings einer Restaurierung. Diese wurde 1999 ausgeführt. Naturfreunde seien noch darauf hingewiesen, dass die nahe vorbeifließende Roja (Roje) im Zuge der nächsten Kilometer flussabwärts ihren wohl reizvollsten Uferabschnitt passiert.

Von Mērsrags über Roja zur Landspitze Kolkas rags

Durch **Mērsrags** (Markgrafen), den östlichsten Ort des Kreises Talsi, verläuft ein 1842 gegrabener Kanal, der den Wasserspiegel des nahen **Engures ezers** um knapp 2 m absenken sollte und der die Fläche dieses Sees somit erheblich verkleinert hat. Hinweisschildern am Rande von Mērsrags folgend, gelangt man an eine landschaftlich schöne Stelle am nördlichen Ufer des Sees. Der dort stehende **Aussichtsturm** dient je nach Jahreszeit vor allem der **Vogelbeobachtung**. Schilder wecken ebenso am genau entgegengesetzten Ortsende Neugier; und auch hier führt die abzweigende Straße zuletzt zu einem Turm – dem **Leuchtturm** an der recht ausgeprägten **Landspitze** von Mērsrags. Zuvor liegt rechter Hand ein – allerdings äußerst kleines – privates Freilichtmuseum.

Der nächste und zugleich letzte größere Ort auf der Strecke entlang der Westküste des Rigaer Meerbusens ist **Roja** (Rojen). Zu besichtigen gibt es hier ein **Hochseefischereimuseum** (lett. »Jūras zvejniecības muzejs«). Es befindet sich in einem zweigeschossigen Gebäude an der Durchgangsstraße Selgas iela, das äußerlich eher wenig museal wirkt.

An den von Roja noch knapp 35 km entfernten **Nordzipfel Kurlands** bei Kolka zog es nach dem Ende der Sowjetära nicht nur ausländische Touristen, sondern vor allem viele Inländer, denn in den Jahrzehnten zuvor hatte das Kap samt allen Stränden und Wäldern ringsum eine Sperrzone gebildet: Die Kontrolle des Irben-Sundes (»Irbes šaurums«) und der Einfahrt in die Rigaer Bucht sowie die relative Nähe der schwedischen Insel Gotland geboten seinerzeit nach militärischer Logik eine weitgehende Abriegelung dieses Gebietes. Bis Mitte der 1990er Jahre sah man auf der Fahrt nach Kolka immer noch Reste entsprechender Sperranlagen am Wegesrand. Um hier wohnen bleiben zu können, bedurfte es unter Sowjetherrschaft einer Sondergenehmigung. Geradezu unmöglich war es, Besuch zu empfangen; denn nicht umsonst wurden auf Landkarten die geographischen Gegebenheiten der Gegend damals unvollständig oder sogar verfälscht wiedergegeben. In unseren Tagen kann der Reisende die Karte umso gelassener zur Seite legen und die endlosen **Wälder** genießen, durch die es immer geradeaus in immer einsamer erscheinende Gefilde geht.

Wenn man schließlich das nördliche Bebauungsende von **Kolka** (Kolken) mit den zwischen 1885 und 1890 errichteten und einander recht ähnlichen Kirchen des Ortes – einer lutherischen und einer orthodoxen – erreicht hat, ist man dem Kap bereits sehr nahe. Eine erst seit

1998 in Kolka befindliche dritte Kirche wechselte, wie es ihre Holzbauweise ermöglicht, seinerzeit den Standort: Sie hatte zuvor im Naturschutzgebiet Griņi bei Pāvilosta ihre Zwecke erfüllt, wo die Zahl der Katholiken aber offenbar abnahm, während sie in Kolka anstieg.

Die **Landspitze Kolkas rags**, die die Seefahrer früherer Jahrhunderte unter dem Namen Domesnäs bzw. Kap Domesnäs kannten und als Gefahrenbereich fürchteten, ist die markanteste aller Landspitzen, die es an der Küste Lettlands gibt, und zugleich die einzige, von der aus man die Sonne über dem Meer sowohl auf- als auch untergehen sehen kann. Wo genau die Wellen der Rigaer Bucht hier mit denen der offenen See zusammenprallen, darüber entscheidet aufgrund der geringen Wassertiefe letztlich die aktuelle Windstärke. Während nahe dem Kap noch letzte Reste eines älteren Leuchtturms zu finden sind, sichert die Schifffahrt von heute ein Leuchtturm, für den 6 km vom Kolkas rags entfernt eine künstliche Sandbank aufgeschüttet wurde. Das lettische Wort »rags« bedeutet übrigens nicht nur *Kap*, sondern hat die Grundbedeutung *Horn*.

Der Slītere-Nationalpark

Die Abriegelung der Küsten Nordkurlands ist eine der wenigen Maßnahmen, durch die das Sowjetmilitär mehr zur Rettung urwüchsiger Natur als zu deren Zerstörung beitrug, mag der Effekt den meisten Verantwortlichen auch noch so gleichgültig gewesen sein. Der schon Anfang der 1920er Jahre verfügte Naturschutz wurde 1991, als Lettland seine Unabhängigkeit zurückerlangt hatte, sogleich wieder wirksam; und im Jahre 2000 stieg das »Slīteres rezervāts«, wie es bis dahin hieß, sogar zu einem Nationalpark auf. Den durch die allmähliche Hebung des Meeresbodens entstandenen Landschaftsraum im und um den **Slītere-Nationalpark** (lett. »Slīteres nacionālais parks«) kennzeichnen bewachsene Dünen (so genannte »kangari«), zwischen denen immer wieder feuchte Mulden liegen, Spuren des zurückgewichenen Meers. Die alte Küstenlinie deuten die so genannten »Blauen Berge« (lett. »Zilie kalni«) im Hinterland an, zu deren Füßen sich regelrechter Urwald ausbreitet. Nahe der Hügelkante steht der alte **Leuchtturm von Šlītere** (Schlüterhof). Als er noch seiner Ursprungsfunktion diente, war sein Leuchtfeuer aufgrund dieser besonderen Standortwahl das am höchsten über dem Meeresspiegel befindliche in ganz Lettland. Heute nur noch als Aussichtsturm genutzt, ermöglicht er Blicke über den gesamten Nationalpark und bei klarem Wetter sogar bis hinüber zur estnischen Insel Saaremaa.

Während über die Strände des Slītere-Nationalparks Schwemmholz und unzählige **Findlinge** verstreut sind, gibt es in den Wäldern große Pilzfelder sowie die verschiedensten **Beerensträucher**; vor allem Sanddorn ist reichlich vertreten. Zur Tierwelt gehören hier neben Rotwild (das erst im 19. Jahrhundert ausgesetzt wurde) Dachse, Wildschweine, Elche und Wölfe, ferner der Wiedehopf sowie Birk- und Auerhuhn. Um das Überleben aller Arten zu sichern, wurden strenge Vorschriften erlassen; an den Straßenrändern stehen daher heute kaum weniger

Lettlands kleinste und bestbehütete Minderheit: die Liven

In den Fischerdörfern südwestlich von Kolka – **Mazirbe** (Klein-Irben), Košrags (Kostraggen), Sīkrags (Sickraggen) und anderen – leben die letzten Angehörigen des finnougrischen Volkes der **Liven** oder aus heutiger Sicht vielleicht besser gesagt die, die sich diesem Volk zugehörig fühlen. Die Zahl an Menschen mit livischer Abstammung beläuft sich gegenwärtig nur noch auf einige Hundert. Der Bewahrung der livischen Kultur wird in Lettland inzwischen allerdings wieder große Aufmerksamkeit geschenkt.

Die Liven waren die erste Völkerschaft, mit der deutsche Händler und Missionare um 1200 im Baltikum in Berührung kamen – nur natürlich, dass daraufhin »Livland« für das von den Deutschen eroberte Gebiet zum Sammelbegriff wurde. Ort dieser Begegnung war jedoch die Umgebung der späteren Stadt Riga, damals ebenfalls livisches Siedlungsgebiet. Ob das alte Küstenvolk hier im nördlichen Kurland eine Art **Urheimat** hat, ist umstritten; einiges spricht dafür, dass Nordkurland für die Liven schon immer eher nur ein **Rückzugsgebiet** bildete. Dass gerade hier Reste livischer Kultur überlebt haben, lässt sich mit dem Fehlen von Faktoren wie Verstädterung erklären, die andernorts zur Assimilation der Liven beitrugen und sie in der lettischen Nation aufgehen ließen.

Das Gerippe eines Schiffes darstellend, symbolisiert seit 1989 das so genannte **Livendenkmal** das Dahinschwinden des livisches Volkes. Ganz in der Nähe findet man einen realeren Schiffsfriedhof, denn das Livendenkmal steht unmittelbar am **»Livõd rānda«**, was einfach *Livenstrand* heißt und sich als Bezeichnung für den gesamten Gebietsstreifen vom Kolkas rags südwestwärts bis Oviši einbürgern soll. 1991 wurde unter diesem Namen ein besonderer **Schutzstatus** für das Gebiet erlassen, der helfen soll, die kulturhistorischen Besonderheiten der Livendörfer zu bewahren. Ende der 1930er Jahre bereits stifteten Finnen, Esten und Ungarn den Liven als ihren ethnischen Verwandten das so genannte **Volkshaus** in Mazirbe, dem größten der Fischerdörfer. An die **Feste**, die hier im Sommer (traditionell am ersten Samstag im August) stattfinden, knüpft sich die seltene Gelegenheit, die **livische Sprache** zu hören. Die Gottesdienste in Mazirbes Kirche hingegen wurden zuletzt in der Zwischenkriegszeit regelmäßig auf Livisch gefeiert. Viele behaupten, Livisch klinge, als spräche ein Lette Estnisch. Von den wenigen, die die Sprache noch beherrschen, sind schon nur mehr die wenigsten mit ihr aufgewachsen; im Sinne authentischer Weitergabe war sie gegen Ende der Sowjetzeit praktisch ausgestorben.

Verbotsschilder als zur Sowjetzeit. Ausgewiesene **Naturpfade** etwa bei Šlītere oder unterhalb von dort bei den **Pēterezeri** gewährleisten dennoch ein recht unmittelbares Erleben dessen, was diesen Nationalpark so wertvoll macht. Allgemeine Informationen über ihn erhält man am Leuchtturm in Šlītere. Für umfassendere Auskünfte und eventuelle Sondergenehmigungen zum Betreten bestimmter Zonen ist die Parkverwaltung in Dundaga (Tel. 3291066) zuständig.

Dundaga

Dundaga (Dondangen), eine der wenigen größeren Ortschaften im einsamen Norden Kurlands, liegt vom offenen Meer und von der Rigaer Bucht gleich weit entfernt. Vor 1920 war Dondangen vor allem als der größte baltische Gutsbesitz bekannt. Die Ländereien umfassten 728 km² - 27 mehr, und ihre Ausdehnung hätte der Größe des heutigen Stadtstaates Hamburg entsprochen. Passend dazu ist auch der heutige Gemeindebezirk der großflächigste Lettlands: In seinen derzeitigen Grenzen bringt Dundaga es immerhin noch auf 559 km².

Die Familie von der Osten-Sacken, der der viele Grund und Boden gehörte, bewohnte den wiederholt umgebauten Gebäudekomplex der mittelalterlichen **Wasserburg** im Zentrum des Ortes. Diese soll im dritten Viertel des 13. Jahrhunderts errichtet worden sein, nachdem Dondangen/Dundaga 1245 dem Rigaer Domkapitel unterstellt worden war, und ist von 1318 an urkundlich belegt; lange Zeit war sie Lehnsgut des Geschlechtes von Maydell. Durch den ausladenden **Torbau**, der stets den einzigen Zugang zu der Anlage bildete, gelangte man ursprünglich nur in eine Vorburg und von dort weiter in die Hauptburg. Erst nach und nach verschmolzen die beiden Teile miteinander. Recht gründlich wurden die Gemäuer unter Carl von der Osten gen. Sacken umgebaut, der nach verschiedenen anderen Ämtern eine Zeit lang auch das des preußischen Kriegsministers bekleidete. Auf seine Veranlassung entstand 1766 zugleich die nahe gelegene lutherische Kirche, um die Funktion eines älteren Kirchengebäudes zu übernehmen, das sich innerhalb der Burganlage befunden hatte. Den beiden letzten größeren Umgestaltungen der Burg gingen **Brände** voraus - der erste 1872, der zweite 1905. Die Ergebnisse der zweiten, 1909 abgeschlossenen Modernisierung, ausgearbeitet von dem Braunschweiger Professor Hermann Pfeifer, galten schon bald darauf als wenig glücklich und beeinträchtigen die Wirkung des Ensembles bis heute. Ein umso interessanteres Relikt dieser Zeit sind die von August Volz geschaffenen **Basreliefs eines Bischofs und eines Mönchs**, die das Burgtor auf seiner Innenseite flankieren.

Einer Legende zufolge wurde über dem Eingang zur Burg die **»Grüne Jungfer«** (lett. »Zaļā jumprava«, so genannt wegen einer Vorliebe für grüne Kleidung) eingemauert - zur Strafe dafür, dass sie in die Hochzeit eines Zwergenkönigs geplatzt war, die dieser ungestört in der Festhalle des Schlossherrn hatte feiern wollen. - Wenn man an alten Eichen vorbei durch den Park gegenüber der Burg schlendert, drängen sich Gedanken an Märchenwesen, die

hier hausen könnten, beinahe auf. Im Teich spiegelt sich derweil der spitze, übrigens erst 1897 ergänzte Turm von Dundagas **Kirche** und regt an, auch ihr einen Besuch abzustatten. Eine kurze Besichtigung lohnt sich vor allem wegen des 1912 eingeweihten Altargemäldes »Ostermorgen« von Jānis Rozentāls.
Eine 1995 aufgestellte Skulptur an der Mündung der Dinsberga auf die Talsu iela macht Besucher Dundagas darauf aufmerksam, dass in einem nach Australien ausgewanderten Sohn des Ortes der als reale Gestalt dem späteren Filmhelden zugrunde liegende, wahre **»Crocodile Dundee«** gesehen werden kann.
Die Barone von der Osten-Sacken übten auch die Gutsherrschaft im heutigen **Tiņģere** (Tingern) aus, einem kleinen Ort 17 km südöstlich von Dundaga. Das dortige **Gutshaus** von 1804 teilt, was die Häufigkeit von Bränden und anschließenden Umgestaltungen angeht, das Schicksal von Burg Dundaga. Mit den klassizistischen Grundformen des Gebäudes wurde, wie vor allem die halbrunden Seitenflügel-Abschlüsse mit ihrer Säulenornamentik zeigen, auch nach dem letzten, 1935 ausgebrochenen Brand recht interessant umgegangen. Seine heutige Nutzung als Schule entspricht der der meisten noch nutzbaren baltischen Gutshäuser. – Auf eine damalige Schule westlich von hier und südlich von Dundaga ging **Krišjānis Barons** (1835–1923), Lettlands bedeutendster Folkloresammler und einer der berühmtesten Letten überhaupt. Das heute dort eingerichtete **Museum** erinnert allerdings nicht allein an Barons, sondern vornehmlich an einen in dessen Zeit tätig gewesenen und auch schriftstellerisch bekannt gewordenen Lehrer namens Ernests Dinsbergs.

Tukums

Tukums (Tuckum) ist für viele Reisende eine erste Station auf Fahrten von Riga oder Jūrmala in den Westen Lettlands. Sein auch nach den Kriegen des 20. Jahrhunderts noch weitgehend intakter historischer Kern liegt auf einer Hügelkuppe, von der aus die heute 18.900 Einwohner zählende Kreisstadt ihre Ränder bis an die Hänge mehrerer benachbarter Hügel ausgedehnt hat.
Erstmals erwähnt wurde der bereits von Liven und Kuren besiedelte Ort 1253, im Jahr der Zuteilung des Gebietes an den Livländischen Orden. Bald darauf, jedenfalls noch vor 1300, dürfte die **einstige Ordensburg** errichtet worden sein. Aufgrund ihrer strategischen Bedeutung war sie schon im 15. Jahrhundert bei Auseinandersetzungen zwischen dem Orden und der Stadt Riga ein **ständiges Angriffsziel**, worunter auch der allmählich entstehende Handwerkerort Tuckum zu leiden hatte. Ihm waren erst im 17. Jahrhundert unter den kurländischen Herzögen bessere Zeiten beschieden, denn im Zuge der landesweiten Einrichtung von Manufakturen dank Herzog Jakob bekam auch Tuckum kleine fabrikähnliche Betriebe; selbst diese Blütephase hielt allerdings nicht lange an. Neuerliches Interesse an der zusehends vom Handelsverkehr abgeschnittenen Ortschaft signalisierte die **Stadtrechtsverleihung** Ende des 18. Jahrhunderts, nachdem Kur-

➢ *Im Zentrum von Tukums*

land Teil des Zarenreichs geworden war. Für wirtschaftlichen Aufschwung sorgte ab 1877 die Eisenbahnlinie von Riga nach Tuckum, die 1904 bis Windau/Ventspils fortgesetzt wurde. 1905, als Proteste die Ostseeprovinzen des Zaren erschütterten, weil die sozialen Verhältnisse nicht länger bleiben konnten, wie sie waren, befand sich in einem Haus im Zentrum eine Art **Kommandozentrale der Revolutionäre**, wodurch die Stadt auch Schauplatz von Straßenkämpfen wurde. In der Sowjetzeit trübte Tieffluglärm die Lebensqualität der Bewohner, denn ganz in der Nähe starteten und landeten Kampfflugzeuge der Roten Armee. Produziert wurde während dieser Jahrzehnte vor allem Viehfutter; zugleich ist Tukums, und dies gerade in der Gegenwart wieder zunehmend, eine **Stadt des Gartenbaus**.

An Tukums' zentralem Platz, dem Brīvības laukums, der sich an den Chor der weithin sichtbaren lutherischen Kirche aus dem 17. Jahrhundert anschließt, findet man etwas versteckt einen **»Burgturm«** (lett. »Pils tornis«) genannten Baukörper. Dieser geht tatsächlich auf die mittelalterliche Ordensburg zurück; seine heutige Form, in der er mal als Kerker, mal als Lagerhaus diente, hat er seit etwa 1730. Aktuell wird er von der Geschichtsabteilung des örtlichen Museums genutzt (dienstags bis samstags von 10 bis 17 Uhr sowie sonntags von 11 bis 16 Uhr geöffnet). Tukums' **Kunstmuseum** mit Werken von Jānis Rozentāls, Vilhelms Purvītis und anderen bedeutenden lettischen Malern hat sich dagegen nahe der Stelle angesiedelt, an der Dārza und Harmonijas iela einander kreuzen und einen reizvollen Teil der Altstadt bilden, d.h. unweit nordwestlich der lutherischen und der in ihrem Schatten gelegenen katholischen Kirche.

Nicht ausgeschlossen scheint, dass die hiesigen Museen eines Tages im klassizistischen **Schloss Durbe** (Durben) am östlichen Stadtrand zusammengeführt werden, das seit 1997 für museale Zwecke restauriert wird. In einem Speichergebäude des ehemaligen Guts ist bereits eine **ethnographische Ausstellung** untergebracht, die unter dem viel sagenden Titel »Der Lette und sein Herr« Lebensbedingungen in den Großgrundbetrieben von einst beleuchtet. Der Bauherr des schon von weitem erkennbaren Schlosses, ein Graf von Medem, der den Besitz 1818 kaufte, konnte sich einer Aussicht erfreuen, um die man ihn heute noch beneiden mag. 1820 legte der von ihm beauftragte Architekt **Johann Georg Berlitz** (1753–1837) seinen Entwurf vor. Dass es sich hier nicht um einen völligen Neubau, sondern um den Umbau eines schon vorhandenen Hauses handelte, lässt das auffallend steile, beinahe die Hälfte der Gebäudehöhe ausmachende Dach bereits ahnen. Dennoch kann Durbe neben damaligen Neubauten wie in Mežotne, Kazdanga oder Eleja zu Berlitz' Meisterwerken gerechnet werden. Nach der Enteignung aller vormaligen Großländereien Anfang der 1920er Jahre übertrug die zuständige Landkommission Durbe dem Dichter Jānis Rainis. Rainis überließ es seinerseits dem lettischen Lehrerverband, der es die Zwischenkriegszeit hindurch für vielfältige Aktivitäten in Anspruch nahm. Bis 1991 folgte eine Nutzung als Sanatorium. Die Restaurierungen der letzten Jahre führten zu manch unerwarteter Entdeckung; im einstigen Speisesaal etwa kamen **Wandmalereien** zum Vorschein, von denen niemand etwas gewusst hatte. Wer Muße zum Verweilen hat, sollte sich ruhig auch Zeit für einen Gang in den westlich an das Gutsensemble angrenzenden **Park** mit einer 1999 wieder hergerichteten Rotunde nehmen.

Umgebung

Gut Šlokenbeka und der Milzukalns

Unmittelbar östlich von Tukums liegt am knapp 114 m hohen **Milzukalns** (Hüningsberg) - einem wintersporttauglichen Hügel mit schöner Fernsicht zur Ostsee, an den man noch etwas näher heranfahren kann - das Dorf **Milzkalne** (Schlockenbeck) mit dem **Landgut Šlokenbeka**. Ebenso wie Tuckum/Tukums an der einstigen Heerstraße von Riga über Kandau/Kandava ins preußische Ordensland gelegen, zeigt das Gut noch deutlich seinen mittelalterlichen Ursprung. Seine Entstehung im 15. Jahrhundert hing möglicherweise mit der Zerstörung der nahen Burg Tuckum 1484 zusammen. 1688, als die viereckige Anlage dem kurländischen Kanzler Christoph Heinrich von Puttkammer zugefallen war, wurden die beiden heute noch vorhandenen, Mitte der 1970er Jahre originalgetreu restaurierten **Torbauten** fertig gestellt; sie liegen einander ex-

➢ *Blick von Tor zu Tor auf Gut Šlokenbeka*

akt gegenüber und sehen sich sehr ähnlich. 1752 bekamen sie ihre charakteristischen zeltförmigen Mansarddächer. Die ehemaligen Wirtschaftsgebäude, die allesamt um den großflächigen Innenhof herum an die einstige Schutzmauer angebaut sind, stammen überwiegend aus dem 19. Jahrhundert, einer Zeit häufigerer Besitzerwechsel auf Schlockenbeck. Heute beherbergt der Komplex neben etwas Gastronomie ein **Straßenbau-Museum**, weshalb die südwestliche Ecke des Hofgeländes wahrscheinlich nach

➢ *Schloss Jaunmokas*

wie vor ein kleiner Schilderwald, gleichsam die Freiluftabteilung des Museums, füllt. Die Innenräume sind von Mai bis Oktober jeweils dienstags bis freitags von 9 bis 16 Uhr sowie samstags und sonntags von 10 bis 15 Uhr geöffnet, im Winter nur montags bis freitags von 9 bis 16 Uhr.

Jagdschloss Jaunmokas

Rund 6 km westlich von Tukums macht ein Hinweisschild an der Fernstraße von Riga nach Ventspils den Reisenden auf das neugotische **Schloss Jaunmokas** (Neu-Mocken) aufmerksam, dessen Turm man von dort bereits sieht. Nach verschiedenen Eigentümer- und Nutzungswechseln, die Jaunmokas im Laufe des 20. Jahrhunderts erlebt hat, beherbergt es heute eine forstkundliche Sammlung, deren Besichtigung keineswegs nur wegen der aus vieler Herren Ländern zusammengetragenen Geweihe lohnt. Sehenswert sind im Gebäudeinneren allerdings vor allem die Öfen; einen von ihnen zieren eigens angefertigte Kacheln mit Motiven aus dem Riga der Zeit um 1900 und von Attraktionen zum 700-jährigen Stadtjubiläum, das im Sommer 1901 mit großem Aufwand begangen wurde. 1901 war auch das Fertigstellungsjahr des als repräsentatives Jagdschlösschen konzipierten Ziegelbaus in Jaunmokas; errichten ließ ihn der damalige **Rigaer Bürgermeister** George Armitstead. Er hatte den Besitz 1885 erworben und nach Abriss des alten Gutshauses Wilhelm Bockslaff (1858–1945), den Architekten der heutigen Kunstakademie und weiterer interessanter Gebäude Rigas, mit dem Entwurf beauftragt. Wie andernorts arbeitete Bockslaff auch für Jaunmokas im Geiste des Jugendstils und verwirklichte ausgefallene Ideen, etwa bei der Gestaltung des Haupteingangs, den er diagonal zum Grundriss ausrichtete. Mindestens ebenso fotogen ist das Bauwerk von der genau entgegengesetzten Seite, hier mit einem Teich als Vordergrund.

Auf Umwegen durch hügeliges Hinterland nach Engure

Jedem, der sich länger in der Gegend von Tukums aufhält, sei empfohlen, sich einmal einen prägnanteren Eindruck von der umgebenden Landschaft zu verschaffen, als die Hauptstrecken ihn vermitteln können, und einige der nur über Schotterpisten erreichbaren Natur- und Kultursehenswürdigkeiten in dem Dreieck zwischen Tukums, Kandava und dem Engures ezers anzusteuern. Ein möglicher Ausgangspunkt hierfür ist **Pūre** (Puren), wo man – nach einem Besuch des Schlosses Jaunmokas etwa – die Fernstraße Richtung Ventspils spätestens verlassen sollte. Zuvor lohnt sich ein Halt an Pūres zweitürmiger Kirche, einem der eigentümlichsten neogotischen Sakralbauten des Landes, und damit verbunden an einer **Luther-Eiche**, die seit dem 400. Geburtstag des Reformators 1883 genau vor ihr wächst. Auch das Gutshaus desjenigen, der sie gepflanzt hat, scheint eines Blickes wert. Es befindet sich, derzeit leider leer stehend, etwas weiter westlich (jenseits der Hauptstraße) und gibt sich von vorne betrachtet den Anschein eines simplen eingeschossigen Walmdachbaus. Umso interessanter ist es, sich daraufhin die Seitenflügel anzusehen. Mit ihrer unterschiedlichen Länge – einem Ergebnis späterer Umbauten – heben sie den in der Frontalansicht des Gebäudes vermittelten Eindruck von Symmetrie mehr als gründlich auf.

Gut 8 km sind es von hier bis zur rund 1000 Jahre alten **Eiche von Kaive** (Kaiwen), der ältesten und dicksten nicht nur Lettlands oder des Baltikums, sondern, wenn man einem neben ihr aufgestellten Schild glauben darf, sogar »der Länder des Nordens« insgesamt. Noch im 20. Jahrhundert soll ihr Stammumfang um über zwei Meter zugenommen haben. Da ein Blitzeinschlag in den 1920er Jahren ihr schwer zugesetzt hat und sie sich seitdem nicht mehr allzu riesenhaft ausnimmt, sollte man wissen, wo genau man sie findet, nämlich etwas nördlich des Dorfes Kaive.

➢ *Die Eiche von Kaive*

Man bemerkt sie möglicherweise erst, weil ihretwegen ein kleiner Parkplatz rechts am Wege liegt.

Weiter geradeaus fahrend, kommt man an der Kirche von **Lamiņi** (Lievenhof) vorbei, einer der wenigen katholischen in dieser Region, und erreicht schließlich das **Gutsschloss Zentene** (Senten). Auch vor diesem herausragenden Beispiel klassizistischer Gutsarchitektur der Zeit um 1850 beeindruckt ein gewaltiger Baum; in diesem Fall handelt es sich um Lettlands dickste **Eibe**.

Entscheidet man sich, von hier an die Ostseeufer rings um Engure weiterzureisen, so ist die **Wassermühle von Rideļi** (Riddeldorf) das einzig nennenswerte Baudenkmal am weiteren Wegesrand. Sie liegt unmittelbar dort, wo von der Hauptstraße, die Jūrmala über Lauciene mit Talsi verbindet, die nördlichere der beiden Straßen nach Engure abzweigt. Der **Engures ezers** (Angern-See), **Lettlands drittgrößter See**, lockt scharenweise Wasservögel und in ihrem Gefolge auch viele ornithologisch Interessierte an. Eine Forschungsstation bei Bērzciems (Bersezeem) gibt nähere Auskünfte über die Fauna des um den See herum eingerichteten Naturparks. Kurz vor Bērzciems sowie zwischen Bērzciems und Mērsrags zweigt jeweils ein Weg zu einer »Laivu bāze« ab. »Laiva« bedeutet *Boot*; es können dort nämlich Boote ausgeliehen und Angelgenehmigungen erworben werden. Denen, die es eher hinaus auf die Ostsee zieht, sei gesagt, dass **Engure** (Angern) auch einen Jachthafen besitzt.

Wer, statt bis Engure zu fahren, den Bogen schon vorher schließen und nach Tukums zurückkehren möchte, passiert als nächstes Dorf **Dzirciems** (Selgerben). Es verteilt sich malerisch um eine Hügelkuppe, deren höchsten Punkt die Kirche einnimmt. Die Kanzel dieser Kirche stammt ursprünglich aus der Burgkapelle von Ventspils. Gegenüber von Dzirciems finden Freunde der lettischen Literatur ein **Museum zur Erinnerung an Ernests Birznieks-Upītis** (1871–1960). Seinen Namen »Pastariņa muzejs« (»Nesthäkchen-Museum«) trägt es nach einer Buchgestalt sowie der Art, wie auch der Schriftsteller selbst in seiner Kindheit genannt wurde. Birznieks-Upītis genießt bei den Letten Verehrung, auch wenn er ihnen als Träger des Lenin-Ordens nicht ganz so eng ans Herz gewachsen ist wie manch anderer ihrer Dichter, der klarer in Opposition zum Sowjetregime stand. 27 Jahre seines Lebens verbrachte Birznieks-Upītis im Kaukasus.

Nahe dem 6 km von Dzirciems und 5 km von Kaive entfernten Dorf **Brizule** (Bresilgen) starb 1925 der erste Außenminister in der Geschichte der Republik Lettland, Zigfrīds Anna Meierovics, bei einem Autounfall. Ein kleines Denkmal an der Unglücksstelle erinnert an das für Lettland damals erschütternde Ereignis, ohne das die demokratische Entwicklung des Landes Ende der 1920er und Anfang der 1930er Jahre möglicherweise erfolgreicher verlaufen wäre.

Kandava

Nirgendwo sonst in Lettland gibt es ähnlich steile **Sträßchen mit Kopfsteinpflaster** wie in dem kleinen Stadtkern von **Kandava** (Kandau). Beinahe könnte man ihn verfehlen, wenn man von Tukums in Richtung Sabile unterwegs ist – und dabei münden sogar beide Enden der wichtigsten Altstadtstraße, der Lielā iela, auf die durchs Tal der Abava führende Hauptdurchgangsstraße. Der reizvollen Lage Kandavas an den Hängen dieses Tals erfreuen sich heute rund 3900 Einwohner.

Nördlich der zwei Mündungen der Lielā iela passiert man bereits den Hügel, auf dem sich die 1231 erstmals urkundlich erwähnte Kurenburg »Candowe« befand. Sie gehörte zu den Zentren der damaligen kurischen Landschaft Wannema. Bei der Aufteilung Kurlands zwischen Bischof und Orden im Jahre 1253 fiel die Südhälfte Wannemas einschließlich Kandau/Kandava an die **Ordensritter**. Sie stellten 1312 eine **Burg** fertig, die als Vogtei fungierte und damit, was den Verwaltungsaufbau des Ordenslandes betrifft, zu einer der vier wichtigsten Burgen Kurlands neben den Komtureien Goldingen und Windau und der Vogtei Grobin wurde. Der Hügelvorsprung oberhalb der Altstadt, auf dem man ihre letzten Reste findet, ragt mit 68 m unwesentlich höher auf als der kurische Burghügel mit 66 m. Der Differenz zwischen diesen beiden Werten - 2 m - entspricht die Dicke der Mauern eines östlich am Hang stehenden, im Grundriss annähernd quadratischen Gebäudes: Der so genannte **Pulverturm**, in seinem Ursprung ebenfalls Teil der einstigen Ordensburg, diente in der Zeit der kurländischen Herzöge als Schießpulverlager. Die Bebauung Alt-Kandavas mit seinen abschüssigen Gassen stammt fast durchweg aus dem ausgehenden 19. Jahrhundert; zuvor hatte eine **Brandkatastrophe** die Stadt heimgesucht.

Kandavas **lutherische Kirche** wurde 1736 geweiht. Obwohl sie an einem der höchsten Punkte der Stadt steht, sieht man sie vom Tal her kaum; hohe Bäume versperren den Blick. Wertvollster Einrichtungsgegenstand ist die **Kanzel**, die Johann Mertens, der letzte Meister der ruhmreichen Windauer Holzschnitzerwerkstatt, gefertigt hat.

Über die Abava - sie entspringt bei Jaunpils und ist der längste Nebenfluss der Venta - führt in Kandava eine Brücke von 1873, die als die **älteste Feldsteinbrücke Lettlands** gilt. Sie wurde auf trockenem Untergrund errichtet und der Fluss danach umgeleitet. Etwas flussabwärts, schon außerhalb des Stadtgebietes, liegt an der rechten Talkante der alte **Pfarrhof** von Kandava, ein eingeschossiger Walmdachbau mit einem Vier-Säulen-Portikus.

Mit der heutigen Einbeziehung Kandavas und seiner näheren Umgebung in den Kreis Tukums wird eine traditionelle **Provinzgrenze** übersprungen, nach der Kandava eine kurländische, Tukums hingegen eine semgallische Stadt ist. In der Zwischenkriegszeit gehörte Kandava deshalb noch zum Kreis Talsi.

An den Flüssen Abava und Amula südwestlich von Kandava

Auf dem Weg von Kandava nach Sabile verpasst man reizvolle Blicke auf das Tal der sich westwärts schlängelnden **Abava** (Abau), sofern man keine Zeit hat, auch einmal auf die linke Talseite hinüberzufahren. Ein Abstecher Richtung **Kalnmuiža** (Hohenberg) etwa mag sich allein um des kleinen Gutshofes willen, der sich dort in steilem Gelände verteilt, noch nicht unbedingt lohnen; lohnend wird er jedoch in Verbindung mit der 2 km langen Weiterfahrt zum **»Velnakmens«** (deutsch »Teufelsstein«), einem sehr breiten **Findling**, hinter dem sich ein weites Panorama öffnet. Ganz in der Nähe des Steins liegt die 8 m tiefe »Velna ala« bzw. »Teufelshöhle«.

Überquert man von den bei Kalnmuiža mündenden Abava-Nebenflüssen Amula und Imula auch die Imula, den westlichen von beiden, so gelangt man zu einem Bergvorsprung, der **»Zviedru cepure«** (»Schwedenhut«) genannt wird. Zur kalten Jahreszeit lockt er **Win-**

tersportler an, Rodler sogar auch den Sommer über. Sein Name rührt von Erzählungen her, nach denen schwedische Krieger hier ihre Hüte über dem Grab ihres Generals aufgehäuft haben sollen. – Eines Generals der jüngeren Geschichte, des Grenzbrigaden-Kommandeurs Ludvigs Bolšteins, wird alljährlich in dem südlich benachbarten Örtchen **Pūces** gedacht. Bolšteins erschoss sich, als Lettland 1940 von der Roten Armee okkupiert wurde; in Pūces besaß er ein Sommerhaus unweit der dortigen Wassermühle. Der Ortsname Pūces enthält die Wortbedeutung *Eulen*, womit sich eine entsprechende Verzierung am Torpfosten der Mühle erklärt.

Jaunpils

Wer den Bereich, in dem die Regionen Kurzeme (Kurland) und Zemgale (Semgallen) ineinander übergehen, weiter nach Süden hin bereist, sollte nicht versäumen, den Ort **Jaunpils** (Neuenburg) in seine Reiseroute zu integrieren. Dieser liegt knapp 30 km von Tukums und rund 20 km von Dobele entfernt. 2001 feierte Jaunpils das 700-jährige Bestehen einer einstigen **Ordensburg**, die als eine von nur sehr wenigen nie grundlegend zerstört wurde, sondern über das Mittelalter hinaus fast **ununterbrochen bewohnt** blieb. 1576 fiel Neuenburg/Jaunpils an Thieß (Matthias) von der Recke, der bis zum Untergang Alt-Livlands Komtur von Doblen/Dobele gewesen war und dem Gotthard Kettler, der letzte Ordensmeister, in der Not des Jahres 1560 das gesamte Doblener Gebiet als erblichen Besitz in Aussicht gestellt hatte. Hierüber kam es später zum Streit, der dadurch beigelegt wurde, dass Recke seinen Anspruch auf ein einziges Schloss der alten Komturei, nämlich Neuenburg, beschränkte, dafür aber den Status eines unmittelbaren Vasallen der polnischen Krone genoss. Seine Nachfahren blieben bis ins frühe 20. Jahrhundert im Besitz Neuenburgs und seines Schlosses. Sie ergänzten den ursprünglichen Baukörper, der den südöstlichen und den südwestlichen Flügel umfasste, um einen von außen an die Mantelmauer angebauten Nordostflügel und ließen den **Innenhof** mit manieristischen **Galerien** verschönern. Die Welle der Brandstiftungen im Revolutionsjahr 1905 machte auch vor diesem ehrwürdigen Bau nicht Halt. Die Wiederherstellungsarbeiten leitete Wilhelm Bockslaff, an den damals etliche derartige Aufträge ergingen. Um keines der pittoresken architektonischen Details zu übersehen – mögen manche auch erst nach 1905 hinzugefügt worden sein –, sollten Besucher in jedem Fall auch in den Innenhof gehen. Dieser dient in jüngster Zeit auch als Kulisse für gelegentliche Mittelalter-Feste. Aus einigen Gemächern der Familie von der Recke wurden unterdessen Hotelzimmer gemacht, aus anderen Museumsräume. Letztere sind täglich von 10 bis 17 Uhr zugänglich.

Die europaweit bekannt gewordene Schriftstellerin Elisabeth Charlotte Constantia von der Recke (1756–1833) wurde in jungen Jahren von dem damaligen Schlossherrn auf Neuenburg, Georg Magnus, geschieden. **Elisa von der Recke**, wie die meisten sie nannten, stand in der Gunst der Zarin Katharina II.;

➢ *Burg Jaunpils*

Kant, Goethe und Klopstock zählten zu ihren Bekannten.

Zum Reiz des Ortes Jaunpils tragen die Gewässer rund um das Schloss (samt einer Wassermühle) ebenso bei wie der um 1980 restaurierte und an neue Funktionen angepasste Großbauernhof »Ērģelnieki« in der westlichen Dorfhälfte. Die nahe dem Schloss gelegene **Kirche**, ebenfalls eine herausragende Sehenswürdigkeit, wurde 1638 vollendet. Kanzel und Altar stammen beide von 1648 und sind äußerst wertvolle **Kunstwerke des Manierismus**.

Etwas jünger, derzeit jedoch in schlechterem Zustand ist die von ihrer Bauart her ähnliche Kirche in **Lestene** (Lesten), 10 km nordöstlich von Jaunpils. Neben ihr entsteht seit einigen Jahren der größte Friedhof für lettische Gefallene des Zweiten Weltkriegs außerhalb von Riga. Nach dem bisherigen Konzept sollen insgesamt 2000 Tote auf dieses gemeinsame Gräberfeld umgebettet werden.

Der Ķemeri-Nationalpark

Der **Ķemeri-Nationalpark** (lett. »Ķemeru nacionālais parks«) – benannt nach dem Kurort Ķemeri, der heute ein Stadtteil Jūrmalas ist – existiert offiziell seit 1997. Er nimmt nur kleine Teile Jūrmalas und des Kreises Jelgava ein, jedoch den gesamten Osten des Kreises Tukums. Der allmähliche Rückzug des Meeres hat hier eine nicht nur wegen ihres Erscheinungsbildes, sondern mehr noch aufgrund ihres Artenreichtums höchst schützenswerte Landschaft entstehen lassen, zu deren küstennahem Teil die dort zurückgebliebenen **Lagunenseen** gehören: der Slokas ezers, der sehr viel kleinere Duņieris, besonders aber der **Kaņieris** mit seinen 14 Inseln. Von diesen wurden neun künstlich angelegt, um den Wasservögeln, die das Gebiet zahlreich anzieht, ideale Nistbedingungen zu bieten. Freien Lauf lässt man im Ķemeri-Nationalpark vor allem der Tätigkeit der **Biber**, die sich allenthalben positiv auswirkt. Auf einer kleinen Halbinsel am Westufer des Kaņieris gibt es einen Burghügel aus grauer Vorzeit. Äußerlich hat er mit den teils steil aufragenden Hügeln andernorts in Lettland eher wenig gemein; er ist nämlich kaum höher als 3 m.

Wie die Nordhälfte des Nationalparks mit dem Kaņieris - gleichsam dem Auffangbecken für das Wasser der zuvor Tukums durchfließenden **Slocene** (Schlockenbach, Tuckumscher Bach) -, so hat auch die Südhälfte ein großes, kaum berührtes Naturareal zum Mittelpunkt: Hier liegt (bereits jenseits der Bahnstrecke sowie der Fernstraße von Riga über Tukums nach Ventspils) statt früherer Seen nur mehr ein weit ausgedehntes **Moorgebiet**. Um es Naturliebhabern zugänglicher zu machen, wurde an seinen nördlichen Ausläufern im Jahre 2000 ein 2,8 km langer Bretterpfad angelegt - bezeichnet als **»Lielā Ķemeru tīreļa taka«** (»tīrelis« = Moor, »taka« = Pfad). Das Verbot, ihn an irgendeiner Stelle zu verlassen, beachte man aus Naturschutzgründen, aber auch der persönlichen Sicherheit wegen. Vor einem längeren Besuch des Nationalparks versorgt man sich ohnehin am besten am Sitz der Parkverwaltung im so genannten »Waldhaus« (lett. »Meža māja«) unmittelbar nordöstlich des Ortes Ķemeri mit Informationen. Wer nur kurz in der Gegend bleibt und für eine Nacht beispielsweise in einem der Küstendörfer Ragaciems, **Lapmežciems** oder Bigauņciems absteigt, dem helfen sicher auch die dortigen Zimmervermieter gern mit Empfehlungen weiter.

Dass es im Küstenstreifen des heutigen Nationalparks nicht immer so friedlich zuging, zeigt ein Denkstein kurz vor **Klapkalnciems**, der die Beteiligung finnischer Verbände an den Kampfhandlungen in dieser Gegend zwischen August und Dezember 1916 würdigt. Ebenfalls an den Ersten Weltkrieg und seine Schrecken in dieser Gegend erinnert ein (anders als der Stein bei Klapkalnciems auch künstlerisch interessantes) Denkmal am Bahnübergang in **Smārde** (Schmarden) unmittelbar an der Grenze des Nationalparks.

Valka

Valka (Walk), Lettlands nördlichste Kreisstadt, bietet seinen Besuchern den im grenzenlosen Europa von heute selten gewordenen Anblick einer deutlich sichtbar durch Grenzpfähle geteilten Stadt. Denn um **Gebietsstreitigkeiten** zwischen den jungen Republiken Estland und Lettland beizulegen, wurde nach dem Ersten Weltkrieg eine **internationale Schiedskommission** aktiv und gab im Bereich einer von beiden Staaten beanspruchten Stadt am Flüsschen Pedele (Peddel) einen Grenzverlauf vor, der deren Fortexistenz in Form zweier eigenständiger Städte ermöglichte: So entstanden das estnische Valga und das lettische Valka, getrennt durch einen schmalen Bach, der bei den Letten Varžupīte und für die Esten Konnaoja heißt.

Genau diese Linie hatte bereits im 13. Jahrhundert ein päpstlicher Legat zur Grenze zwischen dem Territorium der Ordensritter und dem des Bischofs von Dorpat/Tartu bestimmt. Während die meisten baltischen Kleinstädte, deren Existenz als Siedlung bereits für das Mittelalter nachweisbar ist, auf Ordens- oder Bischofsburgen zurückgehen, hat es in Walk nach Anbruch von Fremdherrschaft und Christianisierung keine Festung gegeben. Die nächstgelegene Ordensburg war Ermes/Ērģeme; ein Ordensvasall besaß ferner eine nicht mehr erhaltene Burg Luhde/Lugaži am Weg nach Ermes. In Walk versammelten sich 1419 die Landesherren und Stände Alt-Livlands erstmals zum so genannten **Landtag**, der von da an als feste Institution begriffen wurde und auch weiterhin vielfach hier oder aber in den benachbarten Hansestädten Wenden/Cēsis und Wolmar/Valmiera stattfand. 1584, zwei Jahre nach der endgültigen Machtübernahme Polen-Litauens in diesem Gebiet, verlieh König Stephan Báthory auch Walk **Stadtrecht**. Die Schweden, die es im 17. Jahrhundert eroberten, beließen ihm seine Rechte, vernachlässigten es ansonsten aber eher. Zum Zentrum eines Kreises wurde Walk, inzwischen an das Zarenreich übergegangen, erst 1783; das Kreisgebiet lag nach heutiger Grenzziehung zu über 90% in Lettland, wo es vor allem weit nach Osten reichte.

Den gewachsenen Kern der Stadt vermutet man ganz richtig auf estnischer Seite, wenn man heute in die teils lieblos bebaute Stadtmitte des lettischen Valka kommt oder an dessen nördlichen Ausläufern vorbei zum abseits beider Zentren eingerichteten Grenzübergang für den Fernverkehr fährt. Auch die gegenwärtigen Einwohnerzahlen von 6700 in Valka gegenüber rund 17.000 in Valga unterstreichen, zu wessen Gunsten das Pendel bei der Grenzfestlegung 1920 ausschlug. Zum Zeitpunkt der Teilung fiel die prozentuale Bevölkerungsdifferenz noch deutlicher aus, denn Lettland hatte nur wenige, zudem dünn bebaute Straßenzüge bekommen. Aus Prestigegründen daran interessiert, hier auch für sein Territorium eine **Kreisstadt** zu besitzen, musste es diese gleichsam aus dem Boden stampfen. Da Valka dabei weit in das frühere Kirchspiel Lugaži (Luhde) hineingewachsen ist, heißt auch die **Rokokokirche** mit hölzernem Dachreiter, die im Dreieck zwischen Rīgas und Raiņa iela das moderne Stadtzentrum architektonisch aufwertet, nach wie vor »Lugažu baznīca«, Kirche von Luhde. Als ein weiteres Baudenkmal ist das Gebäude des ehemaligen Lehrerseminars zu erwähnen (Rīgas iela 64, heute Heimatmuseum). Der 1849 gegründeten Ausbildungsanstalt stand der Pädagoge, Musiker und Folkloresammler **Jānis Cimze** (1814–1881) vor, ein bei Letten wie Esten gleichermaßen angesehener Wegbereiter des »Nationalen Erwachens«. Neben Lehrern wurden im heutigen Valka auch die ersten lettischen Chorleiter herangebildet. Cimzes Grab findet man auf einem nahe gelegenen, bis unmittelbar an die Staatsgrenze reichenden Friedhof.

Umgebung

Ērģeme

Ērģeme (Ermes), 13 km westlich von Valka gelegen, ist durch die **Schlacht von 1560** bekannt, in der

Truppen Ivans des Schrecklichen dem Ordensheer zwei Jahre nach Ausbruch des Livländischen Krieges den entscheidenden Schlag versetzten - das Schicksal des altlivländischen Staatenbundes wurde somit ziemlich genau in dessen geographischer Mitte besiegelt. Angesichts einer so vernichtenden Niederlage wird man vielleicht kaum erwarten, dass von der hiesigen **Ordensburg** aus dem 14. Jahrhundert Nennenswertes übrig geblieben ist; tatsächlich sind aber noch sämtliche Außenmauern der quadratischen Anlage sowie ein runder Eckturm zu sehen. Der einstige Innenhof wurde wie bei noch ein paar anderen Burgruinen in Lettland mittlerweile zu einer Freilichtbühne bzw. als Sängerfestplatz gestaltet. - Nachdem an der Brücke über die Rikanda Richtung Omuļi (Homeln) abgebogen werden muss, trifft man erst am Ortsende, wo man auch von dieser Straße wieder abbiegt, auf ein erstes Schild, das den Weg zu dem historischen Gemäuer weist. Auf dem letzten Stück könnte schließlich noch die Ruine der Kirche irrtümlich für die der Burg gehalten werden.

Ebenfalls schon als Ruine findet man 15 km weiter westlich das vergleichsweise junge, im Jugendstil errichtete Herrenhaus von **Veckārķi** (Alt-Karkell) vor. Zum näheren Heranfahren verleitet hier der zugehörige **Turm** - aufgrund seiner Höhe und auch aufgrund seiner zunächst unklaren Funktion.

Strenči und Seda

Wenn man von Valka das Städtchen **Strenči** (Stackeln) auf halber Strecke nach Valmiera erreicht, fällt der Blick nach rechts auf einen in seiner Art recht einzigartigen **Wasserturm** mit Rauchabzug. Er ist Teil einer psychoneurologischen **Klinik** aus dem Jahre 1907, der heute auch ein kleines Museum zur Geschichte der Heilkunde angegliedert ist. Ein zweites Museum in Strenči, gut 800 m weiter an der Rīgas iela 7 angesiedelt, widmet sich der Geschichte der **Flößer auf der Gauja**.

Obwohl auf viel weniger Fläche gedrängt als Strenči mit seinen 1650 Einwohnern, hat die nordöstliche Nachbarstadt **Seda** sogar ein paar Bewohner mehr, nämlich etwa 1800. Mehr als manch älterer Ort wirkt Seda, eine Musterstadt der 1950er und 1960er Jahre, heute wie ein Relikt aus einer anderen, fernen Zeit; denn noch mehr **Sowjet-Charme** versprüht keine zweite Stadt in Lettland auf derart engem Raum. Seda entstand im Zusammenhang mit der Ausbeutung der nördlich angrenzenden **Torfvorkommen**, die bis heute andauert. Das großflächige Moorgebiet umziehen Schmalspurbahnen, in denen eingehend interessierte Besucher nach Absprache auch mitfahren können; eine Kontaktaufnahme soll unter den Telefonnummern 4756103, 9189983 und 6535314 möglich sein.

Verirrt man sich in die einsame Gegend nördlich von Strenči, so sollte man **Jērcēni** nicht hinter sich lassen, ohne Lettlands drittdicksten Baum - eine **Eiche**, von den Einheimischen »Kaņepju dižozols« genannt - gesehen zu haben. Dazu muss man gegenüber dem Gutspark in Jaunjērcēni, der nördlichen Hälfte des Ortes, ostwärts abbiegen und sich an einer etwas außerhalb folgenden Gabelung links halten.

Valmiera

Valmiera (Wolmar), das mit 27.700 eine für lettische Verhältnisse bereits stattliche Einwohnerzahl hat, reiht sich in eine Achse von historisch bedeutenden Städten entlang des schiffbaren Teils der Gauja. Stellt man sich diese Städteachse verlängert vor, so liegt auf ihr auch Dorpat/Tartu, das Ziel oder zumindest Zwischenziel des mittelalterlichen Handelsverkehrs. Der Name Wolmar bzw. Valmiera hängt offenbar mit einem aus Pleskau/Pskov ausgewiesenen Fürsten **Vladimir** (Waldemar) zusammen, den Bischof Albert von Riga als Vogt, d.h. Landesverwalter, einsetzte, nachdem die Gegend den deutschen Eroberern zugefallen war. Spätestens 1323 müssen dem bald auch als **Hansestadt** bezeugten Wolmar **Stadtrechte** erteilt worden sein. Etliche Male trat hier der alt-livländische Landtag zusammen, sodass, wenn nach so etwas wie einem Hauptort der Livländischen Konföderation gefragt würde, Wolmar/Valmiera mit an vorderer Stelle zu nennen wäre.

Gustav II. Adolf überließ die während seiner Kriegszüge von der **Pest** heimgesuchte Stadt Axel Oxenstierna (1583-1654), den er 1612 zu seinem Reichskanzler ernannt hatte. In den Jahrzehnten nach dem Großen Nordischen Krieg nahm sich die **Herrnhuter Brüdergemeine** in besonderem Maße der hiesigen Region an, die sich ihr wohl noch verödeter als andere umliegende Landstriche dargeboten hatte. Ab 1783 war Wolmar eine von acht Kreisstädten der russischen Ostseeprovinz Livland; das Kreisgebiet umfasste auch den heutigen Kreis Limbaži.

Die verwinkelte Innenstadt, in deren Gassen im 19. und frühen 20. Jahrhundert wieder reges Treiben eingekehrt war, ist 1944 während der Offensive der Roten Armee leider vollständig untergegangen. Die städtebaulichen Leistungen der Sowjetzeit hätten, denkt man an Vergleichsbeispiele, noch abstoßender ausfallen können, was freilich nicht recht tröstet. Wenn Valmiera heute noch hier und da Reize

➢ *Die Simeonskirche in Valmiera*

bietet, so verdankt es dies neben etwa einem Dutzend erhaltener Baudenkmäler vor allem den Schleifen, die die **Gauja** hier zieht, und den an ihnen befindlichen Grünanlagen.

Das mit Abstand bedeutendste Bauwerk im Stadtgebiet ist die **Kirche des heiligen Simeon**, Valmieras Wahrzeichen. Die 1283 begonnene frühgotische Basilika oberhalb des Gauja-Ufers zählt zu den besterhaltenen mittelalterlichen Sakralbauten Lettlands. Charakteristisch für ihr Äußeres sind ein Blendbogenfries am Chor, das später am Mittelschiff fortgesetzt wurde, sowie die abgetreppten (d.h. mehrfach zurückspringenden) spitzbogigen Fensteröffnungen. Auch im Inneren findet man abgetreppte Bögen; sie verbinden die achteckigen Stützpfeiler zwischen dem Mittel- und den beiden Seitenschiffen. Beachtung verdienen bei einer Innenbesichtigung u.a. die Kanzel und der spätbarocke Orgelprospekt, ferner die Verglasungen, die Ernst Tode Ende des 19. Jahrhunderts für die Fenster des Chors schuf, sowie ein interessantes Epitaph hinter dem Altar. Der Turm, der im späten 14. Jahrhundert entstanden sein dürfte und damals möglicherweise auch Verteidigungsfunktionen übernehmen sollte, kann auf Wunsch bestiegen werden; man gelangt bis in seine Haube.

Nur einige Schritte sind es von der Simeonskirche zur Ruine der ebenfalls im 13. Jahrhundert errichteten **Burg**, für deren Standort wie vielerorts eine natürlichen Schutz bietende Bachmündung ausschlaggebend war. Inmitten dessen, was von ihren Feldsteinmauern überdauert hat, stehen pittoresk mehrere kleine Häuser - ein paar der relativ wenigen Altbauten, die der Zweite Weltkrieg in Valmiera verschont hat. In einem davon - dem Gebäude Bruņinieku iela 3, der einstigen Apotheke der Stadt - ist das **Regionalmuseum** untergebracht. Geöffnet hat es dienstags bis freitags von 10 bis 17 Uhr sowie samstags von 10 bis 15 Uhr.

Seinem Status als größter Stadt im livländischen Teil Lettlands wird Valmiera u.a. durch ein eigenes **Theater** gerecht. Dieses besitzt es seit 1919, eine andere sein Prestige hebende Einrichtung, die »Vidzemes augstskola« (Hochschule Livlands), hingegen erst seit den 1990er Jahren.

Umgebung

Über Valmiermuiža zum Zilaiskalns und nach Dikļi

Von dem Herrenhaus des einstigen Gutsdorfes **Valmiermuiža** (Wolmarshof) vor dem nördlichen Stadtrand Valmieras steht nur noch ein **auffälliger Turm**, der einmal den zentralen Teil des Anwesens gebildet hat. Die Wohnsilos der heutigen Landarbeiter und andere Gebäude wahren respektvoll Abstand, so als sei das Gutshaus nach wie vor vollständig vorhanden.

Etwa 14 km westlich von hier liegt **Zilaiskalns** (Blauberg) mit dem gleichnamigen, 127 m über den Meeresspiegel aufragenden **Hügel**. Seine Bezeichnung als *der blaue Berg* erscheint durchaus nicht herbeigeredet, sondern je nach Wetterlage (gerade bei leichtem Dunst) berechtigt. An diese markanteste Erhebung im Gebiet von Valmiera knüpfen sich seit ältester Zeit Volkslegenden; und so sollen noch im 18. Jahrhundert auf dem Zilaiskalns Zusammenkünfte von Letten, die das Christentum insgeheim ablehnten, stattgefunden haben.

6 km südöstlich des Zilaiskalns findet man in dem kleinen Dorf **Mujāni** (Mojahn) einen relativ gut erhaltenen Turm, der Rest einer im 16. Jahrhundert errichteten **Vasallenburg** ist. Mujāni verwechsle man nicht mit **Mūrmuiža** (Muremoise), einem von dort noch einmal 15 km weiter südöstlich gelegenen Ort, der über ein ähnliches Baudenkmal verfügt. In Mūrmuiža wird überdies das Andenken der Schriftstellerin Zenta Mauriņa gepflegt, die hier eine der von ihr ins Leben gerufenen Volksbildungseinrichtungen ansiedelte.

Nordwestlich von Zilaiskalns folgt als nächster Ort **Dikļi** (Dickeln) mit einem neobarocken **Gutshaus** von 1896, das ab 2002 zwei Jahre lang gründlich restauriert und dabei in ein Hotel umgewandelt wurde. In diesem Dorf entwickelten sich ab 1864 in Form von Sängerfesten auf lokaler und regionaler Ebene die Vorläufer jener **Sängerfeste**, die seit 1873 in gesamtlettischem Rahmen stattfinden und heutzutage als lettisches Kulturgut schlechthin gelten. In die Kulturgeschichte des Landes ist in diesem Zusammenhang der Name des hiesigen Gemeindepfarrers eingegangen: Juris Neikens (1826–1868). Entsprechend erklärt sich der Name »Neikenkalns«, der einem kleinen Hügel gegeben wurde, an dem sich die heutige Sängerbühne von Dikļi befindet.

Burtnieki und der Burtnieku ezers

Mit einer Oberfläche von 40 km² ist der Burtnieku ezers oder **Burtnieks** (Burtneck-See) nordwestlich von Valmiera der bei weitem größte See der Region Vidzeme (Lettisch-Livland), wenn auch zugleich einer der seichtesten. In ihn münden die Flüsse **Rūja** (Ruje) und **Seda** (Sedde); die **Salaca** (Salis), die genau westlich von hier die Ostsee erreicht, entleert ihn. An seinem Südufer liegt **Burtnieki** (Burtneck), ein Zentrum der **Pferdezucht** und des Reitsports. Zwischen den Mündungsstellen von Rūja und Seda berührt den See das kleinste von drei besonders geschützten Arealen innerhalb des weiträumigen »Biosphärenreservats Nördliches Vidzeme«.

Am Burtnieks grenzten in der Zeit um 1200 lettgallische und estnische Stammesgebiete aneinander; frühe Quellen nennen ihn daher »Astiyerwe«, den *Estensee.* Nimmt man eine **Sage über seine Entstehung** ernst, so darf es ihn damals noch gar nicht gegeben haben, sondern erst, nachdem die fremden Eroberer und Missionare des 13. Jahrhunderts hier eine Kirche gebaut hatten. Die nicht zur Bekehrung willigen Einheimischen baten daraufhin jemanden, der sich aufs Hexen verstand, einen See herbeizuzaubern (lett. »burt« = zaubern), was für denjenigen spielend leicht war, gleichsam ein »nieks« (Kleinigkeit, Kinderspiel): Der See fiel also vom Himmel und versenkte die Kirche. – Neben der zwar unwissenschaftlichen, aber nahe liegenden Wortherleitung könnte die Erfinder dieser Legende ein **Findling** inspiriert haben: Bei besonders geringem Wasserstand taucht er aus dem Burtnieks auf und kann, wenn man nur genug Phantasie aufbringt, mit dem einst überfluteten Kirchturm gleichgesetzt werden.

Burtneck/Burtnieki war während der Polenzeit ein Gut des Bistums Wenden; im Mittelalter hatte es hier eine **Ordensburg** gegeben. Ein paar kaum mehr als mannshohe Mauern sind das Einzige, was von dieser bis heute erhalten ist. Sie liegen zwischen einem großen Park und den Einrichtungen des Gestüts Burtnieki, die teils in neu errichteten, teils in Gebäuden des früheren Gutshofs untergebracht sind. Über die Geschichte von Pferdezucht und -sport in Burtnieki informiert ein Museum 3 km südwestlich des Ortes in dem früheren Landgasthof »Briedes krogs«, einem Bau von 1840.

Eher sehenswerter als das zum Gestüt gewordene Gut ist Burtniekis **Pfarrhof** nebst Kirche. Den eleganten Barockturm des insgesamt immer noch gotischen Gotteshauses erblickt man über den See hinweg an dessen Ostufer. In alter Pracht stehen hier Speicher und Stall des Pfarrguts wie eh und je nebeneinander, nachdem um 1990 nach Jahren der Verwahrlosung eine Restaurierung schon kaum mehr Sinn zu haben schien. Ebenso nötig war die 1988–1993 durchgeführte Restaurierung der **Kirche**, deren Kanzel von 1684 dabei sprichwörtlich wieder zum Glanzstück werden konnte. Als Pfarrer von Burtneck predigte in dieser Kanzel zeitweise auch ein Sohn Georg Friedrich Parrots, des ersten Rektors der 1802 wiedergegründeten Universität Dorpat (heute Tartu in Estland).

Matīši – Rigas Petrikirche im Kleinformat

Die Kirche des hübschen Dorfes **Matīši** (Sankt Matthiä), der einzigen geschlossenen Ortschaft an der Straße von Valmiera nach Mazsalaca, erinnert recht spontan an die Petrikirche in Riga – eine Assoziation, die selbst dann schon (oder sogar besonders dann) entsteht, wenn man, aus Richtung Valmiera kommend, zunächst längere Zeit nur den schlanken Turmhelm geradeaus am Horizont sieht. Sie ergibt sich jedenfalls nicht ohne Grund, auch wenn die Kirche von Matīši 1688 und damit früher als die Westfassade an Rigas Wahrzeichen abgeschlossen, also nicht etwa diesem nachempfunden worden war. Die Vorlagen lieferte jedoch in beiden Fällen offenkundig der Elsässer **Rupert Bindenschuh**. Anders als seinem Rigaer Meisterwerk verpasste er der Kirche von Matīši einen sechs- und keinen achteckigen Turm – einen so zierlichen, dass man ihn beinahe eher als Dachreiter bezeichnen möchte. Eine der sechs Turmseiten wächst, analog zur Komposition der Petrikirche, unmittelbar aus dem Giebel empor.

Vecpiebalga

Spricht die Tourismuswerbung von einer »Lettischen Schweiz«, so ist in aller Regel das Gebiet des Gauja-Nationalparks um Sigulda und Cēsis gemeint, obgleich dort, am unteren Drittel der **Gauja** bzw. Livländischen Aa, keine nennenswerten Höhengrade zu messen sind. Allerdings genügt von Cēsis eine 45 km lange Fahrt, um in das **Quellgebiet** dieses Flusses zu gelangen; und dort liegen tatsächlich Berge von für lettische Verhältnisse stattlicher Höhe. Wann immer für dieses Gebiet ebenfalls der Beiname »Schweiz« gebraucht wurde, bezeichnete man es traditionell nicht als lettische, sondern als die **Livländische Schweiz**. Teil dieser Livländischen Schweiz ist die **Piebalga**, eine Kleinregion zwischen den Oberläufen der Flüsse Gauja und Ogre.

Ihre kulturgeschichtlichen Besonderheiten hängen teils mit den wenig ertragreichen Böden zusammen. Mehr Menschen als anderswo waren in der Piebalga zum Broterwerb in Handwerk und Handel gezwungen, was bei der hiesigen Landbevölkerung schon vor Ge-

➢ *Der Alauksts bei Vecpiebalga, einer der wohl malerischsten Seen Lettlands*

nerationen zu einem überdurchschnittlichen Bildungsniveau beitrug. Und so wird auch erklärlich, dass rund um **Vecpiebalga** (Alt-Pebalg), den zentralen Ort der Kleinregion, die Wiegen mehrerer Schriftsteller standen, die heute als **Klassiker der lettischen Literatur** gelten oder deren Werke sogar eine Schlüsselstellung in der Entwicklung einer nationalsprachlichen Literatur einnahmen. Dies trifft etwa auf den dreiteiligen Roman »Mērnieku laiki« zu (wörtlich *Die Zeiten der Landvermesser*, dem Titel der Übersetzung nach »Die Revisorenzeit«), der als der erste große lettische **Roman** überhaupt anzusehen ist. Ihm liegen die 1867–1873 erfolgte Aufteilung von Vecpiebalgas gutsherrlichem Grundbesitz und dessen Verkauf an Kleinbauern zugrunde. Schriftstellerisch verarbeitet haben diesen Stoff Reinis Kaudzīte (1839–1920) und sein jüngerer Bruder Matīss (1848–1926), die beide bei Vecpiebalga geboren und auch hier gestorben sind. Karikierend stellen sie bei den im Roman agierenden Personen Charakterschwächen wie Habgier und Scheinheiligkeit bloß, die zum Vorschein kommen, als jeder der teilweise einfältigen Bauern so viel wie möglich von dem Land, das zur Vergabe ansteht, abbekommen will. **»Kalna Kaibēni«**, das Elternhaus der Kaudzītes, liegt westlich des Sees Inesis und ist heute ein Museum.

Weiteren Museen kann man sich vor allem östlich des noch etwas größeren Sees Alauksts zuwenden, kommt zuvor jedoch automatisch durch Vecpiebalga selbst. Südlich der durch den Ort verlaufenden Hauptstraße von Cēsis nach Madona sind Reste einer erzbischöflichen **Burg** aus dem 14. Jahrhundert zu sehen. Dass es sich um eine streng rechteckige Anlage handelte, lässt sich auch aus etwas Entfernung noch gut erkennen. Unmittelbar

➢ *»Saulrieti«, das Sommerhaus Kārlis Skalbes*

erreichen kann man die Ruine nur quer über Wiesen. Die nahe gelegene **lutherische Kirche**, erbaut in der ersten Hälfte der 1840er Jahre, wurde im Zweiten Weltkrieg stark beschädigt und ist erst seit 1997 wieder benutzbar.

Den Ufern des **Alauksts** (Alokst-See) kommt man am nächsten, indem man von Vecpiebalga nordwärts über Meirēni fährt. Der See gilt vielen als der Ursprung der Gauja, auch wenn aus ihm nur ein Nebenquellbach, die so genannte Gaujiņa, ausfließt. Ebenfalls über Meirēni erreicht man **»Vēveri«**, ein Museum, das – im Gegensatz zur Mehrzahl der Museen, die es um Vecpiebalga gibt – in keinem direkten Zusammenhang mit einem Schriftsteller steht. Es handelt sich vielmehr um eine Gruppe von Höfen, deren frühere Bewohner sich als Weber ihr Auskommen sicherten. Auch andere für die Piebalga typische Handwerke sind durch authentische Arbeitsgeräte in dem Museum repräsentiert. Die Höfe bilden eine **Außenstelle des Rigaer Freilichtmuseums**, da es in ihrem Falle richtiger erschien, sie an ihrem Originalstandort zu belassen, anstatt sie so wie viele andere Gebäude ab- und bei Riga wieder aufzubauen.

Am Berg Incēnu kalns oberhalb von Meirēni findet man das schönstgelegene der Schriftstellermuseen in der Piebalga: Von dem 1926 fertig gestellten dunkelroten Holzhaus **»Saulrieti«**, in dem der Dichter **Kārlis Skalbe** mit seiner Familie 18 Sommer verlebte, blickt man durch eine Waldschneise hindurch kilometerweit in die Ferne und auf den See Alauksts. »Saulrieti« sind *Sonnenuntergänge*, und die kann man hier wunderbar erleben. Skalbe, 1879 als Sohn eines Schmieds geboren und nach einfacher Schulbildung Autodidakt, hat sich die Verehrung seiner Landsleute vor allem mit eigenwilligen **Kunstmärchen**, den »Pasakas«, erworben. In diesen treten vielfach Figuren auf, die den Lesern aus alten Volksmärchen vertraut sind, doch stellt sich ein völlig unerwarteter Handlungsverlauf ein. Mit den um die Wende zum 20. Jahrhundert entstandenen frühen Gedichten Skalbes, in denen es in immer wieder variierten Formen um die Befreiung aus dem Ausweglosen und den Aufstieg zu Licht und Sonne geht, und mit den aus gleicher Zeit datierenden Lyrikbänden von Jānis Rainis fand die lettische Literatur erstmals Anschluss an die gesamteuropäische Literaturentwicklung. Im April 1945, bald nach der schmerzvollen Flucht aus der Heimat, starb Skalbe in Stockholm. Die Urnen des unter sowjetischer Herrschaft verfemten Dichters und seiner Frau wurden 1992 überführt und nahe dem Haus »Saulrieti« beigesetzt. Das Haus selbst kann von Anfang Mai bis Mitte Oktober täglich außer montags zwischen 10 und 17 Uhr besichtigt werden.

Zu einem Museum wandelte sich auch ein **ehemaliges Schulgebäude** auf halber Strecke zwischen Vecpiebalga und Jaunpiebalga (Neu-Pebalg). Es ist dem Komponisten Emīls Dārziņš (1875–1910) sowie dem Schriftsteller Jānis Sudrabkalns (1894–1975) gewidmet und als **»Jāņa skola«** bekannt. Zu der Dauerausstellung über beide Künstler gesellen sich wechselnde Ausstellungen etwa zur Geschichte des Piebalga-Gebietes. Ein seinerseits ganz auf die Gebietsgeschichte ausgerichtetes Museum gibt es in der entgegengesetzten Richtung, nämlich in dem Ort **Ineši** am See **Inesis**. Noch vor gut einem halben Jahrhundert dachte man vor allem an dieses heutige Ineši, wenn man von Vecpiebalga sprach; denn das gleichnamige Gut hatte seinen Mittelpunkt einst hier am Inesis. Das **Gutshaus**, ein interessanter klassizistischer Bau mit feldsteinernem Sockelgeschoss, beherbergt Inešis Gemeindeverwaltung sowie im ehemaligen Weinkeller seit 1992 das besagte **Regionalmuseum**. Auf der möglichen Weiterfahrt nach Ērgļi sieht man außerdem – rund 6 km hinter Ineši – das frühere **Gut Cirsti** (Zirsten). Dessen Herrenhaus ist aufgrund seiner symmetrischen Konzeption einer der eher untypischen Vertreter der Neugotik innerhalb der baltischen Gutsarchitektur.

Umgebung

Westwärts bis Nītaure

Der umständliche und deshalb lange Weg, den der Fluss Gauja durch den Norden Lettlands zurücklegt, beginnt am 261 m hohen **Elkas kalns** (Götzenberg) westlich von Vecpiebalga. Dieser ist nicht nur der Quelle wegen aufsuchenswert, sondern mindestens so sehr aufgrund der **Fernsicht**, die er gewährt – bei Geländeerhebungen im Baltikum keine Selbstverständlichkeit, weil sie meist bewaldet sind. An der Straße nach Riga, über die man ihn erreicht, liegt kurz zuvor die leer stehende orthodoxe Kirche von **Māļi**. So wie sie entstanden in der zweiten Hälfte des 19. Jahrhunderts im damaligen Gouvernement Livland viele orthodoxe Gotteshäuser im Zusammenhang mit der scharenweisen Konversion bäuerlicher Bevölkerungsteile zur **Orthodoxie**. Hinter dem Glaubenswechsel stand meist die Versprechung von Land.

Das hügelige Landschaftsbild entlang der Strecke gen Riga bleibt bis in die Gegend von Nītaure so abwechslungsreich, dass, ganz wie die Redensart es besagt, der Weg das Ziel sein kann. In dem südlich von Nītaure gelegenen **Zaube** (Jürgensburg) bildet ein kleines Wasserpumpwerk mit vier Türmchen den zweifellos bemerkenswertesten Bestandteil des örtlichen Gutshofs. Der deutsche Name des Dorfes weist auf eine einstige **Ordensburg**. Wurde sie auch bereits im 16. und frühen 17. Jahrhundert zerstört, so sind doch noch ein paar bescheidene Reste von ihr übrig. Anders verhält es sich in **Nītaure** (Nitau) selbst, das im Mittelalter ebenfalls Stand-

ort einer Ordensburg war. Auf deren Fundament steht, teils sogar aus deren Steinen errichtet, seit 1770 die lutherische Kirche des Ortes.
In Nītaures westlicher Nachbargemeinde **More** (Moritzberg) ereignete sich 1944 eine **Schlacht des Zweiten Weltkriegs**, deren Verlauf damals vielen Letten unerwartet noch die Flucht nach Westen ermöglichte. Außer auf das Museum in More, das an die Schlacht erinnert, sei noch auf den zwischen Nītaure und Mālpils am Wegesrand liegenden Hof »Salmiņi« hingewiesen. Inzwischen als **Straußenfarm** betrieben, ist er auf das Interesse von Touristen durchaus eingestellt.

Rund um Taurene und Dzērbene

In der Gemeinde **Taurene** (Nötkenshof) durchfließt die noch junge Gauja fünf kleine Seen. Auf halber Strecke zwischen Vecpiebalga und Taurene kommt man zuvor unmittelbar am 255 m hohen **Bregža kalns** (Bregschde-Berg) vorbei - eine gute Gelegenheit, sich einen Überblick über diesen Teil der Livländischen Schweiz zu verschaffen. Ungefähr dort, wo die Seenkette beginnt, zweigt ein Nebensträßchen zur **Kirche von Lode** (Lohdenhof) ab, einem in gleicher Technik und ganz ähnlichen Dimensionen wie die Bauernhäuser der Umgebung errichteten **Holzbau**. Statt »Lodes baznīca« wird sie von den Bewohnern der Gegend oft auch »Apšu baznīca« genannt (»baznīca« = Kirche). Wenn es um ihre Entstehungszeit geht, sind die Überzeugungen ebenfalls uneinheitlich: Manche Schriftquellen sprechen für 1780, eine andere für 1728. Fest steht, dass die Glocke für den 1911 errichteten und 1994 restaurierten Kirchturm aus Deutschland stammt: Sie wurde 1893 in Bochum gegossen.
Von Taurene sind es nur 3 km bis zur Kirche von **Dzērbene** (Serben) und gut 16 km bis zu der von **Drusti** (Drostenhof). Nirgendwo sonst in Lettland sehen die Kirchen zweier benachbarter Dörfer einander derart zum Verwechseln ähnlich. Von der Turmform bis hin zur Fensterverteilung nahezu identisch gestaltet, geben sie ein interessantes Beispiel für **klassizistische Sakralbaukunst** der Zeit um 1840 ab. Ein neogotischer Turm überragt das in seiner Komposition recht ungewöhnliche **Gutshaus** von Dzērbene. Es steht an der Stelle einer spätmittelalterlichen Vasallenburg, die 1577 zerstört wurde.

Ventspils

Mit den Wenden, vermutlich einem ostseefinnischen Volksstamm (jedenfalls nicht einem slawischen, wie das in älterem Deutsch für »Slawen« stehende Wort »Wenden« glauben macht), verbindet sich in Lettland einerseits der entsprechend lautende deutsche Name der Stadt Cēsis. Im ursprünglichen Siedlungsgebiet dieser Wenden, aus dem sie um 1200 bereits von den Kuren verdrängt worden waren, leitet eine noch bedeutendere Stadt, heute die sechstgrößte Lettlands, ihren Namen von ihnen ab, nämlich **Ventspils** (Windau).
Wer das heutige, 43.800 Einwohner zählende Ventspils mit seinen so modern und aufwendig wie in keiner anderen lettischen Kommune gepflasterten Straßen und Plätzen durchstreift, möchte fast meinen,

die Stadt habe ein wirtschaftlicher Aufschwung ähnlichen Ausmaßes wie Mitte des 17. Jahrhunderts unter dem kurländischen Herzog Jakob erfasst. Tatsächlich werden die gegenwärtigen gestalterischen Maßnahmen eher als eine Investition in die Zukunft aufgefasst, in der Ventspils als touristisch so interessant wie irgend möglich gelten will.

Mit dem Interesse von Deutschen begann auch die **Geschichte** der Stadt, einem Interesse, das sich allerdings darauf konzentrierte, die Mündung des Flusses **Venta** (Windau) kontrollieren zu können. Den Ordensrittern, die schon im 13. Jahrhundert zu diesem Zweck eine Ordensburg anlegten, folgten in der ersten Hälfte des 14. Jahrhundert zunehmend auch Kolonisten deutscher Herkunft. Die überlieferten Quellen verschweigen, wann genau die Siedlung dieser Händler und Handwerker Stadtrecht erhielt. 1378 war sie bereits in dessen Besitz; bald darauf entwickelte sie sich überdies zu einer angesehenen **Hansestadt**. Seine goldene Zeit durchlebte Windau gleichwohl in einer späteren Epoche: Nach dem Regierungsantritt des schon erwähnten Herzogs Jakob im Jahre 1642 wurden in der Stadt **Manufakturen** zur Verarbeitung von Holz, Metall, Wolle und Bernstein gegründet; vor allem aber gab es – schon seit 1638 – eine **Werft**, in der binnen kurzem 44 Kriegs- und 79 Handelsschiffe gebaut wurden. Schnitzwerk aus der Werkstatt von Vater und Sohn Nikolas Söffrens schmückte diese Schiffe, von denen längst nicht alle ins Ausland verkauft wurden. Die Vergrößerung der eigenen **Flotte** brachte Herzog Jakob seinem Ziel näher, den Holländern ihr Transportmonopol streitig zu machen. Freilich waren gerade sie es, deren technisches Wissen er dazu benötigte; in das aufblühende Windau siedelte deshalb so mancher Niederländer bereitwillig über. Zugleich stellten die vielen Schiffe die Verbindung zwischen dem Herzogtum und seinen Kolonien her; denn ab 1651 stand die Mündung des Gambia-Stroms für zehn Jahre unter kurländischer Herrschaft, und sogar noch um einiges länger konnte man die Karibikinsel Tobago als Kolonie halten.

Einen schweren Rückschlag erlitt die Stadt allerdings bereits durch den 1655 ausgebrochenen Ersten Nordischen Krieg und mangelnde Gunst späterer Herzöge, gefolgt vom Großen Nordischen Krieg ab 1700 sowie vor allem der **Pest**, die kaum einen Landstrich des Baltikums ausließ und der in Windau angeblich nicht mehr als sieben Familien entkamen. Zu Kurlands bedeutendstem **Hafen** stieg anstelle von Windau nun Libau/Liepāja auf. Perspektiven für Windau/Ventspils, wieder zu einem der wichtigsten Ostseehäfen zu werden, eröffneten sich um die Wende zum 20. Jahrhundert, wofür die Fertigstellung eines durchgehenden Schienenweges bis Moskau und darüber hinaus entscheidend war. Von den Umschlagmengen her hat Ventspils' Hafen inzwischen längst wieder alle übrigen des Baltikums überholt, denn anders als in Riga muss den Winter über kaum mit Vereisung gerechnet werden. Während das Lettland der Zwischenkriegszeit hier noch vornehmlich Holz verlud, wickelte die UdSSR über Ventspils den größten Teil ihrer **Erdölausfuhr** ab, sodass die Stadt nunmehr eher die Kehrseiten ihrer günstigen Lage zu spüren bekam. Schon die Bevölkerungszahlen - 15.000 während der 1930er Jahre gegenüber fast 53.000 in den 1980er Jahren - spiegeln das unvernünftige Ausmaß der Industrieansiedlung wider. Von der damals hohen Schadstoffbelastung der Luft und von Bodenverseuchung durch Chemiefabriken ahnt man heute zum Glück nur noch wenig. Für den Hafen sind nach wie vor Erdöl- und Chemieprodukte wesentliche Transitgüter neben Metallen und **Kalisalz**. Das genau gegenüber der Altstadt angesiedelte Unternehmen »Kālija parks« ist im Kalisalz-Umschlag weltweit sogar führend. Die Speicherkapazität für Erdöl beträgt in Ventspils immerhin eine Million m^3. Einen gewissen Charme jenseits von Kränen und Containern konnte die Stadt sich stets bewahren, und sei es auch nur aufgrund der vielen Baumanpflanzungen in ihren Wohngebieten.

In die **Altstadt** gelangt man, da sie im Norden von der Venta begrenzt wird, von Süden - am leichtesten über die in einer lang gezogenen Kurve verlaufende **Kuldīgas iela**. Dazu braucht man dort, wo der Fernverkehr sich nach Passieren des beinahe großstädtischen Lielais prospekts nach links in Richtung Liepāja wendet, einfach nur nach rechts abzubiegen. Ein Stück weiter flankieren bereits Fassaden mit Bemalungen nach Jugendstilmanier diese Straße, gefolgt von einem vorbildlich restaurierten spätbarocken **Bürgerhaus** (heute einem Restaurant), in dessen Hauszeichen die Jahreszahl 1768 zu lesen ist.

Von hier aus sollte man in die Annas oder in die Sofijas iela einbiegen; denn einen guten Ausgangspunkt für Altstadterkundungen bildet die klassizistische **Nikolaikirche**. Die Frage, welcher Heilige für die Schutzherrschaft über sie in Betracht käme, entschied sich sehr wesentlich dadurch, dass Zar Nikolaus I. 86.686 Goldrubel für die Bauarbeiten stiftete. Den Windauer Pfarrer Paufler, der ihn um diese Geldspende ersucht hatte, zeigt eines von drei Gemälden des namhaften Künstlers Johann Leberecht Egink (1781-1864) im Innenraum. Zusammen mit Leuchtern aus den Jahren 1645 und 1674 stellen Eginks Bilder die Glanzstücke der Ausstattung dar. Das eingeschossige Haus mit Krüppelwalmdach genau gegenüber der Kirche hat der Stadt lange als **Rathaus** gedient; 1850 wurde es einem Privatmann für diesen Zweck abgekauft. Einen der Räume des gegenwärtig als Touristenherberge bewirtschafteten Gebäudes ziert ein Ofen, der noch aus dem 18. Jahrhundert stammt und alle Nutzungswechsel überdauert hat.

Vom Rathausplatz mag es einen - je nachdem, ob man seinen Stadtrundgang mit oder entgegen dem Uhrzeigersinn anlegen will - sofort hinunter in Richtung Venta ziehen, vorbei am **Markt**, der in Ventspils, anders als in anderen lettischen Städten, noch dieselbe Stelle wie schon seit Jahrhunderten einnimmt. Hält man sich hingegen zunächst westwärts, indem man am Rathaus vorbei die Akmeņu und dann geradeaus die Pils iela mit ihren teils herausragend schönen **Jugendstilbauten** entlanggeht, so stößt man schließlich rechts auf die einstige **Ordensburg** - das zweite Wahrzeichen Ventspils' neben der Nikolaikirche. Letzterer hat die schon um 1290 erwähnte Burg sich, seit 1995 mit

➢ *Ventspils' gelbe Türme – an Nikolaikirche und Ordensschloss*

ihrer Restaurierung begonnen wurde, nicht nur farblich, sondern auch stilistisch angeglichen; denn unter vielen Gesichtern, die das Gebäude – in seinen Ursprüngen immerhin der älteste Konventbau auf dem Boden Lettlands – im Laufe seiner Geschichte hatte und die die Denkmalpfleger ihm hätten zurückgeben können, wurde eines gewählt, das seinem Aussehen ab 1827 entspricht. Beide vertikalen Dominanten, die sich über die Dächer der Altstadt erheben, der Kirch- wie der Burgturm, zeigen sich daher vom **Empirestil** geprägt.

Bevor 1835 als Ersatz für ein schon um 1700 baufällig gewordenes Gotteshaus die Nikolaikirche fertig gestellt werden konnte, diente gut ein Jahrhundert lang der Ostflügel der Burg als lutherische Kirche der Stadt. Der **Burgturm**, zuvor bereits jahrhundertelang Landmarke für Segler, erhielt deshalb 1798 sogar eine Barockhaube. In den 1840er Jahren bahnte sich ein Umbau zu einem orthodoxen Sakralbau an; die Gemeinde begnügte sich dann jedoch damit, das Bauwerk ebenso wie zuvor die Lutheraner für Gottesdienste zu nutzen, ohne es dafür aufwendig zu verändern. Im Ersten Weltkrieg quartierten die Deutschen hier Kriegsgefangene ein. Bis 1955 blieb es bei einer Verwendung als Gefängnis, ehe das Gemäuer von sowjetischen Grenzschutzeinheiten übernommen wurde und noch weiter verwahrloste. Sehenswerte **Gewölbe** sowie Wandmalereien aus dem 15., 16. und 17. Jahrhundert haben trotz aller baulichen Eingriffe und Fehlnutzungen überdauert. Mit der Ausgestaltung zu einem **Museum**, welches sich in seiner konzeptionellen Modernität übrigens deutlich von anderen Stadt-, Kreis- und Heimatmuseen im Baltikum unterscheidet, konnte sich nunmehr ein bereits in der Zwischenkriegszeit verfolgter Gedanke endlich verwirklichen. Um dem Museum neben den Ausstellungs-

➢ *Hinter der Altstadt von Ventspils ragen die modernisierten Hafenanlagen auf*

räumen auch einen Außenbereich zu geben, wurde inzwischen sogar ein aus dem 18. Jahrhundert stammendes **Speicherhaus** aus einem anderen Teil der Altstadt auf das Burggrundstück versetzt. Die Öffnungszeiten waren zuletzt recht großzügig geregelt: Während der Reisesaison findet man demnach täglich von 9 bis 18 Uhr Einlass, außerhalb der Saison immerhin von 10 bis 17 Uhr.
Beim Erkunden der parallel zur Venta verlaufenden Straßenzüge ergibt sich manches Mal der Eindruck, die **Hafenanlagen** und das Kalisalz-Unternehmen dahinter seien so nahe, dass zwischen ihnen und dem Stadtkern unmöglich noch ein Flusslauf Platz findet. Spätestens für den Rückweg empfiehlt sich deshalb ein Gang unmittelbar am Ufer entlang, im Westen beginnend bei einem Denkmal für Seeleute und Fischer, »deren Grab die Tiefe des Meeres ist«, wie es auf Lettisch darauf heißt. Nahe der Ordensburg wurde ferner Krišjānis Valdemārs ein Denkmal gesetzt. Der Initiative von Valdemārs, den dieses Denkmal auf einer Bank sitzen und das Treiben im Hafen beobachten lässt, verdankten in den 1880er Jahren allein in Windau/Ventspils 38 Letten ihre Ausbildung zum Kapitän. Weitere phantasievolle Kunstwerke für den öffentlichen Raum folgen noch, bis man schließlich in Höhe des Marktplatzes die Anlegestelle des während der Sommermonate für **Hafenrundfahrten** bereitstehenden Ausflugsschiffes »Hercogs Jēkabs« erreicht. Die je nach Auslastung fünf bis sieben Fahrten, die von Mai bis Oktober pro Tag angeboten werden, dauern etwa 45 Minuten.
Blicke unmittelbar auf die Venta-Mündung und in weite Teile des Hafens zu gewinnen, ohne dafür ein Schiff zu besteigen, wird bei einem Gang über die **Südmole** (lett. »Dienvidu mols«) möglich, die jenseits des Ensemble-Denkmalschutz genießenden Stadtviertels Ostgals beginnt. Als Aussichtspunkt steht nicht nur die Plattform um den Leuchtturm an ihrem Ende, sondern auch ein kleiner Turm nahe Ventspils' **Jachthafen** zur Verfügung. Einen der Gründe, weshalb Ventspils sich besonders für Familienurlaube eignet, sieht man auf dem Weg dorthin linker Hand: das Badeparadies »Akvaparks« mit seinen Riesenrutschbahnen. Ein anderer ist das mehr als ein gewöhnlicher Spielplatz bietende »Kinderstädtchen« (lett. »Bērnu pilsētiņa«) im Eckbereich zwischen Lielais prospekts und Vasarnīcu iela. Letztgenannte Straße führt weiter zu einem (täglich von 11 bis 18 Uhr geöffneten) **Freilichtmuseum**, das eine Vorstellung vom Leben früherer Fischergenerationen vermittelt. Seit 1954 wurden **Fischerkaten** mit alten Rauchhütten aus den umliegenden Küstendörfern und sogar die **Windmühle** des Nachbarortes Užava hierhin versetzt sowie allerlei Gerätschaften wie Kähne, Netze und Anker zusammengetragen. Eine Hauptattrak-

tion bildet die vom Terrain des Museums startende **Schmalspurbahn »Mazbānītis«**, die bis Mitte des 20. Jahrhunderts zwischen Ventspils und den Dörfern nordöstlich von hier verkehrte. Heute zieht sie nur mehr durch den benachbarten **Strandpark** (lett. »Jūrmalas parks«) ihre Kreise (und dies auch nur an Wochenenden jeweils zwischen 12 und 17 Uhr, es sei denn man hat sich als Gruppe vorab angemeldet). Auch im Strandpark und auf dem Museumsgelände sind übrigens in besonderer Weise die Bedürfnisse von Kindern bedacht. Hinter dem, was sich, noch im Stadtinneren gelegen, **»Olimpiskais centrs«** nennt, verbergen sich Lettlands derzeit modernste Sportstätten; Anteil an der Ausrichtung Olympischer Spiele hatte Ventspils jedenfalls noch nicht. Einen Anziehungspunkt für Extrem-Skateboarder und viele andere Sportbegeisterte bildet Ventspils' »Olympiazentrum« jedoch allemal.

Die Qualität des hiesigen Ostseewassers wird mittlerweile als unbedenklich eingestuft – vor Ventspils selbst wie auch an den Stränden des nördlich benachbarten **Staldzene** (Stalsen), das administrativ mit zum Stadtgebiet gehört. Seinen Charakter büßt der einst urwüchsige Fischerort Staldzene kontinuierlich dadurch ein, dass das Meer an der Küste nagt und einige alte Gebäude bereits fortgespült hat.

Umgebung

Leuchttürme an fast unbewohnter Küste

Reist man von Ventspils bzw. über Staldzene entlang der Küste nordostwärts zum Nordende Kurlands, so liegt unweit des Weges zunächst der älteste noch intakte Leuchtturm Lettlands und dann, nur rund 15 km weiter, der höchste des gesamten Baltikums. Letzterer misst 65 m und stammt – als der inzwischen dritte Leuchtturm an dieser Stelle – in seiner heutigen Form von 1957. Schon sein Vorvorgänger von 1884 wurde einst »Miķelbāka« (wörtlich »Michaelsleuchtturm«) genannt; und auch das Örtchen **Miķeltornis** (Pissen), in dem er steht, trägt seinen Namen nach ihm, dem Turm (lett. »tornis«). Der ungleich ältere, bereits 1814 errichtete und seitdem kaum veränderte **Leuchtturm von Oviši** (Lyserort) nahe der Landspitze Ovišrags ist dagegen nur 38 m hoch. Wegen dieser geringeren Maße findet man ihn im dichten Küstenwald gar nicht ohne weiteres; deshalb die Information: Vom Ende der Stichstraße nach Oviši steht er ein Stück links bzw. westlich.

Etwa auf halber Strecke zwischen den beiden Leuchttürmen zweigt von der Hauptstraße ein Zufahrtsweg zum **Radioteleskop von Irbene** ab, einem der bemerkenswertesten ehemaligen Militärobjekte, die nach dem Abzug der Roten Armee auf lettischem Boden verblieben sind, und immerhin der achtgrößten Anlage ihrer Art weltweit. Im Dienste der Spionageabwehr steht das 47 m hohe Teleskop heute nicht mehr; genutzt wird es jedoch noch.

An der Steilküste um Jūrkalne

Ganz im Süden des Kreises Ventspils, im Bereich der Gemeinde **Jūrkalne** (Felixberg), fällt, anders als man es sonst von den Ostseeufern Kurlands gewohnt ist, das

➢ *Steilküste bei Jūrkalne*

Gelände steil zum Strand hin ab – stellenweise bis zu 16 m hoch. Ein besonders **schöner Abschnitt des Steilufers** mit weiter Aussicht auf die mondsichelförmig eingekerbte **Küste** wurde von der Hauptstraße bis vor einigen Jahren direkt berührt; inzwischen ist die betreffende Kurve begradigt und aus dem früheren Stück Straße ein Parkplatz geworden, auf den man eigens abbiegen muss. Ganz in der Nähe gibt es eine Kennzeichnung des Punktes, an dem der zentral durch Lettland verlaufende **57. nördliche Breitengrad** das Land gleichsam erreicht. Ebenfalls in diesem Bereich erinnert ein kleines Ensemble mit einer Schiffsskulptur daran, dass von 1871 bis 1902 im damaligen Felixberg eine Seefahrtschule ähnlich der, die heute noch in Ainaži zu sehen ist, existierte. In Jūrkalnes römisch-katholischer **Kirche** hängt entsprechend (wie in Seefahrergemeinden nicht unüblich) ein Segelschiffsmodell an der Decke.

Wer zwischen Ventspils und Liepāja ein Bad im Meer nehmen möchte, der kann es am unbesorgtesten hier in Jūrkalne tun, da der Ort etwa gleich weit von den beiden industriereichen Hafenstädten entfernt liegt und an der **Wasserqualität** folglich gerade hier am wenigsten gezweifelt zu werden braucht.

Dramatisch ging es gegen Ende des Zweiten Weltkriegs um Jūrkalne zu, als immer mehr Menschen über das Meer nach Schweden flohen und schließlich sogar Letten, die bereits dort angekommen waren, einen Versuch unternahmen, weitere Landsleute auf Schiffe zu holen und so vor der neuerlichen Sowjetherrschaft in Sicherheit zu bringen. Den Flüchtlingen von damals wurde ein sehr ansprechendes Mahnmal gewidmet: das metallene **»Segel der Hoffnungen«**, aufgestellt am Strand einige Kilometer nördlich von Jūrkalne. Die dort angrenzende Küstengemeinde **Užava** (Hasau) besitzt im Gegensatz zu Jūrkalne auch einen **Leuchtturm** – sogar einen der schönsten Lettlands; der Weg dorthin ist allerdings eher beschwerlich.

Piltene und Zlēkas

Das 14. und 15. Jahrhundert sowie Teile des 16. Jahrhunderts hindurch hatte der **Bischof von Kurland**, einer der vier geistlichen Territorialfürsten im alt-livländischen Staatenbund, seine Residenz in **Piltene** (Pilten) – heute einer gut 1200 Einwohner zählenden Stadt, die der Reisende, so viel sei vorweggenommen, gemessen an ihrer einstigen

Bedeutung als wenig spektakulär empfinden wird, mögen einige ihrer kleinen Holzhäuser auch an die 200 Jahre alt sein.
Johann von Münchhausen, der letzte kurländische Bischof, verkaufte das Piltener Stiftsgebiet 1559 an Frederik II. von Dänemark. Zu gleicher Zeit und in gleicher Weise wurde dieser mit ihm über das Bistum Ösel-Wiek handelseinig und erwarb die rund drei Viertel der estnischen Insel Ösel/Saaremaa, die in Bistumshand gewesen waren. Das Stift Pilten vermachte der dänische König wiederum seinem Bruder, dem holsteinischen Herzog Magnus, der sich alsbald »König von Livland« nannte, schließlich der von Ivan dem Schrecklichen empfangenen Krone jedoch wieder entsagte und sich ganz in das Städtchen Pilten zurückzog. Hier ruhten für 57 Jahre seine Gebeine, ehe sie 1640 nach Dänemark überführt wurden.
Am südlichen Ortsausgang, hinter einer kleinen Sängerfestbühne und der 1808 anstelle einer Vorgängerin von 1719 und deren Vorgängerin errichteten **Kirche**, erstreckt sich das **Burggelände** – auf das man sich trotz seiner Unwegsamkeit ruhig vorwagen sollte. Denn erst bei Erreichen des einen, relativ gut erhaltenen von zwei noch erkennbaren Türmen nimmt man in vollem Ausmaß wahr, wie perfekt die Bischöfe einst den Schiffsverkehr auf der Venta kontrollieren konnten. Inzwischen blickt man hier freilich auf ein weitgehend stehendes Gewässer, da aus der strategisch so günstigen Venta-Schleife ein abgetrennter Altarm des nunmehr westlicher vorbeifließenden Flusses geworden ist.
Die Straße, die von Ventspils nach Piltene führt, erreicht 15 km weiter schließlich **Zlēkas** (Schleck). Noch bevor sie dort auf die Straße nach Ugāle mündet, sieht man rechts eine kleine **Gedenkstätte**. Ein schwarzer marmorner Obelisk erinnert hier an 160 Bewohner von Zlēkas, die die deutschen Besatzer 1944 ermordeten, weil aus diesem Dorf heraus antideutsche Partisanenaktionen unterstützt worden waren. Weiter geradeaus schließt sich der Weg zum ehemaligen **Gutshof** an. Auf diesen gelangt man, als hätte die Zeit lange stillgestanden, nach wie vor auf altertümlichem Pflaster durch ein Torgebäude; hinter den passabel erhaltenen Wirtschaftsgebäuden trifft man inzwischen allerdings auf kein entsprechend intaktes Herrenhaus mehr.
Zlēkas' **Kirche**, äußerlich interessant durch die vier jeweils vierstufigen Stützpfeiler an ihrem massiven Turm, wurde um 1650 fertig gestellt und birgt eine Kanzel und einen Altar aus gleicher Zeit, gefertigt von dem Schnitzer Hoppenstätt aus Bremen. Andere Teile der Einrichtung gelten sogar als noch älter. Höchst bemerkenswert sind vor allem die Bemalungen am **Gestühl** (in denen sich christliche Moral symbolisch vermittelt) sowie die ausdrucksstarken Figuren von Engeln und Aposteln. – 3,5 km östlich der Kirche liegt die Wassermühle von Zlēkas, die inzwischen als Gästehaus bewirtschaftet wird. Sie bildet einen guten Ausgangspunkt für **Wanderungen** zur Mündung der Abava (Abau) in die Venta: Knapp 4 km südlich der Mühle treffen die beiden Flüsse aufeinander.

Ugāle und Pope

Einer der höchsten kurländischen Kirchtürme überragt **Ugāle** (Ugahlen), den größten Ort im Kreis Ventspils, wenn man von Ventspils selbst absieht. Das einschiffige Gotteshaus wurde 1694 fertig gestellt; aus gleicher Zeit stammen Kanzel und Altar. Ein Meisterwerk, das die Innenausstattung dieser Kirche zu einer der wertvollsten Lettlands macht, ist der um 1700 von Michael Marquardt geschnitzte **Orgelprospekt** aus Lindenholz mit üppiger Laubornamentik und sechs fein gearbeiteten, wenngleich wenig grazil wirkenden Engelsfiguren. Die Orgel selbst vollendete 1701 der damals in Libau/Liepāja ansässig gewordene Holländer Cornelius Rhaneus; sie gilt als die älteste des Landes. Wer die Kirche verschlossen vorfindet, das Instrument aber unbedingt sehen und womöglich sogar hören will, kann unter der Telefonnummer 3671355 sein Glück versuchen. Interessanterweise gibt es in Ugāle noch heute einen Orgelbauer und -reparateur; auch Leierkästen werden in dessen Werkstatt hergestellt.

Auf halber Strecke zwischen Ventspils und Ugāle streift man **Pope** (Popen). Hinter der dortigen Kirche von 1771, deren Turm aufgrund seines eigentümlich anmutenden Portals nicht unbedingt gefällig, aber in gewisser Weise doch sehenswert erscheint, liegt in einer Senke ein einstiges Gut der Familie von Behr, bestehend aus zahlreichen Bauten unterschiedlichen Alters. Am ältesten ist das so genannte **Jagdhaus**, das auf 1653 datiert wird und malerisch jenseits des Gutsteichs am Waldrand steht. Die Ursprünge des Herrenhauses reichen ebenfalls bis ins 17. Jahrhundert zurück. Nach einer partiellen Zerstörung durch napoleonische Truppen wurde beim Wiederaufbau auf einen Teil seiner vorherigen Pracht verzichtet. Durch Anfügungen verlor es nach 1840 dann auch seine ursprüngliche Symmetrie. Bemerkenswert ist, wie vielseitig Gut Pope einst bewirtschaftet wurde; neben dem, was für baltische Gutshöfe zum Üblichen zählte, gab es hier beispielsweise ein Sägewerk und eine Papierfabrik. Von hier nach Süden, u.a. bis nach Ēdole, erstreckt sich ein Gebietsstreifen, in dem früher eine ganze Reihe von Gütern dem Geschlecht von Behr gehörte und der deshalb gerne auch **»die Behrsche Ecke«** innerhalb Kurlands genannt wurde.

Der Usmas ezers und die Wasserwege von dort zur Ostsee

Der größte See Kurlands, der malerische **Usmas ezers** (Usmaitenscher See), wäre, wenn es um das Fassungsvermögen ginge, mit seinen bis zu 27 m Tiefe der zweitgrößte See in ganz Lettland. Seine Flächenausdehnung von 38,9 km² überbieten immerhin noch vier andere – der Lubāns sowie der Rāznas, der Engures sowie der Burtnieku ezers –, doch misst wiederum nicht jeder von diesen vieren so viel Uferlänge wie der buchtenreiche Usmas ezers mit immerhin 74 km. Und fragt man nach Lettlands größter **Insel** – auch sie liegt im Usmas ezers und heißt Viskūžu sala. Der Name Usma bedeutet, sofern er, was zu vermuten ist, dem Livischen, einer eng mit dem Estnischen verwandten Sprache, entstammt, entweder *neues Land* oder *Land der Schlangen.*

Drei der insgesamt sieben recht unterschiedlich großen Inseln im Usmas ezers sind je nach Wasserstand oftmals überspült. Die zweitgrößte Insel, die **Moricsala**, benannt nach dem sächsischen Grafen Moritz (1696–1750), der einmal auf ihr Zuflucht suchte, wurde 1912 zum **Naturreservat** erklärt – dem ersten auf lettischem Boden. Der Schutz gilt alten Laubbäumen, darunter 20% Eichenwald, anteilmäßig gefolgt von Linde, Ahorn und Schwarzerle. 1957 wurden die westlichen Ausläufer des Sees mit in die Schutzzone einbezogen.

Schön gelegene Rast- und Campingplätze säumen die von der Fernstraße abzweigende Zufahrtsstraße nach **Usma** (Usmaiten) am Nordwestufer. Aus diesem Dorf stammt eine der hölzernen Kirchen im Freilichtmuseum bei Riga. Eine neue, gerade in ihrer Schlichtheit reizvolle kleine Holzkirche wurde erst jüngst am südlichen Ortsrand errichtet. Weitere **Campingmöglichkeiten** und einfache Unterkünfte gibt es am südöstlichen Teil des Sees; da dieser allerdings nicht ringsherum auf für Autoverkehr ausgelegten Wegen umfahrbar ist, gelangt man dorthin praktisch nur in einem (von Usma aus gesehen) weiten Bogen über Renda im Kreis Kuldīga.

Die den Usmas ezers entleerende **Engure** (die nicht etwa in den Engures ezers nördlich von Tukums mündet, wie man aufgrund der Namensgleichheit annehmen könnte) ändert nach Durchfließen des Puzes ezers (Pussen-See) ihren lettischen Namen in Rinda, während sie auf Deutsch durchgehend Anger heißt. Mit ihrem mäßigen Gefälle – 8,8 m auf 21 km bis zum Puzes ezers und dann sogar nur 6,8 m auf 27 km, bis sie sich mit der Stende zur meerwärts fließenden Irbe vereint – dürfte sie **Wassersportler** reizen, die keine allzu hohen Schwierigkeitsgrade suchen. Insgesamt beträgt der Höhenunterschied zwischen Usmas ezers und Ostsee 21,1 m. Entlang der Route sind in hinreichenden Abständen Uferstellen als mögliche **Lagerstätten für Kajakfahrer** vorgesehen. Die erste liegt unmittelbar bei Usma; weitere folgen 2 km unterhalb der Mühle von Ugāle, am nördlichen Ende des Puzes ezers, am rechten Flussufer nordöstlich von Pope, am Zusammenfluss von Rinda und Stende sowie an der Brücke der Straße Ventspils-Kolka über die Irbe. Wer lediglich die Irbe befahren möchte, erreicht den zwischen den letzten Metern der Rinda und der Stende gelegenen Lagerplatz, indem er, von Ventspils kommend, gut 2 km nach der Kirche des Örtchens **Rinda** (Angermünde) bei einer auf eine Rechtskurve folgenden Bushaltestelle nach Norden in einen schmalen Weg abbiegt, der geradeaus dorthin führt. Zwischen dieser Zusammenfluss-Stelle und der Kirche von Rinda liegen links des gleichnamigen Flusses im Wald die ansonsten nur zu Fuß zugänglichen spärlichen Reste der mittelalterlichen Bischofsburg Angermünde. Die **Irbe**, die streckenweise von Steilhängen gesäumt wird, mäandriert stärker als die oberen Flussabschnitte und es gibt tote Flussarme in den Wäldern ringsum.

Informationen A-Z

Allgemeine Reiseinformationen

Anreise

Bei der Abwägung von Schnelligkeit und Preis der Beförderung spricht, wenn es um die baltischen Länder geht, viel für eine Anreise mit dem **Flugzeug**. Die günstigen Direktflüge der lettischen Linie »Air Baltic« zwischen Riga und verschiedenen Zielflughäfen im deutschsprachigen Raum (nach letztem Stand täglich Berlin und Hamburg sowie mehrfach pro Woche Düsseldorf, München und Wien) bewegen sich preislich je nach Kontingent in Größenordnungen um oder sogar unter 100 EUR, doch wegen großer Nachfrage und begrenzter Verfügbarkeit kommen diese Tarife in der Praxis nur bei frühzeitiger Buchung in Betracht. Auch bei »Air Baltic« zahlt man ansonsten um die 320 EUR für Hin- und Rückflug. Mehrmals täglich lässt sich Riga mit Zwischenlandung in Skandinavien erreichen, sei es mit der Fluggesellschaft »SAS« via Kopenhagen oder Stockholm, sei es - oft etwas erschwinglicher - mit »Finnair« via Helsinki. Auf solchem Wege gelangt man auch beispielsweise von Hannover und Stuttgart bequem ans Ziel. Ab München fliegt »Finnair« Riga sogar direkt an. Ebenfalls ab München sowie ab Frankfurt tut dies die Lufthansa. Weitere tägliche Direktflüge gibt es derzeit von Hahn im Hunsrück mit »Ryanair«, von Berlin mit »easyJet.com« und von Wien mit »Austrian Airlines«. Zusätzliche Alternativen, mit Zwischenlandung anzureisen, geben die Flugpläne von »Estonian Air« und »Lithuanian Airlines« her.

Im **Fährverkehr** zwischen Deutschland und dem Baltikum hat sich schon häufig ergeben, dass Verbindungen neu eingerichtet und andere eingestellt wurden. Nach aktuellem Stand bei Drucklegung dieses Buches ist es möglich, mehrfach wöchentlich von Lübeck binnen 29 Stunden über die Ostsee ins westlettische Ventspils sowie binnen 35 Stunden bis Riga zu gelangen. Mit der Existenz einer Verbindung von Rostock nach Ventspils darf wohl ebenfalls längerfristig gerechnet werden. Wer bereits in Litauen an Land gehen möchte, für den kommen außerdem Kiel und Saßnitz-Mukran auf Rügen als Ausgangshäfen in Frage.

Hat man die Ausdauer für eine Anreise mit dem **Bus**, so stehen folgende Angebote zur Auswahl: Abfahrt ab Berlin, Köln (über Düsseldorf, Essen, Dortmund, Hannover), Stuttgart (über Mannheim, Frankfurt, Kassel), München (über Nürnberg) oder Bremen (über Hamburg) bei »Eurolines« (Buchung: Deutsche Touring GmbH, Tel. 01805 / 250254 oder 069 / 790350); Abfahrt ab Freiburg (dazu Auskunft bei: Scheer-Reisen, Leonhardstr. 26, 42281 Wuppertal, Tel. 0202 / 500077); Abfahrt ab Bonn, Münster, Lindau oder Stuttgart (letzte Zwischenstation dabei jeweils Potsdam) bei »Ecolines« (Verkauf: Eu-

ropa-Linie 24 GmbH, Baseler Str. 35-37, 60329 Frankfurt am Main, Tel. 069 / 24249140).
Denen, die mit dem eigenen **Auto** anreisen, sei gesagt, dass von den beiden zur Auswahl stehenden Grenzübergängen zwischen Polen und Litauen derjenige bei Lazdijai der etwas angenehmere ist - dank seiner Sperrung für Schwerlastverkehr.
Zu einer möglichen Anreise mit dem Zug siehe die Bemerkungen unter »Öffentliche Verkehrsmittel«.

Botschaften

Die diplomatische Vertretung der Bundesrepublik Deutschland in Riga befindet sich am Raiņa bulvāris 13, nur einige Meter vom Freiheitsdenkmal (Tel. 7229096; german@embassy.riga.lv). Die Botschaft der Schweiz hat ihren Sitz in der Elizabetes iela 2 (Tel. 7338351; vertretung@rig.rep.admin.ch), diejenige Österreichs in der Elizabetes iela 21a (Tel. 7216125; austrian.em bassy@mailbox.riga.lv).

Einreise, Zollbestimmungen

Die Visumpflicht für Deutsche, Österreicher und Schweizer, die ins Baltikum reisen, ist seit 1999 abgeschafft, jedenfalls bei Aufenthalten, die nicht über 90 Tage dauern. Über die Vorschriften für längere Aufenthalte informiert die **Botschaft der Republik Lettland**, Reinerzstraße 40-41, 14193 Berlin (Tel. 030 / 82600222, Fax 030 / 82600233; im Internet: www.botschaft-lettland.de, embassy.germany@mfa.gov.lv).

Bei der Einreise nach Lettland genügt es, den **Personalausweis** vorzulegen; Schweizer benötigen einen **Reisepass**. Die Mitnahme des Reisepasses, soweit vorhanden, ist allerdings auch Deutschen und Österreichern zu empfehlen, nämlich für den Fall, dass die An-, Rück- oder Weiterreise (womöglich unvorhergesehen) über ein Land verläuft, in das nach wie vor nur unter Vorlage eines Reisepasses eingereist werden kann - denn noch sind die Regelungen in Nord- und Nordosteuropa in dieser Hinsicht etwas uneinheitlich.
Die Dokumente, mit denen man in Lettland einreist, müssen noch mindestens drei Monate über den geplanten Aufenthalt hinaus gültig sein. Stellt man kurz vor Reiseantritt fest, dass sie dies nicht sind, reicht ein vorläufiger Reisepass, nicht jedoch ein vorläufiger Personalausweis. In Kinderausweisen muss vom siebten Lebensjahr an ein Lichtbild enthalten sein.
Für Haustiere sollte unbedingt ein Impfpass mitgeführt werden.
Die **Ein- und Ausfuhr von Bargeld** unterliegt keinerlei Beschränkung. Von einem Getränk mit über 15% Alkoholgehalt kann pro Person maximal ein Liter problemlos den Zoll passieren. Wer mehr als zwei Liter irgendeines sonstigen Getränks einführen möchte, informiert sich über die genauen Bestimmungen am besten auf der oben genannten Internet-Seite der lettischen Botschaft in Berlin. Dort finden sich auch noch einige weitere Vorschriften, auf deren Wiedergabe hier verzichtet werden kann (großteils Regelungen bezüglich Art, Wert und Anzahl von Gegenständen, die mitgenommen bzw. nicht mitgenommen

werden dürfen). Was die Mitnahme von Medikamenten betrifft, wird empfohlen, die dafür ausgestellten Rezepte bei sich zu haben.

Feiertage

Die relativ wenigen Übereinstimmungen zwischen dem lettischen und dem deutschen Feiertagskalender betreffen Neujahr, Karfreitag, Ostermontag, den 1. Mai und die beiden Weihnachtsfeiertage - an allen übrigen aus Deutschland gewohnten Feiertagen wird in Lettland gearbeitet, Silvester hingegen als Feiertag betrachtet. Am 23. Juni begehen die Letten das Līgo-Fest und feiern mit Sonnwendfeuern in den Johannistag hinein; beide Tage, der 23. und der 24. Juni, wurden nach Wiedererlangung der Unabhängigkeit zu gesetzlichen Feiertagen - ebenso wie der 18. November, der Jahrestag der Unabhängigkeitserklärung von 1918. Herausragende Gedenktage sind neben dem 8. Mai vor allem der 25. März und der 14. Juni: Auf diese Daten fielen 1941 bzw. 1949 die von Stalin angeordneten Massendeportationen aus den baltischen Ländern. Der Opfer des Holocaust wird offiziell am 4. Juli gedacht.

Fotografieren

Filmmaterial sollte man in ausreichender Menge im Koffer haben - es ist in Lettland zwar nicht drastisch teurer als in Westeuropa, jedoch auf keinen Fall günstiger. Militärische Objekte und Grenzanlagen dürfen in Lettland ebenso wenig fotografiert werden wie in anderen Ländern.

Fundsachen

Rigas Fundbüro erreicht man unter der Nummer 7086628. Fundsachen werden in der Regel gewissenhaft aufbewahrt, auch z.B. Gegenstände aus Flugzeugen mit dem Zielflughafen Riga - es lohnt sich durchaus, bei der Flughafen-Information nachzufragen.

Geldwechsel

Lettlands **Währung** ist der Lats (Mehrzahl »Lati«, Abkürzung »Ls«); er setzt sich aus 100 Santīmi zusammen (in der Einzahl »Santīms«). In seinem Gegenwert ist der Lats höher als jede andere europäische Währungseinheit angesetzt. Zum Euro steht er in einem einigermaßen stabilen Verhältnis von ungefähr 1 zu 1,5. Die von **Banken** angebotenen Kurse scheinen mit denen der freien **Wechselstuben** (zu erkennen an dem Schriftzug »Valūtas maiņa« oder »Valūtas apmaiņa«) auf den ersten Blick konkurrenzfähig. Anders als dort wird in Banken jedoch eine »komisija« im Gegenwert von meist ungefähr einem halben Euro einbehalten. Dies verschlechtert den Kurs freilich noch nicht so sehr wie die Gebühren, die anfallen können, wenn man sich Bargeld per EC-Karte beschafft. Immerhin aber ist auch deren Gebrauch (im Gegensatz zu früher, als an lettischen Bankautomaten nur Kreditkarten weiterhalfen) nahezu überall im Land mittlerweile möglich: Wer die Mitnahme von Euro-Bargeld grundsätzlich scheut, hat damit im Baltikum endlich dieselbe Alternative wie in fast ganz Europa. Nicht ohne weiteres akzeptiert werden Eurocheques.

In der Altstadt von Riga sollte man nur solche Wechselstuben aufsuchen, die auf ihrem Angebotsschild sowohl den Ver- als auch den Ankauf der einzelnen Währungen auflisten. Denn einzelne schwarze Schafe hängen nur eine einzige Tabelle aus, die der Tourist leicht für jene mit den ihm angebotenen Lats-Werten je 10 EUR, Dollar etc. hält; tatsächlich aber handelt es sich um die Lats-Summe, die für 10 EUR usw. hingeblättert werden muss - meist so bemessen, dass sie knapp über der Lats-Ausgabesumme bei den günstigsten der seriöseren Wechselstuben liegt und deshalb auf einen noch einmal minimal günstigeren Kurs zu deuten scheint. Mit dem Trick, die Lats-Ausgabewerte gar nicht auszuweisen, arbeiteten in Riga zuletzt vor allem Wechselstuben in der Nähe des Rathausplatzes. Die Auszahlungen bewegen sich dort in einer Höhe, die bis zu 10% Verlust an Gegenwert in Lats im Vergleich zum eigentlich erwartbaren Betrag bedeutet. Rigas am zentralsten gelegene Wechselstelle mit vollauf akzeptablen Kursen befindet sich ziemlich am Anfang des Brīvības bulvāris (rund 100 m hinter dem Freiheitsdenkmal) rechts im Treppenhaus eines Universitätsgebäudes.

Gesundheitsvorsorge

Der Abschluss einer **Reisekrankenversicherung** ist in jedem Fall ratsam. Dass entsprechender Versicherungsschutz besteht, soll den offiziellen Einreisebestimmungen zufolge ausdrücklich nachgewiesen werden können - auch wenn dies in den seltensten Fällen tatsächlich überprüft wird.

Impfungen, die im Zusammenhang mit einem Lettland-Aufenthalt verpflichtend oder eindringlich anzuraten wären, gibt es nicht. Möchte man ausgiebig in der freien Natur unterwegs sein, so sollte man allerdings für den Fall eines Zeckenbisses vorgesorgt haben.

Leitungswasser hat an vielen Orten Lettlands nach wie vor nicht die Qualität, die man sich wünscht. Besonders in Riga hält oft schon ein etwas merkwürdiger Geruch einen davon ab, es zu sich zu nehmen.

Hotels

Hotels sind nachfolgend in größtmöglicher Vollständigkeit aufgeführt, kleinere private Gästehäuser (lett. »viesu nami«) hingegen nur in Auswahl, da ihre Anzahl die der Hotels längst um ein Mehrfaches übersteigt. Besonders für die Region Lettgallen und für die südlichen Küstengebiete wäre eine vollständige Auflistung hier aus Platzgründen unmöglich.

Die bei manchen Hotels hinzugefügten Sterne entsprechen keiner offiziellen Kategorisierung, sondern dienen nur dazu, Hotels mit gehobenem oder besonders gehobenem Standard entsprechend zu kennzeichnen. Die Entfernungsangaben beziehen sich auf Straßenkilometer, nicht auf die jeweilige Luftlinie.

Aglona

Gästehäuser:

»Aglonas bazilikas klosteris«, Ciriša iela 8, Tel. 5381351, 9472155.

»Aglonas Cakuli«, Ezera iela 4, Tel. 5375465, 9194362.

»Akmeņkalns«, Rēzeknes iela 6, Tel. 9664040.

»Tūjas«, Kalna iela 13, Tel. 5375469, 9427457.
»Silmalas«, am Rušons bei Siveriņa (10 km nördlich von Aglona), Tel. 5365200, 9101378.

Aizkraukle
Hotels:
»Pērse«, Lāčplēša iela 6, Tel. 5123034.
»Raijo«, Gaismas iela 20, Tel. 5121495.

Aizpute
Hotel:
»Vēju paradīze«, Smilšu iela 14 in Pāvilosta (36 km nordwestlich von Aizpute), Tel. 6446644.
Gästehäuser:
»Auseklį«, in Rokasbirzs (2 km westlich von Aizpute), Tel. 3446372, 6022123.
»Bojas«, auf Gut Bojas (7 km südöstlich von Aizpute), Tel. 3448054.

Alūksne
Hotels:
»Ierullē«, Lielā Ezera iela 2b, Tel. 4321757, 6535345.
»Vējakalns«, Siguldas iela 8, Tel. 4381225, 9404317.
»Arāji«, in Jaunanna (15 km südlich von Alūksne), Tel. 4307099, 9471280.
Gästehäuser:
»Ezermala«, O. Vācieša iela 2a, Tel. 6524916.
»Kalpaki«, südlich von Ape (26 km nordwestlich von Alūksne), Tel. 4355457, 4355336.
»Stādzeni«, bei Trapene (32 km westlich von Alūksne), Tel. 6313975.
»Vārpas«, in Korneti (23 km nördlich von Alūksne), Tel. 4366152.
»Zvārtavas pils«, in Zvārtava (51 km nordwestlich von Alūksne), Tel. 4357324, 9461003.

Auce
Hotel:
»Vecauces pils«, Akadēmijas iela 11, Tel. 3745302, 3745484.

Balvi
Hotels:
»Balvi«, Tautas iela 14, Tel. 4522307, 4581482.
»Latkomerc« (»Diāna«), Balvu iela 2 in Viļaka (22 km östlich von Balvi), Tel. 4563137.

Bauska
Hotels:
»Bauska«, Slimnīcas iela 7, Tel. 39240705.
»Kungu ligzda«, Rīgas iela 41, Tel. 3924000.
»Brencis«, an der A7 nördlich von Iecava (25 km nördlich von Bauska), Tel. 3928033.
* »Mežotnes pils«, in Mežotne (10 km nordwestlich von Bauska), Tel. 3928960, 3960711.

Cēsis
Hotels:
* »Cēsis«, Vienības iela 1, Tel. 4120122.
»Cīrulīši«, Kovārņu iela 22, Tel. 4125476.
»Katrīna«, Mazā Katrīnas iela 8, Tel. 4107700.
»Putniņkrogs«, Saules iela 23, Tel. 4120290.

➢ *Im Kuppelsaal von Schloss Mežotne, das zu einem Hotel umgewandelt wurde*

»Melturi«, an der A2 zwischen Drabeši und Ieriķi (12 km südlich von Cēsis), Tel. 4196710.
»Rehabilitācijas centrs un viesnīca Līgatne«, in Skaļupes bei Līgatne (24 km südwestlich von Cēsis), Tel. 4131321.
»Vidzeme«, E. Veidenbauma iela 2 in Priekuļi (5 km östlich von Cēsis), Tel. 4130497.
Gästehäuser:
»Mārtiņš«, Rīta iela 9, Tel. 4123678.
»Province«, Niniera iela 6, Tel. 4120849.
»Priekuļi«, Dārza iela 12 in Priekuļi (5 km östlich von Cēsis), Tel. 4130457.

Cesvaine

Hotel:
»Grašu pils«, in Graši (3 km nordwestlich von Cesvaine), Tel. 4852200.
Gästehaus:
»Jurguci«, zwischen Kārzdaba und Liezēre (9 km westlich von Cesvaine), Tel. 4852664, 9192326.

Daugavpils

Hotels:
* »Latgola Park Hotel«, Ģimnāzijas iela 46, Tel. 5420932.
»Leo«, Krāslavas iela 58, Tel. 5426565
»Senat«, Lielā iela 43 (Stadtteil Grīva), Tel. 5422992.
»Villa Ksenija«, Varšavas iela 17, Tel. 5433731.
»Stalkers«, an der A13 südlich von Špoģi (25 km nordöstlich von Daugavpils), Tel. 5479221.
»Vojaž«, in Špoģi (27 km nordöstlich von Daugavpils), Tel. 5472777.
Gästehäuser:
»Dzintariņš«, Krimuldas iela 41 (Stadtteil Jaunie Stropi), Tel. 9393941.
»Flora D«, Krimuldas iela 45 (Stadtteil Jaunie Stropi), Tel. 9544613, 9421497.
»Paparde«, Tērvetes iela 17 (Stadtteil Jaunie Stropi), Tel. 5402180.
»Rebir«, Vienības iela 19, Tel. 5421857.
»Verina«, Ģimnāzijas iela 44, Tel. 5422190.

Dobele

Hotel:
»Dobele«, Uzvaras iela 2, Tel. 3721229.
Gästehäuser:
»Kliņģeri«, bei Kroņauce (15 km südlich von Dobele), Tel. 3768567, 6421841.
»Laima«, in Tērvete (18 km südlich von Dobele), Tel. 9495041.
»Tērvete«, in Tērvete (18 km südlich von Dobele), Tel. 3763325.

Gulbene

Hotel:
»Gulbene«, O. Kalpaka iela 27a, Tel. 4473128.
Gästehäuser:
»Lācīšu dzirnavas«, an der Gauja bei Ranka (33 km westlich von Gulbene), Tel. 6415127, 7221767.
»Ušuri«, am Ušurs bei Jaungulbene (19 km südlich von Gulbene), Tel. 4423188, 9418847.

Ilūkste

Gästehäuser:
»Ilūkste«, Jēkabpils iela 10a, Tel. 5462175, 9215697.
»Dubezers«, in Pilskalne (2 km westlich von Ilūkste), Tel. 5462499.

Jēkabpils

Hotels:
»Daugavkrasti«, Mežrūpnieku iela 2, Tel. 5231232, 9480662.
»Hercogs Jēkabs«, Brīvības iela 182, Tel. 5233433, 6790567.
»Sapnis«, an der A6 zwischen Krustpils und Spuņģēni (6 km nordwestlich von Jēkabpils), Tel. 5223166.

Jelgava

Hotels:
»Jelgava«, Lielā iela 6, Tel. 3026193.
»Tranzīts« (»Brīze«), Atmodas iela 9, Tel. 3082979.
»Līči«, an der A8 bei Bajāri (4 km östlich von Jelgava), Tel. 3058443, 9204514.
»S Magone«, in Zaļenieki (20 km südwestlich von Jelgava), Tel. 3074363.
»Vērpji«, in Vītoliņi (5 km nördlich von Jelgava), Tel. 3049260, 9236877.
Gästehäuser:
»Akva«, Birzes iela 49, Tel. 3023444.
»Sporta nams Ozolnieki«, Stadiona iela 5 in Ozolnieki (5 km nordöstlich von Jelgava), Tel. 3050516, 9252050.

Jūrmala

Hotels:
»Baltija«, Dzintaru prospekts 11, Tel. 7762338.
* »Daina«, Mellužu prospekts 59, Tel. 7767057.
»Dārta A«, Jūras iela 59, Tel. 7762391.
»Dzintars«, Edinburgas prospekts 15, Tel. 7751582.
»Jaundubulti«, Dubultu prospekts 59, Tel. 7767045, 7767519.
»Kūrortviesnīca Majori«, Smilšu iela 6, Tel. 7764242.
* »Lielupe«, Bulduru prospekts 64/68, Tel. 7752755.
»Liesma«, Dubultu prospekts 101, Tel. 7767032.
* »Majori«, Jomas iela 29, Tel. 7761380.
»Rīgas Jūrmala«, Jūras iela 23/25, Tel. 7762295.
** »Rīgas Līcis«, Dubultu prospekts 51, Tel. 7761180.
»Vaivari«, Kauguru iela 3, Tel. 7766574.
»Villa Joma«, Jomas iela 90, Tel. 7771999.
»Zvaigzne«, Z. Meierovica prospekts 23/4, Tel. 7764681.
Gästehäuser:
»Airava«, Jomas iela 42, Tel. 9237659, 9515499.
»Allat & Co«, Dzintaru prospekts 68, Tel. 7751807.
»Elīna«, Lienes iela 43, Tel. 7761665.
»Kurši«, Dubultu prospekts 30, Tel. 7771600.
»Rakstnieku nams«, Akas iela 4, Tel. 7769965.

Kandava

Hotel:
»Sumbrs«, an der A10 (7 km nordöstlich von Kandava), Tel. 3181070, 9166751.

Koknese

Hotels:

»Bu-Bū«, an der A6 zwischen Pļaviņas und Stukmaņi (16 km östlich von Koknese), Tel. 5133273.

»Kalna salas«, an der A6 bei Rīteri (9 km südöstlich von Koknese), Tel. 5138422, 9274853.

Gästehäuser:

»Astarte Nafta« (»Kokneses DUS«), 1905. gada iela 14a, Tel. 5161694.

»Baltā gliemežnīca«, an der A6 (5 km südöstlich von Koknese), Tel. 5161375, 9238990.

»Kalnavoti«, an der A6 (3 km südöstlich von Koknese), Tel. 5161234, 9294027.

»Rančo Randevu«, in Bilstiņi (3 km südwestlich von Koknese), Tel. 5161289.

Krāslava

Hotels:

»Krāslava«, Raiņa iela 19, Tel. 5681114.

»Ezernieki«, in Ezernieki (46 km nordöstlich von Krāslava), Tel. 5655390.

»Piedruja«, in Piedruja (25 km südöstlich von Krāslava), Tel. 5647232.

Gästehaus:

»Priedaine«, Klusā iela 2, Tel. 6430798.

Kuldīga

Hotels:

»Aleksis«, Pasta iela 5, Tel. 3320288, 3322153.

»Jāņa nams«, Liepājas iela 36, Tel. 3323456.

»Kursa«, Pilsētas laukums 6, Tel. 3322430.

»Ēdoles pils«, in Ēdole (18 km westlich von Kuldīga), Tel. 3345132, 9321151.

»Kārlis«, in Vārme (25 km südöstlich von Kuldīga), Tel. 3327309, 3327234.

Gästehäuser:

»Pilskalni«, Kaļķu iela 1, Tel. 3322650, 9705750.

»Ezermaļi«, am Mazais Nabes ezers (14 km nordwestlich von Kuldīga), Tel. 3325127.

»Lejastiezumi«, am Usmas ezers (35 km nordöstlich von Kuldīga), Tel. 3347379, 9186146.

»Mednieki«, in Deksne (5 km nordwestlich von Kuldīga), Tel. 3320857, 9160861.

Liepāja

Hotels:

** »Amrita«, Rīgas iela 7/9, Tel. 3480888.

* »Līva«, Lielā iela 11, Tel. 3420102.

»The Fontaine«, Jūras iela 24, Tel. 3420956.

»Nīcava«, in Nīca (20 km südlich von Liepāja), Tel. 3486379, 9294355.

»Rolava«, an der A9 zwischen Grobiņa und Durbe (16 km östlich von Liepāja), Tel. 3492887.

Gästehäuser:

»Feja«, Kurzemes iela 9, Tel. 3422688.

»Kalēja māja«, Kalēju iela 8, Tel. 6488200.

»Poriņš«, Palmu iela 5, Tel. 9150596.

»Roze«, Rožu iela 37, Tel. 3421155.

Limbaži

Hotels:

»Limbaži«, Ievu iela 1 (am Ufer des Limbažu Lielezers), Tel. 9125599.

»Brīze«, Valmieras iela 7 in Salacgrīva (46 km nordwestlich von Limbaži), Tel. 4071717.

»Casa Blanca«, an der A1 südlich von Salacgrīva (34 km nordwestlich von Limbaži), Tel. 9216654.

»Igates pils«, in Igate (19 km südlich von Limbaži), Tel. 4062432, 9245500.

»Lauvaskalni«, am Augstrozes Lielezers (18 km östlich von Limbaži), Tel. 9816950.

»Pernigele«, in Jelgavkrasti (18 km westlich von Limbaži), Tel. 9471933.

»Via«, in Jelgavkrasti (18 km westlich von Limbaži), Tel. 4020143, 9621635.

Gästehäuser:

»Ainaži«, K. Valdemāra iela 82 in Ainaži (57 km nordwestlich von Limbaži), Tel. 4071315, 4071114.

»Bīriņu pils«, in Bīriņi (32 km südlich von Limbaži), Tel. 4066316, 4066222.

Ludza

Hotels:

»Ezerzeme«, Stacijas iela 44, Tel. 5722490.

»Pie kamīna«, Latgales iela 251, Tel. 5725498.

»Aka«, in Šnitki bei Kārsava (29 km nördlich von Ludza), Tel. 5733071, 6339925.

»Apsīšu smaids«, in Pušmucova (10 km nördlich von Ludza), Tel. 5752582, 9149339.

Madona

Hotels:

»Madona«, Saieta laukums 10, Tel. 4822606.

»Ērgļi«, Rīgas iela 31 in Ērgļi (41 km westlich von Madona), Tel. 4807124.

»Jumurdas muiža«, in Jumurda (34 km nordwestlich von Madona), Tel. 9451457.

»Palīgs«, Rīgas iela 31 in Ērgļi (41 km westlich von Madona), Tel. 4871813.

»Vestiena«, in Vestiena (25 km westlich von Madona), Tel. 4873489.

Gästehäuser:

»Gaiziņstars«, am Gaiziņkalns (14 km westlich von Madona), Tel. 4873348, 9109324.

»Kadiķi«, in Vestiena (25 km westlich von Madona), Tel. 9193729.

»Smeceres krogs«, zwischen Madona und Bērzaune (5 km südwestlich von Madona), Tel. 4807500, 9363686.

Nereta

Gästehaus:

»Zemgalieši«, nahe dem Museum »Riekstiņi« (3 km östlich von Nereta), Tel. 9256005.

Ogre

Hotels:

»Grīva«, Rīgas iela 8, Tel. 5044960, 6547513.

»Oškrogs«, zwischen Ķegums und Tome (13 km südöstlich von Ogre), Tel. 5038159, 9571814.

Gästehäuser:

»Puduri«, am Südufer des Stausees von Ķegums (15 km

südöstlich von Ogre), Tel. 6523410.
»Rēzijas«, am Südufer des Stausees von Ķegums (15 km südöstlich von Ogre), Tel. 5038266, 9118957.

Preiļi

Hotels:
»Preiļi«, Raiņa bulvāris 24, Tel. 5322666.
»Gamma«, Stacijas iela 5a in Līvāni (37 km westlich von Preiļi), Tel. 5381888, 9455465.

Rēzekne

Hotels:
»Latgale«, Atbrīvošanas aleja 98, Tel. 4624178.
»Naksts zvaigzne«, an der A13 in Tēviņi (2 km südlich von Rēzekne), Tel. 6543025.
»Pie Kaupra«, an der A12 bei Viļāni (29 km westlich von Rēzekne), Tel. 4662314.
Gästehäuser:
»Ezerkrasti«, am Rāznas ezers bei Čornaja (17 km von Rēzekne), Tel. 6411207, 9176687.
»Pie Rāznas«, Rāznas iela 66 in Kaunata (28 km von Rēzekne), Tel. 4698357, 9125600.
»Rags«, am Rāznas ezers bei Kaunata (27 km von Rēzekne), Tel. 4698344.

Rīga

Hotels im oder nahe dem Stadtzentrum:
* »Ainavas«, Peldu iela 23, Tel. 7814316.
»Aurora«, Marijas iela 5, Tel. 7224479.
*** »Bergs«, Elizabetes iela 83/85 (im Bergs-Basar), Tel. 7770900.
* »Centra«, Audēju iela 1, Tel. 7226441.
»City Hotel Bruņinieks«, Bruņinieku iela 6, Tel. 7315140.
»Elizabetes nams«, Elizabetes iela 27, Tel. 7509292.
** »Eurolink«, Aspazijas bulvāris 22, Tel. 7220531.
* »Forums«, Vaļņu iela 45, Tel. 7814680.
**** »Grand Palace Hotel«, Pils iela 12, Tel. 7044000.
* »Gutenbergs«, Doma laukums 1, Tel. 7814090.
»Hollywood«, Ģertrūdes iela 22, Tel. 7311503, 7313183.
*** »Hotel de Rome«, Kaļķu iela 28, Tel. 7087600, 7087606.
** »Konventa sēta«, Kalēju iela 7/9, Tel. 7087501.
»Krišjānis un Ģertrūde«, K. Barona iela 39, Tel. 7506604.
* »Laine«, Skolas iela 11, Tel. 7288816.
* »Man-Tess«, Teātra iela 6, Tel. 7210225, 7216056.
»Maritim Park Hotel«, Slokas iela 1, Tel. 7069000.
** »Metropole«, Aspazijas bulvāris 36/38, Tel. 7225411.
»Nams 99«, Stabu iela 99, Tel. 7310762.
»OK«, Slokas iela 12, Tel. 7860050.
*** »Radisson SAS Daugava«, Kuģu iela 24, Tel. 7061111.
* »Radi un draugi«, Mārstaļu iela 3, Tel. 7220372.
* »Reval Hotel Latvija«, Elizabetes iela 55, Tel. 7772222.
*** »Reval Hotel Rīdzene«, Reimersa iela 1, Tel. 7324433.

* »Rīga«, Aspazijas bulvāris 22, Tel. 7044222, 7044224.
* »Rolands«, Kaļķu iela 3a, Tel. 7205511.
»Saulīte«, Merķeļa iela 12, Tel. 7224546.
»Skanste«, Skanstes iela 9, Tel. 7519922.
»Tia«, K. Valdemāra iela 63, Tel. 7333918.
»Valdemārs«, K. Valdemāra iela 23, Tel. 7334462.
»Vecrīga«, Gleznotāju iela 12/14, Tel. 7216524, 7216525.
»Viesturs«, Mucenieku iela 5, Tel. 7356060.
»Viktorija«, A. Čaka iela 55, Tel. 7014111.
»Welcome Inn«, Vecpilsētas iela 2/3, Tel. 7211686.

Gästehäuser im oder nahe dem Stadtzentrum:
»Circus«, Merķeļa iela 8, Tel. 7212101.
»Elizabeth's Youth Hostel«, Elizabetes iela 101, Tel. 6705476.
»Helga«, Elizabetes iela 20, Tel. 7243069, 7243071.
»Lenz«, Lenču iela 2, Tel. 7333343.
»Old Town Hostel«, Kalēju iela 50, Tel. 6147214.
»Posh Backpackers«, Pūpolu iela 5, Tel. 6020808.
»Valnis«, Vaļņu iela 2, Tel. 7213785.

Hotels in anderen Bereichen der Stadt:
»ABC«, Šampētera iela 139a (Stadtteil Šampēteris/ Pleskodāle), Tel. 7892728.
»Atlantija«, Atlantijas iela 4 (Stadtteil Rīnūži), Tel. 7353600.
»Autosole Hotel« (»Ričards«), A. Čaka iela 126 (Stadtteil Grīziņkalns), Tel. 7506700.
»Autosole Motel«, Ernestīnes iela 33 (Stadtteil Āgenskalns), Tel. 7612388.
»Avitar«, K. Valdemāra iela 127 (Stadtteil Pilsētas Ganības), Tel. 7364987, 7364444.
»Best«, Ģimnastikas iela 9/11 (Stadtteil Atgāzene/Bieriņi), Tel. 7623820.
»Best Western Hotel Māra«, Kalnciema iela 186 (am Zubringer zum Internationalen Flughafen), Tel. 7702718.
»Brigita«, Saulkalnes iela 11 (Stadtteil Ziepniekkalns), Tel. 7623000.
»Felicia«, Stirnu iela 32b (Stadtteil Purvciems), Tel. 7599942.
»Jūrnieks«, Sofijas iela 8 (Stadtteil Sarkandaugava), Tel. 7392350.
»Karavella«, Katrīnas dambis 27 (Stadtteil Pētersala), Tel. 7323130, 7324597.
»Kaspars«, Mūkupurva iela 19 (nahe dem Stadtteil Zolitūde), Tel. 7424269.
»Kert«, Hospitāļu iela 17 (nahe dem Park Lielie kapi), Tel. 7373995.
»Lidosta«, am Internationalen Flughafen, Tel. 7207149.
»Linga«, Līču iela 2 (nahe dem Nordufer des Ķīšezers), Tel. 7348403.
»Mežaparks«, A. Sakses iela 19 (Stadtteil Mežaparks), Tel. 7557988.
»NB«, Slokas iela 49 (Stadtteil Dzirciems), Tel. 7815333.
»Oma«, Ernestīnes iela 23 (Stadtteil Āgenskalns), Tel. 7613388.

»Vilmāja«, Ilmājas iela 12 (Stadtteil Ziepniekkalns), Tel. 7873222.
Gästehäuser in anderen Bereichen der Stadt:
»Eliass«, Hamburgas iela 14 (Stadtteil Mežaparks), Tel. 7518117.
»Martin Eesti Hotel«, Taisnā iela (Stadtteil Dārziņi), Tel. 7949255.
»Oskars«, Krustabaznīcas iela 9 (Stadtteil Čiekurkalns), Tel. 7556955.
Appartmenthotels (mit Rabatten bei längerem Aufenthalt):
»Dolce Vita«, Stabu iela 59, Tel. 7270265.
»Residence«, Jauniela 11, Tel. 7812624.
»Vaļņu nams«, Vaļņu iela 19, Tel. 7506161.

Rūjiena

Hotels:
»Tālava«, Rīgas iela 12, Tel. 4263767.
»Naukšēnu muižas pils«, in Naukšēni (6 km östlich von Rūjiena), Tel. 4265154.

Rundāle

Gästehäuser:
»Baltā māja«, am Schloss Rundāle, Tel. 3923172, 9121374.
»Straumēni«, in Priedītes (4 km östlich von Schloss Rundāle), Tel. 3950264, 9109388.

Sabile

Gästehäuser:
»Kurzemes Šveice«, Ventspils iela 70, Tel. 3252113.
»Pedvāle«, auf Gut Firkspedvāle (1 km südwestlich von Sabile), Tel. 3252249.

Salaspils

Hotels:
»Margrietiņas«, Pliederu iela 2 in Ķekava (12 km südwestlich von Salaspils), Tel. 2937234.
»Pie Agras«, Iecavas iela 6 in Baldone (22 km südlich von Salaspils), Tel. 6321417.

Saldus

Hotels:
»Atvars«, Striķu iela 13, Tel. 3822120.
»Demians«, Rīgas iela 10a, Tel. 9124422.
»Kalnsētas«, Kalnsētas iela 20, Tel. 3823849.
Gästehaus:
»Pie Daces«, Lielā iela 10, Tel. 3822057, 3821484.

Saulkrasti

Hotels:
»Pabaži«, Mednieku iela 7, Tel. 7951885.
»Saulkrasti«, Rīgas iela 26, Tel. 7951960.
»Sunbeach«, Ainažu iela 72, Tel. 7951733, 9207519.
»Berģi«, an der A2 nahe der Stadtgrenze Rigas (32 km südlich von Saulkrasti), Tel. 7994184.
Gästehäuser:
»Pie Maijas«, Murjāņu iela 3, Tel. 7951372.
»Saulrieti«, Raiņa iela 11, Tel. 7951400.
»Korande«, an der A1 bei Carnikava (16 km südlich von Saulkrasti), Tel. 7992377, 7904077.

Sigulda
Hotels:
»Aparjods«, Ventas iela 1, Tel. 7705225.
»Senleja«, Turaidas iela 4, Tel. 7972162.
»Sigulda«, Pils iela 6, Tel. 7972263.
»Santa«, in Kalnabeites (2 km südlich von Sigulda), Tel. 7705271.
Gästehäuser:
»Livonija«, Pulkveža Brieža iela 55, Tel. 7973066.
»Strops«, Cīruļu iela 4a/4b in Inčukalns (12 km südwestlich von Sigulda), Tel. 9404021, 9451446.

Skrunda
Hotel:
»Sārtā vēža spīlēs«, Liepājas iela 25, Tel. 3333105.

Smiltene
Hotels:
»Parka viesnīca Brūzis« (»Brūzis Park Hotel«), Brūža iela 2, Tel. 4773708.
»Kalnaligzda«, in Kalnamuiža (1 km nördlich von Smiltene), Tel. 4772173.
Gästehäuser:
»Kalna Bauņi«, bei Aumeistari (27 km nordöstlich von Smiltene), Tel. 4763111, 9132017.
»Purgaiļi«, südlich von Grundzāle (24 km östlich von Smiltene), Tel. 9150180.

Straupe
Hotel:
»Bērzi«, in Plācis (2 km nordöstlich von Straupe), Tel. 4132229.
Gästehäuser:
»Ķeči«, am Ungurs (17 km östlich von Straupe), Tel. 4100315, 9435545.
»Ungurmuiža«, in Unguri (10 km östlich von Straupe), Tel. 4158223.

Talsi
Hotels:
»Talsi«, Kareivju iela 16, Tel. 3222689.
»Zem eņģeļa spārniem«, J. Grota iela 1, Tel. 3281670, 9412565.
* »Rezidence«, in Vandzene (15 km nordöstlich von Talsi), Tel. 3291170, 9129645.
»Roja«, Jūras iela 6 in Roja (37 km nordöstlich von Talsi), Tel. 3260209.
»Rojupe«, in Rude (33 km nördlich von Talsi), Tel. 3267636.
»Zītari«, in Kolka (69 km nördlich von Talsi), Tel. 3247145.
»Zvirgzdi«, in Zvirgzdi (1 km nördlich von Talsi), Tel. 3223500, 9498593.
Gästehäuser:
»Motelis Mikus«, an der A10 bei Dižstende (5 km südlich von Talsi), Tel. 3292226.
»Vidi«, in Dižliepas bei Valdemārpils (15 km nördlich von Talsi), Tel. 9107578.

Tukums
Hotels:
»Arka«, Pils iela 9, Tel. 3125747.
»Sēnīte«, Jaunā iela 14 in Ragaciems (25 km östlich von Tukums), Tel. 3163620.
»Šlokenbeka«, in Milzkalne (5 km östlich von Tukums), Tel. 3144319.

Gästehäuser:
»Jaunmoku pils«, auf Gut Jaunmokas (9 km westlich von Tukums), Tel. 3107125.
»Jaunpils pils«, auf Schloss Jaunpils (30 km südlich von Tukums), Tel. 9447859.
»Kanski un Ko«, Kuģukalna iela 1 in Ragaciems (25 km östlich von Tukums), Tel. 3163736.
»Pilsētnieki«, in Slampe (16 km südöstlich von Tukums), Tel. 9497272, 9295849.
»Ronīši«, in Klapkalnciems (17 km nordöstlich von Tukums), Tel. 3143145, 9404165.
»Villa Elizabete«, Jūras iela 88 in Engure (23 km nördlich von Tukums), Tel. 3161421, 9117510.

Valka
Hotel:
»Strenči«, Rīgas iela 28a in Strenči (30 km südwestlich von Valka), Tel. 4731286.

Valmiera
Hotels:
»Vidzeme«, Ausekļa iela 31, Tel. 4229606.
* »Wolmar«, Tērbatas iela 16a, Tel. 4207301.
* »Dikļu pils«, in Dikļi (22 km nordwestlich von Valmiera), Tel. 4207480.

Gästehäuser:
»Hostelis Eži«, K. Valdemāra iela 1, Tel. 4281764.
»Pakavs«, Beātes iela 5, Tel. 4281050.
»Pūcīte«, Cēsu iela 20, Tel. 4223559.
»Baltakmeņi«, in Murjāni (9 km westlich von Valmiera), Tel. 4243749.
»Burtnieki«, Jaunatnes iela 9 in Burtnieki (23 km nordwestlich von Valmiera), Tel. 9124573.

Vecpiebalga
Gästehäuser:
»Raskumi«, am Alauksts (4 km nördlich von Vecpiebalga), Tel. 4164254, 6565977.
»Veispāļi«, bei Taurene (13 km nordwestlich von Vecpiebalga), Tel. 6350141, 9455715.

Ventspils
Hotels:
* »Dzintarjūra«, Ganību iela 26, Tel. 3622701, 3622719.
»Olimpiskā centra Ventspils viesnīca«, Lielais prospekts 33, Tel. 3622587.
»Ostiņa«, Dzintaru iela 32, Tel. 3668124.
* »Vilnis«, Talsu iela 5, Tel. 3668880.
»Pagrabiņš«, in Pope (17 km östlich von Ventspils), Tel. 9120707.
»Zaķi«, bei Jūrkalne (45 km südlich von Ventspils), Tel. 9488956, 6455657.

Gästehäuser:
»Enkurs«, Medņu iela 40, Tel. 3622833.
»Klosteris«, Strādnieku iela 5, Tel. 3625186, 9467889.
»Pie strūklakas«, Ganību iela 18, Tel. 9134419.
»Pulkvedis«, Pulkveža iela 27, Tel. 9250369.
»Rāte«, Annas iela 13, Tel. 3624777.

»Sārnate«, in Sārnate (36 km südlich von Ventspils), Tel. 5915519, 9332212.

»Vella dzirnavas«, östlich von Zlēkas (43 km südöstlich von Ventspils), Tel. 6405793.

Klima und Reisezeit

Auf einen spät einsetzenden Frühling folgt als empfehlenswerte Reisezeit der Juni, in dem Lettland oft unter beständigem Hochdruckeinfluss liegt. Lediglich die Wassertemperaturen laden dann noch nicht sonderlich zum Baden ein. Doch die schier endlosen Sonnenuntergänge, die die Landschaft in faszinierend gelbliches Licht hüllen, machen diesen Teil des Jahres für Baltikum-Reisen attraktiv. Der Juli fällt demgegenüber meist niederschlagsreicher aus, auch wenn es sich selten tagelang einregnet, sondern häufige und rasche Änderungen das Wettergeschehen bestimmen. Die Durchschnittstemperatur beläuft sich im Juli auf 17,5 °C, wobei an einzelnen Tagen durchaus über 30 °C gemessen werden können. Den ersten Frostnächten Ende September geht in aller Regel ein intensiver Altweibersommer voraus. Neben relativer Trockenheit vor allem während der ersten Monatshälfte sprechen auch die bereits zum Vorschein kommenden Herbstfarben in der Natur dafür, Lettland gerade im September zu bereisen. Schneefälle sind im hügligen Landesinneren schon im Oktober möglich, ehe von Dezember bis März die meiste Zeit fast im ganzen Land Schnee liegt und Teile der Rigaer Bucht vereist sind. Die Temperaturen pendeln sich in den Wintermonaten im landesweiten Durchschnitt knapp unter dem Gefrierpunkt ein, was allerdings wenig über die regionalen Unterschiede besagt: Faktisch klettern die Thermometer fast das ganze Jahr über, vor allem aber während der kalten Jahreszeit, im Westen Lettlands fünf Grad höher als an der Ostgrenze.

Mietwagen

Mietwagen sind, jedenfalls in Riga, auch ohne Vorbestellung problemlos zu bekommen. Eine Buchung schon von Deutschland aus ist ratsam, wenn einem an einem ganz speziellen Fahrzeugtyp gelegen ist oder wenn man mit Blick auf die Möglichkeit eines schweren Unfalls etwaige Gerichtstermine in Lettland ausschließen will. Die großen internationalen Autoverleihfirmen bieten bereits in der Ankunftshalle des Rigaer Flughafens ihre Dienste an – zu Preisen, wie man sie aus Westeuropa gewohnt ist. Manche Rigaer Hotels vermieten, soweit sie nicht mit einer dieser Firmen zusammenarbeiten, auch selbst Autos. Vertraut man sich sonstigen einheimischen Anbietern an, um von deren weit niedrigeren Miettarifen zu profitieren, so sollte man sich vorab einen sehr genauen Eindruck vom Zustand des jeweiligen Fahrzeugs verschaffen.

Öffentliche Verkehrsmittel

Das **Rigaer Nahverkehrssystem** besteht aus Bussen, Straßenbahnen und Trolleybussen und leistet seine Dienste, obwohl viele Fahrzeuge inzwischen altersbedingt ausgemustert werden mussten, zuverlässig und auf den meisten Strecken nach wie vor in dichten Zeitabständen. Gedruckte Fahrplanhefte sind allerdings nirgends zu haben. Der Ticketkauf regelt sich in letzter Zeit zunehmend dadurch, dass Kassierer mit im Fahrzeug sind - eine technisch begründete Maßnahme, die zugleich dem Schwarzfahren Einhalt gebietet. Die Fahrpreise sind sehr gemäßigt: Da z.B. eine Busfahrt mit der Linie 22 vom Zentrum Rigas zum Flughafen nur 0,20 Ls kostet (bzw. 0,25 Ls mit der 15 Minuten schnelleren Expressbuslinie 22a), sollte man lieber zweimal überlegen, ob man sich für diesen Weg ein **Taxi** leistet - selbst wenn die bis zu 7 Ls, mit denen für die entsprechende Distanz ein Taxi zu Buche schlägt, im internationalen Vergleich ebenfalls moderat sind.

Geht es einem nur darum, einen Eindruck von Rigas Außenbezirken zu gewinnen, so sollte man in Erfahrung bringen, ob aktuell die unweit des Rathausplatzes am Daugava-Ufer ablegenden (mitunter jedoch leider für längere Zeit ihren Betrieb einstellenden) **Ausflugsschiffe** verkehren, auf denen man verschlungene Wasserwege und damit verbunden viel vom Stadtgebiet kennen lernen kann.

Für den heutzutage vornehmlich durch **Busse** gewährleisteten öffentlichen **Fernverkehr** können Tickets bereits im Voraus an Schaltern erworben werden. Der Rigaer Busbahnhof - an dem dies bis spät in den Abend möglich ist - befindet sich nahe den Hallen des Zentralmarkts an der Prāgas iela. Den Busbahnhof einer lettischen Provinzstadt kann man in der Regel kaum verfehlen, da die meisten recht großzügig ausgebaut sind.

Der **Zugverkehr** hat sich im Baltikum während der letzten Jahre deutlich reduziert und spielt auf manchen Strecken gar keine Rolle mehr. Eine Zugverbindung zwischen Riga und der estnischen Hauptstadt Tallinn gibt es zurzeit z.B. überhaupt nicht, zwischen Riga und dem litauischen Vilnius zumindest keine tägliche. Entsprechend wenig bietet sich die Bahn als Verkehrsmittel für eine Anreise von Deutschland über Polen und Litauen nach Lettland an, es sei denn man beabsichtigt ohnehin zunächst einen Stopp in Vilnius und möchte in diesem Zusammenhang den tendenziell günstigen Tarif von derzeit unter 100 EUR für eine einfache Fahrt Berlin-Vilnius nutzen.

Öffnungszeiten

Die **Ladenöffnungszeiten** sind in Lettland nicht gesetzlich reguliert. Bei vielen Geschäften reichen sie von 9 bis 19 Uhr, oft mit einstündiger Mittagspause. In großen Supermärkten, wie man sie auch in Lettland inzwischen zahlreich an den Stadträndern findet, kann bis in die späten Abendstunden entspannt eingekauft werden - gelegentlich mit der kleinen Einschränkung, dass einem übereifriges Sicherheitspersonal unentwegt auf den Fersen ist. Vereinzelt gibt es sogar Läden (meist in der Art einer Trinkhalle), die rund um die Uhr geöffnet haben. Auf ihrer Leuchtreklame liest man entweder den Schriftzug »Diennakts veikals« oder sehr deutlich die Ziffern »00-24«.

Museen sind nicht ganz so einheitlich am Montag geschlossen, wie dies in manch anderem Land der Fall ist. Die Tendenz geht jedoch auch in Lettland dahin, dass Museen entweder montags oder dienstags ihren Ruhetag haben oder sogar an beiden Tagen zubleiben.

Post

Die **Beförderungsdauer** für Briefe und Karten von Lettland nach Deutschland liegt meist bei einer Woche, manchmal auch etwas darunter. Ob man seine Post in Riga oder in einer anderen Stadt einwirft, macht dabei wenig Unterschied. Rigas Postämter sind täglich geöffnet; die großzügigsten **Öffnungszeiten** hat dasjenige am Brīvības bulvāris 19: Mo–Fr 7–23 Uhr, Sa–So 8–22 Uhr. Telegramme können rund um die Uhr telefonisch unter 9002178 aufgegeben werden.

Reisevorbereitung

Die Adresse der zentralen baltischen **Tourismus-Informationsstelle** innerhalb Deutschlands, der »Baltikum Tourismus Zentrale«, lautet:

Fremdenverkehrszentrale Estland-Lettland-Litauen, Katharinenstraße 19, 10711 Berlin (Tel. 030 / 89009091; www.baltikuminfo.de).

Deren Geschäftsführung liegt in der Hand einer Lettin, Frau Anda Šilde. Die Besuchszeit für Individualreisende beschränkt sich auf Mi 14–17 Uhr.

Nützliche Grundinformationen hält ferner die Internet-Seite des lettischen Fremdenverkehrsamtes (www.latviatourism.lv) bereit, auch wenn in ihrer deutschen Version das zugrunde liegende Lettisch zu sprachlichen Fehlern führt.

Unter www.baltikuminfo.de findet man eine Liste der zahlreichen deutschen **Reiseveranstalter**, die die baltischen Länder im Programm haben. Nur einige wenige sind voll auf diese Region spezialisiert. Von diesen spezialisierteren Anbietern seien hier, ohne die Baltikum-Kompetenz der anderen in Frage stellen zu wollen, vier herausgegriffen:

Baltikum 24 / Schnieder Reisen, Schillerstr. 43, 22767 Hamburg, Tel. 040 / 3802060.

Baltikum-Tours, Brunowstr. 8, 13507 Berlin, Tel. 030 / 48098430.

Ebden Reisen, Frankfurter Str. 54, 35440 Linden, Tel. 06403 / 74117.

Mare Baltikum Reisen, Eichenstr. 27, 20259 Hamburg, Tel. 040 / 494111.

In Lettland angekommen, möchte man für die Tage, die man in der Hauptstadt verbringt, vielleicht mit Hilfe der **Touristeninformation in Riga** Genaueres planen: Diese ist im wieder aufgebauten Schwarzhäupterhaus untergebracht (Rātslaukums 6, Tel. 7037900, Fax 7037910; im Internet: www.rigatourism.com, tourinfo@rcc.lv) und täglich von 10 bis 19 Uhr für Besucher offen.

»Riga Card«

Die »Riga Card« – erhältlich in der Touristeninformation im Schwarzhäupterhaus, am Flughafen sowie in einigen Hotels – berechtigt zu kostenloser Benutzung sämtlicher Rigaer Straßenbahnen und Trolleybusse und verhilft zu freiem Eintritt in viele Museen der Stadt. Im Preis enthalten sind ferner ein geführter Altstadtrundgang sowie Nachlässe bei einer Reihe von anderen Dienstleistungen. Ob es sich lohnt, sie zu erwerben, sollte man je nach beabsichtigtem Tagesprogramm dennoch zunächst überschlagen: Für 24 Stunden kostete sie zuletzt 8 Ls, für 48 Stunden 12 Ls und für 72 Stunden 16 Ls.

Souvenirs

Neben dem »baltischen Gold«, dem Bernstein, verarbeitet das lettische Kunsthandwerk vor allem Holz und Leder zu teils originellen Souvenirs. In touristisch belebten Orten wie Sigulda und vor allem im Zentrum von Riga kann man sich während des Sommers an offenen Verkaufsständen mit Schmuck und anderen liebevoll gefertigten Gegenständen eindecken. Im Ethnographischen Freilichtmuseum der Hauptstadt finden zu dieser Jahreszeit sogar Volkskunstmärkte statt; und auch sonst gehören Freilichtmuseen zu den besten Adressen für den Erwerb von Souvenirs. Ein Geschäft mit etwas exklusiveren Bernstein-Artikeln ist einer kleinen Bernstein-Ausstellung an der Kalēju iela 9/11 in Riga (im Bereich des Hotels »Konventa sēta«) angegliedert. Wer lieber etwas landestypischen Alkohol mit nach Hause nehmen möchte, hält am besten nach dem wie eine Art Nationalgetränk vermarkteten Rigaer »balzams«, einem Kräuterlikör, Ausschau.

Sprachkenntnisse, Spracherwerb

Angehörige kleiner Nationen sind oft mehrerer Fremdsprachen mächtig – so auch viele Letten. Die junge Generation ist in aller Regel mit dem Englischen vertraut und nicht so sehr mit dem Deutschen; bei der älteren verhält es sich vielfach umgekehrt. Die Beherrschung des Russischen war während der Sowjetzeit ein leidiges Muss für alle, sodass man es versteht, aber ungern benutzt. Russischkenntnisse sind für Touristen dennoch hilfreich, um sich in Riga und anderen größeren Städten mit den zahlreichen russischstämmigen Bewohnern zu verständigen, da diese, von gewissen Lettischkenntnissen abgesehen, im Vergleich zu den Letten meist etwas weniger fremdsprachenkompetent sind.

Lettisch-Sprachkurse können an mehreren deutschen Universitäten belegt werden; das breiteste Lehrangebot im Fach Baltische Philologie gibt es an der Universität Greifswald. Vom Institut für Interdisziplinäre Baltische Studien an der Universität Münster werden für Studierende jedweder Fachrichtung einmal jährlich Intensivkurse in allen drei Baltikum-Sprachen organisiert, die in den Wochen vor Osten in Bonn stattfinden und sich später im Baltikum fortsetzen. Da diese Kurse weitgehend durch Fördergelder finanziert werden, muss man sich um die Teilnahme zunächst bewerben.

Straßenverkehr

In Lettland ist es Vorschrift, unabhängig von der Tageszeit stets mit **Abblendlicht** zu fahren. Für den Fall von **Alkoholkontrollen** gilt: Der gemessene Wert muss unter 0,5 Promille liegen.

Stets mit sich führen sollte man neben Führer- und Fahrzeugschein auch den Nachweis der Haftpflichtversicherung (grüne Versicherungskarte) sowie den Nachweis technischer Überprüfungen am Fahrzeug (TÜV-Bescheinigung). Wer aus dem Ausland per Auto nach Lettland einreist, muss sein Fahrzeug, sofern es länger als drei Monate im Land verbleibt, bei der Straßenverkehrsdirektion anmelden. Bei über sechsmonatigem Aufenthalt ist auch der Führerschein gegen einen lettischen einzutauschen.

Ist man mit einem im Ausland zugelassenen Auto in Lettland unterwegs, muss es mit einem Aufkleber mit dem (den) Länderkennbuchstaben wie »D« für Deutschland, »CH« für die Schweiz usw. versehen sein (auch dann, wenn das Länderkennzeichen in ein Europa-Nummernschild integriert ist!).

Die **Höchstgeschwindigkeit** in Lettland beträgt, soweit nicht (wie auf der Autobahn zwischen Jūrmala und Riga) höher ausgewiesen, 90 km/h bzw. innerorts 50. Ein durchgestrichenes Tempo-70-Zeichen, wie es in Deutschland üblich ist, wenn statt 70 wieder 100 km/h gefahren werden dürfen, kann im Baltikum auch innerhalb von Ortschaften stehen und bedeutet dann: Ab diesem Punkt reduziert die zugelassene Geschwindigkeit sich, nachdem zuvor ausnahmsweise 70 km/h erlaubt waren, wieder auf 50! Fehldeutungen könnten hier im Falle einer Radarkontrolle teuer werden. Man sollte sich deshalb stets gewiss sein, ob man gerade einen durch Ortstafeln – mit schwarzer Großschrift auf weißem Untergrund – eingegrenzten Bereich passiert. Denn die Siedlungsstruktur in Lettland macht die Unterscheidung zwischen Ortsdurchfahrten und freier Strecke nicht immer leicht.

Gefährlicher als in Deutschland ist es, **Ampeln** bei Gelb zu überfahren, da an einer Kreuzung in Lettland alle Verkehrsteilnehmer gleichzeitig Gelb sehen. Um Auffahrunfällen vorzubeugen, sollte man sogar darauf gefasst sein, dass schon angehalten wird, wenn als Zeichen des Endes der Grünphase das Grünlicht zu blinken beginnt.

Winterreifen sind vom 1. Dezember bis zum 1. März vorgeschrieben; nicht erlaubt sind sie vom 1. Mai bis zum 15. August. Für sämtliche Insassen eines Fahrzeugs besteht **Gurtpflicht**. Mobiles Telefonieren am Steuer ist strikt verboten, sofern man nicht über eine Freisprechvorrichtung verfügt.

Autofahrten bei Dunkelheit sind im Baltikum mit allerlei Risiken behaftet, da man erschreckend vielen Fahrzeugen mit defekter Beleuchtung begegnet. Besonders während der Erntemonate hat man zusätzlich die geringe Geschwindigkeit eines Großteils dieser Gefährte einzukalkulieren.

Die **Straßenverhältnisse** haben sich seit den 1990er Jahren kontinuierlich verbessert, ohne dass allerdings der Anteil asphaltierter Straßen am Gesamtstraßennetz merklich gestiegen wäre. Für jemanden, der in Lettland weite Strecken zurücklegt, ist es daher von Interesse, zu wissen, zwischen welchen Orten überhaupt eine Straße mit Asphaltdecke verläuft; denn abseits der Fernverkehrsstrecken handelt es sich bei vielen Landstraßen weiterhin um Schotterpisten. Entsprechend existieren sogar **Landkarten**, die den Straßenzustand durch unterschiedliche Far-

➢ *Ende der Asphaltdecke – in Lettland ein häufiger Warnhinweis*

ben wiedergeben. Spezialkarten dieser Art produziert vor allem der Verlag »Jāņa sēta« - als Unternehmen und Geschäft ansässig in der Elizabetes iela 83/85 (korp. 2) in Riga (Tel. 7092277, Fax 7092273; im Internet: www.kartes.lv, kartografi@kartes.lv).
Privates Autofahren in der Altstadt von Riga ist für Nichtanlieger mit einer immensen Gebühr (5 Ls pro Stunde) belegt und soll dadurch so weit wie möglich unterbunden werden.
Über Nacht sollte man seinen Wagen ruhig auf einem der zahlreichen bewachten Parkplätze, die es in fast jeder Stadt gibt, abstellen, anstatt ein unnötiges Risiko einzugehen. Die Vielzahl derartiger Parkplätze trägt andererseits dazu bei, dass Touristen das Ausmaß der Kriminalität in Lettland oft etwas überschätzen.

Strom

Die übliche Netzspannung beträgt ebenso wie in Deutschland 220 Volt. Euro-Norm-Stecker passen immer - von seltenen Ausnahmen in Privathaushalten abgesehen; für Schukostecker sollte man dagegen einen Adapter im Gepäck haben.

Tanken

Das Tankstellennetz Lettlands weist - außer in ein paar besonders dünn besiedelten Gegenden - eine enorme Dichte auf. Die meisten Tankstellen sind hochmodern ausgerüstet; nur an einigen wenigen wird noch das früher übliche Verfahren praktiziert, dass man dem Kassierer eine Litermenge benennt, für die man im Vorhinein bezahlen muss. »95-E« entspricht dem, was in Deutschland als »Super bleifrei« geläufig ist, und gehört zum Kraftstoffangebot nahezu jeder lettischen Tankstelle. Der zugehörige Zapfhahn ist meist grün markiert, derjenige für verbleites Benzin manchmal rot.

Telefonieren

Bei Telefonaten nach Lettland ist die **Landesvorwahl 00371** voranzustellen. Für Gespräche von Lettland nach Deutschland wählt man zunächst die Vorwahl 0049 (Österreich: 0043, Schweiz: 0041) und dann die Ortsvorwahl ohne die 0. Von praktisch jedem öffentlichen Fernsprecher kann inzwischen problemlos ins Ausland telefoniert werden. Münzapparate gibt es kaum noch; in nahezu sämtlichen Telefonzellen findet man Kartentelefone. Diese und nicht etwa das eigene Handy zu nutzen, um von Lettland Auslandsgespräche zu führen, empfiehlt sich unbedingt, denn der Kostenunterschied ist erheblich. Geringer fällt er aus, wenn man sich fürs mobile Telefonieren Prepaid-Karten lettischer Anbieter besorgt (Informationen dazu unter www.tel.lv oder www.lmt.lv). Herkömmliche **Telefonkarten** (lett. »telekartes«) sind im Wert von 2, 3 und 5 Ls vielerorts erhältlich.

Im Zuge der Modernisierung von Lettlands Telefonnetz und der Einführung von ausnahmslos siebenstelligen Telefonnummern wurden die auf den jeweiligen Landkreis bezogenen Vorwahlnummern in gewissem Sinne abgeschafft; die meisten Rufnummern beginnen jedoch nach wie vor mit zwei Ziffern, die landkreisweise einheitlich sind.

Die **Notrufnummern** lauten 01 bei Feuer, 02 für die Polizei und 03 für Krankenwagen. Als allgemeine Notrufnummer dient die 112. Unter 118 erreicht man die Telefonauskunft. In Riga telefonisch ein **Taxi** rufen kann man unter 8001010 und 8000006.

Trinkgeld

In Restaurants sind die Bedienungskosten stets bereits in den Preis inbegriffen; eine kleine Aufrundung der Rechnungssumme ist freilich dennoch meist angebracht. Etwas großzügiger aufrunden sollte man, wenn man für eine Taxifahrt zahlt, denn hierbei wird etwas selbstverständlicher mit Trinkgeld gerechnet.

Unterkünfte

Um Ausländern das Auffinden von **Hotels** zu erleichtern, beschriften immer mehr Hoteliers ihr Haus nicht nur mit dem lettischen Wort »viesnīca«, sondern zugleich international verständlich als »hotel«. Da diese Lautung sich nicht mit der lettischen Grammatik verträgt, liest der Reisende hier und da auch die kompatiblere Form »hotelis«, die sich in Analogie zum bereits länger gebräuchlichen »motelis« (für *Motel*) herausgebildet hat.

Die Geschwindigkeit und das Ausmaß, in denen überall in Lettland neue Hotels aus dem Boden schießen, nehmen einem Reiseführer wie dem unseren trotz seines ausführlichen Verzeichnisses die Möglichkeit hundertprozentiger Aktualität. Wer eine gute Hotelwahl treffen möchte und schon vor Reisebeginn weiß, dass er sich in einer bestimmten Gegend Lettlands länger wird aufhalten wollen, sollte zusätzlich im Internet unter www.allhotels.lv nachsehen, wo Neueröffnungen stets rasch eingetragen werden.

Jugendherbergen existieren in Lettland bislang nur wenige. Im Hotelverzeichnis dieses Reiseführers sind von den in ihrer Art recht unterschiedlichen Herbergen die halbwegs empfehlenswerten, die es in Riga sowie in Valmiera gibt, unter »Gästehäuser« mit erfasst. Eine Alternative zu Jugendherbergen im engeren Sinne bilden in einigen Städten die den örtlichen Hochschulen (z.B. in Ventspils)

1.4
LAKŠI
KEMPINGS

oder Schulen (z.B. in Mazsalaca) angeschlossenen Unterbringungsmöglichkeiten. Preislich kommen allerdings auch die zahlreich über ganz Lettland verteilten privaten Gästehäuser (lett. »viesu nami«) als Alternative in Betracht. In Jūrmala, dem für längere Aufenthalte beliebtesten Ferienort des Baltikums, bekommt man unter der Telefonnummer 7764493 Auskunft über Quartiere der verschiedensten Kategorien.

Viele Betreiber von Privatquartieren auf dem Lande ermöglichen ausdrücklich auch **Camping** auf ihren Grundstücken. Die Nutzung dieses Angebots ist dem Aufsuchen reiner Campingplätze mitunter vorzuziehen, da Letztere eher selten über Strom- und Wasseranschlüsse oder sonstigen Minimalkomfort verfügen. Außerhalb von Naturschutzgebieten stellt auch wildes Campen keine Ordnungswidrigkeit dar; doch schon die offiziell ausgewiesenen Plätze liegen meist äußerst reizvoll und naturnah - vor allem an den Küstenstreifen der Region Kurzeme (Kurland) sowie im lettgallischen Seengebiet zwischen Rēzekne und Krāslava, wo es sie besonders zahlreich gibt. Im Gauja-Nationalpark ist Zelten nur auf eigens ausgebauten Lager- und Picknickplätzen erlaubt. Unter »kempings« versteht man im Lettischen unterdessen auch das Übernachten in Holzhütten oder einfachen Bungalows, wie sie als Bestandteil etlicher Ferienanlagen, so genannter »atpūtas bāzes« (»atpūta« = Erholung), anzutreffen sind.

➢ *Wo man Campingplätze findet, ist in Lettland inzwischen meist gut ausgeschildert*

Zeit

Bei der Anreise nach Lettland stellt man die Uhr um eine Stunde gegenüber mitteleuropäischer Zeit vor, und zwar das ganze Jahr über, da auch im Baltikum die Sommerzeit-Regelung wirksam ist.

Zeitungen

Deutschsprachige Zeitungen vom Vortag bekommt man in ein paar der größeren Rigaer Hotels ziemlich regelmäßig. In noch weitaus mehr Hotels im ganzen Lande sind auf den Zimmern deutsch- oder sonst zumindest englischsprachige Fernsehkanäle zu empfangen, sodass man wenig Aufwand hat, sich über die internationale Nachrichtenlage auf dem Laufenden zu halten.

Über Veranstaltungen in Riga, das dortige Restaurantangebot und vieles mehr informiert das englischsprachige Heft »Riga This Week«, das allerdings nicht wöchentlich, wie der Titel glauben macht, sondern alle zwei Monate erscheint. Einmal monatlich wird die »Baltische Rundschau« herausgegeben, eine Zeitung, die deutschsprachigen Interessierten einen Überblick über aktuelle Entwicklungen in den baltischen Staaten gibt.

Deutsch-lettisches Ortsnamenverzeichnis

Adsel	Gaujiena
Aglohn	Aglona
Alt-Pebalg	Vecpiebalga
Amboten	Embūte
Angern	Engure
Ascheraden	Aizkraukle
Autz	Auce
Bauske	Bauska
Bolwa	Balvi
Doblen	Dobele
Dondangen	Dundaga
Dünaburg	Daugavpils
Felixberg	Jūrkalne
Frauenburg	Saldus
Friedrichstadt	Jaunjelgava
Goldingen	Kuldīga
Groß-Roop	Straupe
Grünhof	Zaļenieki
Hainasch	Ainaži
Hasenpoth	Aizpute
Illuxt	Ilūkste
Jakobstadt	Jēkabpils
Kandau	Kandava
Kirchholm	Salaspils
Kraslau	Krāslava
Lemsal	Limbaži
Lennewarden	Lielvārde
Libau	Liepāja
Ludsen	Ludza
Marienburg	Alūksne
Marienhausen	Viļaka
Mitau	Jelgava
Modohn	Madona
Nerft	Nereta
Neubad	Saulkrasti
Neuenburg	Jaunpils
Nurmhusen	Lauciene
Oger	Ogre
Orellen	Ungurmuiža
Prely	Preiļi
Riga	Rīga
Rigascher Strand	Jūrmala
Ronneburg	Rauna
Rosenau	Zilupe
Rositten	Rēzekne
Ruhenthal	Rundāle
Rujen	Rūjiena
Salisburg	Mazsalaca
Saßmacken	Valdemārpils
Schrunden	Skrunda
Schwanenburg	Gulbene
Segewold	Sigulda
Seßwegen	Cesvaine
Smilten	Smiltene
Stockmannshof	Pļaviņas
Talsen	Talsi
Treyden	Turaida
Tuckum	Tukums
Uexküll	Ikšķile
Walk	Valka
Wenden	Cēsis
Windau	Ventspils
Wolmar	Valmiera
Zabeln	Sabile

Die lettische Sprache

Lettisch ist mit nur einer einzigen heute noch lebendigen Sprache unmittelbar verwandt – dem Litauischen. Untereinander verständigen können sich allerdings auch Letten und Litauer kaum besser als Deutsche und Schweden. Lettisch und Litauisch bilden die baltische Gruppe der indoeuropäischen Sprachenfamilie oder genauer gesagt die Reste des ostbaltischen Zweiges dieser Gruppe. Einst hatte es weitere ostbaltische sowie mehrere westbaltische Sprachen gegeben; sie alle sind seit Jahrhunderten ausgestorben.

Noch immer scheint der Irrtum verbreitet, die baltischen Sprachen seien eine Untergruppe der slawischen. Dass zwischen den slawischen und den baltischen Sprachen mehr Gemeinsamkeiten existieren als zwischen anderen indoeuropäischen Sprachengruppen, stimmt hingegen tatsächlich. Die relativ starke wechselseitige Beeinflussung zwischen Slawen und Balten beruht offenbar darauf, dass sie, anders als die meisten übrigen Teile der Völkerfamilie, jahrtausendelang in Nachbarschaft zueinander gelebt haben.

In Wortschatz und Syntax des Lettischen hinterließen besonders die Sprachen derer, die als Eroberer ins Land kamen, deutliche Spuren. Fremde Satzstellungsmuster und Ausdrucksweisen wurden nachgeahmt, sodass die lettische Sprache viele ihrer originär »baltischen« Merkmale eingebüßt hat. Den größten Anteil am Lehngut machen die nach mittelniederdeutschem und später nach hochdeutschem Vorbild entstandenen Wörter aus, darunter viele aus den Bereichen Handwerk, Hausrat und Kleidung. Leicht ahnt man, was »skrūve« bedeutet, nämlich *Schraube*; und auch über die Herkunft eines Wortes wie »bikses« (Hose) kann es keine Zweifel geben.

Struktur und Formenbestand des Lettischen erinnern unterdessen an Latein; Substantive haben nämlich auch im Lettischen fünf Fälle. Allerdings können sie nur maskulin oder feminin sein – ein Neutrum gibt es nicht. Wörter auf -s sind fast immer maskulin; die allermeisten Feminina enden auf -a oder -e. Maximal fünf verschiedene Formen je Tempus bildet auch das Verb, denn die Form der dritten Person lautet in Ein- und Mehrzahl stets gleich. Das Lettische kennt weder bestimmte noch unbestimmte Artikel, kann deren Aussagewert jedoch, sofern den Substantiven Adjektive zugeordnet sind, durch die jeweilige Form des Adjektivs kennzeichnen: »mīļš draugs« = ein lieber Freund, »mīļais draugs« = der liebe Freund. Charakteristisch ist das Fehlen eines Verbs mit der Grundbedeutung *haben*; *ich habe* umschreibt der Lette wörtlich mit *mir ist* (lett. »man ir«).

Aussprache und Alphabet

Am lettischen Schriftbild fallen die Querbalken auf, mit denen a, e, i und u versehen sein können. Sie zeigen die Länge des betreffenden Vokals an, während ein Vokal ohne diesen Dehnungsstrich kurz ausgesprochen wird. Ein »a« könnte also z.B. den a-Laut in *prallen* bezeichnen, ein »ā« dagegen den in *prahlen*. Die Unterscheidung von Lang- und Kurzvokal ist häufig bedeutungsrelevant: Durch eine Veränderung der Vokalquantität kann ein Verb in ein anderes Tempus oder ein Nomen in einen anderen Kasus treten (»braucam« = wir fahren, »braucām« = wir fuhren; »Rīga« = Riga, »Rīgā« = in Riga); doch auch die Wortbedeutung insgesamt kann wechseln: »tevi« = dich, »tēvi« = Väter.

Die wichtigste aller Ausspracheregeln besagt, dass ein Wort unabhängig von der Zahl seiner Silben grundsätzlich auf der ersten Silbe betont wird. Die wenigen Ausnahmen von der Regel der Erstsilbenbetonung sind lediglich dem Anschein nach Ausnahmen: So wird etwa bei »labdien« (guten Tag) die zweite Silbe akzentuiert, was aber nur daran liegt, dass es sich um ein zusammengefügtes Wort handelt.

Bei den Buchstaben, deren lautliche Umsetzung von derjenigen im Deutschen abweicht, und für die Aussprache der Sonderbuchstaben des Lettischen gilt im Einzelnen Folgendes:

- c stets wie deutsches »z« oder »tz« in *Zahn* oder *Blitz*
- č wie »tsch« in *Kutsche*
- ģ ähnlich einem »dj«, d.h. dem Anlaut von engl. *duke* oder *duty*
- h ähnelt einem »ch« wie in *Dach* und nicht so sehr dem gehauchten »h« des Deutschen
- ie klingt zusammen so, als spreche man die Verbindung »ier« in *Bier* oder *Gier* aus
- ķ stimmlose Entsprechung zu ģ, somit ähnlich dem Anlaut von engl. *Tuesday*
- l wird weit hinten artikuliert, also sehr hart ausgesprochen
- ļ palatales (gleichsam weiches) »l«, d.h. eine Art lj-Laut wie in *Million*
- ņ palatales »n«, d.h. ein nj-Laut wie in *Champagner*
- o wird meist wie ein Diphthong »uo« gesprochen, nur in Fremdwörtern als einfaches »o«
- r gerollt, ähnlich wie im Russischen oder Italienischen
- s nie stimmhaft wie in *See*, sondern wie das auslautende »s« in Wörtern wie *Eis*
- š wie der Anlaut von *schön*
- v wie ein »w« im Deutschen, vor allem vor Vokalen niemals wie ein »f«
- z stimmhafter s-Laut wie in *See* oder *sieben*
- ž wie der Anlaut von *Genie* oder *Jargon*

Keinen eigenen Lautwert so wie im Deutschen haben »ei« und »eu«; im Lettischen klingen sie wie Lautverbindungen aus den betreffenden Einzelvokalen. Wenn die Buchstabenkombinationen »av« und »ev« im Auslaut oder vor einem Konsonanten stehen, nehmen sie eine Aussprache an, hinter der man eher das Schriftbild »au« oder »eu« vermuten würde.

In alphabetischen Verzeichnissen, die in Lettland selbst erstellt sind, folgen Wörter mit Anfangsbuchstaben wie ģ, ķ, ļ und ņ gesondert hinter solchen, die mit g, k, l und n beginnen, und werden nicht etwa mit diesen vermischt.

Sprachführer

Allgemeine Verständigung, Hinweise, Begrüßung, Abschied

ja	jā
nein	nē
und	un
oder	vai
guten Tag	labdien
guten Morgen	labrīt
guten Abend	labvakar
gute Nacht	ar labu nakti
auf Wiedersehen	uz redzēšanos
alles Gute	visu labu
bitte	lūdzu
danke	paldies
entschuldigen Sie	piedodiet; atvainojiet
Achtung!, Vorsicht!	uzmanību!
ich bin...	es esmu...
ich heiße...	mani sauc...
mein Name ist...	mans vārds ir...
ich verstehe nicht	es nesaprotu
bitte sprechen Sie langsamer	lūdzu, runājiet lēnāk
ich spreche kein Lettisch	es nerunāju latviski
ich spreche nur Deutsch (Englisch)	es runāju tikai vāciski (angliski)
Sprache	valoda
Wörterbuch	vārdnīca
geöffnet	atvērts
geschlossen	slēgts
Rauchen verboten	smēķēt aizliegts

In Geschäften und auf der Post

was kostet...?	cik maksā...?
haben Sie...?	vai jums ir...?
Geld	nauda
Bargeld	skaidra nauda
Preis	cēna
Geschäft	veikals
Lebensmittel	pārtika
Markt	tirgus
kaufen	pirkt
Kaufhaus	universālveikals
Verkäuferin	pārdevēja
Waren	preces
Blumen	puķes
Bücher	grāmatas
Zeitung	avīze
Brief	vēstule
Briefmarke	pastmarka
Postkarte	atklātne
Telefon	tālrunis; telefons

Speisen und Getränke

Apfel	ābols
Bier	alus
Brot	maize
Butter	sviests
Ei	ola
Eis	saldējums
Fisch	zivs
Fleisch	gaļa
Schweinefleisch	cūkgaļa
Gemüse	dārzeņi; saknes
Honig	medus
Huhn	vista
Kaffee	kafija
Kartoffel	kartupelis
Käse	siers
Milch	piens
Obst	augļi
Saft	sula
Sahne	krējums
Senf	sinepes
Soße	mērce

Suppe	zupa
Tee	tēja
Wein	vīns
Wurst	desa
Zucker	cukurs

Im Restaurant

Café, Cafeteria	kafejnīca
Restaurant	restorāns
Speisekarte	ēdienu karte
Tisch	galds
Aschenbecher	pelnu trauks
Bestellung	pasūtījums
Kellner	oficiants
Rechnung	rēķins

Im Hotel

Hotel	viesnīca (manchmal auch: hotelis)
Motel	motelis
haben Sie Zimmer frei?	vai jums ir brīvi numuri?
Einzelzimmer	vienvietīgs numurs
Doppelzimmer	divvietīgs numurs
Zimmer	istaba
Badezimmer	vannas istaba
Bett	gulta
Frühstück	brokastis
Handtuch	dvielis
Schlüssel	atslēga
Stockwerk, Etage	stāvs
Wolldecke	vilnas sega

Zahlen

eins	vien/s, -a
zwei	div/i, -as
drei	trīs
vier	četr/i, -as
fünf	piec/i, -as
sechs	seš/i, -as
sieben	septiņ/i, -as
acht	astoņ/i, -as
neun	deviņ/i, -as
zehn	desmit
elf	vienpadsmit
zwölf	divpadsmit
zwanzig	divdesmit
einundzwanzig	divdesmit vien/s, -a
zweiundzwanzig	divdesmit div/i, -as
dreißig	trīsdesmit
vierzig	četrdesmit
fünfzig	piecdesmit
hundert	simt
zweihundert	divsimt
tausend	tūkstoš

Wochentage, Jahreszeiten

Montag	pirmdiena
Dienstag	otrdiena
Mittwoch	trešdiena
Donnerstag	ceturtdiena
Freitag	piektdiena
Samstag	sestdiena
Sonntag	svētdiena
Frühling	pavasaris
Sommer	vasara
Herbst	rudens
Winter	ziema

Sonstige Zeitangaben

Zeit (auch: Wetter)	laiks
Stunde	stunda
Tag	diena
jeden Tag	katru dienu
Woche	nedēļa
Monat	mēnesis
Jahr	gads
um wie viel Uhr?	cikos?
um acht Uhr	pulksten astoņos
Morgen	rīts
Mittag(essen)	pusdiena(s)
Abend	vakars
heute	šodien
morgen	rīt
morgen früh	rīt no rīta

gestern	vakar
gestern Abend	vakar vakarā

Farbe, Größe, Alter

schwarz	meln/s, -a
weiß	balt/s, -a
gelb	dzelten/s, -a
rot	sarkan/s, -a
blau	zil/s, -a
grün	zaļ/š, -a
braun	brūn/s, -a
grau	pelēk/s, -a
groß	liel/s, -a
klein	maz/s, -a
alt	vec/s, -a
neu, jung	jaun/s, -a

Länder- und Nationalitätsbezeichnungen

deutsch	vācu
(aus) Deutschland	(no) Vācija(s)
(aus) Österreich	(no) Austrija(s)
(aus der) Schweiz	(no) Šveice(s)
englisch	angļu
estnisch	igauņu
lettisch	latviešu
Lettland	Latvija
litauisch	lietuviešu
russisch	krievu
weißrussisch	baltkrievu

Orientierung

kur(p)?	wo(hin)?
šeit	hier
tur	dort
tuvumā	in der Nähe
vai jūs zināt...?	wissen Sie...?
links	pa kreisi
rechts	pa labi
Norden	ziemeļi
Osten	austrumi
Süden	dienvidi
Westen	rietumi

Verkehrsmittel

Auto	mašīna
Boot	laiva
Bus	autobuss
Fähre	pārceltuve; prāmis
Flugzeug	lidmašīna
Schiff	kuģis
Straßenbahn	tramvajs
Taxi	taksometrs
Zug	vilciens
Haltestelle	pietura
Ticket für eine einfache Fahrt	biļete vienam braucienam

Erkrankungen, Arztbesuch

Apotheke	aptieka
Arzt	ārsts
Zahnarzt	zobārsts
Blinddarm	aklā zarna
Erkältung	saaukstēšanās
(ich habe) Fieber	(man ir) drudzis; karstums
Husten	klepus
Kopfschmerzen	galvas sāpes
krank	slim/s, -a
Krankenhaus	slimnīca

Geographisch-Topographisches und Historisches

Bahnhof	stacija
Baum (auch: Holz)	koks
Berg	kalns
Brücke	tilts
Bucht	līcis
Burgruine	pilsdrupas
Denkmal	piemineklis
Flughafen	lidosta
Fluss	upe
Friedhof	kapi; kapsēta
Gebäude	ēka
Gutshof	muiža
Hafen	osta
Haus	māja; nams
Insel	sala

Kirche	baznīca
Land, Erde, Boden	zeme
Meer	jūra
Pfad	taka
Platz	laukums
Schloss, Burg	pils
See	ezers
Staat	valsts
Stadt	pilsēta
Strand, Küste	jūrmala
Straße (innerörtlich)	iela
Wald	mežs
Weg	ceļš
Geschichte, Historie	vēsture
Krieg	karš
Weltkrieg	pasaules karš
Mittelalter	viduslaiki
sowjetisch, Sowjet-	padomju

Register

H

I

J

K

O

P

Q

R

Elizabetes iela
Alberta iela
Strēlnieku iela
Antonijas iela
Vidzemes
Kalpaka bulv.
Nikolaja Rēriha iela
Antonijas iela
A. Pumpura iela
J. Alunāna
Eksporta iela
Kronvalda bulv.
Citadeles iela
Ziemeļu rajons
Pilsētas kanāls
Kronvalda parks
Miķeļa iela
Muitas iela
Nolikťavas
Citadeles iela
Raiņa bulv.
Reimersa iela
Kalpaka
Muitas iela
K. Valdemāra iela
Eksporta iela
Jēkaba laukums
Jēkaba iela
Basteja bulv.
Bastejkalns
Pils laukums
Torņa iela
Trokšņu iela
Aldaru iela
Arsenāla iela
Klostera iela
Klostera iela
Jēkaba iela
M.Trokšņu
Valņu iela
Brīvības bulv.
Meistaru iela
M. Smilšu iela
Smilšu iela
M.Pils iela
Pils iela
M.Miesnieku
Daugavas gāte
Polu gāte
Anglikāņu
Zirgu iela
Zirgu iela
Līvu laukums
Aspazijas
11. novembra krastmala
Miesnieku iela
Mūku iela
Biskapa gāte
Amatu iela
Meistaru iela
Šķūņu
Laipu iela
M.Jaunavu iela
R. Vāgnera iela
Mucenieku iela
Kaļķu iela
Ģleznotāju
Rozena iela
Tirgoņu iela
M.Monētu
Skārņu iela
Palasta iela
M. Skolas
Jauniela
Krāmu iela
Biskapa gāte
Vecrīga
Teātra
Ridzenes
Maiṡa
M. Jauniela
Kungu
Jāņa iela
Pēterbaznīcas iela
Kaļķu
Svaru iela
Grēcinieku
Peldu iela
Audēju iela
Vecpilsētas iela
Vecpilsētas
Alksnāja
Peitavas iela
M. Peitavas
Ūdensvada
Peldu
Mārstaļu iela
Kaleju iela
Minsterejas iela
Daugava
Akmens tilts
11. novembra
© Edition Temmen